2019 年度河北省哲学社会科学学术著作出版资助

社 会 经 济 史 研 究 系 列

康金莉 著

华北财团
与北方经济
近代化

NORTH CHINA CONSORTIA
AND THE MODERNIZATION OF
NORTHERN ECONOMY

社会科学文献出版社
SOCIAL SCIENCES ACADEMIC PRESS (CHINA)

序　言

　　辛亥革命以后，在有利的政治环境与市场环境刺激之下，中国民族资本主义经济出现发展高潮，但全国各区域因市场基础、地理位置等不同，民族资本主义在发展路径方面出现明显差异。与南方相比，北方地区市场发育程度低，缺乏必要的原始资本积累，同时因邻近政治中心，聚居大量军阀官僚特权富豪群体，形成依靠特权富豪资本发展的典型模式。

　　清末民初，官场腐败，政治动荡，法度败坏，清朝遗老与北京政府各级官僚军阀，肆意贪污中饱。另外，经济近代化转型中出现的新式资本主义投资机会大量存在，又使得军阀官僚资财膨胀速度与规模超过以往任何时期，形成集地主、资本家、高利贷商人于一体的新式权贵富豪阶层。在市场尚处于起步阶段、缺乏原始资本积累的北方地区，特权富豪阶层手中握有巨额资财，成为当时最大且唯一拥有投资大型企业能力的群体。以地域与政治势力为标准，北方地区官僚富豪群体可分为三大派系：由京津地区北京政府军阀官僚及清贵胄群体组成的京津系资本集团；东三省以张作霖为首的奉系资本集团；山西省以阎锡山为首的晋系资本集团。其投资区域包括东北三省，华北区域之北京、天津、直隶、山西全省（市）以及山东西南部与河南北部地区，史称"华北财团"。

华北财团投资兴起于 1918 年前后，之后投资规模逐渐扩大，依恃雄厚的资本优势与特权保护，至 20 世纪 20 年代初期已形成覆盖大部分工矿业门类、各类金融领域的庞大资本群体。20 世纪 20 年代中期以后，华北财团因政治经济形势变化逐渐出现分化，京津系资本集团多因北京政府政治失势，丧失特权，向普通私人资本转化；奉系资本集团则因政治地位稳固而愈益膨胀，且呈现公私混同、以私控公的发展趋势；晋系资本集团因阎锡山公营思想而逐渐向官办方向衍化。

研究发现，华北财团对北方民族资本主义产业资本与金融资本的贡献率均在 60% 以上，成为北方民族资本主义发展的主导资本形式，为北方民族资本主义发展提供了必要的资本积累。同时，华北财团投资领域集中于金融、工矿及大型轻工业企业等普通私人资本不具备投资能力的领域，与普通私人资本投资形成互补关系，排挤作用有限。依恃资本优势与特权保护，企业经营聘用新式管理人才，购置新式机器，采用先进技术，对北方经济近代化转型起到了推动作用。而其依靠特权保护获得超市场经营优势，在某种程度上亦可视为民族企业以"不法"方式对不完善市场机制的一种修正与自我保护。在外商资本压制、市场与法规机制不健全、政府缺乏必要保护的环境下，羸弱的民族资本很难获得发展空间，华北财团依恃特权，获取税收减免与其他经营便利，方能获得与外商资本接近平等的竞争环境。但是，华北财团依恃特权甚至强权强占市场的行为，本身又形成对市场健康发育的破坏，对普通私人资本形成排挤，从而造成对北方民族资本主义发展的不利影响，其中经验教训值得深思。

目　录

导　论 ………………………………………………………………… 001

第一章　华北财团之形成 ………………………………………… 036

　第一节　特权贵族阶层财富积累及华北财团的形成 ……… 037

　第二节　华北财团之核心组成 ………………………………… 072

　第三节　华北财团资本属性与特征分析 ……………………… 099

第二章　华北财团资本体系 ……………………………………… 116

　第一节　华北财团产业投资体系 ……………………………… 117

　第二节　华北财团金融资本体系 ……………………………… 148

　第三节　华北财团北方地区投资体系分析 ………………… 182

第三章　华北财团发展趋势与个案分析 ………………………… 200

　第一节　集团化经营雏形的出现与分化发展趋势 ………… 200

　第二节　个案分析——周学熙企业集团 …………………… 218

　第三节　核心与外围：华北财团产业与金融关系分析

　　　　　——基于北四行联合经营的个案研究 …………… 241

　第四节　以纸易金——奉系资本集团"贸易纸币"与金融

　　　　　托拉斯经营分析 ………………………………… 274

结　语 ·· 293

附表 1　北京政府时期华北与东北地区民族资本产业

　　　　投资一览 ······································ 296

附表 2　北京政府时期华北与东北地区新式金融投资

　　　　一览 ·· 430

参考文献 ·· 466

导　论

一　引言

（一）选题缘起

原始资本积累为资本主义发展所必需。不同国家与地区基于各自资源与历史文化、国际地位等，形成不同原始资本积累模式。英国等老牌资本主义国家多通过殖民掠夺方式，从殖民地或半殖民地国家掠夺廉价原材料，甚至直接以战争方式进行掠夺。中国在以耕织结合的小农经济与高度集权的专制制度为主要特征的超稳定型社会架构下，时至 19 世纪中期，尚未出现经济近代转型迹象。即便在鸦片战争以后，在逐渐沦为西方廉价原材料供应地与商品倾销市场长达半个世纪之久的时间内，民族资本主义尚未真正起步。20 世纪初期，在清末新政与民初北京政府鼓励民间办厂等政策因素促动之下，民族资本主义出现第一次发展高潮。民族资本主义发展的政治壁垒清除之后，随之而来的最大障碍便是原始资本积累问题。这一现象在北方地区尤为突出，即便在京津地区，亦因开埠较晚、市场发育不足等，难以依靠市场组建规模较大的民族资本主义企业。此种背景下，依靠普通私人资本的涓涓细流，在短时间内形成民族资本主义经济的规模化发展，几乎没有成功可能。

清末民初，官场腐败，政治动荡，催生了大批贪官污吏。在政治混乱背景下，军政特权群体肆意贪污中饱，吸吮民脂民膏，短时间内聚积了惊人财富，令人发指。而与历代传统社会之贪污形态所不同的是，民国初期政治无序，经济与社会近代转型，军阀官僚敛财手段更加多样，这使得其资财膨胀速度与规模超过以往任何时期，形成集地主、资本家、高利贷商人于一体的新式权贵富豪阶层。京津地区成为特权富豪阶层最大聚居地。东三省由张作霖军事集团把控，山西由阎锡山晋系集团独霸一方，性质与京津地区无异。第一次世界大战期间及稍后时期，在新式投资优厚利润的刺激之下，特权富豪阶层在广泛购置田地房产、肆意挥霍之外，纷纷将手中资财投资新式工商金融事业，成为北方民族资本主义经济发展之最大资金来源。这种现象，民国时期即已引发中外学者关注，相关论述如："北京很长时间内都是华北的政治中心，在这里，官僚和军阀在他们掌政的时代积蓄了大量的财富，虽然是分散的，但无可怀疑，这些财富在中国工业发展初期是起了很重要作用的。"① "这个华北地区的官僚资本对工业部门的投资倾向，并没有因为袁世凯去世及袁死后中央集权的崩溃而有所改变，它仍然掌握在半封建半殖民地社会中的地方势力派——督军的手中。造成这种情况的原因，倒不是由于中国官僚

---

① 陈真、姚洛编《中国近代工业史资料》第一辑，生活·读书·新知三联书店，1957，第300页。

已经强烈地意识到有必要把对工业的投资作为国家的政策，必须贯彻实行，而是由于除了官僚以外，其他人没有资本。"①

中国传统群体意识与超强的家族观念，决定了权贵富豪群体不可能以个体形式存在，而是更多以家族、姻亲、派系、同僚、同乡等各种关系，结成诸多利益团体，以团体聚积财富，亦以团体形式合作投资，进而形成不同资本集团。新式资本主义投资具有规模大、时效性强的特点，需要短时期聚积巨额资本，正因为如此，西方近代经济发展中出现了股份制与有限责任公司的现代企业制度。民国初期民族资本主义对巨额资本的需求，刚好与权贵富豪阶层以群体投资的偏好契合。故此，20世纪初期中国民族资本工商业企业虽然亦采取股份制的现代企业制度，但不是或者不单纯为资本合作性质，而是更多融入了"人合"因素。这种现象，在20世纪20年代以前民族资本主义刚刚起步阶段表现得尤为明显。之后，随着经济与市场发展，以及北洋军阀官僚在政治上的失势，各种以血缘、地缘、政治、军事等关系为纽带的投资群体渐趋松散，其投资企业之特权色彩逐渐消退，随着股东政治失势逐渐向普通私人资本企业转化。上述北方地区以官僚军阀为主体的特权投资群体，具体可以地域为标准分为三大资本集团：以张作霖家族为核心的奉系资本集团，以东三省为主要投资范围；北京政府官僚、下野寓公、北洋军阀，投资区域以京津地区为核心，涉及直隶、热河全省及山东、河南部分地区；以阎锡山为首的晋系军阀，以山西为势力范围。此仅为根据相对集中区域

① 陈真、姚洛编《中国近代工业史资料》第一辑，生活·读书·新知三联书店，1957，第300页。

而做的粗略划分，实践中各投资集团之间均有交叉投资，投资区域亦有伸缩。对于北方特权资本阶层的新式投资，学界习惯以"华北财团"称之。尽管对华北财团的存在性及其内涵学界颇有争议，但"华北财团"已成为北方官商特权资本集团约定俗成的称谓，本书沿用这一说法，研究目标重在思考近代北方资本主义经济起步阶段的发展特点，思考民族资本主义在市场机制不完善、资本缺乏背景下，依赖特权资本完成资本积累的特殊发展路径。

与江浙财团相比，华北财团的特权性与超市场经营特征突出，但随着时间推移与市场发展，华北财团主体资本有向市场化转型趋势。官僚军阀投资为北方地区民族资本主义起步提供了必需的资本供给，弥补了初始资金的不足，历史作用不容忽视。但其长期形成的依赖政治特权的超市场经营模式，又形成对普通私人资本的排挤，不利于市场机制的构建与完善。其中折射出来的特权资本与普通私人资本、政府与市场等方面的合作与博弈，对当前经济改革及市场机制的完善，具有较高的借鉴价值，此为本课题研究之现实意义所在。

（二）"华北财团"概念解析与界定

在北方地区民族资本主义起步阶段，对于特权资本集团的特殊作用，学界已有共识。但对于"华北财团"概念的界定，则说法不一，相去甚远，甚至存在意见相左、相互批评情况。北方地区特权富豪阶层之财富聚集及新式投资，20 世纪 20 年代即已引发时人关注，但"华北财团"之称谓，至民国末期才正式出现，最早见于 1947 年《贵州商报》刊发的《华北财团之长成》一文，该文将华北财团概括为北四行系与直鲁系两大金融资本集团，且以北四行系为核心。除华北财团以外，另有华南财团、南方财团、云南财团等提法。因边业银行与东莱银行影响较小，该文认为北四行乃华北财团之核心，并予以详细论述。次年《经济导报》刊发了关于"北四行财团"与"南五行财团"的专题研究论文①，并将北四行财团归入政学系金融资本。以上两种提法均以对"官僚资本"的批判为背景，多为政治性评论，而非严格的学术概念。② 将华北财团或北四行财团资本性质定为借助政府资本牟取私人利益；认为华北财团或北四行财团的存在时间为 20 世纪 20 年代至 20 世纪 40 年代，北京政府时期为华北财团形成时期，20 世纪 30 年代以后对北方地区金融、实业形成控制，进行财阀式经营，经济势力从华北地区扩展到华中地区。相比之下，更关注 20 世纪 30 年代以后北四行以金融资本为中心，对实业资本进行控制，以附属事业或控股形式形成的集金融、工矿、贸易、粮栈等于一体的资本集团。事实上，以上两种论述所称之华北财团，均以北四行为核心力量，但在北京政府时期，北四行尚处于初步发展时期，受制于旧式股东，直至 1926 年方形成较大影

---

① 中元：《政学系的金融资本》，《经济导报》1948 年第 89 期，第 7～8 页；中元：《政学系的金融资本：北四行财团内幕》，《经济导报》1948 年第 90 期，第 9～10 页；中元：《政学系的金融资本：北四行财团内幕 盐业银行、大陆银行和中南银行》，《经济导报》1948 年第 91 期，第 9～11 页；中元：《政学系的金融资本：北四行的工业投资》，《经济导报》1948 年第 92 期，第 7～9 页；中元：《政学系的金融资本：大公报与南五行》，《经济导报》1948 年第 93 期，第 5～6 页；中元：《政学系的金融资本：南五行的财团内幕》，《经济导报》1948 年第 94 期，第 11～13 页。

② 如《政学系的金融资本》开篇即指出："政学系本质上是一个官僚政客集团，……同时他们又是人民革命的敌人，因为他们有统治的经验，他们会替统治者粉饰太平，抹白脸孔。"

响，之后经营重心南移，盐业银行、大陆银行 1930 年之后迅速衰退，有较大影响者唯金城银行。《华北财团之长成》一文将华北财团划分为直鲁系与北四行系，其中直鲁系主要包括张作霖与张宗昌控制之边业银行与东莱银行。边业银行成为国内知名银行，乃自 1926 年迁奉天以后，其业务范围也主要在东北三省进行，可知对于华北财团活动范围的界定，是将东北区域包括在内，这与其对华北财团"官僚资本"性质的界定一致。

新中国经济史学界承袭了"华北财团"称谓，但很长时期未有学者对华北财团进行深入考证分析。至 20 世纪 80 年代初期，姜铎对华北财团资本范围重新界定，除北四行系与直鲁系以外，还将中国银行、交通银行与新华信托储蓄银行纳入华北财团系统，称为"政府系"，但考察时点缩短为北京政府时期，资本形式限于金融资本，未纳入实业资本。1996 年史全生作《北洋时期的华北财团》一文，对华北财团的形成、资本组成及性质做了详细阐释，将华北财团的范围进一步扩大，认为华北财团为清末民初时期北方特权富豪群体以非法所得在北方地区进行新式投资，并依恃军政特权经营的资本集团，重点论述了北方特权资本的实业投资，但同时机械地接受了姜铎以三大金融集团概括华北财团的观点。

综观上述对华北财团的论述，可知近代以来学界对"华北财团"始终未形成统一认识，但对华北财团的定位有相通之处：第一，虽然以"华北财团"命名，但均将以东北奉系军阀为首的特权资本投资群体一起纳入；第二，官商特权属性。华北财团为北方地区卓有影响的官商特权资本集团，相比于南方财团，华北财团具有突出的"官商"特色，即与政府及官僚群体关系密切，依恃特权获取经营便利。但在时点界定上，前后两个时期差异甚大，民国时期对于华北财团抑或北四行财团的批判，重在其与蒋政府的新军政集团相互勾结形成的特权资本集团，而新中国经济史学界更倾向于接受华北财团为北京政府时期的官僚特权投资群体的界定，普遍认为北京政府倒台以后，华北财团因丧失政治靠山，或经营重心南移而不复存在。资本形式方面，学界普遍接受以金融资本指代华北财团的说法，但本书经考察认为，尽管20世纪20年代中国新式银行发展迅速，资本规模已超过工商业资本，但直至北京政府倒台，金融与工商业之间仍以普通借贷关系为主，尚未形成直接投资，而是采取以金融资本控制实业资本的财阀式经营模式。非但如此，华北财团几个初具雏形的资本集团，具有以实业资本为中心、以金融资本为外围的结构特征。故本书对于华北财团之研究，乃以北京政府时期，官僚特权群体对华北与东北地区实业与金融投资历程为研究内容。从主体构成看，华北财团主要可分为三部分。（1）军政界人士。即清末民初在职与下野的军政官员，此为主体部分。（2）官办企业与金融机构之高层管理人员。官办企业与金融机构的管理层虽未直接供职于军政机关，但其拥有的政治经济特权优势不逊于军政界官员，且因拥有对官办企业的控制权，往往更熟悉且能更直接从事特权经营。（3）官僚军阀亲属及其他密切关系人。因中国特殊的家族文化，家族成员内部往往没有明晰的产权划分。特权阶层人员的妻子、子女及其他亲属虽无特殊身份，但其投资更容易受到特权庇佑，不能视为普通民族资本。除此之外，官僚军阀亲信借助特权投资的情况亦不鲜见，其性质一如上述。华北财团因区域与派系不同又分成三大集团：京津系活动区域以京津地区为中心，包括直隶全省及山东、河南部分区域；晋系集中于山西一省；奉系则在东北三省进行一体化投资。

（三）"财团"释义

将"华北财团"研究时点界定于北京政府时期，引发的另一种质疑，即对"财团"本身的界定。现代意义的所谓财团，是指大型现代企业集团，通过内部统一的组织与管理，进行横跨金融与工商实业多种业务经营的企业集团。但北京政府时期，中国民族资本主义尚未发展到"财团"程度。正因如此，20世纪末期以来，虽然随着中国市场经济改革的推进，学界对近代民族资本主义经济的研究异彩纷呈，但是以"财团"命名或对财团进行正面研究的成果非常少，多是从不同侧面进行局部研究，对"财团"的提法都三缄其口。鉴于此，本书有必要再对"财团"一词的内涵进行缕析。

"财团"一词，是近代中国遭受列强入侵，经济近代转型中出现的一个新词。清末时即已有此说法，民国时期广泛沿用。最早用于列强对华借款银行团，如"四国财团""六国财团"等，意指对华贷款的资金组织。民国时期对"财团"一词的运用相当广泛，所有与资金有关的团体组织均用"财团"指代。大概有如下几种含义：（1）基金。1911年安徽人朱莲溪翊周甫曾向南京临时政府建议，在各县设立民间公共基本财团，由当地人民集资入股，聚少成多，汇集资本，或设立储蓄银行，或投资工商实业，以达实业救国之目的。[①]（2）专指捐助基金。国民政府《民法总则》"财团"一节规定，财团法人成立要件如下："第一，财团在登记以前，应得主管官署之许可……第二，须设立捐助章程。盖财团法人的设立，由于捐助财产而来，自应以捐助章程，订明法人目的，和所捐的财产……"[②] 如民国记者史量才去世以后，其家属遵其遗嘱，将其遗产 160000 元捐赠，设立财团法人，命名为"量才奖学基金团"。[③]（3）指银行团。《四国财团对中国借款》内写："中国贷款一事应由英美法德财政团分担并由……"[④] 外国银行团对华贷款，报纸多以"财团"称之。民国时期银行界多以银行团形式，由多家银行合作进行金融投资或贷款，当时均以"财团"称之。1937 年，四川禁烟总局为统制烟土运销，特邀金融界集资 500 万元，组织"利济财团"，发行期票，辅助政府禁烟。[⑤]（4）公司集团。国外集团性质之大公司均以"财团"或"财阀"称之，如日本三井财团、美国洛克菲勒财团等。"美电云，倘对于财团进款按照新率征抽税捐，此款必居国家岁入之大宗。"[⑥]（5）中国资本主义发展中既成之资本利益集团。至 20 世纪 40 年代，中国公认势力比较大的资本利益集团有：北四行财团、江浙财团、南五行财团、广东财团、云南财团、四川财团等。能够形成财团者，大体具备以下特征：（1）有固定的活动区域；（2）有稳

---

①　朱莲溪编《公共基本财团组合法说略》，编者自刊，1914，第 34 页。
②　《第十三节 财团》，《现代法学》1932 年第 11 期，第 139 页。
③　量才奖学基金团编《财团法人量才奖学基金团成立文件》，编者自刊，1936。
④　《顺天时报》清宣统二年 10 月 17 日。
⑤　朝昆：《宋财团经营广东》，《群言》1948 年第 14 期。
⑥　《顺天时报》清宣统元年 5 月 26 日。

定的资本家群体；（3）资本性质及经营风格相同或相似；（4）在某区域有较大影响或垄断地位；（5）区域内金融和工商业企业相互之间有业务、资金或人员方面的密切联系。

由此可知，民国时期对"财团"一词的理解与运用相当广泛，远非限于大型企业集团，甚至可以说，正因为国外大型企业集团符合中国财团关于"资金之组合"的内涵，才将其翻译为"财团"或"财阀"。20世纪中期以后逐渐将"财团"一词固定用于巨型金融企业垄断集团，但对民国时期中国资本利益集团仍习惯以"财团"称之。基于此，本书认为不论从历史角度抑或从习惯角度，以"财团"称谓中国近代资本利益集团均无不妥之处。以当代缩小了的财团定义否认近代资本利益集团之"财团"属性，反而不妥。

（四）华北财团三种属性——资缘、地缘与人缘

资缘属性。现代企业制度以产权制度与法人治理结构为核心内容，以有限责任公司为主要组织形式，具有产权清晰、权责明确特点。企业内部均设有股东会、董事会、监事会以及执行机构。以此标准衡量，华北财团投资经营之新式企业具备完全的现代企业特征，故从本质上讲，华北财团资本应为资本主义性质，股东之间基本形成"资本合作"，与中国传统无限责任制的合伙式企业具有本质区别。

人缘属性。华北财团资本虽然形式上具备现代企业的股份合作特征，但与现代股份公司纯粹的"资合"属性又有不同，表现出较强的"人合"属性。原因在于，现代公司采取不特定多人共同投资的股份制，投资者之间为纯粹的资本合作关系，股东之间不需要以相互信任为基础，甚至不需要相互认识与了解。相比之下，华北财团合作投资人之间更多基于宗族、同僚、派系等纽带，形成相对稳定的投资群体，资金合作另有浓厚的人情与信任基础，具有明显的"人合"属性。各投资团体往往存在超出资本合作的"人合"关系，在投资中互通信息，相互支持。合作投资形成的共同利益又强化了其原有之人脉关系，形成了较为固定的投资与利益团体。市场竞争中，不同团体在不同地域与行业形成了较为固定的资本力量。以北京政府官僚投资为例，交通系以交通银行为阵地，形成对交通系统之投资把持；周学熙集团则在棉纱、水泥等领域居垄断地位。晋系财团以晋系军阀官僚为核心成员，形成对山西以外资本的完全抵制。奉系财团则形成以张作霖家族为核心，由奉系军事政治集团构成的金融、工业、贸易托拉斯，实现对东北新式工矿业的全面渗透。

地缘属性。华北财团为北方若干军阀官僚资本集团之统一称谓，而非单个企业集团或投资集团。民国时期曾有"北方财团""北洋财团"之称，因其活动区域以华北地区为中心，故统称为"华北财团"。华北财团内部又可根据派系、家庭及区域分成不同利益投资集团，之所以将其作为整体看待，是因为其权贵资本的共同属性。与江浙财团更倾向于按资本家之江浙籍贯划分相比，华北财团更注重投资活动区域的集中性，而非资本家之籍贯。大体而言，华北财团投资区域涉及东北三省、直隶、北京、天津、山西，以及山东、河南部分地区。不同资本集团又形成相对固定的区域分布，以中央政府官僚军阀为核心的京津系资本集团投资区域集中于北京、天津、直隶，以及山东、河南部分地区；晋系资本集团独踞山西；奉系资本集团则以东三省为势力范围，形成相对独立的资本实体。虽然为地域概念，但"华北财团"并非对北方民族资本主体的简单归纳，而是其本身在某种程度上具备了严格意义上的"财团"特征，亦即"集团化经营"特征。早期北方民族资本主义经过十多年发展，至 20 世纪 20 年代已初步形成涉及金融业与工业、商业、矿业与运输业等多领域的若干资本集团，如北四行集团、周学熙集团、倪嗣冲集团、张作霖家族等多个资本集团。上述财团或以家族面貌存在，或以政治派系结盟，或以企业联合形式经营，在北方地区或某一领域形成优势竞争团体，甚至垄断力量。

值得指出的是，所谓人缘与地缘属性，只是一种相对稳定的表现形式，在华北财团起步阶段较为明显。资本的本性在于逐利性。因地域毗邻、业务交叉关系，各财团之间存在密集的资金互投、人员兼职以及业务往来关系，通过资金甚至婚姻及其他裙带关系，形成具有"资缘"与"人缘"双重属性的利益集团网络。随着市场发展和投资环境变化，各投资团体地域与行业呈现由分割到融合的趋势，最终形成统一的北方投资集团。

二 既有研究述评

（一）综合性研究

华北财团为近代中国最大财团势力之一，民国时期就引发了广泛关注。20 世纪 20 年代即有关于北洋要人私产规模的估计。[①]

[①] 《民视日报五周（年）纪念汇刊》，1926 年 10 月 10 日。

侯树彤系统论述了奉系军阀集团当政时期东北币制整顿、货币发行及流通、东北官商金融机构建立及运营的状况，并对东北官办银行附属事业以金融操纵东北商业贸易、"以纸易金"的运作机制进行了详细介绍。[1] 民国时期一些报刊（如《银行周报》《银行月刊》《东三省官银号经济月刊》等）有关于北方金融机构运营状况、经济状况的文章，但限于时空因素，缺少宏观观察与历史思考。

对财团整体性规模与社会影响的研究，于南京政府末期随着蒋政权政治失势而展开。[2] 许涤新《官僚资本论》对以梁士诒为首的交通系资本集团有简要介绍。《贵州商报》1947年连续刊发《华北财团之长成》，首次提出"华北财团"概念，并对其构成做了较为系统的梳理。[3] 署名"中元"的作者对民国时期北四行之发展历程、经营管理，周作民等四位总经理之金融思想，资本及业务增长情况，联营事业发展等做了较为详细的梳理。[4]

新中国成立后，"华北财团"概念最早见于黄逸峰《帝国主义侵略中国的一个重要支柱——买办阶级》，其中提及买办资本对华北财团的渗入。[5] 姜铎概括介绍了民国时期三大财团的资本规模、业务发展情况及外围关系。[6] 史全生对华北财团资本来源

① 侯树彤：《东三省金融概论》，太平洋国际学会，1931。
② 许涤新：《官僚资本论》，光华书店，1947。
③ 作者不详，《华北财团之长成》，《贵州商报》1947年10月9日，1947年10月13日，1947年10月14日。
④ 中元：《政学系的金融资本：北四行财团内幕》，《经济导报》1948年第90期，第8~9页；1948年第98期，第7~10页。
⑤ 黄逸峰：《帝国主义侵略中国的一个重要支柱——买办阶级》，《历史研究》1965年第1期，第55~70页。
⑥ 姜铎：《略论旧中国三大财团》，《社会科学战线》1982年第3期，第186~200页。

与运用、组织架构、产业与金融投资体系等做了全方位阐述。[1]
直至 20 世纪 80 年代初期，学界均将华北财团资本与国家资本一
并混同于官僚资本，多持批判性态度。20 世纪 80 年代中期以后，
随着中国经济改革的不断深入，出现近代经济史的研究热潮，对
官僚资本的研究逐渐向内容精细化、专题化方向发展，并开始将
官僚私人资本与国家资本区分对待，将其从官僚资本领域剥离出
来单独研究。陈自芳提出"官僚私人资本"的概念，以与传统意
义上的"官僚资本"相区别。[2] 陈自芳对官僚私人资本投资规模、
投资特点与性质做了详细分析，认为官僚私人资本范围限定于大
官僚私人资本，普通官僚私人资本则应归结到一般民族资本范
畴。陈自芳对北京政府时期官僚投资性质做了深入剖析，指出北
京政府时期，政局动荡，官僚军阀为谋出路，利用权力牟取钱
财，形成巨额官僚私人资本，加之此时期中国民族资本主义工商
业的诱发作用，他们大都将所搜刮资财投资工商金融业。由于中
央政府式微，法度败坏，官僚军阀肆无忌惮地侵占国家资产。同
时，随着民族资本主义经济的发展，官僚私人资本日益与特权经
济脱离，转化为普通民族资本。陈自芳也对不同类型的官僚私人
资本做了比较分析，认为官僚资本投资受官僚实际权力、与企业
关联程度、人格品质等因素影响。[3]

---

① 史全生：《北洋时期的华北财团》，《民国春秋》1996 年第 3 期，第 3~9 页。
② 陈自芳：《论中国近代官僚私人资本》，《浙江学刊》1995 年第 6 期，第 110~114 页。
③ 陈自芳：《中国近代官僚私人资本的比较分析》，《中国经济史研究》1996 年第 3 期，
第 65~90 页。

（二）专题研究

随着经济改革的深入，学术环境日渐宽松，华北财团作为近代官僚家族资本的典型案例，引发学界空前关注，研究向纵深化方向发展，对华北财团开始有不同专题、不同侧面的剖析性研究，整体性研究成果反而少见。另外，研究多从官僚私人资本角度展开，"华北财团"概念则鲜有人提及。魏明对近代官僚私人资本主义投资做了较为系统的统计分析，指出北洋军阀官僚投资高潮在 1918~1921 年，投资区域遍及全国 16 个省区市，其中又以京津地区为核心，以北方地区为重点；以矿业和纺织业规模最大，并大量投资金融业。文章对官僚私人资本与其他资本形式的关系也做了分析。[①] 姜铎对北京政府时期中国官僚资本规模、企业投资状况及特点做了归纳总结，华北财团为其中重点内容。[②]

按区域分，专题研究围绕三大核心区域展开。其一为关于天津官僚私人资本的研究。主要成果有：宋美云对北京政府时期天津近代工业发展之企业数量、资本规模、行业等做了全面统计分析，并对官僚私人资本投资做了专题研究，分析了官僚私人资本所投资之工业企业在天津工业经济中之占比，认为官僚私人投资为天津近代工业发展的重要原因，亦为天津近代工业发展的特点之一。[③] 魏明

① 魏明：《论北洋军阀官僚的私人资本主义经济活动》，《近代史研究》1985 年第 2 期，第 66~110 页。
② 姜铎：《略论北洋官僚资本》，《中国经济史研究》1990 年第 3 期，第 42~50 页。
③ 宋美云：《北洋时期官僚私人投资与天津近代工业》，《历史研究》1989 年第 2 期，第 38~53 页；《北洋军阀统治时期天津近代工业的发展》，中国人民政治协商会议天津市委员会文史资料委员会编《天津文史资料选辑》第 41 辑，天津人民出版社，1987，第 133~150 页。

对北洋官僚军阀在天津的资本主义投资活动进行了系统梳理，并对其特点与性质进行了深入剖析与总结，认为与洋务派相比，北洋军阀官僚资本主义经济活动更能体现群体性、派系性，在共同投资中形成利益共同体，并与政府及外商资本发生利益关系。[①]孔经纬、傅笑枫对奉系资本集团之形成发展历程，在东北地区投资的企业及其资本规模等做了系统阐述，遗憾的是其研究未对张作霖集团控制下之政府资本与私人资本做区分，而是混同为"官僚资本"做一体化研究，且研究集中于史料罗列，分析不足。[②]其他区域性研究远逊色于上述地区，陈轲对官僚私人资本在豫北地区的实业投资做了比较详细的论述，并对豫北实业的区域特色做了总结。[③]冯云琴系统论述了唐山自 19 世纪 60 年代至 20 世纪初期因工业化而兴起，进而实现城市化的进程，并对周学熙以官员身份创办实业的历程做了详细阐述，分析了其中的"官商关系"。[④]另有基于企业个案视角的研究，郑连明详细论述了北京官僚军阀群体在龙烟铁矿公司的出资与经营情况。[⑤]

在区域研究以外，学界对华北财团的研究主要围绕规模较大之官商资本集团展开，以个案分析为主。个案研究成果以周学熙集团、北四行集团、孙氏家族集团以及倪嗣冲集团最为集中与系统，其他则较为分散，停留于浅层次介绍性研究，甚至有些层面

---

① 魏明：《北洋政府官僚与天津经济》，《天津社会科学》1986 年第 4 期，第 87~93 页。
② 孔经纬、傅笑枫：《奉系军阀官僚资本》，吉林大学出版社，1989。
③ 陈轲：《近代北京政府时期豫北民族实业的区域特色》，《天中学刊》2005 年第 4 期，第 113~116 页。
④ 冯云琴：《工业化与城市化——唐山城市近代化进程研究》，天津古籍出版社，2010。
⑤ 郑连明：《龙烟铁矿公司创办始末：北洋官僚资本个案剖析》，《近代史研究》1986 年第 1 期，第 255~271 页。

尚未涉及。周学熙集团为华北财团之核心组成，基于其企业规模的庞大及在近代中国经济史的显著地位，围绕周学熙企业集团及周学熙本人经济思想的研究全面而且深入。郝庆元系统论述了周学熙从清末至民国时期实业与金融业投资历程，并对其以官商两栖身份，借助官款与特权经营私人事业，注重资金积累，进而形成工业与金融集团化发展的独特道路进行了理论与实证剖析，认为其为中国实业及华北近代经济发展做出了开拓性贡献，同时对其在收回经济主权方面的巨大努力给予了肯定性评价。[1] 另有多名学者对周学熙集团不同侧面做了专题研究，唐少君对周学熙筹划华新纺织公司和启新洋灰公司的背景、过程以及资金筹集与积累、经营思想与策略等做了全面阐述。[2] 徐锋华对周学熙从清末到民国时期创办实业的整体历程做了概括论述，认为周氏集团充分利用各类资源、注重资金积累、工业与金融业相互渗透的集团化发展历程为中国民族企业提供了可资参考的成功范式。[3] 欧阳跃峰全面论述了周学熙集团早期利用同族同乡等关系筹集股本，注重资本积累，渐成集团规模的历程，同时阐述了其早期依恃特权获取经营优势，注重引进技术，降低成本，联合同业获取垄断利润的经营模式。[4] 冯云琴认为周学熙任职期间确立的权限统一

---

[1]　郝庆元:《周学熙传》，天津人民出版社，1991。

[2]　唐少君:《周学熙与华新纺织股份有限公司》，《安徽史学》1990年第4期，第42~48页;《周学熙与启新洋灰公司》，《安徽史学》1989年第4期，第39~45页。

[3]　徐锋华:《周学熙与近代华北经济的发展》，《兰州学刊》2007年第6期，第195~197页。

[4]　欧阳跃峰:《论启新洋灰公司的经营特点——周学熙集团企业个案研究》，《安徽师范大学学报》（人文社会科学版）1992年第3期，第281~290页;《略论周学熙实业集团的经营模式》，载施立业、李良玉主编《安徽三大家族与近代中国实业研究》，合肥工业大学出版社，2010，第49~60页。

的权力中心与分权制衡的组织相结合的经营体制，为启新集团经营管理的一大特色，亦为其成功经营的重要砝码。[1] 冯云琴认为周氏企业集团探索的"官为扶持，商为经营，利用官力但又不为官所制，最大限度保持自主性"的有效官商关系，为其企业成功发展的重要因素之一。[2] 陈绛、姜铎分别对周学熙集团与张謇集团做了比较研究，认为两者在创办者身份转化、时代背景及技术引进等方面均存在相同之处，但两者资本性质不同，周学熙集团以官款起步，张謇集团则主要为普通私人资本，周学熙企业更多依靠政治特权，张謇集团则更倾向于与地方建设相结合。[3]

孙氏家族集团为华北地区可与周学熙集团相提并论的另一大型企业集团，两者在发展历程与资本构成等方面有诸多相似之处。但学界关于孙氏集团的研究还有待深入，既有研究主要为论文形式的专题性研究，且数量有限，整体性专著成果尚未出现。郝秀清对"通孚阜"（或作"通阜丰"）实业集团的形成与衰落历程及其经营特点做了简要论述。[4] 汪谦干详细阐述了孙多鑫、孙多森兄弟创办实业与银行，注重资本积累，渐成集团模式的整体历程，以及孙多鑫、孙多森家族在面粉、水泥、煤炭、银行等行业的投资

---

① 冯云琴：《启新洋灰公司经营管理体制论略》，《石家庄经济学院学报》2005 年第 5 期，第 594～596 页。

② 冯云琴：《官商之间——从周学熙与袁世凯北洋政权的关系看启新内部的官商关系》，《河北师范大学学报》（哲学社会科学版）2003 年第 4 期，第 127～136 页。

③ 陈绛：《张謇与周学熙企业活动比较》，《复旦学报》（社会科学版）1989 年第 5 期，第 70～78 页；姜铎：《略论北周南张资本集团》，《历史教学》1991 年第 11 期，第 6～11 页。

④ 郝秀清：《清末民初的"通孚阜"实业集团》，《安徽史学》1993 年第 1 期，第 35～38 页。

概况，并对孙氏家族人员参与其他经济活动的情况做了简要介绍。① 孙曜东口述、宋路霞整理的回忆性文章《孙多森与中国银行》，论述了孙多森参与改组中国银行，及担任中国银行总裁期间对中国银行改革所做的努力，具有较高史料价值。② 孙树汉对中孚银行的设立、资金、经营及发展情况做了综合论述。③

北四行为旧式股东与新式银行家"资智"结合之成功范例，亦为影响最大的北方民族金融资本集团。整体性研究如，康金莉对北四行从设立至抗战之前的发展演变、业务经营、联营事业等有系统研究，认为北四行虽依靠官僚军阀私人资产与特权起步，但经营中注重市场化，独立发展，此为其成功之关键因素。北四行联营为华资银行业在发展初期为争取生存空间采取的抱团发展策略，远非垄断性质。④ 联营事业为北四行成功发展之关键，亦为学界关注重点，田兴荣全方位研究了北四行联营事业的沿革，重点对联合发钞、联合储蓄、联合投资等联营业务做了专题论述，认为四行联营虽是较低层次的信用联营，但仍不失为银行经营模式的创举，且四家银行能够合理把握合作的"度"并获得成功。联营事业的成功运行为北四行在华北金融界地位的确立奠定了基础，增强了北四行的风险抵抗能力，在平稳运行、探索集团

---

① 汪谦干：《论安徽寿县孙家鼐家族对中国近代经济发展的贡献》，《民国档案》2004年第2期，第106～113页；《安徽寿县孙氏家族与近代中国企业》，载施立业、李良玉主编《安徽三大家族与近代中国实业研究》，合肥工业大学出版社，2010，第1～8页。

② 孙曜东口述，宋路霞整理《孙多森与中国银行》，《中国企业家》2003年第8期，第143～146页。

③ 孙树汉：《中孚银行概述（1916—1946）》，硕士学位论文，河北师范大学，2016。

④ 康金莉：《北四行研究（1915—1937）》，冶金工业出版社，2014。

化经营方面亦起到了推动作用。[①] 康金莉对四行准备库钞票发行与四行储蓄会做了专题论述。[②] 另有关于北四行单个银行的研究。金城银行为北四行之首，且史料丰富，学界对其关注远超其他三行，相关专著性成果如，诸静以翔实的资料论述了金城银行自成立至抗战前夕20年间放款与投资的规模、特点及变迁，为了解金城银行资产业务的必读之作。[③] 刘永祥论述了金城银行自成立至公私合营的兴衰变迁，运用定性与定量相结合的研究方法，对其存放款规模与结构进行了深入分析并做了客观评价。[④] 别曼运用商业银行经营管理理论，从比较分析视角对金城银行经营特色与风险管理做了深入剖析，重点对金城银行工商业放款与投资业务、政府授信业务进行了论述，并通过横向比较凸显了金城银行经营特色。[⑤] 对北四行中其他三行的研究如，马长伟从制度经济学理论框架，探讨了中南银行公司治理制度、钞票发行制度及联营制度安排，并以实证方式对其制度绩效进行了分析。[⑥] 大陆与盐业银行研究相对薄弱，目前所见仅有两篇硕士学位论文对其做了综论性研究。[⑦]

[①] 田兴荣：《北四行联营研究（1921—1952）》，上海远东出版社，2015。

[②] 康金莉：《四行准备库钞票发行研究》，《中国经济史研究》2010年第3期，第101~107页；《四行储蓄会研究》，《中国社会经济史研究》2008年第3期，第73~80页。

[③] 诸静：《金城银行的放款与投资（1917—1937）》，复旦大学出版社，2008。

[④] 刘永祥：《金城银行——中国近代民营银行的个案研究》，中国社会科学出版社，2006。

[⑤] 别曼：《金城银行资产业务与经营管理研究》，博士学位论文，南开大学，2012。

[⑥] 马长伟：《侨商中南银行的制度变迁及其绩效研究（1921—1952）》，博士学位论文，中南财经政法大学，2012。

[⑦] 王锋：《盐业银行概况研究（1915—1937）》，硕士学位论文，河北师范大学，2006；王贺雨：《大陆银行概况述论（1919—1937年）》，硕士学位论文，河北师范大学，2006。

　　皖系军阀倪嗣冲与其心腹王郅隆合作，在近代天津及华北进行巨额投资，初步形成集团规模，但相关研究均为论文性成果，目前尚无专著性成果出现。葛培林阐述了倪嗣冲等人对金城银行投资及所持股份逐渐减少的过程，并论及金城银行放款投资业务发展。[①] 金彭育列述了倪嗣冲家族在天津的豪门联姻，较为详细地阐述了倪嗣冲家族在天津棉纺、面粉、火柴及金融等行业的投资情况。[②] 罗澍伟系统梳理了倪嗣冲家族在天津及安徽等地矿业、金融、面粉、化学等领域的投资企业，以及各企业投资金额等情况。[③] 张绍祖、张建虹分析了倪氏财团出现的历史背景，集中论述了倪氏家族在天津的投资，肯定了其在天津经济与城市近代化中的促进作用。[④]

　　张作霖家族当政时期，奉系军阀依恃军政特权，广泛投资商业、工矿与金融等领域，形成了集金融、工矿、商业于一体的垄断企业集团。民国时期即已引发关注。侯树彤对奉系集团在东北之金融投资与特权经营，以及官办金融机构通过附属事业垄断农产品贸易，投资工矿、交通事业的史实做了阐述。[⑤] 新中国成立后，对奉系军阀的研究多集中于其军事与政治割据，经济方面的研究较少。专著性成果仅有孔经纬、傅笑枫著《奉系军阀官僚资

---

① 葛培林：《倪氏家族与金城银行述论》，载李良玉、吴修申编《倪嗣冲与北洋军阀》，黄山书社，2012，第143~151页。
② 金彭育：《津门联姻、人脉与倪氏财团实业》，载李良玉、吴修申编《倪嗣冲与北洋军阀》，黄山书社，2012，第151~160页。
③ 罗澍伟：《倪氏财团投资近代企业概述》，载施立业、李良玉主编《安徽三大家族与近代中国实业研究》，合肥工业大学出版社，2010，第78~85页。
④ 张绍祖、张建虹：《倪氏财团与天津城市近代化》，载施立业、李良玉主编《安徽三大家族与近代中国实业研究》，合肥工业大学出版社，2010，第86~95页。
⑤ 侯树彤：《东三省金融概论》，太平洋国际学会，1931。

本》，内容如前所述。马尚斌系统论述了奉系军阀官僚以其私人资本在东北的工矿、金融业投资及其对东北经济近代化的推动作用。[①] 吴振强、尚思丹、杨尊圣等对东三省金融机构种类做了全面收录和分析，同时介绍了东三省官银号及东三省银行、边业银行等金融机构的沿革。[②] 美国学者薛龙详细论述了张作霖当政时期，在王永江主持下奉天当局所进行的财政、货币改革，以及在产业投资、改组东三省官银号等方面的努力。他认为张作霖与王永江成功推行财政、金融改革，在东北三省建立稳定的财政金融体系，同时以官商合办形式，通过国家资本与官僚军阀私人资本的联合投资，在东北进行大规模工商、金融业投资，对东北经济现代化发展起到了关键作用。[③] 论文成果如，王德朋、华正伟将奉系军阀经济力量分为五个部分，即税收、金融、工商、对外贸易与鸦片种植，重点分析了奉系军阀以搜刮所得投资工商业，或托庇于官办企业牟取私利，并借助金融与贸易垄断获取暴利的历史事实，在批判其反动性的同时，肯定了奉系财团新式投资对东北经济近代化的推动作用。[④] 田峻峰回顾了东三省官银号从清末、奉系军阀统治至伪满洲国时期纸币发行与整顿的沿革；重点阐述了张作霖政府整顿东北币制，复兴东三省官银号，但又无限制挪借款项，迫使东三省官银号增发纸币，导致奉票贬值的历程；肯

---

① 马尚斌：《奉系经济》，辽海出版社，2000。
② 吴振强、尚思丹、杨尊圣、王贵箴主编《东北三省官银号奉票》，辽沈书社，1992。
③ 〔美〕薛龙：《张作霖和王永江：北洋军阀时代的奉天政府》，徐有威、杨军等译，中央编译出版社，2012。
④ 王德朋、华正伟：《论奉系军阀经济力量的构成》，《辽宁大学学报》（哲学社会科学版）2000 年第 2 期，第 45~49 页。

定了东三省官银号统一纸币发行对东北金融的稳定作用，以及对外国势力操控东北金融的抵制作用。[①] 奉系财团亦受到学位论文选题关注，田峻峰对东三省官银号进行了总括性研究，认为东三省官银号兼具封建主义与资本主义性质、中央银行与商业银行职能，经营体制实现所有权与经营权分离，肯定了其对稳定东三省金融的作用。[②] 韩光硕士学位论文《略论边业银行（1919年—1937年）》以时间为序，条陈边业银行不同时期组织管理、股本及业务发展情况。[③]

因阎锡山的国家资本主义思想，晋系军阀私人投资规模未随其政治势力无限膨胀，而是在1930年以后逐渐转为官办。故学界对晋系财团私人投资的研究相对薄弱，景占魁缕析了阎锡山在山西创办公营及公私合营企业的数量、资本规模及绩效，金融改革及贸易发展状况，认为阎锡山经济改革措施得当为山西公营经济快速发展的关键因素。[④]

崔海霞、丁新艳系统论述了1912~1930年阎锡山工业发展政策的制定及实施历程，着重介绍了山西官办军工企业及民用企业的创办情况，肯定了阎锡山兴办工业对稳定民众生活、促进山西工业近

---

① 田峻峰：《东三省官银号对近代东北金融影响之探（1905—1932）》，《理论界》2010年第3期，第113~114页；《东三省官银号及其发行的货币》，《中国钱币》2014年第2期，第41~47页。

② 田峻峰：《东三省官银号研究（1905—1932）》，硕士学位论文，辽宁大学，2005。

③ 韩光：《略论边业银行（1919年—1937年）》，硕士学位论文，河北师范大学，2011。

④ 景占魁：《简论阎锡山在山西的经济建设》，《晋阳学刊》1994年第3期，第79~85页。

代化发展的积极作用。① 中国人民银行山西省分行、山西财经学院
金融史编写组编写的《阎锡山和山西省银行》，系统阐述了山西省
银行成立过程、公私资本来源、组织架构等；通过山西省银行纸币
发行历程，阐述了阎锡山在山西的币制改革；介绍了山西省银行存
贷款业务及货币发行情况。② 任志敏综合论述了阎锡山政府两次整
顿金融，改革币制，垄断发行晋钞的背景、特点及影响。③

（三）兼论性与回忆性研究

其他经济史研究著作、论文及通史性研究，亦有关于华北财团
的兼论性研究。民国时期张家骧《中华币制史》对1925年以前华
北财团各金融机构纸币发行规模与流通情况、发行章程规则等有系
统阐述和史料收录。④ 周葆銮《中华银行史》收录了北方民族金融
机构章程则例等资料，并对其设立及资本情况做了概括介绍。⑤ 朱
斯煌《民国经济史》⑥ 等均有相关论述。民国时期企业内部整理
出版的经营资料及总结，为学术研究提供了非常宝贵的一手资
料，如殖边银行总管理处编《殖边银行三年来之经过》⑦，金城银
行编《金城银行创立二十年纪念刊》⑧ 等。

---

① 崔海霞、丁新艳：《阎锡山与山西的工业近代化（1912—1930）》，《晋阳学刊》2003
　年第1期，第90~94页。
② 中国人民银行山西省分行、山西财经学院金融史编写组编《阎锡山和山西省银行》，中
　国社会科学出版社，1980。
③ 任志敏：《阎锡山发行晋钞研究（1917—1936）》，硕士学位论文，山西师范大学，
　2014。
④ 张家骧：《中华币制史》，民国大学出版社，1925。
⑤ 周葆銮：《中华银行史》，商务印书馆，1924。
⑥ 朱斯煌：《民国经济史》，《银行周报》社，1948。
⑦ 殖边银行总管理处编《殖边银行三年来之经过》，殖边银行总管理处印行，1917。
⑧ 金城银行编《金城银行创立二十年纪念刊》，金城银行印行，1937。

　　因华北财团在近代经济史的重要地位，当代绝大部分经济史和金融史的通史性著作均有相关论述。姜宏业主编的《中国地方银行史》对北方地区官僚军阀投资之东三省官银号、广信公司、山西省银行等均有较为详细的阐述。① 杜恂诚《中国金融通史》第 3 卷等金融史著作均有关于此选题的记述②，限于篇幅此处不再一一列举。其他专题著述中多有对华北财团情况的兼论性研究，可资借鉴。王林楠博士学位论文《近代东北煤炭资源开发研究（1895—1931）》论述了以张作霖家族为首的奉系资本集团在东北进行矿业投资、特权经营以及排挤普通民营资本的历史，认为奉系财团矿业投资客观上起到了促进东北矿业现代化、维护利权的积极作用。③ 华北财团内部大部分军阀官僚对于近代工矿、金融业之参与，仅限于投资入股，而少有直接经营管理，正因如此，关于北洋军阀官僚的各种人物传记关注重点多集中于政治军事活动，但其中亦不乏对其资财及投资活动的介绍，有一定参考价值。如《曹锟家族》对曹锟家族私产规模做了估计，并列举了其在企业、房产、银号、典当等方面的投资。④《黎元洪传》列述了黎元洪寓居天津之后的实业投资生涯。⑤ 其他人物传记亦有类似记述，此处不再一一列举。贾熟村系统介绍了北洋军阀时期新旧交通系班底组成，同时对梁士诒等交通系官员的主要投资企业

①　姜宏业主编《中国地方银行史》，湖南出版社，1991。
②　杜恂诚：《中国金融通史》第 3 卷，中国金融出版社，2002。
③　王林楠：《近代东北煤炭资源开发研究（1895—1931）》，博士学位论文，吉林大学，2010。
④　岳谦厚、李庆刚、张玮：《曹锟家族》，金城出版社，2000。
⑤　徐海主编《黎元洪传》，吉林大学出版社，2010。

做了介绍。① 李淑兰简要介绍了北洋军阀官僚群体在北京的工矿业投资。②

除去研究性文章以外，各地方文史资料、地方及行业志、口述史等史学书刊均有大量关于华北财团的回忆性及介绍性文章，或其他文字数据资料，具有极高的史料价值。《近代天津十大寓公》，对张勋、黎元洪、倪嗣冲、鲍贵卿等官僚军阀大肆敛财，以及以非法资财投资实业的情况做了概括介绍。③ 陈世如回忆性文章《曹锟家族对人民的经济掠夺和压榨》，对曹锟家族资财聚敛、实业投资及经营、曹氏兄弟资产持有情况等做了详细陈述。④ 杜春和、林斌生、丘权政编写的《北洋军阀史料选辑》下，收录了关于曹锟、徐世昌等北洋官僚军阀非法敛财与新式投资的回忆性文章。⑤《文史资料选辑》第53辑收录了关于周学熙集团发展情况及集团内部派系矛盾的文章。⑥ 中国人民政治协商会议江西省奉新县委员会文史资料研究委员会编写的《奉新文史资料》第2辑《张勋史料》记录了张勋趁复辟之机，率辫子军抢劫钱财的经过。于大信《皖系军阀创办

① 贾熟村：《北洋军阀时期的交通系》，河南人民出版社，1993。
② 李淑兰：《北京近代工业早期发展的特点》，《北京师范学院学报》（社会科学版）1992年第3期，第103~110页。
③ 中国人民政治协商会议天津市委员会文史资料委员会编《近代天津十大寓公》，天津人民出版社，1999。
④ 陈世如：《曹锟家族对人民的经济掠夺和压榨》，载中国人民政治协商会议天津市委员会文史资料委员会编《天津文史资料选辑》第1辑，天津人民出版社，1978，第99~112页。
⑤ 杜春和、林斌生、丘权政编《北洋军阀史料选辑》下，中国社会科学出版社，1981。
⑥ 卓言：《周学熙以公款办实业发家的内幕》，载中国人民政治协商会议全国委员会文史资料研究委员会编《文史资料选辑》第53辑，文史资料出版社，1964，第32~34页；周叔弢、李勉之：《启新洋灰公司的初期资本和资方的派系矛盾》，载中国人民政治协商会议全国委员会文史资料研究委员会编《文史资料选辑》第53辑，文史资料出版社，1964，第1~31页。

广懋煤矿公司的内幕》①，侯位三口述、王兰卿整理的《我所了解的阳泉广懋煤矿公司》②，记录了民国初期山西近代矿业公司——广懋煤矿公司的文字与数据资料。李良森整理的《鲁丰纱厂的创建与沿革》，缕陈了鲁丰纱厂从创办，历经租办、日伪侵吞、国民党接收至新中国成立后恢复与发展的整体历程。③ 周叔娪（周学熙孙女）《周止庵（学熙）先生别传》，以时间为序，全面陈述了周学熙自清末至民国时期创办实业的历程，具有较高史料价值。④

　　奉系财团对矿务、铁路、金融的投资与经营情况，亦多见于《文史资料选辑》等文史丛刊。东北文史丛书编辑委员会编辑《奉天通志·实业志》2，对奉系财团东北实业投资有简要记录。⑤ 奉系财团实业投资企业的个案资料亦散见于各文史资料。⑥《民国

---

① 于大信：《皖系军阀创办广懋煤矿公司的内幕》，载中国人民政治协商会议全国委员会文史资料研究委员会编《文史资料选辑》第 49 辑，中华书局，1964，第 78～84 页。

② 侯位三口述，王兰卿整理《我所了解的阳泉广懋煤矿公司》，载山西省政协《晋商史料全览》编辑委员会编《晋商史料全览》字号卷，山西人民出版社，2007，第 317～318 页。

③ 转引自济南市天桥区政协学习文史委员会编《天桥文史资料》第 3 辑，济南市天桥区政协学习文史委员会印行，1997。

④ 周叔娪：《周止庵（学熙）先生别传》，文海出版社，1966。

⑤ 王树南、吴廷燮等编《奉天通志·实业志》2，东北文史丛书编辑委员会印行，1983。

⑥ 黄曾元：《东北矿务局与冀北金矿公司》，载中国人民政治协商会议全国委员会文史和学习委员会编《文史资料选辑》（合订本）第 17 卷总第 48～50 辑，中国文史出版社，2011；齐守成：《官商合办的奉海铁路》，载沈阳市大东区政协文史资料委员会编《东城风韵：大东文史资料选萃》，政协沈阳市大东区委员会文史资料委员会印行，2002；王贵中：《张学良与东北铁路建设》，载辽宁省文史研究馆、辽宁省人民政府参事室编《文史资料》1989—1990 年号，辽宁省文史研究馆、辽宁省人民政府参事室，出版时间不详；中国人民政治协商会议吉林省委员会文史资料研究委员会编《吉林文史资料选辑》第 4 辑，吉林人民出版社，1983；等等。

山西实业志》记录了晋系资本集团在山西的实业投资资料。[①] 山西省地方文史资料多收录以阎锡山为首之晋系集团的实业投资文章，其中包括阎锡山家族后人对阎锡山家族企业投资情况的回忆性文章。[②] 中国人民银行总行及各地方编写的史料文集、金融志系列，多有对近代华北财团金融机构的记叙性文章，如中国人民银行哈尔滨市分行金融办公室编《哈尔滨金融史料文集（1896—1945年）》收录了对哈尔滨各金融机构的介绍性文章，极具史料价值，其他市志、县志等文献均有类似收录。[③] 以上著述都有可资借鉴的区域经济金融史料。

（四）史料统计整理与档案资料

北京政府时期，官方尚无对经济与金融情况的系统统计，各地商业与金融公会等同业组织进行的行业性或区域性调查，资料零散且不全面，缺乏系统性。矿业为近代中国支柱产业之一，顾琅等于民国初期对中国主要煤矿做了深入调查，对中国十大煤矿的历史沿革、产销、利润等方面资料有较为全面的记录。[④]《银行周报》社出版发行《银行年鉴 1921—1922》，对 1921 年各在沪华

---

① 山西省地方志办公室编《民国山西实业志》上、中、下三册，山西人民出版社，2012。

② 徐崇寿：《晋华纺织股份有限公司概况》，载《山西文史资料》编辑部编《山西文史资料全编》第 38~49 辑，《山西文史资料》编辑部印行，1999，第 1162~1163 页；阎子奉：《阎锡山家族经营的企业》，载中国人民政治协商会议全国委员会文史资料研究委员会编《文史资料选辑》第 49 辑，中华书局，1964，第 46~55 页；等等。

③ 中国人民银行哈尔滨市分行金融办公室编《哈尔滨金融史料文集（1896—1945年）》，中国人民银行哈尔滨市分行金融办公室，1989。其他地方志如哈尔滨市地方志编纂委员会编《哈尔滨市志·金融》，黑龙江人民出版社，1995；天津市地方志编修委员会编《天津通志·金融志》，天津社会科学院出版社，1995；等等。

④ 顾琅编《中国十大矿厂调查记》，商务印书馆，1916。

资银行资本、资产负债业务及重要职员、在沪管理人员状况等做了介绍。《银行周报》《银行月刊》各期有对各埠金融与商业市况的统计资料。南京国民政府时期开始对中国工商金融业进行官方统计，其中有对北京政府时期工矿金融业的回顾与总结，亦有重要参考价值。如中国银行总管理处经济研究室编《中国重要银行最近十年营业概况研究》，有 1921～1931 年各银行资本及各类业务的系统数据，为系统研究华北财团银行营业状况提供了翔实数据资料。① 南京政府成立初期，铁道部对中国航运交通事业做过全面调查，整理出版了《交通史航政编》，其中有奉系当政时期东北航运公司营运资料。②

　　近代日本为加深对中国的经济侵略，对东北乃至全中国经济状况进行了地毯式调查，其行为令人发指，但亦留下了非常详尽的东北地区经济调查资料，主要有南满洲铁道株式会社总务部事务局调查课编纂的《满蒙交界地方经济调查资料》二③，以及《满铁调查报告》等，对东北地区金融、经济、贸易、交通等方面做了全面系统统计，此外对奉系官僚军阀集团之资产占有及金融、贸易、矿业投资状况有详细调查与分析，其周密程度为日后国人之调查工作所不可比拟。另外民国时期各企业及银行内部统计资料、营业报告、章程条例等均留有可资借鉴的一手资料。

---

① 中国银行总管理处经济研究室编《中国重要银行最近十年营业概况研究》，中国银行总管理处经济研究室印行，1933。
② 交通、铁道部交通史编纂委员会编《交通史航政编》，交通、铁道部交通史编纂委员会印行，1931。
③ 南满洲铁道株式会社总务部事务局调查课编纂《满蒙交界地方经济调查资料》二，满洲日日新闻社，1914。

新中国成立以后，学界展开了近代经济史资料的系统整理工作，可谓成果丰硕、系统翔实，一定程度上弥补了民国经济史研究资料不足的缺憾，为选题研究重要的参考资料。20世纪50年代至60年代初期，中国社会科学院经济研究所整理出版了一系列民国经济史资料，其中有的收录了华北财团及民国初期经济资料。如，严中平、徐义生、姚贤镐等编的《中国近代经济史统计资料选辑》，收录了北京政府时期工业、交通、贸易方面的统计资料，其中包含北京政府时期民族资本煤炭、棉纺工业投资、税负、盈利状况以及中外工业资本的比较资料。[1] 陈真、姚洛编的《中国近代工业史资料》第一辑收录了北京政府时期北方工业企业的设立时间、资本等相关资料，并对北方官僚军阀投资工业的状况做了专题说明。[2]《中国近代工业史资料》第四辑、第一辑分行业详细梳理了中国工业资本结构、现代化程度等方面资料，对本课题有非常重要的参考价值。[3] 章有义编的《中国近代农业史资料》第二辑，收录了北洋军阀占有土地、奉系军阀在东北地区把持农产品贸易的相关资料。[4] 左治生主编的《中国财政历史资料选编》第十一辑收录了北洋军阀官僚私人财产、敛财活动以及新式投资的相关资料。[5] 中国科学院近代史研究所近代史资料编

---

[1] 严中平、徐义生、姚贤镐等编《中国近代经济史统计资料选辑》，科学出版社，1955。

[2] 陈真、姚洛编《中国近代工业史资料》第一辑，生活·读书·新知三联书店，1957。

[3] 陈真编《中国近代工业史资料》第四辑，生活·读书·新知三联书店，1961；陈真、姚洛编《中国近代工业史资料》第一辑，生活·读书·新知三联书店，1957。

[4] 章有义编《中国近代农业史资料》第二辑，生活·读书·新知三联书店，1957。

[5] 左治生主编《中国财政历史资料选编》第十一辑（北洋政府部分），中国财政经济出版社，1987。

辑组编的《近代史资料》1962年第4期收录了关于北洋官僚私人财产的统计资料。①

20世纪80年代中期以后，随着学术研究事业日渐繁荣，各研究所与档案馆等机构重又掀起史料编纂的高潮，且呈现多元化态势。有关华北财团的史料汇编成果如，中国人民银行总行参事室编辑出版的《中华民国货币史资料》第1辑系统收录了北京政府时期货币发行与流通史料。② 中国人民银行上海市分行金融研究室编的《金城银行史料》收录了北京政府时期金城银行股本规模、结构，业务经营及管理等方面的文字与数据资料。③ 中国人民银行北京分行金融研究所《北京金融志》编委会办公室编辑出版的《北京金融史料》多卷本收录了北四行及北京其他金融机构总行与北京分行各类史料。④ 天津人民出版社出版的北四行档案史料选编四卷本——《金城银行档案史料选编》《大陆银行档案史料选编》《盐业银行档案史料选编》《中南银行档案史料选编》，收录了北四行天津分行的业务经营资料。⑤ 孔祥毅主编的

---

① 中国科学院近代史研究所近代史资料编辑组编《近代史资料》1962年第4期，中华书局，1963。
② 中国人民银行总行参事室编《中华民国货币史资料》第1辑，上海人民出版社，1986。
③ 中国人民银行上海市分行金融研究室编《金城银行史料》，上海人民出版社，1983。
④ 中国人民银行北京分行金融研究所《北京金融志》编委会办公室编《北京金融史料·银行篇》四，中国人民银行北京分行金融研究所《北京金融志》编委会办公室印行，1993；中国人民银行北京分行金融研究所《北京金融志》编委会办公室编《北京金融史料·银行篇》三，中国人民银行北京分行金融研究所《北京金融志》编委会办公室印行，1991。
⑤ 蒙秀芳、黑广菊主编《金城银行档案史料选编》，天津人民出版社，2010；黑广菊、刘茜主编《大陆银行档案史料选编》，天津人民出版社，2010；黑广菊、曹健主编《盐业银行档案史料选编》，天津人民出版社，2012；黑广菊、夏秀丽主编《中南银行档案史料选编》，天津人民出版社，2013。

《民国山西金融史料》，对阎锡山当局地方货币金融改革以及晋系官僚金融投资史料有系统整理。① 杜春和、林斌生、丘权政编的《北洋军阀史料选辑》下、辽宁省档案馆编的《奉系军阀档案史料汇编》均辑录了北洋军阀、奉系军阀集团新式投资的部分史料。② 鉴于周学熙集团在近代北方经济史的突出成就与重要地位，学界系统整理了周学熙及其企业的相关史料。如，虞和平、夏良才整理的《周学熙集》，收录了 1902～1916 年周学熙经办北洋银元局、北洋工艺总局、天津官银号、启新洋灰公司、滦州煤矿、京师自来水公司等时与政府往来的文件、合同及其他各类文字资料，并收录了周学熙《东游日记》。③ 安徽文艺出版社于 2013 年再版《周学熙自述》，摘录了周学熙《自述年谱》，收录了周学熙《东游日记》，以及周学熙申办各实业公司的文件及政府批文等各类文字资料。南开大学经济研究所、南开大学经济系编的《启新洋灰公司史料》，全面详细地整理了启新洋灰公司章程、资金及经营情况等各类史料。④ 熊性美、阎光华主编的《开滦煤矿矿权史料》涉及开平煤矿主权丧失及收回自办、滦州矿务公司开办及经营的各类史料。⑤ 黑龙江省金融志编委会编的《黑龙江金融历史编年（1890—1985 年）》，以年为分期，全面整理了黑龙江金

---

① 孔祥毅主编《民国山西金融史料》，中国金融出版社，2013。
② 杜春和、林斌生、丘权政编《北洋军阀史料选辑》下，中国社会科学出版社，1981；辽宁省档案馆编《奉系军阀档案史料汇编》多卷本，江苏古籍出版社、香港地平线出版社，1990。
③ 虞和平、夏良才《周学熙集》，华东师范大学出版社，1999。
④ 南开大学经济研究所、南开大学经济系编《启新洋灰公司史料》，生活·读书·新知三联书店，1963。
⑤ 熊性美、阎光华主编《开滦煤矿矿权史料》，南开大学出版社，2004。

融历史发展进程，为本选题资料选取提供了依据。[①]

三 本课题研究框架及价值

本课题从经济近代化视角，对华北财团做全面系统研究，围绕华北财团形成的历史背景、人物与资本的核心构成、新式产业与金融资本投资等方面，进行全面论述。课题采用定性与定量相结合的研究方法，对华北财团资本体系的绝对规模与在北方民族资本中所占比例，进行量化分析，同时考虑制度与文化等因素，对华北财团在北方经济近代化中的地位与作用做综合分析、客观评价。本课题研究范围限于华北财团之新式投资，地域范围主要限于北方地区。具体内容如下。

导论。本部分阐述选题研究目的、学术及现实意义；对"华北财团"概念进行诠释，从资缘、人缘、地缘三方面对华北财团属性进行分析；对既有研究成果与资料进行系统梳理，界定本课题研究范围。

第一章华北财团之形成。阐释华北财团产生的政治经济背景及核心构成。清末民初，吏治腐败，政局混乱，社会制度大变革，是为特权富豪阶层产生之政治社会背景；新式民族资本主义初步发展，市场环境有利，利润丰厚，对特权富豪阶层形成投资引诱。同时，阐述华北财团人员组成与资本结构，从中揭示华北财团的本质属性。

第二章华北财团资本体系。对华北财团产业资本与金融资本

---

① 黑龙江省金融志编委会编《黑龙江金融历史编年（1890—1985 年）》，黑龙江人民出版社，1989。

体系做详细梳理，从资本规模、资本结构及地域与行业分布等方面对其做量化分析，并对其依恃特权进行超市场经营的历程，以及市场转化过程做定性分析。定性与定量相结合，深入剖析华北财团投资特点与优势，以此为基础客观评价其在北方民族资本主义发展中的地位与作用。

第三章华北财团发展趋势与个案分析。对华北财团后期的集团化发展倾向进行分析与思考，对出现集团化经营趋势的周学熙资本集团、北四行集团、奉系金融–商业托拉斯经营模式个案进行实证分析，回顾华北财团分化历史，分析深层制度原因。

结语。对华北财团现象出现的原因、华北财团的性质与历史地位做总结性分析。

本书价值主要有以下三个方面。

第一，对华北财团进行了全方位研究。从历史角度对"华北财团"称谓进行诠释，认为华北财团作为民国时期特定历史现象，其"财团"属性具有时代特征，不应以现代财团概念予以否定。在此基础上，对华北财团的形成基础、核心构成、资本属性与投资体系进行全方位研究。

第二，对近代北方民族资本主义与华北财团投资进行了量化研究。本课题对民国初期北方资本主义企业的数量、资本，以及投资者身份等信息做了地毯式搜集统计，对华北财团产业资本与金融资本的投资规模、占比、行业与区域分布等方面做了量化研究，并以此为分析评价之基础。

第三，提出了一些新的观点。（1）将华北财团资本属性界定为"官僚家族资本"，区别于以往的"官僚私人资本"。（2）对华北财团在北方民族资本主义发展中的作用予以重新评价，如：华北财团资本与普通私人资本关系以互补性为主，以排挤作用为辅；在市场机制不完善、市场发育不充分的背景下，华北财团依恃特权经营可以理解为一种"自我保护"行为，以非法手段获取合理利益，对资本主义经济发展的正面作用大于负面影响，但随着市场发育程度的提高，其负面作用逐渐成为主要方面。

第一章
华北财团之形成

　　民国肇始，旧式封建政治秩序被打破，但新的民主政治制度并未真正建成。在民主共和外衣的遮掩之下，北京政府大小官僚军阀将手中权力化作敛财工具，大肆贪污受贿，挪用公款，卖官鬻爵，搜刮民脂民膏，却几乎受不到任何制度约束。因政局不稳，军阀政客为了给自己及家人留后路，抓紧在位时机聚敛钱财，官场腐败比清代有过之而无不及，成为中国有史以来吏治最腐败的时期之一。与传统社会相比，官僚敛财手段更加多样，速度更快。短短十余年间，便形成一大批集地主、高利贷商人、资本家于一体的权贵富豪群体。在传统商业日渐没落，新式市场尚未发达的北方地区，军阀官僚群体几乎成为北方地区新兴的、唯一的富豪阶层。特权富豪阶层多通过姻亲、同乡、同僚等结成各种关系。更主要的是，为分散风险，在新式投资中多采取共同投资方式，利用错综复杂的关系网络联结为利益共同体。此利益共同体凭借庞大的财富规模、丰厚的人脉资源及政治特权，成为北方地区难以撼动的特权财团势力，史称"华北财团"。

第一节　特权贵族阶层财富积累及

华北财团的形成

一　权贵阶层的非法财富积累

北京政府时期，中央政权式微，军阀割据，军阀官僚敛财手段几乎不受制度约束，各级官僚军阀以令人发指的手段与惊人的速度，短时间内聚积巨额资财，形成特权富豪阶层。当时中国政治中心——京津地区，成为特权阶层聚积财富与进行投资活动的主要地区。另外，以张作霖为首的奉系军阀、以阎锡山为首之晋系军阀，盘踞一方，控制地区经济，形成区域性经济利益集团，与北京、天津、直隶地区北洋官僚军阀集团互为呼应，形成北方特有之民族资本主义发展现象。

（一）土地掠夺与军阀地主的兴起

中国传统农业社会中，土地被视为安身立命之本，为最稳妥的投资渠道。北洋军阀官僚多出身于旧式军政部门，具有浓厚的封建性，普遍利用手中特权，强取豪夺，大肆圈占土地，成为新兴权贵地主。受中国传统家族观念影响，官僚军阀更热衷于在家乡购买大片土地，以"光耀门庭"。仅就北方地区而言，各省各地区最大地主，几乎全部为祖籍在当地的北洋军阀，时人评论："军阀是一种新起的诸侯，……几乎在有名的大地主中，找不出几个不是出身于军阀、官僚的"①。如曹锟政治得势以后，曹氏兄

---

① 李立三：《中国的封建势力与封建制度》，载章有义编《中国近代农业史资料》第二辑，生活·读书·新知三联书店，1957，第14页。

弟依恃权势，通过强占、低价购买等方式，攫取天津周边大量土地，几年之内，便成为直隶最大地主（见表1-1）。

表1-1　曹锟家族地产统计

位置	面积	土地性质	获得手段	经营人
大沽万年桥以西	1000余顷	垦熟水稻田，荒地	原为张勋所有，张勋复辟失败后，卖予曹家	曹锐
军粮城左近小马厂	200顷	水旱稻地		曹锟原配郑氏之弟郑大赣出租
大沽西邻大梁子	400余顷	苇地，果木园	从小梁子富户李家强买	曹镇次子曹少庭经营
军粮城务本村	50顷	水稻地		曹锐之子曹少珊经营
天津闸口至法政桥一段堤外地	1顷60余亩	房基地	曹锟作直隶督军时，以贱价留置	
大沽高家港	不详	河滩地	曹镇以高压手段攫得	
大沽炮台庄及草头沽一带	不详	盐滩地	曹锐购置	
湖北樊城	800亩			

资料来源：陈世如：《曹锟家族对人民的经济掠夺和压榨》，载中国人民政治协商会议天津市委员会文史资料委员会编《天津文史资料选辑》第1辑，天津人民出版社，1978，第148页。

倪嗣冲 1927 年以前在安徽拥有土地八九万亩。[1] 直系首领冯国璋在其家乡河间县大肆抢购田产，在其老家诗经村占田 500 亩，此外在直隶其他地区尚有田庄 10 余处，面积 7500 余顷。[2] 王占元在其老家山东占地连亘 4 县。1920 年前后，直隶发生严重旱灾，民不聊生，军阀王占元趁机以极低价格购买武安、磁县、大名、柏乡、成安等处大片土地。旱灾过后，再高价卖出，获利百倍以上。陈光远在江西任督军，亦在其老家武清县通过各种手段攫取田产 30 余万顷。江苏督军齐燮元也在其家乡直隶宁河一带占有几十个村庄的土地。河南方面，袁世凯在彰德、汲县、辉县等地有田产 400 顷左右，……徐世昌在辉县有 50 多顷地。[3] 河南彰德土地 1/3 以上为袁世凯家族所占。[4]

民国元年，北京政府继承清末的"边地放荒"政策，开放蒙古、东北三省的荒地，允许移民开垦。奉系军阀借此机会，大肆吞并土地。"自辛亥以还，识者咸以移垦为当务之急，……办理或未尽合宜，致使豪强兼并，拥地自封，人民虽欲移垦而不可得。"[5] 张作霖主政东北期间，其家族在东北霸占土地共计 15 万多垧（1 垧约合 10 亩）。[6] 奉系军阀吴俊昇任黑龙江省长期间，攫取土地几遍全省，为东北最大地主（见表 1-2）。奉系军阀尤其

① 章有义编《中国近代农业史资料》第二辑，生活·读书·新知三联书店，1957，第 14 页。
② 张立真：《冯国璋真传》，辽宁古籍出版社，1997，第 341 页。
③ 行政院农村复兴委员会编《河南省农村调查》，商务印书馆，1934，第 80~90 页。
④ 穆岩：《华北农村经济问题》，《政治月刊》1934 年第 1 卷第 4 期，第 142 页。
⑤ 《谷总长农商事业计划书》，1916 年 10 月，载章有义编《中国近代农业史资料》第二辑，生活·读书·新知三联书店，1957，第 43 页。
⑥ 陈翰笙：《现代中国的土地问题》，载冯和法编《中国农村经济论》，黎明书局，1934，第 220 页。

注重对铁路沿线的土地掠夺，日人在考察中东铁路沿线土地情况后指出："此种地主，不乏达官显宦，如现任或退职之各部总长、国会议员以及各省督军、省长也。此项人员，向与各界极有关连，易由公家以贱值购得大宗地亩。……故不惟东省铁路势力范围内寂无人烟之地亩，几垂属此类地主之业，即黑龙江沿岸一带，迄今未垦之荒地，亦大都为彼等之置产。但彼等经营此种业务，悉用公司或堂号名义；属于个人者，殊鲜闻焉。"①

表1-2　奉系军阀东三省土地占有状况（1928年3月）

职务	姓名	土地面积	估价（元）	位置
奉天督军	张作霖	1100余垧	不详	北镇县
		500余垧	不详	黑山县
		不详	不详	连山湾附近
		150000余垧	不详	不详
参议顾问	杨宇霆	350余垧	20000	法库县
		不详（内有森林）	不详	一面坡附近
东三省保安总司令	张学良	400方地（内有森林）	不详	一面坡附近
参议	韩麟春	200余垧	120000	在其故乡
		80余垧（森林）	不详	一面坡附近
军事部参谋次长	于国翰	500余垧	400000	铁岭县

---

① 转引自章有义编《中国近代农业史资料》第二辑，生活·读书·新知三联书店，1957，第16页。

续表

职务	姓名	土地面积	估价（元）	位置
奉天清乡督办	齐恩铭	80 余垧	60000	彰武
奉天陆军被服厂厂长	潘桂庭	200 余垧（内有森林）	不详	吉林省内
		200 余垧	150000	锦州县
东三省陆军粮袜厂总办	保康	不详	300000	沈阳县、铁岭县
代理奉天省长	刘尚清	不详（内有住宅）	420000	铁岭
		不详	220000	克山县
政务厅长	关定保	不详	400000	辽阳县
交涉署长	高清和	不详	140000	锦西
教育厅长	祁彦树	不详	40000	在其故乡
省城军警联合办事处副处长	陈奉璋	不详	100000	铁岭县
		不详	60000	法库县
沈阳县知事	恩麟	不详	150000	法库县
奉天纺纱厂总经理	孙祝昌	200 方地	不详	黑龙江甜草岗基地
		100 方地（森林）	不详	庆城县
东三省官银号总办	彭贤	不详	350000	辽中县
		不详	600000	辽阳

续表

职务	姓名	土地面积	估价（元）	位置
督办兼省长	张作相	600 亩	不详	锦县
		300 亩	不详	北镇县
		100 亩（果树园）	不详	北镇县
		不详（内有森林）	不详	吉林省
东省特别区行政长官	张焕相	200 余垧	50000	吉林省桦甸县
		1200 余垧	400000	抚顺县
前省长	王树翰	100 余垧	50000	沈阳县
		5000 方地	150000	吉林省
前农工总长	莫德惠	800 余垧	400000	在其故乡
		200 余垧（内有森林）	200000	珲春县
奉军炮兵司令	邹作华	500 垧	200000	吉林县
中东铁路参赞	曾有翼	300 余垧	200000	沈阳县
吉林第二十六旅旅长	李桂林	200 余垧	12000	八面城附近
滨江镇守使	丁超	700 余垧	250000	不详
前黑龙江督办兼省长	吴俊升	不详	不详	不详
		2000 天（农场）	不详	洮南四家子
		不详	数千万元	四洮沿线、黑龙江省

续表

职务	姓名	土地面积	估价（元）	位置
黑龙江省长	常荫槐	不详	300000	哈尔滨附近
		不详	300000	双城堡附近

注：每方约合 45 坰，每坰约合 10 亩，每天亦相当于 10 亩。

资料来源：章有义编《中国近代农业史资料》第二辑，生活·读书·新知三联书店，1957，第 17~18 页。

北洋军阀各级军官，在权力所及范围内各尽所能，通过各种手段强占土地，成为新兴官僚地主阶层。李立三曾评论当时的土地问题："就土地所有底集中过程来讲，这只要指摘出，现在在我们眼面前，成了大地主的张××［作霖］、冯××［玉祥］、唐××［生智］及其他将军们，便很充分了。典型的土豪阎××［锡山］底土地所有，积到六百万元以上。各省各有小将军们，在小规模地反复那大将军在大规模地在干的事。"① 强占田产，成为军阀官僚阶层聚敛资财之主要渠道之一。

（二）侵吞国家资财

北洋军阀官僚在位期间，无不利用职权，以各种手段侵吞国家资财。有些是假借官场陋习，利用"合法"外衣行不法之事，有些则是阴谋贪污盗窃。以官场陋习"合法"侵吞国家资财的较为普遍的手段为"赠银惯例"。自清代始，中国官场就存在于薪俸之外再支付赠银的做法。此种开支虽无法规依据，但长期为政

---

① 转引自马扎亚尔《中国农民经营底经济及其发展底新倾向》，载章有义编《中国近代农业史资料》第二辑，生活·读书·新知三联书店，1957，第 13 页。

府默许。民国以后，赠银惯例得以保持。从袁世凯任总统开始，每当新总统到任之时，由财政部筹拨 150 万元，由财政总长送交，总统留下 100 万元，其余 50 万元分给财政总长。[1] 此项收入自袁开始，北京政府前后共 15 位总统，无一例外。仅此一项，总统与财政总长就"合法"攫取国库资金约 2250 万元。第二项长期奉行的陋规即经手借款，收取回扣。北京政府时期，对于政府所借外债，凡经手者可直接扣除借款数额的 5%～10%，甚至另有额外收入。[2] 周学熙 1913 年经手"善后大借款"2 亿元，所得回扣为 1000 万元，据知情人回忆，周个人所得在 40% 以上，如此计算，"善后大借款"中，周学熙所得应在 400 万元以上。[3] 同年王克敏经手 1 亿元中法实业贷款，直接获得 100 万元"奉送"。曹汝霖、陆宗舆、章宗祥等人从西原借款中获取巨额佣金，成为中华汇业银行之主要资本来源。1921 年，北京政府烟酒总署从美国银行团经手 1600 万美元借款，获得 100 多万美元回扣。北京政府举借外债总额达 13 亿元，即便按最低 5% 的回扣率计算，此项收入亦在 6500 万元以上。[4] 除贷款之外，政府向西方国家采办军火、机器设备及其他物资，亦成为经手官员收取回扣、贪污中饱的便利渠道，其正常回扣比例亦为 5%～10%，此外他们还通过浮报价目、贿赂等手段捞取好处。皖系军阀徐树铮家产至千万之巨，主要

[1] 张达骧：《我所知道的徐世昌》，载杜春和、林斌生、丘权政编《北洋军阀史料选辑》下，中国社会科学出版社，1981，第 279 页。

[2] 卓言：《周学熙以公款办实业发家的内幕》，载中国人民政治协商会议全国委员会文史资料研究委员会编《文史资料选辑》第 53 辑，文史资料出版社，1964，第 30 页。

[3] 卓言：《周学熙以公款办实业发家的内幕》，载中国人民政治协商会议全国委员会文史资料研究委员会编《文史资料选辑》第 53 辑，文史资料出版社，1964，第 30 页。

[4] 史全生：《北洋时期的华北财团》，《民国春秋》1996 年第 3 期，第 5～11 页。

源于军火采办，他曾一次性浮报价目 40 万元，收入私囊。徐曾两次收受军火买办商人雍剑秋贿款各 20 万元。后者亦曾行贿奉系军阀孟恩远、皖系倪嗣冲及其亲信王郅隆等人，金额达百万元。①

袁世凯当政时期，专门成立"军需处"，除军事开支外，它主要向各级军官支付"政治活动费"，实则用以收买人心。支付数额以受领对象之资格及军事权力大小确定。大数目者，规模在 8 万~10 万元，华北财团核心人物倪嗣冲、张勋、张作霖、曹锟、张敬尧、叶恭绰等均曾受领此类馈赠。中等数目每次在 4 万~6 万元，此等受领者有：蒋雁行、陆锦、王廷桢、李纯、许兰洲、孟恩远、田应璜、张钫、田文烈、哈汉章、朱瑞、汤化龙等人。②对资历尚浅的军政界人士，亦以 1 万~2 万元相赠送，以示拉拢。③此外，为巩固关系，袁世凯对原属袁氏集团的"自己人"，也支付特别费，数额不定。朱家宝、朱启钤、周自齐、梁士诒、张镇芳、阮忠枢、袁乃宽、段芝贵等，都曾接受过此等"特别费用"。

北洋军阀当政时期，军权膨胀，更凌驾于行政权力之上。因无制度约束，各级军阀对军饷之克扣达到无法无天的地步。凡经手之款项，无论来源性质，必有截留，对上滥报军费、损公肥私，对下则克扣挪用、中饱私囊。据天津文史资料所载，张勋所统率之辫子军，由财政部直接拨饷，免去了陆军部的私饱克扣，

---

① 史全生：《北洋时期的华北财团》，《民国春秋》1996 年第 3 期，第 5~11 页。
② 杜春和、林斌生、丘权政编《北洋军阀史料选辑》上，中国社会科学出版社，1981，第 109 页。
③ 杜春和、林斌生、丘权政编《北洋军阀史料选辑》上，中国社会科学出版社，1981，第 110 页。

而这竟成为其较一般北洋军阀"更为富有的原因",可以想见北洋军阀与各衙门贪污军饷对军饷扣留之狠。[①] 除常规克扣外,各路军阀还寻找机会与借口索取军费,借机侵吞。1913年底,张勋借辫子军由南京移驻徐州之机,向袁世凯索要移防费115万元,大部分落入私囊。[②] 曹锟亦擅长于此,1917年张勋复辟之时,曹锟任西路讨逆军总司令,在根本未发生战事的情况下,仍上报各种开销60万元,嗣后又借湘鄂、直皖、直奉各次战役,虚报巨额费用,中饱私囊。皖系军阀、安徽督军倪嗣冲1917年借扩充安武军之机,向北京政府索取近400万元军费。直系军阀冯国璋所统辖之禁卫军,每年军饷较普通师多120余万元,几乎全为冯个人捞取。[③] 另外冯国璋在镇压"二次革命"时,一次报销军费40万元,而实际支出仅十分之二三,其余均为冯个人所得。[④] 除去虚报军费外,因军阀手握兵权,政府惧其三分,经常以奉送军费方式进行招抚。1920年,曹锟联合张作霖战胜段祺瑞,控制北京政府,大总统徐世昌送给曹、张各1000万元军费,以示安抚。[⑤]

北洋军阀向上索要军费还须编造借口,有所遮掩,而克扣下级士兵之军饷,则是无所顾忌。安徽督军倪嗣冲统辖安武军时,经常由经办人直接将军饷送到天津的倪公馆,中饱之后再将剩余

---

① 中国人民政治协商会议天津市委员会文史资料委员会编《近代天津十大寓公》,天津人民出版社,1999,第122页。
② 中国人民政治协商会议天津市委员会文史资料委员会编《近代天津十大寓公》,天津人民出版社,1999,第122页。
③ 陶菊隐:《督军团传》,载田胜武、田艳华编著《冯国璋全传》,中州古籍出版社,1993,第179页。
④ 张立真:《冯国璋真传》,辽宁古籍出版社,1997,第339页。
⑤ 曹金洪主编《中国全史·丑史篇》上,中国言实出版社,2012,第153页。

部分送回安徽，发给士兵。曹锟任直鲁豫巡阅使时，其心腹李彦青为军需处处长，每次发饷时，李彦青每师克扣 2 万元，作为"报效"奉送曹锟。仅此一项，曹锟每月即可贪 50 万元。[①]

北洋军阀还凭借军权之强势地位，直接侵吞国家资财。据粗略统计，王占元任湖北督军期间，任意挪用的各项官款总额为 3000 多万元，且从不归还。[②] 王占元利用采购军需之机，以中央政府命令之名，向商家、百姓征发，之后又全额向北京政府领款。李纯任江西督军时期，手握生杀予夺大权，收受属员贿赂，不计其数。仅就其经办账目而言，净得达千万元之巨。[③] 安徽督军倪嗣冲任职期间，强迫开挖寿县新河，乘机贪污挖河经费 67 万余元。[④] 倪嗣冲甚至通过撤销学校、损害教育的罪恶行径，挪用侵吞教育经费，1920 年倪嗣冲一次性私吞所谓"结余"教育经费 77 万元。[⑤] 北洋官僚与商人勾结，以行商之名侵吞国库资金。按照国民政府给清廷的优待条例，每年供应清室皇族及绿营兵禄米 500 万担。周学熙任财政总长时，曾借为清室购买禄米之机，与商人勾结，以高于市价近 50% 的价位采购禄米，一次性套取财政资金 1250 万元。[⑥] 潘复在财政部任职期间，独揽大权，借发行

① 杜春和、林斌生、丘权政编《北洋军阀史料选辑》下，中国社会科学出版社，1981，第 248~249 页。
② 善行主编《中国历代贪官传》，泰山出版社，2004，第 422~423 页。
③ 杜春和、林斌生、丘权政编《北洋军阀史料选辑》下，中国社会科学出版社，1981，第 261~263 页。
④ 善行主编《中国历代贪官传》，泰山出版社，2004，第 440 页。
⑤ 中国人民政治协商会议天津市委员会文史资料委员会编《近代天津十大寓公》，天津人民出版社，1999，第 143 页。
⑥ 卓言：《周学熙以公款办实业发家的内幕》，载中国人民政治协商会议全国委员会文史资料研究委员会编《文史资料选辑》第 53 辑，文史资料出版社，1964，第 30 页。

公债之机，与承购银行勾结，收受回扣。江西督军陈光远暗中以
军队名义，套取财政资金。其在江西督军任内，以购置军队服装
名义，每年贪污之款达 180 万元，在位五年仅此项资金约计贪污
八九百万元。倪嗣冲和王郅隆趁 1917 年日本粮荒，中国政府对日
救济之机，倒卖粮食，赚取利润。曹锐任省长期间，直隶全省各
处官产大部分被其攫为己有。曹瑛任直系二十六师师长期间，经
常以采办军需为名，强行向铁路局包车以贩运烟土。[①] 凡此种种，
不胜枚举。

（三）搜刮民脂民膏

北京政府时期，法度败坏，军阀官僚搜刮民脂民膏，恶劣程
度史所罕见。孙中山曾著文指出："兄弟记得清代某粤督于一年
内搜刮得一百多万，人已诧为奇事；由今日看来，象督军、师长
等有一年发财到数百万的，有数年发财到千余万的，方见贪婪的
风气比前清倍蓰了。"[②] 曹锟任长江上游警备总司令时，以庆寿为
名大肆索贿，聚敛钱财。其贿选总统时，为筹集资金，以许诺江
苏督军齐燮元当副总统为条件，要求其"捐款"50 万元。曹锟
贿选总统所需费用在千万元以上，主要依靠敲诈勒索敛得。为筹
集贿选经费，曹锐在大名境内以"金丹犯"名义逮捕几乎所有富
商大贾，勒索钱财，一次性收获 32 万元。[③] 曹锟出任总统以后，
其家族成员更借其权势，大肆索贿。1924 年春，曹锐之子曹少珊到

---

① 陈世如：《曹锟家族对人民的经济掠夺和压榨》，载中国人民政治协商会议天津市委员会文史资料委员会编《天津文史资料选辑》第 1 辑，天津人民出版社，1978，第 104 页。
② 《孙中山选集》中，人民出版社，1981，第 475 页。
③ 吕伟俊、王德刚编《冯国璋和直系军阀》，河南人民出版社，1993，第 187 页。

湖北以视察军政为名，向湖北督军萧耀南强索视察费 10 万元。曹锐任直隶省长时，以筹措军费为名，强行从天津证券物品交易所提出 83 万元，之后拒不偿还，导致交易所倒闭。此外，利用经济活动各环节，大肆敛财，如在组织恒源纱厂时，所有扩建厂房、安装机器各环节，都由曹钧包办，便于其收取回扣、贪污中饱。曹钧还在北京廊房头条开设宝权珠宝店，依恃曹锟、曹锐权势，强买强卖。凡有求于曹锟、曹锐者，均须出重价从宝权珠宝店选购贵重礼品，曹钧则坐享厚利。[1] 湖北督军王占元，经常以维持"治安"为由，直接向商人索款。1920 年 10 月至次年 3 月短短 5 个月之内，即向武汉一地商人强行索款 5 次，总数达 410 万元。[2]

卖官鬻爵，敲诈商民，为北洋军阀搜刮钱财常用手段。曹锟出任总统以后，曾任命王某为天津造币厂监督，但要其每月"报效"10 万元。[3] 其弟曹锐任直隶省长时，将直隶全省 100 多县县缺，按特、大、中、小等级，明码标价，出售官位，价格依行市上涨，大县万元以上，中等 9000 元，小县 8000 元。若为特缺（如天津、滦县、清苑等）则临时议价，非三四万元不能到手。曹锐在 1918 年至 1922 年，仅出卖县缺一项收入就有几百万元。潘复在主理财政部事务时，将塞北关监督与津海关监督两个肥缺让给李杜芳和李书勋，两人为报其恩，长期对其"报效"。军阀官僚甚至公然敲诈，形同抢劫。倪嗣冲任安徽督军期间，在蚌

---

[1] 陈世如：《曹锟家族对人民的经济掠夺和压榨》，载中国人民政治协商会议天津市委员会文史资料委员会编《天津文史资料选辑》第 1 辑，天津人民出版社，1978，第 105 页。

[2] 吕伟俊、王德刚编《冯国璋和直系军阀》，河南人民出版社，1993，第 187 页。

[3] 董洪亮：《民国前期总统制度研究（1912~1928）》，大象出版社，2012，第 118 页。

埠、明光、怀远三关设立关卡，三关之下又设几十个卡口，疯狂征收厘金。1914 年，倪嗣冲以改朝换代为由，令全省各地检验契税，规定房产田契，一律限期向所在县府更换官契纸，粘贴省财政厅印制的契尾，加盖地方官印信，同时缴纳 20% 的验契税，对拖延不交者没收田产。倪嗣冲还通令各县卫田升科，田赋按一五加征，米捐按袋加征，食盐按斤加征。[1] 撤销正阳、宿县两地的官盐局，在蚌埠改设"盐务督办公署"，委派亲信任职。不仅如此，还规定官运商销，通过税价转运等手段层层盘剥。[2] 奉系、晋系军阀行径毫不逊色。鲍贵卿在黑龙江主政期间，巧立各种名目搜刮钱财，老百姓送外号"鲍钱褡子"。鲍曾于 1918 年 11 月 25 日以北京政府名义发起成立"欧战协会中国黑龙江省筹备部"，要求各界捐款集资，将捐助款项全部收入囊中。鲍贵卿曾公开采用"招标"的办法卖官鬻爵，县长、警察局长等要职均在出售之列。鲍贵卿为搜刮钱财，年年办寿，规定寿礼只收现钞，不收其他物品，毫不掩饰其敛财动机。山西军阀阎锡山甚至采用绑架手段，敲诈山西大财主渠筱洲 30 万两白银，并以此为原始资本，开办太原德生厚、源积成银号，天津亨记银号等 13 家银号。1913 年 9 月 1 日张勋率辫子军攻入南京之后，特许其军队大劫三日。士兵们掠得大批现钞、银元，但珍宝、古玩等贵重物品均必须献给张勋。

（四）金融投机

民国初期，各省普设地方银行，作为省财政金库，不受中央

---

① 善行主编《中国历代贪官传》，泰山出版社，2004，第 439 页。

② 善行主编《中国历代贪官传》，泰山出版社，2004，第 440 页。

控制。各省军阀以省银行为敛财基地，通过垄断货币发行或其他途径，牟取私利。王占元任职湖北期间，因铸铜元可获利，依托湖北铜矿，大量铸造铜元，又以军用为名控制车皮，将湖北造币所铜元大量外运至直隶、山东等地，换购银元，大获其利；同时利用银行控制金融市场，囤积、贩卖黄金。倪嗣冲任安徽督军期间，以军饷作周转金，进行黄金投机。曹锟趁直皖战争皖系失败之机，夺占西北边业银行，侵吞安福系王郅隆、王揖唐、朱深等的股本 100 余万元。

纸币发行为北洋军阀官僚敛财之得力手段。自清末起，各省官银号就滥发纸币。袁世凯死后，各省军阀视省银行为提款机，任意发行无准备钞票，私铸劣质钱币，掠夺财富。湖北督军王占元曾以胁迫手段，威逼造币工人私铸铜元和银元，任意减轻分量，导致大量假钱币充斥市面。曹锟甚至利用总统职权，使用东三省银行钞票（奉票）底版，盗印假钞，一次即达 500 万元。阎锡山主政山西期间，利用政治权力，低价收购民间制钱与废铜，铸造铜元，获利达 360 万元。1918 年成立山西省银行，无准备发行省币，强令通行全省，套取民财。[1] 王占元督鄂七年，共发行省官票 1 亿张。[2] 奉系军阀主政东北期间，控制东北地方官银号，通过发行纸币垄断农产品市场，以纸易金，获利无数。

---

① 左治生主编《中国财政历史资料选编》第十一辑（北洋政府部分），中国财政经济出版社，1987，第 356~357 页。

② 吕伟俊、王德刚编《冯国璋和直系军阀》，河南人民出版社，1993，第 188 页。

（五）特权富豪阶层巨额财富规模估计

辛亥革命之后，中国非但未能建立民主政治，反而陷入军阀割据，政局动荡之泥潭而难以自拔。在中央政权式微、制度无效的混乱政治环境中，大小军阀官僚贪污中饱，肆意搜刮民脂民膏，将民众置于水深火热之中，却缔造出一支规模庞大，集地主、商人、军政权势等身份于一身的权贵富豪阶层，短时间内即积累起惊人财富。袁世凯死后，现金、股票、房产等各类遗产约计350万元。[1] 这与之后的北洋各军阀相比，却是相形见绌。安徽督军倪嗣冲1920年分家时，财产清单约2800万元。曹锟1924年政治倒台时，曾请求张作霖保护除土地以外的曹氏家族约6000万元资产。张作霖家产最保守估计为5000万元。因私人财产的隐秘性，以及财产存在形式多样，难以对其做准确统计，只能大致估计，根据1926年时人对财产在100万元以上的70位北洋军阀官僚确切财产之统计与估计，其财产总额应当为64200万元（见表1-3）。另据《生活周刊》的统计与估计，个人资产在500万元以上的北洋军阀官僚私产总额在40000万元以上[2]，以富可敌国形容当不为过。"吾国军阀、政客、官僚，财产之特殊雄厚，不但为国民富力所望尘莫及，抑且为世界绝无仅有之现象；故统计之必要，由来已久。"[3]

---

[1] 纪能文：《袁世凯家族》，金城出版社，2000，第190页。

[2] 云天：《令人惊骇的军阀官僚私产统计》，《生活周刊》1933年第39期，第4~5页。

[3] 《民视日报五周（年）纪念汇刊》，1926年10月10日，转引自中国科学院近代史研究所近代史资料编辑组编《近代史资料》1962年第4期，中华书局，1963，第47页。

表1-3 北洋要人私产之大略统计（1926年10月）

单位：万元

人物	私产	人物	私产	人物	私产
张作霖	5000	倪道烺	800	熊希龄	300
曹锟	5000	陆宗舆	800	傅良佐	300
梁士诒	3000	卢永祥	700	张文生	300
王占元	3000	曹锳	600	高凌霨	250
袁乃宽	3000	张调辰	600	唐少侯	250
张广建	3000	姜桂题	600	朱家宝	200
阎锡山	3000	李思浩	600	丁士源	200
倪嗣冲	2500	齐燮元	600	吴炳湘	200
靳云鹏	2000	徐世光	600	鲍贵卿	200
周学熙	2000	徐世刚	500	孙振家	200
张镇芳	1600	赵杰	500	马联甲	200
赵倜	1500	张敬尧	500	吴光新	200
田中玉	1500	杨以德	500	张志谭	200
曹汝霖	1400	徐世襄	500	段芝贵	200
徐世章	1200	张怀芝	500	叶恭绰	200
曹锐	1200	王郅隆	450	孟恩远	150
陈光远	1200	齐耀珊	400	陈威	150
徐世昌	1000	王怀庆	400	钮传善	150
潘复	1000	曾毓隽	300	郭则沄	150
周自齐	1000	赵尔巽	300	段祺瑞	150
朱启钤	1000	江朝宗	300	黎元洪	100
李厚基	1000	张景惠	300	张弧	100
张勋	1000	冯耿光	300		
徐树铮	800	张寿龄	300	共计（70人）	64200

注：原表为共71人，实际所列只有70人，按表格数据计算应为64200万元，原资料误为63100万元，本表一并改正。

资料来源：《民视日报五周（年）纪念汇刊》，1926年10月10日，载中国科学院近代史研究所近代史资料编辑组编《近代史资料》1962年第4期，中华书局，1963，第31~47页。

二 清末民初北方地区市场基础与民族资本主义的起步

（一）清末民初北方地区贸易市场的近代转型

19 世纪 60 年代，天津、营口、烟台等港口陆续开埠以后，北方进出口贸易规模开始扩大。但因风气未开、基础薄弱等，北方地区进出口贸易迟至 19 世纪 70 年代方有显著发展。天津自 19 世纪 70 年代起，即成为全国第四大贸易港口，位于上海、广州、汉口之后。20 世纪以后，大连以优良的港口条件，发展迅速，不仅与天津共同跻身全国五大港口之列，且进出口贸易占比迅速超过天津（见表 1-4）。

表 1-4　全国五大港口及其他港口进出口贸易占比

单位：%

时间	广州	上海	汉口	天津	大连	其他港口
1871～1873	12.7	64.1	2.7	1.8	—	18.7
1881～1883	11.8	57.1	4.2	3.1	—	23.8
1891～1893	11.6	49.9	2.3	3.1	—	33.1
1901～1903	10.4	53.1	1.8	3.6	—	31.1
1909～1911	9.7	44.2	4.4	4.5	4.9	32.3

资料来源：严中平、徐义生、姚贤镐等编《中国近代经济史统计资料选辑》，科学出版社，1955，第 69 页。

尽管自 19 世纪 60 年代起，北方即陆续开放港口城市，但其贸易之较为快速发展，始自 19 世纪 70 年代，之后随时间推移呈加速发展态势。以 1875 年为基期，当年天津、烟台、营口三地进出口贸易总值 30801 海关两（中国海关统一使用海关两计值），

1900 年增至 84961 海关两，增加约 1.8 倍，1885 年以后增速加快，1885~1900 年增加了一倍。① 以北方地区在全国的对外贸易地位而言，直至 19 世纪末期，北方地区进口贸易值始终处于无足轻重地位，华北地区占比基本在 3% 以下，东北则更是低至 0.3%；1909~1911 年华北与东北地区增至 10% 左右，有显著发展。出口方面，华北与东北地区至 20 世纪初期出口所占比重均在 5% 以下，清末有显著发展，华北地区占 5% 以上，东北地区则占 16% 以上，两地合计在全国占比超过 1/5，成为中国进出口贸易一极（见表 1-5）。

表 1-5 中国各地区进出口贸易价值所占比重

单位：%

时间	进口				出口			
	华中	华南	华北	东北	华中	华南	华北	东北
1871~1873	71.8	25.7	2.2	0.3	58.9	38.5	2.4	0.1
1881~1883	68.7	28.5	2.6	0.2	52.9	41.7	5.4	—
1891~1893	56.5	40.2	3.0	0.3	46.8	47.1	4.9	1.2
1901~1903	59.3	29.8	9.2	1.6	51.2	40.9	3.5	4.4
1909~1911	50.1	29.2	10.9	9.8	49.9	28.1	5.2	16.7

资料来源：严中平、徐义生、姚贤镐等编《中国近代经济史统计资料选辑》，科学出版社，1955，第 67~68 页。

随着对外贸易规模的扩大，北方逐渐脱离对上海市场的依赖，独立发展。如 19 世纪后半期，天津进出口贸易多依赖上海

---

① 张利民等：《近代环渤海地区经济与社会研究》，天津社会科学院出版社，2003，第 136 页。

转口；20 世纪以后，天津逐渐摆脱对上海的依附，独立发展（见表 1-6）。据海关 1906 年的统计，"进口洋货径由外洋购运、不由上海转批定者，本年比上年愈形踊跃。尤因日本与本埠各商之生意畅旺，本年洋货进口价值约增 900 万两。于 1904 年，洋货贸易仅九分之四（约合 44.44%）系由外洋径运进口者，余则由上海或他口转运来津，1905 年则增至多半，而本年则占全数十三分之八（约合 61.54%）矣"①。直接与外国进行进出口贸易，反过来促进了北方进出口贸易的发展，亦加速了北方近代市场转型进程，促进了民族工业的起步。

表 1-6　20 世纪初期天津进口商品状况

单位：海关两，%

年份	直接输入商品值		经由上海输入商品值		输入商品值总额
	金额	占比	金额	占比	
1904	16256651	44.13	20583859	55.87	36840510
1905	31463208	52.07	28966465	47.93	60429673
1906	40102558	61.51	25095998	38.49	65198556

资料来源：根据日本驻屯军司令部编《二十世纪初的天津概况》（侯振彤译，天津地方史志编修委员会总编辑室印行，1986）第 270 页数据整理。

与进出口贸易同步，围绕天津、营口、烟台等港口城市，逐渐形成以口岸为中心、以内陆为腹地、以进出口贸易为主导的新型市场分布。天津被辟为通商口岸以后，以其优越的地理位置，迅速成为北方最大商业中心。与此同时，北方地区迅速形成以天

①　《1906 年华洋贸易略论》，载吴弘明整理《津海关年报档案汇编（1865—1911）》下册，天津市档案馆、天津社会科学院历史所印行，1993，第 158 页。

津为中心，以河北、山西及河南、山东部分地区为腹地，辐射西北、东北的市场网络。北京与天津毗邻，因其政治中心地位，各类中央及地方政治、文化、教育机构遍布全城，因此北京聚集了众多官员与王公贵族，成为北方最大消费市场。东北地区自营口开埠以后，形成以营口为中心，以辽河沿岸［涵盖铁岭、西安（今属辽源，非今陕西西安）、海龙等］盛京围场为腹地的区域性贸易市场。20 世纪初期，营口腹地范围进一步扩大至东辽河源头三江口、西辽河源头郑家屯，乃至新呼兰农垦区等地。1907 年大连开埠，日人控制大连港与南满铁路，延长延吉与四洮铁路支线，市场贸易沿铁路向内地延伸，至民国元年，以大连为中心的腹地贸易圈扩大至庄河、岫岩、兴京、海龙、吉林、榆树、陶赖昭、洮南、开鲁、法库等地。继天津之后，英商以违法手段强迫开放烟台，随即于山东半岛开启以烟台为中心的新型区域市场网络，腹地范围沿烟台—潍县—济南陆路交通及大小清河水路，覆盖山东北部，并延伸至河南与山西部分地区。青岛开埠以后，凭借运输优势，至 20 世纪初期取代烟台，成为山东最大贸易港口，但因市场基础薄弱，至民国初期，青岛影响范围基本局限于山东省内，未形成更大贸易腹地。

19 世纪末期以后，为适应近代工矿业发展需求，亦为西方列强侵略需要，铁路运输开始发展。1881 年唐山至胥各庄的唐胥铁路修建，之后又有津沽、京汉、胶济、石太、京张、津浦、京奉、陇海、同蒲等多条铁路相继修建而成，在北方地区形成相对密集的铁路网。1878 年以后，北京、天津、烟台、上海等地开始试办新式邮政。至 20 世纪初期，邮政业务已从通商口岸城市延伸至广大内地。几乎同时，电报与电话系统在各大城市迅速投入运营并应用于商业领域。新式交通通信业的发展，为商品流通范围的扩大与新式市场体系的形成提供了极大便利。

随着口岸城市的兴起，逐渐形成以进出口贸易为主导、工业品与土特产品对流的口岸城市—腹地贸易模式，即洋纱、洋布、煤油、卷烟、火柴、水泥、五金、电器、机械工业制品由口岸城市销往广大腹地市场，土特产品则自农村腹地向天津、大连、青岛等口岸市场集中，商品种类除传统的棉纱棉布、粮食及经济作物以外，更多的是为适应国外工业发展需要而输出的原材料，如棉花、皮毛、豆油、猪鬃等。进口洋货形成对传统手工业的巨大冲击，有取而代之之势。以变化最典型的纺织业为例，19 世纪末期，北方重要手工纺织市镇高阳、饶阳等地已普遍改用洋纱织布。洋布市场份额逐年上升，形成对土布的极大冲击。19 世纪 80 年代以后，天津进口洋布数量已超过上海和其他口岸城市。至 19 世纪 90 年代，东北城乡 "衣洋布者已有十之八九"[1]。其他洋货种类与交易额均有上升。直隶农村受冲击最重。直隶大名府各洋货行的 "洋货率自津郡运来"，"大郡商百货无一非津郡运来"[2]。

（二）北方地区近代工矿业的起步与初步发展

自 1861 年洋务运动开始以后，北方近代工矿业开始起步，但直到 1895 年以前，发展程度很低，不论企业规模、涉足领域，抑或经营状况等，均落后于南方地区。从创办主体来看，19 世纪后期

---

① 彭泽益编《中国近代手工业史资料》第 2 卷，中华书局，1957，第 223 页。
② 天津市档案馆等编《天津商会档案汇编（1903—1911）》，天津人民出版社，1989，第 1103 页。

北方工业以官办或官督商办为主。官办企业均为政府所设军工企业，政府投资民用工业集中于矿业、交通、通信三大行业，主要为军工企业之外围企业。商办企业尤其薄弱，资本额在北方工业企业中仅占 2.1%。19 世纪末期，北方民族资本主义开始起步，但规模小，数量少，地域分布集中于天津、烟台等口岸城市，投资领域多集中于轻工业部门，如缫丝、榨油、面粉、织布、火柴等。

20 世纪初期，在外商投资引诱及政府鼓励之下，北方地区民族资本主义工业开始起步，投资新式企业逐渐成为社会风气。因官办企业效率低下，此一时期工矿企业以官商合办或商办为主要形式，涉及行业更加广泛，包括发电、榨油、织布、织呢、造胰、烟草、火柴、面粉、造纸、制革、酿酒饮料以及铸造机械等行业，具体则因地理位置及物产等因素，又具有明显区域差别。华北地区经济联系紧密，近代工业呈一体化发展趋势，各地区互有分工。工业企业主要集中于北京、天津、济南等中心城市，山西、河南则因地处内陆，相对落后。城市工业企业受本地区传统产业影响各具特色。天津因其优越的港口条件，工业发展在北方处于领先地位，至 1911 年清政府倒台前夕，天津有各类工厂 134 家，资本总额 1300 多万元。① 1903~1910 年，山东民族资本创办的工矿企业中，资本在 1 万元以上的共有 17 家，主要为轻工业企业。1913 年山东全省约有民族资本工厂 991 家，职工 34536 人。②

---

① 天津市档案馆等编《天津商会档案汇编（1903—1911）》，天津人民出版社，1989，第 1255~1295、1262~1278 页。
② 张利民等：《近代环渤海地区经济与社会研究》，天津社会科学院出版社，2003，第 266 页。

河南省地处中原内陆，省内无开埠城市，其近代市场发育迟至20世纪才起步，豫中以南地区被纳入南方经济圈，豫北则与华北地区联系紧密。1903~1910年，河南成立的民族资本近代企业近20家，以商办或官商合办为主，涉及面粉业、火柴业、纺织业和城市公用事业，近代企业主要集中于省城开封等中心城市。

20世纪初期北方开始出现商办机器制造业。1897年开办于天津的金聚成铸铁厂，于20世纪初使用动力设备，铸造下水管道、整套轧花机和织布机毛坯。商人郭庆年于1898年在天津东北角开设天成铜铺，1908年改名为"郭天成机器厂"，采用动力设备，机械化程度迅速提高。其他还有天成北号、春发泰机器厂等。但重工业仍以官款投资为主，商业资本仍集中于轻工业。轻纺工业以毛织业为主要产业，棉纺织业则处于起步阶段，至1913年北方地区仅有一家棉纺厂。面粉、火柴、机器造纸等轻工业均开始起步并有初步发展，但大部分规模偏小，经营困难。

东北近代早期工业主要受控于日俄资本。早于1871年，俄国就在东北设立黑龙江汽船公司。19世纪末期以后，随着中东铁路的修筑，俄国势力沿铁路向东北各地延伸，除去掠夺大片土地与矿产资源外，更在铁路沿线设立近代化工厂。至清末以前，俄国在东北经营面粉、酿酒、啤酒、皮革、肉类加工、肥皂、豆油、制糖等的企业共达63家。① 20世纪以后，日本势力侵入东北。尤其在日俄战争以后，日本势力加速膨胀，其在东北各省所设之各类工厂数量迅速超过俄国。至清末以前，日本在东北大连、长

① 陈真、姚洛、逢先知编《中国近代工业史资料》第二辑，生活·读书·新知三联书店，1958，第794页。

春、奉天、营口等地设立的 5 人以上近代工厂 104 家①，广泛分布于纺织、金属、火柴、机械、印刷等各领域。日俄战争以后，在政府新政鼓励以及民族意识觉醒等因素促动之下，东北民族工业发展加速。东北为大豆主产区，其近代民族工业也以制油业最为突出。1899 年，营口油坊怡兴源开始采用机器制油，继之，怡东生（1900）和东永茂（1901）两家油坊先后改用机器。至 1910 年清朝覆亡，东北各地均出现旧式油坊改用机器生产的情况，大连到 1911 年有机器油坊 47 家。② 轻纺工业于清末开始起步。1913 年营口有织布工厂 5 家，织袜工厂 1 家，织带工厂 1 家。③ 其他地区亦有织布厂等轻纺企业零星建立。机器面粉业为东北主要轻工业部门之一，至 1910 年东北机器面粉厂共 15 家，其中哈尔滨一市即有 6 家④，清末民初，东北地区开始出现较大规模的轮船工业与机器工业，主要有 1911 年李恒春、康炳春合资创办的肇兴轮船公司，资本 15 万元，1909 年周文富创办的大连顺兴铁工厂等。到 1911 年，营口已有铁工厂 5 家。⑤

北方地区矿业资源丰富，19 世纪末期，随着洋务运动军工企业对燃料、铁矿等原材料需求的增加，北方矿业开采迅速发展，并开始机械化生产的转型，其发展程度与地位均高于近代工业。

① 孔经纬：《新编中国东北地区经济史》，吉林教育出版社，1994，第 141~143 页。
② 陈真、姚洛编《中国近代工业史资料》第一辑，生活·读书·新知三联书店，1957，第 38~54 页。
③ 赵云鹏：《清末民国时期辽宁民族工业初探》，载东北三省中国经济史学会编《东北经济史论文集》上，东北三省中国经济史学会印行，1984，第 212 页。
④ 孔经纬：《新编中国东北地区经济史》，吉林教育出版社，1994，第 90 页。
⑤ 赵云鹏：《清末民国时期辽宁民族工业初探》，载东北三省中国经济史学会编《东北经济史论文集》上，东北三省中国经济史学会印行，1984，第 213 页。

至 19 世纪末期，直隶、山东两省先后有十几家矿业企业开办，所采矿产有煤、铜、铅、金等。至清朝覆亡，北方各省规模较大的煤矿企业总计 24 家，数量约占全国总数之 55%，分布于辽宁、吉林、直隶、山东、山西、河南等省。此时期矿业企业资本额普遍偏小，200 万元以上者仅直隶开平矿务局、直隶北洋滦州官矿有限公司和山西保晋公司三家，其余大多在几万元至几十万元，山东中兴煤矿尚不到 28000 元。详细情况见表 1-7。

表 1-7　清末民初北方煤矿工业情况

单位：元

开工年份	企业名	资本	创办人	经营方式
1878	直隶开平矿务局	2055944	唐廷枢（怡和买办）	官督商办
1880	山东中兴煤矿	27972	戴华藻（候补知县）	官督商办
1882	直隶临城矿务局	139860	钮秉臣	官督商办
1896	热河南票煤矿	1398601	关内外铁路总局	官办
1896	直隶通兴煤矿	699301	段益三	官办
1897	直隶磁州煤矿	69930	陈光俨、叶济光	官商合办
1898	直隶井陉煤矿	699301	张赞臣	官办
1901	辽宁抚顺煤矿	223776	西矿，王承尧（候选府经历）；东矿，翁寿（候选知县）	商办
1902	河南三峰公司	53580	不详	商办
1902	吉林缸窑煤矿公司	41958	陈树勋	官商合办

开工年份	企业名	资本	创办人	经营方式
1902	辽宁烟台煤矿	81119	王姓等八姓（地主）	商办
1902	辽宁尾明山煤矿	27972	李席、纪道夫	商办
1902	河南六河沟煤矿	83916	马吉森	商办
1905	吉林奶子山德兴煤矿公司	100000	高启明	商办
1905	辽宁锦西煤矿	699301	王岐山	商办
1905	黑龙江甘河煤矿	226210	全纯德	官办
1906	直隶北洋滦州官矿有限公司	2797203	周学熙	官督商办
1906	河南凭心煤矿	237762	靳法蕙	商办
1908	直隶怡立煤矿	20000	李晋、杨以德	商办
1908	山西保晋公司	2363636	刘笃庆、冯济川、刘懋赏	商办
1909	山东博东煤矿	91199	徐永和	商办
1909	山东华丰煤矿	41958	米汝厚	商办
1909	山西寿阳保晋公司	49161	刘笃敬、冯济川、刘懋赏	商办
1910	山西建昌煤矿公司	不详	赵勒礼	商办

资料来源：根据严中平、徐义生、姚贤镐等编《中国近代经济史统计资料选辑》（科学出版社，1955）第96~97页表格资料整理。

（三）清末民初北方市场与工业基础

由上述分析可知，至20世纪初期，北方已初步形成以进出

口贸易为主导、土货与进口商品并行流通的新型贸易格局。北方
各区域形成以天津、大连、青岛等港口城市为中心的区域市场，
以港口毗邻之内陆为腹地的若干扇形区域市场已成为北方市场的
主要构成。区域市场之间地域毗邻，相互连接，埠际贸易频繁，
初步形成北方统一市场。天津以其优越的地理位置与广泛影响成
为北方统一市场的中心。

　　总体来看，至民国初期，北方地区民族产业资本仍极其薄
弱，远落后于华中地区。产业门类不齐全，资本万元以上企业仅
涉及 28 个工业门类，除以手工作业为主的榨油业与城市公共行
业水电业有所发展以外，其他基本处于起步阶段或尚未起步。截
至 1911 年，北方各省民族产业企业仅约 230 个，资本总额 6560.2
万元，企业平均资本额仅 28.5 万元[①]，其中规模较大者多为中外
合办或政府资金参与企业，商办企业大多资金短缺，技术落后，
经营困难。除轮运业外[②]，同期全国民族资本企业 953 家，资本
总额 20380.5 万元，若以同口径比较，则北方民族资本产业企业
212 家，资本 6379.8 万元（见表 1-8），数量与资本占比分别为
22% 与 31%。就行业发展来看，北方产业资本中，水电业与矿业
资本合计占比约 60%，这意味着北方产业资本主要依靠公用事业
与矿产资源，其他工业过于薄弱。一些稍有发展的行业如火柴
业、榨油业均位于东北地区，主要为手工生产方式。主要行业如

---

① 根据杜恂诚《民族资本主义与旧中国政府（1840—1937）》（上海社会科学院出版
社，1991）附表计算整理。
② 杜恂诚《民族资本主义与旧中国政府（1840—1937）》（上海社会科学院出版社，
1991）附表中，轮运业半数以上资本不详，或许为将其排除的原因。

棉纺业、火柴业、机器业、水泥业等均处于起步阶段。

表 1-8 1911 年北方地区民族产业资本统计

单位：家，万元

行业	企业数量	资本	行业	企业数量	资本	行业	企业数量	资本
棉纺业	2	84	榨油业	22	238.8	酸碱苏打晶业	2	30
染织业	19	46.8	制糖业	1	80	烛皂业	5	19
织麻业	1	30	酿酒业	3	100	水电业	16	2136.9
呢绒业	5	232.2	机器工业	4	104.2	建筑工业	5	268
缫丝业	7	30.2	制革业	3	83.9	杂项工业	1	7
面粉业	25	327.4	玻璃制造业	2	5	燃料等采掘业	31	1408.8
火柴业	10	66.3	砖瓦制造业	4	38.4	金属采掘及冶炼业	22	372.5
造纸业	3	82.6	水泥制造业	2	100	轮运业	18	180.4
印刷业	2	401	制瓷业	1	6.9	总计	230	6560.2
卷烟业	13	76.2	石棉制品	1	3.7			

资料来源：根据杜恂诚《民族资本主义与旧中国政府（1840—1937）》（上海社会科学院出版社，1991）附录相关表格整理计算。

三 特权富豪阶层新式投资与华北财团之形成

尽管自清末开始，中国政府就着手推行鼓励民族资本主义发展的改革措施，但由上述分析可知，北方地区因市场发育不充分，并不具备资本主义工商业发展基础。至民国初期，除官办工矿业外，新式民族资本企业设立数量极少，规模偏小，远落后于江浙地区，这导致北方民族资本主义发展缺乏必要资本积累。

辛亥革命以后，在政府鼓励之下，尤其因第一次世界大战所造就之有利市场环境，民族资本主义出现第一次发展高潮。首先，企业数量迅速增加。民国成立以后，在新的法规环境以及政府鼓励之下，全国兴起投资办厂高潮。1912 年一年全国即新设工厂 2001 家，之后两年均在 1000 家以上，1912～1916 年共设立工厂 1101 家。[1] 从正式注册之公司看，清末新政时期，1903～1908 年平均每年新设工厂 21 家。民国初期，1913～1915 年三年间全国新注册民族资本工厂 124 家，平均每年新增 41.3 家，是之前的近两倍。一战期间发展更快，1916～1918 年新注册工厂 374 家，平均每年新增 124.7 家，为上期之三倍。[2] 除去数量增加外，由于外商投资收缩，洋货进口锐减，工业品市场价格普遍上涨，市场空间扩大，民族资本企业盈利率显著上升。以当时最发达的棉纺工业为例，19 世纪末期以后，中国棉纺市场长期为英商垄断，一战爆发以后，英国因忙于战争，对华出口棉纱数量减少，棉纱价格猛涨，华商纱厂盈利率急速上升。1914～1920 年，除 1915 年、1916 年较差之外，其他年份中国纱厂盈利率均保持在两位数，1919 年、1920 年均在 30% 以上，1914～1920 年平均盈利率近 17%（见图 1-1）。

---

① 陈真、姚洛编《中国近代工业史资料》第一辑，生活·读书·新知三联书店，1957，第 14 页。
② 陈真、姚洛编《中国近代工业史资料》第一辑，生活·读书·新知三联书店，1957，第 14 页。

图1-1　1914~1920年中国纱厂平均盈利率

资料来源：根据陈真、姚洛编《中国近代工业史资料》第一辑（生活·读书·新知三联书店，1957）第165页表格数据整理绘制。

上述数字为全国纱厂总体平均状况，在棉纺业中心城市上海，一些大型纱厂如福新、申新、大通，盈利率有时超过100%，福新纱厂有两年盈利率接近190%（见表1-9）。

表1-9　一战时期华商纱厂盈利情况（1914~1920）

单位：万两，%

年份	南通大生一厂		上海申新一厂		上海福新一厂、三厂	
	盈利	盈利率	盈利	盈利率	盈利	盈利率
1914	34.76	30.8	—		3.48	120.0
1915	21.44	10.7	—		5.50	189.0
1916	16.29	3.2	2.07	9.5	4.19	144.1
1917	79.68	39.8	11.81	39.4	20.44	188.7
1918	63.87	31.9	22.25	74.2	31.66	146.2
1919	265.21	106.1	104.81	131.0	35.53	96.2
1920	210.91	84.4	127.59	85.1	37.05	102.2

资料来源：黄逸平、虞宝棠主编《北洋政府时期经济》，上海社会科学院出版社，1995，第112页。

其他行业情况相似。一战期间，市场面粉价格上涨30%以上，而小麦原料价格始终徘徊在原有水平（每担4元），1920

年甚至下降 8%（每担 3.7 元）。① 私人资本火柴工业也因进口火柴的锐减而获得发展机会。煤矿业长期亏损，在一战期间扭亏为盈，保晋煤矿 1916～1920 年保持赢利，1916 年盈利率达 15%。② 高盈利率吸引大量民间资本向工商业企业投资，中国民族资本工业迅速发展。1914～1920 年，中国新式工矿业年增长率达 13.8%，主要工业行业如面粉业、卷烟业增速多在 20% 以上（见表 1-10）。至 1920 年，中国新式产业资本规模达 23.68 亿元。③

表 1-10　1912 年、1920 年我国资本主要行业发展速度

行业	项目	1912 年	1920 年	年均增长率（%）
棉纺	棉纱产量指数	100.0	422.4	19.7
面粉	面粉产量指数	100.0	516.9	22.8
缫丝	出口量（吨）	2957.8	3897.7	3.5
卷烟	资本额（万元）	137.8	1681.2	36.7
火柴	资本额（万元）	294.2	745.9	12.3
电力	发电容量（千瓦）	12013.0	29602.0	11.9
水泥	启新厂产量（吨）	59405.0	109741.0	8.0
矿冶	生产指数（以 1913 年为基期）	79.1	158.0	9.0

资料来源：刘国良：《中国工业史》近代卷，江苏科学技术出版社，1992，第 175 页。

---

① 黄逸平、虞宝棠主编《北洋政府时期经济》，上海社会科学院出版社，1995，第 106 页。
② 严中平、徐义生、姚贤镐等编《中国近代经济史统计资料选辑》，科学出版社，1955，第 166 页。
③ 刘国良：《中国工业史》近代卷，江苏科学技术出版社，1992，第 174 页。

在新式投资高额利润引诱之下，特权富豪阶层除去个人挥霍以及购置土地、开设典当银号等旧式金融机构之外，开始将大量资金投向新式工商业企业。据笔者对多名官僚军阀的考察，投资新式企业高潮起步于 1918 年前后，投资规模随时间推移呈增长趋势，如黎元洪 1917 年以前以购置田地、房屋为主要投资方式，以收取房租、地租为主要利润来源。1917 年退出政坛时即表示："对于政治业已心灰意冷，以后将在实业界力求活动。"① 之后资金所投几乎全部为新式企业。据不完全统计，1917 年以后黎元洪以本名、堂号及其子女名义，投资工矿、金融等新式企业 70 余家，投资总额约 300 万元②，投资区域主要集中于北方地区（见表 1-11）。官商王郅隆 1923 年死后，法院对其财产所列清单，除去债权债务及现金之外，投资部分之房地产价值总计 495914.74 元，企业、银行股票本金 907000 元，旧式商号、银号、当铺投资 377474 元。投资资产 1780388.74 元中，新式企业、银行投资占 51%，超过半数，为旧式商号、银号、当铺投资之 2.4 倍，表明新式投资已成为其主要投资方向。③ 曹锟家族投资以房地产最多，工商业投资除去 9 家典当行外，其余均为公司企业，计有恒源纱厂、同福饼干公司、北方航业公司、保定电灯公司等。其他如倪嗣冲家族、张作霖家族等，均以新式企业为投资重点，几年之内，即形成军阀官僚新式投资风气。

---

① 《晨钟报》1918 年 5 月 22 日。
② 张树勇：《善于经营实业的总统黎元洪》，载中国人民政治协商会议天津市委员会文史资料委员会编《近代天津十大寓公》，天津人民出版社，1999，第 46 页。
③ 魏明：《从王郅隆后代析产案看一个北洋军阀官僚的经济活动》，《南开学报》（哲学社会科学版）1995 年第 2 期，第 53~56 页。

表 1-11 黎元洪北方地区新式企业投资统计

单位：万元

行业	企业名称	投资额	行业	企业名称	投资额
金融业	中国银行	32	盐碱业	大精盐公司	7
	中华汇业银行	5（美元）		永利制碱公司	5.6
	中国实业银行	55	棉纺织业	山东鲁丰纱厂	4
	交通银行	15		石家庄大兴纺织公司	1700 两银
	劝业银行	5.7	面粉、食品业	山东兴华机械制面公司	不详
	新华商业储蓄银行	3			
	金城银行	2			
	北洋保商银行	2		天津民丰机械制面公司	约 6.3
	华孚商业银行	0.5			
	北京证券交易所	2.6	木材业	哈尔滨铁嫩森林采木公司	14.6
	中南银行	1			
	农商银行	5000		哈尔滨天利采木公司	1
	华意银行	1			
	天津汇理银行	不详	造纸业	山东华兴造纸公司	6.3
	天津麦加利银行	不详		兴华造纸公司	1（日元）
	天津华北	不详	其他行业	北京玉泉山啤酒汽水公司	0.3
	东方商业银行	不详			
	震义银行	不详		京师华商电灯公司	2.6
	中华懋业银行	不详		中孚制药公司	不详
	天津证券花纱粮食皮毛交易所	股票 100 股，股金不详		中美实业公司	0.3
煤矿业	中兴煤矿公司	54			
	六河沟煤矿公司	11		天津振中新记油漆颜料股份有限公司	不详
	磁县怡立矿务公司	10			
	龙烟铁矿公司	5			
	中华矿业公司	0.4		北洋贸易公司	2.5
	中原煤矿公司	11			
	芦汉银公司（又称"临城煤矿"）	10			
	北票煤矿公司	约 2			
	新乡宏豫铁矿公司	0.5			

资料来源：根据张树勇《善于经营实业的总统黎元洪》（中国人民政治协商会议天津市委员会文史资料委员会编《近代天津十大寓公》，天津人民出版社，1999）第 46~48 页资料整理。

特权富豪群体投资新式企业有三种情况。其一，军阀官僚集团在当政时期，依恃军政特权，聚敛资金，投资新式资本主义企业，典型如张作霖家族及奉系军阀核心财团。相比于动荡的中央政局，东北自1917年以后，长期处于以张作霖为首的奉系军阀统治之下，政局稳定。当政期间，张作霖家族及吴俊昇等其他奉系高层军阀官僚人物，以绝对的政治军事权力，广泛投资矿业、工商业与金融业，依托地方财政与官办金融机构之雄厚资金实力，大力发展私营企业集团。除私营企业以外，还以政府名义设立大量官办企业，以官办企业名义牟取私利，形成对政府资本的控制。为稳固资本体系，张作霖往往亲自或委托心腹进行经营管理，形成官商不分、公私难辨的庞大资本体系。晋系阎锡山主政山西之后，即凭借军政特权，设立晋胜银行等私人企业。皖系军阀倪嗣冲家族的前期投资、曹锟家族企业、周学熙企业集团的前期发展等均属此种类型。其特点为直接运用军政特权，随时由政府或财政资金提供特权及资金支持。其二，下野官员为谋求财富增值，投资新式企业。在此类投资中虽投资人脱离政界，但其资产形成与前者无异，具有非经济性与特权性。因投资者身份特殊，仍然与政界有千丝万缕的关系，往往利用政治资源牟取经营特权，难以视同普通私人资本。如黎元洪去职以后，即以实业投资为业，但仍然利用政治资源为企业谋求特权。黎元洪及其子黎绍基、黎绍业均曾担任多家公司董事长等职，参与管理。其三，更多官员则于在位时即开始新式投资，因政坛动荡，官位不稳，为政治失利寻找投资出路。北京政府大部分官员投资均抱此目的。总之，无论何种意图，投资新式企业，已成为此时期官僚军阀寓公等特权阶层之重要投资渠道。权贵阶层大规模投资民族工商业企业，成为此时期民族资本主义发展高潮的重要推动力量，亦为华北财团形成之标志。

第二节　华北财团之核心组成

华北财团之起步最早可追溯至清末新政时期。20世纪初期，袁世凯任直隶总督，于天津试办实业，周学熙等人借助袁世凯政治权势，利用官银号或政府资金，创办近代工矿企业，化公为私，牟取私人利益。民国成立以后，大量官僚军阀阶层趁政府鼓励民族资本主义发展的有利时机，以不法所得投资新式工矿金融事业，成为当时投资风气。华北财团投资最大特点，即依恃军事、行政特权投资经营，其中不乏借助国家资金发展私营企业者。其核心成员，即北方军政各界高层人物，但他们又以各种关系为纽带形成不同投资利益团体，联合投资。袁世凯死后，北洋军阀四分五裂，形成不同军事及政治派系。各派系之间争权夺利，互相倾轧，在长期斗争过程中，形成不同利益团体。在私人投资方面，亦多以此为纽带，形成不同投资群体。基于中国传统的家族文化，"一人得道，鸡犬升天"的观念根深蒂固，故华北财团虽根植于军阀官僚个人所操控之军政特权，但更多以家族为财富拥有或投资单位。从这个意义上讲，华北财团其实由若干特权富豪家族构成。同时，北京政府时期尚处于民族资本主义发展初期，特权富豪虽以非经济手段积累大量财富，但尚未形成单独投资和组建家族财阀的能力，更多以合作投资方式进行。这使得不同资本集团间形成共同利益。为维护家族利益，权贵富豪往往有意识地通过同乡、同僚、亲戚甚至联姻，结成更加紧密的利益集团，以获取更广泛的政治经济资源，弥补家族力量之不足，形成更稳固的利益保障机制。以上述纽带联结之利益集团，势必使得华北财团具有更强的封建属性。

华北财团因地域关系，大致形成三大相对独立的投资团体，分别为京津系资本集团、奉系资本集团与晋系资本集团。其中京津系资本集团投资区域以京津地区为核心，涵盖直隶、山东、河南等省，以及热河、察哈尔、绥远部分区域；晋系资本集团以山西为势力范围；奉系资本集团对东北三省形成控制。三大资本集团各自形成相互独立、相对稳定的投资群体，且因资源、地域、经济发展基础与政治环境不同，形成不同投资特色。其中京津系资本集团与奉系资本集团规模较大，晋系资本集团则因阎锡山集团逐渐转向公营经济而未形成太大影响。

一 京津系资本集团

清末民初，京津地区成为清朝遗老、北京政府在职与下野官僚军阀最大聚居区。民国初期，在有利的政策与市场环境下，北方民族资本主义开始发展。受近代工商业企业厚利引诱，特权富豪阶层开始转向新式企业投资，且随着民族资本主义发展加速，新式投资渐成风气。至 1920 年左右，形成庞大的特权富豪投资群体，投资区域以天津为中心，广泛分布于北京、直隶全境、山东及河南部分地区，另在热河、察哈尔、绥远等地均有涉足，为华北财团之核心构成。相比于晋与奉系资本集团，京津系资本集团更多为一种地域概念，规模庞大，结构复杂，内部又因家族、政治派系及合作频率等，分为若干投资团体。

（一）周、孙、袁资本集团

周、孙、袁资本集团形成于清朝末期，可视为华北地区最早之特权投资团体。周学熙辞去滦州矿务局会办职务以后，投奔袁世凯。周学熙之父周馥与袁世凯交往素深，又为儿女亲家，故袁世凯对周学熙尤为关照，加之周学熙才能出众，为袁赏识。袁世凯出任北洋大臣以后，即委任周学熙为天津候补道。之后，周学熙与袁世凯结为"政商联盟"，以官款兴办新式企业，辅助袁世凯新政，成为袁世凯北洋新政的肱股之臣，掌管北洋财政金融与铸币大权。孙多鑫为袁世凯在实业领域的另一得力助手。孙多鑫早于1898年即着手实业，在上海创办阜丰面粉厂，在面粉业崭露头角，引发周学熙关注，周遂推荐孙多鑫赴津，协助袁世凯办理新政。因孙多鑫与李鸿章之亲戚关系，加之非凡才华，袁世凯对孙多鑫极为赏识。孙希图攀附权势，对袁言听计从，很快成为袁世凯之心腹，被袁委任直隶官银号总办、天津造币厂督办等职。周、孙二人遂成袁世凯办理实业之左膀右臂。清末天津银元局、直隶工艺局、天津官银号等近代机构，均为二人联手创设。

清末新政期间，在袁世凯支持下，周、孙联手投资新式企业，以官商合办形式创办启新洋灰公司、滦州矿务公司、滦州矿地公司、京师自来水公司等企业。孙多鑫负责幕后策划，周学熙负责具体实施，袁世凯做政治后台，三人结成天津早期政经同盟。但孙多鑫于1906年病故，之后袁世凯、周学熙亦遭政治失势，孙氏次子孙多森成为天津官督商办企业实权人物。民初以后，袁世凯攫得总统之位，对周、孙二人委以重任。孙多森出任中国银行总裁、参政院参政等职。周学熙先后出任国务总理、财政总长，以振兴实业为名，创办新式工矿金融机构，如农工银行、北京通惠实业公司等，希图振兴实业。袁、周、孙各有所长，优势互补，形成资本联盟。周、孙联手发展官商合办企业的同时，更多以袁世凯为政治靠山，借助国家资本投资私人企业，逐渐发展成两大家族企业集团。袁世凯家族则在周、孙两企业集团内部持股或任职。周于清末新政时期开始以官款办理实业，民国以后以官员身份投资组设华新集团，形成集纺织业、工业、矿业、金融业于一体的家族企业集团。孙氏兄弟众多，其企业集团以家族股本为主。孙多森于 1919 年去世，其弟孙多钰出任总裁。孙氏家族则以通惠实业公司为核心，形成涉足纺织、面粉、金融等领域之家族企业集团。周学熙开办之开滦矿务总局、京师自来水公司、启新洋灰公司均以"报效"形式，赠送袁氏家族大量股票。袁世凯长子袁克定出任开滦矿务总局第一任董事长。孙多森亦曾担任启新公司协理。但随着企业规模扩大，以及袁世凯政治失势，周、孙两企业集团为各自利益，由联合逐渐走向竞争，最终分裂。周、孙、袁资本集团核心构成为周学熙、孙多森与袁世凯三个家族，此外吸收袁世凯统治集团之"老北洋系"官僚军阀之资金投资，周学熙政界之心腹亦与周形成稳定投资同盟，成为资本集团的外围构成。

周学熙家族。周学熙（1866~1947），字缉之，号止庵，安徽建德（今东至）人。周学熙自 1893 年中举以后，两次会试受挫，仕途无望，遂决定"改习制艺"。1897 年经其亲家张翼举荐，任开平矿务局上海分局监事，次年任开平矿务局会办，开始接触实业。清末协助袁世凯办理直隶新政时，借助袁世凯政治权力，以官款创办启新洋灰公司、滦州煤矿等新式公司。民国以后渐成集团经营模式。周学熙家族观念极强，有意在企业重要管理岗位安排家族成员，形成家族投资管理团体，主要成员如周学辉（弟）、周叔弢（侄）、周志辅（子）、周叔迦（子）、张邵玢（音）、胡光镳（婿）等。

袁世凯家族。袁世凯新政时期，支持周学熙与孙多森等人开办新式企业，为周、孙创办实业之政治靠山。故周学熙集团所属之企业以"报效"形式，于历年盈余中提取 10% 赠送袁世凯，所赠盈余转化为袁氏家族在企业之股份。袁世凯从未以自己的名义持有股票，多分送妻妾子女。袁世凯子女众多，每房所分财产有限，所分得之启新与滦矿股票多被变卖。能长期持有并持续投资者，主要有袁克桓（六子）、袁克轸（八子）、袁克久（九子）等。1926 年以后，袁氏兄弟逐渐进入启新管理层，参与管理。

孙多鑫、孙多森家族。孙氏家族自清末时期即已为名门望族。孙多森父亲孙传樾为清末进士。孙多鑫母亲为两广总督李瀚章之女（李鸿章侄女）。孙多鑫系孙家长子，兄弟 6 人，分别为孙多鑫、孙多森、孙多培、孙多焱、孙多堃、孙多钰。孙多鑫为清末举人，早年长期经营盐务，因感盐务风险高，辞去公职，自办实业。袁世凯新政时期，孙多鑫负责幕后策划，与周学熙为袁左膀右臂。孙多鑫 1906 年病逝以后，孙氏家族企业由孙多森执掌。孙多森 1919 年去世后，其弟孙多钰出任孙氏企业集团总裁。

孙氏企业集团以家族股本为主，以通惠实业公司为核心，形成涉足纺织、面粉、金融等领域之家族企业集团。

（二）皖系军阀与交通系投资集团

皖系军阀以其首领段祺瑞为安徽籍得名。段祺瑞及其手下"四大金刚"——靳云鹏、徐树铮、傅良佐、曲同丰组成皖系核心力量。此外皖系军阀为操纵国会、把持政权，组建安福俱乐部，形成皖系中坚力量，主要人物有：王揖唐、曾毓隽、朱深、李恩浩、段芝贵等。

交通系为清末民初时期，随着铁路、邮政等近代交通通信业发展，形成围绕交通系统之政治派别。因财政困难，路政交通实际上成为北京政府最大经费来源，故交通系在政治领域具有举足轻重的地位。交通系又有新旧之分，旧交通系以袁世凯为政治靠山，以梁士诒、叶恭绰为核心，班底人物有六七十人。袁世凯称帝失败以后，交通系失去政治靠山，梁士诒下台遭通缉。交通部落入曹汝霖等人之手，几年时间，围绕交通系统罗织起新的政治团体，史称"新交通系"。新交通系以徐世昌为政治靠山，以曹汝霖为首脑。新旧交通系并非严格对立，因同任职于交通系，许多旧交通系成员在梁士诒失势以后，为个人私利，迅速投靠新交通系，如周作民、胡笔江等金融界人士。周、胡二人均为梁士诒故交，但在梁政治失势以后，迅速靠拢新交通系，与曹汝霖等官员往来密切。类似情况在政界官员中亦属常见。华北财团交通系成员相关情况如表1-12所示。

表1-12 华北财团交通系成员一览

派别	姓名	籍贯	出身	职务
旧交通系	唐绍仪	广东香山	留美学生	国务总理
	梁士诒	广东三水	进士	交通总长
	周自齐	山东单县	留美学生	署理国务总理
	朱启钤	贵州开州	举人	代理国务总理
	龙建章	广东顺德	进士	署理国务总理
	关冕钧	广西苍梧	进士	京张铁路局长
	关赓麟	广东南海	留日学生	汉粤川铁路督办
	赵庆华	浙江金华	早年就读于香港拔萃书院	航政司长
	郑洪年	广东广州	两江法政学校毕业	交通次长
	施肇基	浙江杭县	留美学生	交通总长
	施肇曾	浙江杭县	留美学生	陇海铁路督办
	方仁元	江西南昌	监生	交通部佥事
	周作民	江苏淮安	留日学生	库藏司长
	胡筠	江苏江都	钱庄学徒	交通银行北京分行经理
	陈福颐	江苏清河	举人	航政司长
	孙多钰	安徽寿县	留美学生	交通次长
	俞大纯	浙江绍兴		技正
	汪士元	安徽盱眙	监生	财政次长
	张弧	潜江茶山	清举人	财政总长
	王景春	直隶滦县	留美学生	邮政总局局长
	徐世章	直隶天津	比利时留学生	交通次长
	刘成志	江苏武进	举人	参事

续表

派别	姓名	籍贯	出身	职务	姓名	籍贯	出身	职务
新交通系	曹汝霖	江苏上海	留日学生	交通总长	卢学孟	福建闽侯	留法学生	汴洛铁路局长
	陆宗舆	浙江海宁	留日学生	驻日公使	卢学溥	浙江桐乡	清举人	交通银行董事长
	章宗祥	浙江吴兴	留日学生	驻日公使总长	陆梦熊	江苏崇明	留日学生	代交通次长
	吴鼎昌	浙江吴兴	留日学生	总统府秘书长	姚国桢	安徽贵池	清末举人	交通总长
	权量	湖北武昌	留日学生	交通次长	曾觐化	湖南新化	留日学生	航政司长
	萨福懋	福建闽侯	天津水师学堂毕业	中国银行总裁				
	任凤苞	江苏宜兴	清监生	交通银行协理				

注：本表收录为新旧交通系投资新式企业较多人员，并非交通系所有成员。

交通系与皖系军阀关系密切。梁士诒虽在帝制案后被迫下野，但为谋求政治复出，在府院之争中选择支持以段祺瑞为首之皖系军阀，以其雄厚财力为皖系提供巨额经济支持。1917年为支持皖系国会选举，梁士诒曾提供300万元经费，并当选安福国会议长。新交通系则一贯围绕皖系军阀活动，成为皖系军阀政治军事活动之经济后盾。皖系执政期间，亦多对交通系成员委以重任。因政治上之密切关系，皖系军阀与交通系要员多联合投资，形成资本集团。兹对该资本集团核心人物予以介绍。

徐树铮（1880~1925），字又铮，江苏萧县（今属安徽）人。皖系军阀核心人物之一，上将军，段祺瑞心腹。1919年收复外蒙古，任西北筹边使。曾任陆军总长。徐树铮长期追随段祺瑞，为段政治斗争之肱股之臣，曾组织安福俱乐部，支持段祺瑞国会选举。1925年为巩固段祺瑞执政地位，在北京四处游说，为冯玉祥所杀。以稳固边防为名，创办边业银行，另在中华汇业银行、金城银行等金融机构持有股份。

梁士诒（1869~1933），字翼夫，号燕孙。广东三水人。甲午进士，在参加经济特科考试时名列榜首，但被慈禧太后疑为梁启超同党而不予录用。后进入袁世凯幕府，成为袁心腹。1905年任铁路总文案，开始进入交通系统。继之邮传部于1906年设立，梁士诒又被荐至邮传部，掌控交通四政大权。1907年邮传部设立京汉、沪宁、正太、汴洛、道清五路，随之梁士诒奏请设立交通银行，并长期担任该行行长。由此，梁士诒取代盛宣怀，成为交通系统头号人物。梁士诒发起设立或担任要职之近代企业包括：交通银行、新华商业储蓄银行、五族商业银行、戊通实业公司（东北）官商合办龙烟铁矿公司、金城银行、中华汇业银行等。

段祺瑞家族。段祺瑞（1865～1936）为安徽合肥人，早年考入天津武备学堂，后调入天津小站，追随袁世凯编练新军，成为袁世凯心腹。民国初期历任北京政府陆军总长、参谋总长，袁死后为皖系军阀首领，出任国务总理，操控北京政府。1920年直皖战争失败，寓居天津。1924年重新步入政坛，执政北京临时政府。以"三造共和"自居。与其他北洋要人相比，段祺瑞为官清廉，治家严谨，未留诟后世。但由于官威所在，加之政治动荡，为留后路，亦令其胞弟段祺勋及所率之安福系投资实业，段祺勋依恃段祺瑞势力，投资设立正丰煤矿，在中华汇丰煤矿、龙烟铁矿公司等均有投资。

倪嗣冲家族。倪嗣冲，字丹忱，1868年出生，安徽阜阳人。1895年投靠袁世凯，参与督练新军，为袁心腹之一。民国初期任安徽督军、安徽巡按使等职。1916年袁死后投靠段祺瑞，任长江巡阅使。1920年皖系失败后被解职，寓居天津。倪嗣冲自1913年掌握安徽军政大权后，亦官亦商，广泛投资工矿、金融事业，于北方地区发起设立或参与投资之各类企业在20家以上，初步形成企业集团模式，为北洋军阀投资最多的人物之一。倪嗣冲的投资多以长子倪道杰（幼丹）之名义进行，并主要由其出面经营。倪幼丹曾任国会议员、安徽督军府顾问等职。1917年后，担任倪氏家族企业董事长、总经理等职。

王郅隆（1888～1923），字祝三，直隶天津（今天津）人。年少时即入粮店做学徒，长期经商。清后期捐纳候补道，历任黑龙江、湖北、安徽等省盐务采运局总办。王郅隆擅长结交权贵，民国初期与倪嗣冲攀附关系，任安武军后路总办，成为倪嗣冲"理财管家"，倪嗣冲的投资多由王郅隆经手。王又通过倪嗣冲广交皖系军阀徐树铮、段芝贵、曾毓隽等人。与倪嗣冲及其他皖系军阀合作投资工矿企业、金融企业，创办或主要投资企业有金城银行、裕元纱厂、天津丹华火柴公司等。1923年死于日本关东地震。为华北财团投资最多的人物之一。

钱能训（1870~1924），清末进士出身，清末曾任陕西布政使、陕西巡抚等职。民初历任北京政府内务次长、内务府会议议员等职，1918年代理段祺瑞政府国务总理，为安福系要员。发起创办中华懋业银行、北京信托公司、溥益公司等金融机构，在中国实业银行、溥益实业公司等持有股份。

曹汝霖（1877~1966），字润田，上海人。1900年赴日留学。回国后进入商部。民国初期先后担任外交次长、交通总长，后兼署外交总长。1919年五四运动以后被免职，转入实业界。在梁士诒失势后，担任交通银行总经理，为新交通系首脑。投资多家工矿企业，担任直隶井陉正丰煤矿董事长。

孙多钰（1882~1951），新交通系要员，孙氏家族企业掌门人。1899年赴美留学，回国后考取工科进士，长期任职于铁路系统，任总办、总工程师等职。1923年出任北京政府交通次长，成为新交通系核心人物之一。1919年其兄孙多森去世以后，执掌孙氏家族企业，成为"通阜丰"财团实际控制人，担任北京通惠实业公司总裁与中孚银行总经理、阜丰面粉公司董事长等职。

周自齐（1869~1923），山东单县（一说成武）人，出身官宦世家。幼时曾就读于广州同文馆，1894年考取甲午科乡试副榜，清末长期任职于政府外交系统，1906 年出任美国旧金山领事馆总领事。1912 年出任山东都督，后历任中国银行总裁、交通总长、财政总长等职。1922 年任教育总长兼代理国务总理，次年病逝。广泛投资金融业、矿业，以商人管相绅名义投资创办旭华煤矿，任北洋保商银行董事长，另在龙烟铁矿公司、交通银行、中华懋业银行等多家企业持有股票。

朱启钤（1872～1964），字桂莘，贵州开州（今开阳）人，清末举人。朱启钤为徐世昌门生，经徐力荐，民国初期出任交通总长、内务总长等职，为旧交通系要员。朱启钤曾积极拥戴袁世凯复辟，失败后遭通缉。1918 年当选安福国会参议院议长。1919 年退出政治舞台，寓居天津，转入实业界，为中兴煤矿公司董事，曾任董事长，在裕元纺织公司、金城银行、边业银行、交通银行、新华储蓄银行、盐业银行等持有大量股份。

陆宗舆（1876～1941），浙江海宁人。青年时自费赴日本留学，学习政治经济学，归国后任职清政府巡警、盐务等系统。民初曾任总统府财政顾问、参议院议员等，1913 年任驻日全权公使，政治上亲日。在段祺瑞执政期间，曾担任交通银行股东会长、币制局总裁等。陆宗舆早于清末即担任交通银行协理，民初任交通银行代总经理。1918 年陆宗舆与日商合资创办中华汇业银行，并以该行为平台，出卖国家主权，为段祺瑞筹集政治经费。同时持股较多企业，如：官商合办龙烟铁矿公司、中法储蓄会、新华储蓄银行等。

（三）直系军阀投资集团

直系军阀以其首脑冯国璋、曹锟籍贯为直隶而得名，核心人物有冯国璋、曹锟、吴佩孚等，班底人物有几十人。其中任职于北方地区并做近代企业投资者有：曹锟、冯国璋、王士珍、陈光远、王占元、王怀庆、齐燮元、王承斌等。

曹锟家族。曹锟 1862 年出生于天津大沽口。1890 年毕业于北洋武备学堂。后进入天津小站追随袁世凯，历任新建陆军帮带、管带、统领等职，成为袁世凯心腹。袁世凯死后，曹锟成为直系军阀首领。1923 年重金收买议员，贿选总统。曹锟政治上得势以后，曹氏兄弟倚仗其权势，在天津直隶地区横行乡里，肆意敛财，称霸一方。曹锟兄弟姐妹 7 人，他排行第三。曹锟 1916 年任直隶督军时，力荐其四弟曹锐出任直隶省长，自此之后，曹氏兄弟联手执掌直隶军政大权，其家族及外戚借助特权，称霸直隶、天津地区。曹锟长兄曹镇自曹锟军事起家以后，在老家掠夺田产，经营商业。曹镇子曹士魁，依恃曹锟权势曾任北洋陆军统带、两湖宣抚使署运输队长等职。曹锟五弟曹钧亦曾倚仗曹锟权势当选安福系国会议员。七弟曹瑛曾任陆军测量局局长、第二十六师师长等职。曹锟家族依恃权势，巧取豪夺，侵吞国家资财，强夺民营企业，广泛投资工矿实业，成为直隶天津地区一大财团势力。曹锟家族近代资本主义投资涉及棉纺、食品、电灯、粮食、航运等行业，形成集团经营规模。

冯国璋，直隶河间人，1859 年出生。毕业于北洋武备学堂，后入职新军，为袁世凯重用，成为北洋军骨干。在袁世凯死后，成为直系军阀首领。曾任北京政府副总统、代总统。1918 年下台，次年病逝于北京。民国初期，凭借军政势力，在家乡大肆兼并土地，克扣军饷，收受贿赂，聚敛巨额钱财，1919 年离世时遗产有 2300 多万元。除个人挥霍以外，以巨额资金投资近代工矿金融业。独资创办华充银行、华通银行，作为私人金库。发起创设大陆银行、开源实业公司、保定电灯公司等金融与工业企业，另在中华汇业银行、中华懋业银行、永华火柴公司等多家企业持有股份。

王士珍（1861~1930），字聘卿，直隶正定（今属河北）人。幼时家贫，15 岁投军，后被选入北洋武备学堂。甲午战后投靠袁世凯，在天津小站练兵时任教习，成为北洋军骨干。民国以后历任陆军上将、陆军总长、参谋总长等职。1917 年任北京政府国务总理兼陆军总长，次年去职。后退出军政界，寓居天津，改投实业。投资设立北京电车公司，担任董事长，另在启新洋灰公司、京师华商电灯公司等企业持有股票。

陈光远（1873~1939），直隶武清口（今属天津）人。直系军阀冯国璋嫡系将领。1892 年考入北洋武备学堂。后长期追随袁世凯、冯国璋。1918 年任江西督军。1922 年被免职后寓居天津，购置大量房产，在京津地区投资工商实业，持有多家工业企业与金融公司股份，主要有：耀滨庆记电灯公司、开滦煤矿公司、中华矿业公司、兴华棉业公司、鲁丰纺织公司、中华懋业银行、中国实业银行、北洋保商银行、新华储蓄银行等。

王占元（1861~1934），直隶馆陶县人。早年曾参加淮军。1895 年参与小站练兵，后长期追随袁世凯，为北洋嫡系将领，直系核心人物。1916 年任湖北督军兼省长。1920 年任两湖巡阅使。1926 年退出军政界，寓居天津。任职期间集聚巨额资财，在天津投资房地产及工商实业。与冯国璋、曹锟合资设立乾义机器面粉公司、保定电灯公司，另在多家工商金融公司持有大量股份，计有：中华懋业银行、中国兴业银行、金城银行、庆丰面粉公司、鲁丰纱厂等。

（四）其他官僚与金融界人物

此外尚有不隶属于上述集团或派系之军政界、金融界人物。现列述于下。

第一，清旧僚或袁世凯旧臣，计有张勋、张镇芳、袁乃宽、何宗莲、张肇铨等人。

张勋（1853～1923），江西奉新人，清旧僚，1884年投军，清末任江南提督，曾参与镇压义和团与辛亥革命。民国时期仍效忠清王朝，所率军队保留发辫，称"辫子军"，曾协助袁世凯镇压"二次革命"。1917年趁"府院之争"时机率军进京，企图复辟，很快失败，后寓居天津。张勋借其"辫子军"特权，敛财无数，民国以后投资近代民族资本企业，为东陆银行最大股东，投资较多企业，有中兴煤矿、盐业银行、大陆银行等。

张镇芳（1863～1933），字馨庵，河南项城人，与袁世凯为同乡，并有远亲关系。光绪十八年中进士，任户部主事。清末新政时期，被袁世凯委任为长芦盐运使。民初曾任河南都督、参政院参政等职。1917年因拥护张勋复辟被褫夺一切官职勋位，后寓居天津。发起创设盐业银行，与黎元洪合作创设中原煤矿、六河沟煤矿等矿产公司。另在通惠实业公司、中孚银行等多家工商金融企业持有股份。

袁乃宽（1868～1946），河南项城人，袁世凯内臣、家庭总管。政治上参加袁世凯所组织之"统一党",效忠袁世凯。在袁世凯死后投靠直系军阀,1923 年曹锟任总统期间,袁曾任农商总长。与袁世凯家族、张镇芳等合作投资近代企业,任中日实业公司总裁,其他投资计有:盐业银行、同泰源实业公司、通惠实业公司等。

何宗莲(1861~1931),字春江,山东平阴人。北洋武备学堂毕业,曾参加甲午战争。清末任职于新建陆军,为袁世凯心腹。民国以后历任察哈尔都统兼第一师师长、将军府将军等职。在袁世凯称帝失败以后退出军政界,转投实业,投资创办华兴造纸厂、丰年面粉公司等。

张肇铨(1875~1928),字子衡,山东章丘人。1904 年中进士,曾任贵州遵义知县、知府。辛亥革命以后弃官回乡。民国元年任山东商务总会经理、山东商会会长。1920 年任山东财政厅厅长。后转入工商业,在实业与金融界多有投资,同日本人合资经营鲁大公司,创办丰年面粉厂、山东银行等,依恃山东军阀张宗昌进行特权经营,1926 年曾为张宗昌筹资 7000 万元。1928 年张宗昌倒台后失去靠山,为北伐军所不容,逃往大连,于当年病逝。

第二,北京政府官僚与金融家群体。核心人物如张嘉璈、王克敏、刘子山、吴鼎昌、谈荔孙等人。吴鼎昌与谈荔孙后文有专题论述,此仅介绍张嘉璈、王克敏、刘子山等人。

张嘉璈(1889~1979),字公权,江苏宝山(今属上海)人。青年时期赴日本留学,系统学习货币银行学。1913 年任中国银行上海分行副经理。1916 年京钞停兑风潮中坚持上海分行照常兑现，受梁启超赏识。1917 年由梁引荐，担任中国银行副总裁，成为中国银行实际执掌人。张嘉璈长期执掌中国银行实权，有意将中国银行发展为商业银行，摆脱政府控制。逐渐增加商股比例，压缩官股。同时对中国银行进行人事与经营体制改革。张嘉璈亦在中国银行持有股份，另在大陆银行、中国农工银行等多家金融机构持有股份。

王克敏（1873~1945），浙江杭县（今余杭）人。清末曾任留日学生监督，后任职于度支部与外务部。民国初期任中法实业银行与中国银行总裁、财政总长、教育减债基金委员会委员等职。北洋军阀分裂以后投靠直系，曹锟组阁以后再任财政总长，1924 年直系失势以后被免职。投资领域以金融为主，另在多家工业企业持有大量股份。

刘子山（1877~1948），名云碧，今山东莱州市沙河镇湾头村人，幼时家贫，14 岁到青岛谋生。后学习德语，为德国建筑师做翻译，开始创业。民国初期，因贩卖木材与鸦片成为富商，1918年创办东莱银行，总行设于青岛天津路，为青岛首家私营银行。为托庇于政治，邀请山东程兰普等军政界人士入股。1926 年将东莱银行总行迁往天津，1933 年又迁往上海。除银行外，刘子山还投资运输、棉纱、电力、煤矿等行业。

二　奉系资本集团

奉系资本集团系以奉系军阀为核心的资本利益集团。奉系军阀自 1917 年张作霖主政东北之后，首先控制辽宁局势，进而驱逐异己力量，控制东三省全境，将吉林、黑龙江两省全部纳入奉系军阀势力范围。奉系军阀在掌控东北军政局势的同时，依恃权势，聚敛资财，吞并土地，投资工商金融企业，渗透东北工矿、商业贸易、金融、轮船等各领域。其最大特点为凭借军政权势，直接把持国家财政金融机关，以政府资金牟取私利。投资过程中，相互之间利用派系、同僚、姻亲等关系，结成投资团体，利用军政特权进行超市场经营，压制普通私人资本，形成东北地区最大的权贵资本集团。

奉系资本集团人物可分三类。第一，出身土匪。奉系军阀首脑张作霖系土匪出身，该集团核心人物多为张作霖做土匪时期之"生死弟兄"。奉系集团元老级人物如冯麟阁、张景惠、汤玉麟、张作相等多半属于此类。第二，军界人物。义和团运动以后，张作霖率部接受清政府招安，编入政府军队。在此期间，广泛罗致军界人士，将其纳入麾下，吴俊升、孙烈臣、鲍贵卿、张九卿、杨宇霆、孙大虎、汲金纯等人多属此类。第三，文人贤士。民国以后，张作霖玩弄权术，最终于 1917 年全面夺取奉天军政大权，成就"东北王"之政治野心。张作霖主政东北以后，自称以汉高祖刘邦的经验为借鉴，"吾此位得自马上，然不可马上治之，地方贤俊，如不我弃，当不辞卑辞厚币以招之"。公开招募人才，吸纳文人贤士进入统治系统，主要人物有王树翰、王永江、刘尚清等，逐渐形成"文武兼备"之军事政治集团。奉系财团核心成员如下。

张作霖家族。为奉系最大家族资本集团，亦为华北财团内部影响最大的资本集团之一。张作霖（1875~1928），字雨亭，辽宁省海城市人，土匪出身，后被清政府招安，编入地方政府武装。

民国以后，历任陆军第二十七师师长、奉天督军、奉天省省长等职，1917 年起主政东三省，人称"东北王"。张作霖家族投资多以其长子张学良名义进行，并由其负责经营管理。张学良，字汉卿，张作霖长子，1901 年 6 月出生于辽宁省台安县。1917 年后入奉军系统，担任要职，是奉系资本集团核心人物之一。张作霖家族以东北矿务局垄断东北民族矿业系统，独资经营边业银行，投资奉天纺纱厂等工业企业，另在多家工矿金融企业广泛投资，东北近代民族资本企业中多数有张作霖家族投资。

吴俊昇，字兴权，绰号"吴大舌头"，1863 年生人，张作霖心腹之一。幼时家贫，17 岁投靠清军，处事圆滑，屡获升职。张作霖执掌奉天军事大权以后，任命其为第二十九师师长。1921 年张作霖调其为黑龙江省督军兼代省长。吴利用军政特权大肆贪污受贿，家族财产估计超 7000 万元。近代工商业投资涉足金融、面粉、交通、航运等领域。发起设立奉大火磨、黑龙江广信公司。向齐克铁路投资 105 万元，占黑龙江省股份 1/3。他还是政记轮船公司发起人之一，另在鹤岗煤矿等多家工矿企业有投资。

张作相（1881~1949），辽宁锦县人，早年为张作霖匪帮同伙，后长期追随张作霖，担任奉军要职，曾任吉林督军，为奉系财团核心人物之一。新式企业投资主要有：东北银行、东三省兴业储蓄会、奉天实业银行等。张作霖家族之矿产企业多数有其投资。

刘尚清（1868~1947?），字海泉，辽宁铁岭县人。清末秀才，博学多识。1911 年赵尔巽出任东三省总督时，刘尚清进入度支局，并被送入奉天法政学堂深造，1914 年任东三省官银号总办。

1917 年辅佐张作霖进行币制整顿，深得张作霖信任。历任黑龙江省财政厅厅长、东三省银行总办、吉林永衡官银号总办等职，为张作霖在财政金融领域之得力干将。与王永江合作组织东三省兴利公司，在奉系资本集团多数金融与工矿企业有投资。

张惠霖（1878～1947），名志良，辽宁沈阳人。民国元年曾任职于奉天督军署，张作霖主政时期曾任东三省官银号稽查。主张实业救国，擅长经营实业，在东北工商界有较大影响。1924 年当选奉天总商会会长。1922 年创办奉天储蓄会并任会长，作为主要发起人与投资人设立之近代工厂有八王寺啤酒汽水公司、惠临火柴公司、肇新窑业公司、东兴色染纺织有限公司等。

汤玉麟（1871～1937），字阁臣，辽宁义县人。幼时家贫，早年受张作霖之邀加入匪帮，1902 年与张作霖等同被清地方政府收编。民国以后长期任职于奉系军界，张作霖心腹之一。张勋复辟时期，曾反对张作霖，拥护张勋。后复归奉天，任东三省巡阅使署顾问。汤玉麟在张作霖家族之大多数工矿企业有投资。

孙烈臣（1872～1924），原名孙九功，字占鳌，辽宁黑山芳山镇人。幼时家贫，无力读书。1900 年进入清军系统。后被纳入张作霖麾下，为张作霖心腹之一。1919 年在张作霖支持下欲任吉林督军，未果，旋转任黑龙江督军。1921 年又转任吉林督军兼省长，1924 年病逝。利用权势聚敛巨额钱财，广泛投资东北矿山、粮栈、金融业。

鲍贵卿（1867～1934），字廷九，祖籍山东，父辈起迁入辽宁。鲍贵卿 19 岁入天津北洋武备学堂，毕业后入职军界，投入袁世凯阵营，才能出众，曾任全国陆军讲武堂堂长。民国以后历任陆军次长、督军等职，与张作霖为儿女亲家。1917年经张作霖推荐，出任黑龙江督军兼省长，1919年调任吉林督军，1921年任陆军总长，并曾长期督办东省铁路公司。与日商合资创办通源林业公司、戊通航运公司、兴林造纸公司等近代企业，另广泛投资工矿金融事业。

杨宇霆（1885~1929），沈阳法库县人。年轻时曾就读于日本陆军士官学校，接受新式军事教育，为炮战专家，在奉军与其他军阀作战中屡立战功，受张作霖器重。1916年出任奉军第二十七师参谋长，之后连获提拔，渐居奉军高级职位。1922年出任张作霖司令部顾问。1923年出任东三省兵工厂总办，次年出任奉军参谋长，1929年为张学良所杀。创办大亨铁工厂，政记轮船公司发起人之一，参与多家工矿企业投资。

常荫槐（1888~1929），字瀚襄（亦作汉香、翰香），吉林梨树县人。奉系军阀要员，毕业于奉天法政学堂，长期任职于黑龙江省军政界军法系统。1922年参加第一次直奉战争，后任职于北京政府交通部与国务院，在东北军界任高层职位。1926年任京奉铁路局局长，兼奉军第三、四方面军军团司令部政务处处长。1927年任北京政府交通次长。1928年以后曾任东北交通委员会委员长、黑龙江省省长等职，1929年为张学良所杀。主持修筑齐克铁路，在奉天储蓄会、东北银行等金融机构有投资。

王树翰（1880~1955），字维宙，辽宁沈阳人，出身于书吏之家，精于文墨。清末曾任东三省总督府与奉天都督府秘书。张作霖当政时期任奉天省财政厅厅长。因主张藏富于民，反对加征赋税，与张作霖意见相左，被调离财政系统，任军署秘书长，进入军事系统，成为奉系军阀核心人物之一、张作霖得力干将。曾任吉林省省长。广泛参与东北工矿业投资，持有鹤岗煤矿等企业股份。

王永江（1872～1927），字岷源，奉系资本集团核心人物之一。1872 年生于奉天金州。清末曾创办警务学堂，成绩显著，被誉为"东北办警政的第一人"。民初受袁世凯赏识，1915 年任奉天省城税捐局局长兼官地清丈局局长。1916 年被张作霖任命为奉天督军高等顾问，为张作霖政府"理财能手"，深得张作霖信任。曾任奉天财政厅厅长兼东三省官银号督办，参与创办东三省兴利公司、东三省银行等近代资本企业。

三 晋系资本集团

山西地处内陆，甲午战争以后，虽然被卷入以天津为中心的华北市场体系，但基本处于市场末端，贸易上处于接纳洋货与输出土货的被动地位。因远离通商口岸与政治中心，时至民国初期，山西民族资本主义尚未起步，市场发育程度远低于京津地区。在城乡不平等贸易体系内，山西经济日渐衰退。辛亥革命以后，阎锡山以革命党人身份被选为山西都督，初步掌握山西政治大权。袁世凯死后，阎锡山全力排除袁世凯势力及其他异己力量，于 1917 年确立对山西军政大权的绝对控制，开始了其近 30 年的"山西王"历史。晋系军阀主政山西以后，为巩固统治地位、振兴山西经济，在山西进行了近代工矿业投资。

相比于京津系和奉系资本集团，晋系军阀官僚新式投资规模偏小，但因山西民族资本主义总体落后，晋系资本集团投资仍有重要地位。晋系军阀官僚投资多集中于 1930 年之前，因阎锡山具有公营经济思想倾向，1927 年以后政府所办企业以政府投资为主。此外，阎锡山出身于小商人家庭，其父亲阎书堂为旧式商人，因投资失败中断商业经营。阎锡山主政山西以后，阎氏家族依恃其军政特权，重操旧业，迅速形成家族企业集团。阎锡山家族企业投资以旧式商业为主，新式企业投资较少。另外，阎锡山主要投资官办企业，故晋系资本集团新式投资规模远小于其他区域，未形成垄断优势。晋系财团投资区域全部在山西境内，形成把控局面，外地资本难以进入。晋系资本集团之核心构成如下。

阎锡山家族。阎锡山家族本为商人家族，后因经商亏损而没落。阎锡山主政山西以后，其父依恃阎锡山权势，重操旧业，在老家及山西各地广泛设立商号，投资工矿企业。因有特权保护，阎氏家族企业投资规模迅速扩大，形成集团模式。阎氏家族企业要职多由家族成员担任，如：阎锡山父亲阎书堂，妹夫曲佩环，族侄阎进文等。另聘请商界与金融界人物出任高级管理职务。

阎锡山（1883～1960），字百川，山西五台人。出身于商人家庭，早年曾弃学从商，投资失败，商路断绝。1902 年考入山西武备学堂，后留学日本，在日本留学期间加入同盟会，成为革命党人。辛亥革命期间参与光复太原起义，后以革命党人身份当选山西都督。主政山西以后，在袁世凯与革命党人之间左右逢源，以求自保，于 1917 年独掌山西军政大权，确立统治地位。阎锡山当政期间，主持设立山西省银行，并广泛投资工矿各业。

徐一清（1869～1947），山西五台人，为阎锡山叔丈。幼读私塾，接受旧式教育。1904 年赴日本留学，其间加入同盟会。辛亥革命后任山西军政府财政司司长等职。徐一清主张实业救国，阎锡山在山西所办实业多为他筹划。阎锡山当政时期，委任其为山西审计局局长、山西粮服总局局长等。1919 年又兼任山西省银行董事兼经理，成为晋系"理财"首脑。1920 年以后，向阎锡山建议创办实业，以银行扶持实业发展，为阎采纳，以政府力量鼓励兴办民用企业。徐一清主持创办的企业有：晋华纺织有限公司、山西同宝煤矿、新记电灯公司、新记面粉厂、晋胜银行等。在晋华公司持股 1100 余股，长期任董事长职务。在阎氏家族多家企业持有股份。

贾继英，1875 年出生，山西榆次人，秀才出身，早年曾于大德恒票号做学徒，清末任大清银行太原分行行长。阎锡山出任山西都督以后，筹设晋胜银行，聘请贾继英为晋胜银行经理。因贾才能卓著、经营有方，晋胜银行发展迅速，贾继英在山西金融界威望渐高。1919 年出任山西省银行董事。1923 年晋胜银行结束营业，贾受阎锡山所托，主持经营官办斌记五金行。因有特权保护，加之贾继英擅长管理，斌记五金行发展迅速，至 20 世纪 30 年代初期在山西五金业形成垄断之势。之后广泛涉足山西公营事业的经营管理。

四 投资关系网与资本集团的融合趋势

以上仅为根据投资合作概率所做之粗略划分，在华北财团形成初期表现明显。特权阶层凭借地域、派系与家族之便，形成较为稳定之投资团体，但并未受到任何约束。资本之最大特性为逐利性，实践中表现为追逐利润最大化与风险最小化。除政治派系与家族关系之外，各投资主体往往通过姻亲、同乡关系，甚至纯粹投资需要，突破家族、派系及地域限制，形成错综复杂的利益关系网络。华北财团内部关系（部分）如表 1-13 所示。

首先是姻亲关系。华北财团主体为旧式军阀官僚，他们习惯通过儿女婚姻、把兄弟等关系结盟，以巩固家族地位，获取政治资源。名门望族相互联姻，形成庞大的裙带关系网。如袁世凯、周学熙、孙多森三大家族除政治上的共同资源以外，还通过姻亲加强联系。袁八子袁克轸为周学熙妹夫，周学熙家族与孙多森家族又有两代姻亲关系。华北财团核心人物之一倪嗣冲的儿女的婚姻根据其在政治资源、社会名望以及经济利益等方面的不同需要进行选择，成为其攀附权贵之重要途径。其联姻家族有：民国总统徐世昌-徐世章家族，安徽省省长王普贤家族，清旧僚聂士成家族，津门富豪"天成韩""李善人"等。徐世昌-徐世章家族与内阁总理朱启钤家族，镇安上将军张锡銮家族等均有姻亲关系。奉系军阀张作霖虽身居东北，但与北京政府多名官员联姻。张作霖五女嫁给国务总理靳云鹏之子，四女嫁给张勋之子张梦潮，次子张学铭妻为朱启钤女儿朱洛筠。北洋军阀官僚互通婚姻，形成一张密实的内部姻亲关系网。

表 1-13　华北财团内部关系（部分）

家族	关系	备注
段祺瑞-吴光新	姻亲关系	段妻为陆军部长吴光新姐姐
段祺瑞-袁世凯	翁婿关系	袁世凯干女儿嫁予段为妻

续表

家　族	关　系	备　　注
张作霖-鲍贵卿	儿女亲家	张作霖长女张冠英嫁予鲍贵卿之子鲍毓才
张作霖-张勋	儿女亲家	张作霖四女嫁予张勋之子张梦潮（后离婚）
张作霖-朱启钤	儿女亲家	张作霖次子娶朱启钤四女
张勋-靳云鹏	儿女亲家	张勋五子张梦范娶靳云鹏女为妻
张勋-潘复	儿女亲家	张勋长女张梦细嫁潘复子为妻
张勋-陈光远	儿女亲家	张勋五女张梦朝嫁给江西督军陈光远六子为妻
靳云鹏-张作霖	儿女亲家	
曹锟-张作霖	私交密切	曹锟女儿曹士英与张作霖四子张学思自幼订婚，后虽解除婚约，但两家族长期保持密切关系
曹锟-袁世凯	儿女亲家	曹锟子曹世岳娶袁世凯女为妻
陈光远-龚心湛	儿女亲家	陈光远长子娶龚心湛女为妻
陈光远-潘复	儿女亲家	陈光远五子娶潘复女为妻
袁世凯-冯国璋	翁婿关系	袁世凯干女儿嫁冯国璋为妻
倪嗣冲-徐世章	儿女亲家	
孙多森-倪嗣冲	姻亲关系	
孙多森-周学熙	姻亲关系	
朱启钤-段祺瑞	儿女亲家	
段芝贵-袁世凯	干亲关系	段芝贵为袁世凯干儿子
靳云鹏-冯国璋	同学同事	

家族	关系	备　注
靳云鹏-曹锟	把兄弟	
徐树铮-段祺瑞	师生关系	徐树铮为段祺瑞嫡系门生
张镇芳-袁世凯	表亲关系	张镇芳为袁世凯表弟
徐一清-阎锡山	亲戚关系	徐一清为阎锡山叔丈
周学熙-袁世凯	姻亲关系	袁世凯八子袁克轸为周学熙妹夫
袁世凯-黎元洪	儿女亲家	袁世凯子袁克久娶黎元洪女
周作民-谈荔孙	亲戚关系	周作民表妹为谈荔孙妻，且由周保媒

　　华北财团还通过同乡、朋友、同僚关系，相互介绍拉拢，形成相互交织、错综复杂的关系网，进而通过关系网络共同投资，形成资本利益集团。此类典型如宁波商人在北京、天津的金融工商投资。宁波商人素有经营钱庄之传统，民国初期开始转投银行业，但多集中于南方地区。宁波籍李思浩出任财政总长以后，宁波商人贺得霖、童今吾借助与李思浩之同乡关系，开始涉足京津地区金融业。1919 年，贺得霖、童今吾在天津设立东陆银行。次年童今吾又于北京设立明华银行。之后贺得霖复于天津设立垦业银行。贺得霖多年任职于财政部，并曾担任财政次长，对北京政府财政竭蹶、财政部借款需求迫切之情况了如指掌。两银行均以财政放款为主要业务。二人借助李思浩官场人脉，广泛拉拢北京政府官员及京津金融办人士投资入股。北京政府要员吴鼎昌、刘佑常、张弧、于志昂、沈吉甫、李晓沧、朱虞生、龚心湛、李思浩、卢学溥、郑绍鹤等均曾出任东陆银行董事或监事。

此外，为获得经营优势，不同地域间资本集团多有意识地相互拉拢，合作投资。如阎锡山为拉近与北京政府之关系，创办晋胜银行时曾邀梁士诒入股。晋胜银行亦因此获得代办交通银行山西业务特权，而这成为晋胜银行快速发展的关键因素之一。京津系投资除北京、天津、直隶以外，还在东北地区与奉系财团合作投资，如梁士诒等交通系官员投资创办戊通航运公司。随着奉系政治势力扩展，其投资区域也逐渐由东北扩大至华北地区。如张学良等人于 1921 年在热河开办北票煤矿公司，1924 年收购天津边业银行。周学熙集团为寻求新的政治便利，逐渐吸收北洋新贵投资入股。为方便企业集团融资，实现与金融资本的良性合作，周学熙于 1926 年向大陆银行投资 50 万元，由其子周志俊入职大陆银行董事会。1930 年大陆银行第四次增资时，南桂馨代表晋系官僚傅作义、苏体仁、陆近礼、薄以众、王宪等入股 50 万元，苏体仁作为晋系代表入职董事会。直皖系军阀随着政治形势的变化，派系纷争逐渐淡化，工矿金融业投资更呈混合发展趋势。关于这种状况在后面有详细论述。

第三节 华北财团资本属性与特征分析

一 华北财团资本属性

（一）华北财团"官僚家族资本"

华北财团因其在北方民族资本主义早期发展中的突出地位，自民国以来受到学界普遍关注。但因投资主体亦官亦商的复杂身份，以及借助军政特权，甚至直接挪用国家资本牟取私人利益的投资行为，学界对华北财团资本性质有不同界定。民国时期以"北洋要人私产"概括之。[①] 新中国成立以来，不同历史时期对华北财团资本属性有不同意见，大致可分为三种。第一，官僚资本。新中国成立初期至 20 世纪 80 年代中期之前，学界主流观点均将华北财团资本性质与国家资本一并混同于官僚资本，对其进行批判性研究，强调其剥削性与腐朽性。第二，官僚私人资本。20 世纪 80 年代中期以后，随着经济改革的深入，学界开始将官僚私人资本从官僚资本领域剥离出来单独研究。陈自芳对官僚私人资本进行了界定，以与传统意义上的官僚资本相区别。[②] 之后，"官僚私人资本"的说法为学界普遍接受，成为近代特权富豪资本投资的普遍性概念。第三，普通民族资本。持此观点的学者不在少数，他们认为官僚军阀以私有财产投资，从性质上讲已转化为普通民族资本，如杜恂诚《民族资本主义与旧中国政府（1840—1937）》一书将近代中国资本主义划分为国家资本主义与民族资本主义两类，将官僚军阀等特权资本与普通民族资本同样对待。[③] 笔者认为，华北财团为特权资本在北方区域的新式投资群体，其资本属性当为民族资本而非国家资本，不应与国家资本同等看待，不宜笼统纳入"官僚资本"范围，这点学界已基本形成共识。需要讨论的为官僚特权资本与普通民族资本的关系，

---

① 《民视日报五周（年）纪念汇刊》，1926 年 10 月 10 日。
② 陈自芳：《论清末民初官僚私人资本的扩张及其历史评价》，《史学月刊》1990 年第 5 期，第 48~54 页；《论中国近代官僚私人资本》，《浙江学刊》1995 年第 6 期，第 110~114 页；等等。
③ 杜恂诚：《民族资本主义与旧中国政府（1840—1937）》，上海社会科学院出版社，1991。

以及"官僚私人资本"概念的科学性。笔者认为，宏观上讲，官僚特权资本因其私有性质，可以纳入民族资本范畴，但因其资本形成的非经济性与经营的特权性，有必要与普通民族资本进行区别性研究。

另外，对于"官僚私人资本"的概念，笔者认为也应商榷。原因在于，按现代法律制度，"私人财产"仅包括个人名下财产。而中国传统文化中，财产往往以家庭为单位持有，家庭内部本无个人财产的划分。且近代在职之官僚军阀为避嫌疑，常以子女或亲属名义投资；此外，父子、兄弟、姻亲等均可借助其权势做各类投资，进行特权经营。其家族成员虽无官僚身份，但其资本来源亦为官僚非法所得，或者依靠军政特权获取超市场优势。简单举例，东北官僚张惠霖之子张其先初入商界，即于1926年创办汇华银行，资本60万元，次年增至120万元。① 其资金主要来源于其父张惠霖资产，其股东均为奉系核心人物，彭相亭、王枢垣、金哲忱、杨济普等人均为该行发起人。此类现象在华北财团内部普遍存在，如：阎锡山之家族投资多以其父亲阎书堂名义进行；张作霖之家族投资中，其妻、妾、子名下均有商号或各类企业；北京政府总理段祺瑞以无私产称著民国政坛，但其弟段祺勋依恃段祺瑞政治权势投资开办了正丰煤矿；冯国璋长子冯伯崇、三子冯叔安等均借冯国璋势力，参与创设恒源纺织公司；倪嗣冲之投资多以其子倪幼丹之名进行。诸如此类，不胜枚举。此类资本单

---

① 张其先：《汇华银号的兴衰》，载中国人民政治协商会议沈阳市委员会文史资料研究委员会编《沈阳文史资料》第13辑，中国人民政治协商会议沈阳市委员会文史资料研究委员会印行，1987，第175页。

从投资人看，并无官员身份，但其资本来源无疑均为特权资本，与官员本人投资无异。仅以"官僚私人资本"界定，其范畴必因限定于投资者本人的官僚军阀身份而形成遗漏。除以家族名义投资以外，其企业经营也表现出典型的家族性特征。阎氏家族企业要职多由家族成员（如阎锡山父亲阎书堂、妹夫曲佩环、族侄阎进文等）担任。另外，阎锡山叔丈徐一清因受新式教育，擅长实业投资，长期在阎氏集团担任要职，主持创办了多家企业。孙多鑫、孙多森兄弟在家族企业经营上，更是表现为"前赴后继"的家族特点。孙氏家族企业起步于孙多鑫之弃官经商，他依恃李鸿章、袁世凯等清末要人，借助官款创办实业。但孙多鑫于1906年去世，其弟孙多森取而代之，执掌孙氏企业，至民国初期已形成集团规模。孙多森于1919年病逝，继之由孙多钰出任总裁。随着时间的推移，部分家族资本投资规模扩大，渐成家族企业集团模式，华北财团内部典型家族资本集团有周学熙家族企业集团、孙氏家族企业集团、阎锡山家族企业集团、张作霖家族企业集团、倪嗣冲家族企业集团、曹锟家族企业集团等。由上可知，华北财团资本具有典型的家族特征，有必要强调其"家族资本"属性。

（二）华北财团资本特征

第一，资本形成的非法性与非经济性。从资本来源看，华北财团之资本积累，主要依靠行政与军事权力，通过贪污、受贿、勒索甚至强取豪夺等手段完成，具有非法性与非经济性特征。前文对此已有详细论述，此不赘言。华北财团核心成员主要为旧式军阀官僚，投资新式企业主要受高额利润引诱，缺乏新式资本主义企业经营理念，不具备新式公司管理能力。因此多数投资者仅限于资本投资，并未参与企业经营，故其对民族资本主义的贡献主要限于资本供给。受个人财力限制，更主要的是为满足风险分散需求，投资形式绝大多数为合作投资，一人投资多家企业，形成网状分布。根据魏明对天津 45 名军阀官僚投资情况的统计，人均投资实业及金融企业 11 家。但笔者认为此统计严重不全，简单举例，倪嗣冲家族投资并经营的丹华火柴公司，论文表格并未纳入。此外，军阀官僚投资大多以堂名或家属名义投资，其表格应当均未纳入。如表格所列黎元洪投资的企业数量为 21 家，但笔者参考其他资料，查证黎元洪实际投资的各类企业有 70 多家。以此推断，北洋军阀官僚私人投资企业数量至少应当比魏明统计的多一倍，人均投资企业数量应在 20 家以上。投资方式多为家族、姻亲或同僚等熟人之间相互拉拢介绍，具有较强的"属人"性质。再以官僚军阀群体投资方向看，新式投资远非其唯一投资渠道。实际上，即便在新式工商业颇为发达的天津等大都市，北方官僚军阀仍热衷于土地、房产等固定资产投资，以收取租金为最稳妥的获利途径。商业投资中，典当、银号等旧式投资亦占据重要地位，此种情况前文已有详述。故华北财团具有浓厚封建性，主要为旧式商人群体性质，此亦为其与江浙财团之根本区别。从此意义讲，华北财团虽然为北方资本主义早期发展提供了必要的资本积累，但对企业经营管理与市场发育并未做出更多贡献。

第二，投资与经营之特权性。这里所讲的"特权"，既包括直接运用政治军事权力所获得的资金融通、减免税收方面的合法性特权便利，亦包括依靠官场人脉关系所获得的隐性经营便利，甚至通过特殊渠道获取的信息便利等。另外，存在依恃权势进行的霸占市场、排斥异己、掠夺土地等暴力行为。这种特征，在军阀官僚群体投资初期更加典型。

其一为税负减免特权，此为华北财团最普遍的合法特权。民国时期，苛捐杂税成为民族工商业发展之一大桎梏。仅以厘金为例，民国以后不但未能废除，地方政府反而趁乱滥征无度，民族企业苦不堪言。清政府为保护官办企业利益，予以免征。外商企业凭合约特权，亦多免除厘金。北洋官僚军阀投资之工矿企业，均依恃权势，以各种名义免除厘金等税负，以降低成本，获得与官办企业和外商企业同等的待遇、优于普通私人资本的经营条件。

启新洋灰公司成立初期，即以抵制洋货、收回利权为由，请求援照官办企业办法，免除厘金、出口税等各种税负。"将来运售各埠，行销外洋，若税厘过重，即无以抵制洋货，收回利权，可否援照湖北织布厂、火柴厂、北洋烟草公司、镇江笔铅公司、徐州耀徐玻璃公司各处历办成案，恳请咨明税务大臣、外务部、农工商部，准分照纳正税一道，沿途概免重征，并豁免出口税项，通行各省洋灰，照常关及厘卡等处，一体知照，以保商业而挽利权。"① 张作霖家族投资东北矿业系统，更方便以自己掌控之军政大权，随意给予免税优待。奉天纺纱厂初成立时，即向北京

---

① "光绪32年9月27日启新给袁世凯的关于完纳正税一道、值百抽五的呈文"，载南开大学经济研究所、南开大学经济系编《启新洋灰公司史料》，生活·读书·新知三联书店，1963，第93页。

政府申请免税，北京政府税务督办答复"查无先例可援"，未予
批准。东三省脱离北京政府控制以后，即将奉天纺纱厂常关税、
原料出产税及产品畅销税全部免除。（奉天矿务局）王正黼呈请
免税，奉天省长公署令财政厅核议结果，以该矿"应具各项手续
均未完备，矿既尚未成立，当然无出煤纳税之可言"为由，予以
免税。1924 年，王正黼又呈请免税，张作霖令财政厅核办，结果
还是"所开之煤既系成本较重，有难与外商竞争之处，应准自本
年 6 月 1 日起至明年 5 月底止豁免煤税 1 年，以资维持"。1919
年冬，以张学良名义在兴城县开采的煤矿，到 1923 年办无成效，
向奉天省呈请注销原案，免缴历年所欠矿区税现洋近 6000 元，经
王永江批示："既据称张学良应纳区税，实属无力筹措，而矿案
又经注销，姑准免缴，以示体恤。"[1] 豁免了所欠矿区税。奉天八
道壕煤矿增购机器、产量倍增之时，政府仍然以"成本较重"为
由，核准免税。类似以各种借口，由政府给予减免税负特权的事
例，普遍存在于华北财团投资之各类企业。税负减免成为华北财
团投资之企业降低成本、增强竞争力的重要因素。

其二为依靠政治特权之多种经营便利。除去税负减免特权
外，官僚家族资本企业在建厂、融资、运输、销售等各个环节，
均直接或间接运用政治特权，获得诸多经营便利。这种情况在华
北财团企业中相当普遍，查阅任何一家官僚军阀投资之企业资
料，几乎都有相关记载。仍以奉天矿务局为例，为保障奉天矿务
局运煤畅通，奉天省长公署特批在葫芦岛设立木架码头和散置浮

---

[1] 辽宁省档案馆藏奉天省长公署档案第 3481 号卷，转引自孔经纬、傅笑枫《奉系军阀
官僚资本》，吉林大学出版社，1989，第 32 页。

桶。鹤岗煤矿经营初期，因交通不便，产煤外运困难，曾一度停产。奉系财团投资入股以后，即饬令黑龙江政府筹资修建鹤岗铁路，改善煤炭运输条件。

启新洋灰公司成立初期，为迅速打开销路，呈请袁世凯出面，强令津榆、京张、京汉、正太、汴洛、道清、沪宁等各大铁路局购用启新水泥，"以免利权外溢"，"而畅销路"。后又致函袁世凯，向各省路局进一步推荐："查近年来风气开通，各省铁路次第兴筑，日增月盛，需用洋灰之处，亦以铁路为多，……拟请宪台再行转咨邮传部，檄饬各省官办商办各路局遵照购用，以保利权，而维实业。"① 上述请求迅速得到袁世凯批复。另外，北洋军阀运用军政特权，为私人投资提供便利。王占元、曹锟家族，自行开设被服厂及其他军需品厂，实行军需"自给"，牟取利润。王郅隆依靠皖系军阀倪嗣冲军权，开办军需厂，倪、王二人早期资产大部分为通过军事经济活动积累。此外，还以军事资源为私人工厂牟利。曹锟任直隶巡阅使时，在天津开设饼干厂与被服厂，生产所需粮食、棉花等原材料，均以军用名义强令以专用车皮运送，不付运费。制成品则全部高价销售给所辖军队，所有企业均不纳任何捐税。

因金融业发育不足，资金缺乏成为近代企业发展瓶颈之一。官僚军阀多利用职权，依托政府资金或官办金融机构，获取资金支持。如清末周学熙创办之启新洋灰公司与滦州煤矿，均由天津

---

① "光绪32年周学熙、孙多森给袁世凯关于新厂办理成效，出灰较多，广筹销路，拟恳咨部转饬各铁路局购用的信"，载南开大学经济研究所、南开大学经济系编《启新洋灰公司史料》，生活·读书·新知三联书店，1963，第91页。

官银号借垫资金。前文述及，官商合办银行均为官僚军阀因创办银行资金不足，借助官款便利以官商合办名义创设，实际均为私人操纵。阎锡山投资之晋胜银行等，初成立时亦借助政府资金，一旦筹足股本，即归还官股，转为商办银行。

第三，强权性。军阀官僚投资工矿企业，遇有普通民营资本之竞争，甚或利益冲突，则直接以权势相压，强取豪夺，呈现暴力性与野蛮性特征。如段祺瑞之弟段祺勋创办正丰煤矿初期，因煤质差，经营不顺，亏损严重。后探知附近土窑凤山矿煤层厚、煤质极佳，意欲收购，但遭原矿主拒绝。为达吞并目的，段祺勋指使井陉知县对原矿主栽赃陷害，冠以贩毒罪名，将其迫害致死，之后强行低价收购凤山煤矿。华北财团强权性之另一表现，为利用资本优势，对普通私人资本强行吞并。如中兴煤矿公司原为清政府路矿帮办张翼创办，1915 年发生火灾，损失惨重，陷入危机。北洋军阀官僚趁机投资入股，张勋投资 20 万两，张作霖投资 6 万两，徐世昌、黎元洪先后担任董事长，朱启钤任总经理，完全控制了该矿。1916 年袁世凯死后，中央政权落入北洋军阀之手，中兴煤矿公司为求得庇护，拉拢军阀入股。在此背景下，张作霖于 1916 年 11 月以长子张学良名义向中兴煤矿公司入股白银 6 万两，成为该公司大股东。[1] 张作霖家族之东北矿务局系统所属煤矿，半数以上为以强势资本注入普通民营煤矿吞并而得。

华北财团为促进公司发展，还存在借助行政权力，强夺田

---

① 《大公报》1916 年 12 月 5 日。

产，摊派股权现象。启新洋灰公司创建之时，为扩大规模，低价强购民田。百姓因丧失生存之本，群起抵抗。政府竟以启新"为公家挽回利权，抵制外国，以免财源外溢"为由，禁止百姓抵抗。[1] 龙烟铁矿公司自建炼焦厂，在直隶宛平县农村强行低价征地 1000 余亩，农民失地，诉至政府，但无人理睬，只能作罢。资金不足时，甚至向百姓强行摊派股权。奉天纱厂由张作霖以政府名义于 1919 年创办，采用官商合办形式，除去官股与国家、地方银行所认大部分股款以外，剩余 72 万余元交由各县募集商股，但自愿认股者寥寥，遂由县政府强行摊派至各村各屯。在东三省储蓄会筹办过程中，亦以行政命令方式，由县级政府向村镇摊派股权。山西晋华纱厂由晋系官僚徐一清等人发起设立，但因筹资不足，徐一清即联合山西财政厅厅长崔文征，强行在各县摊派股份，并派警察至各村勒索乡民，筹集了 500 余股。[2]

随着中央政权式微，财力不足，北洋官僚甚至强行侵占国家资本。如直隶模范纱厂原为官办企业，1916 年由直隶省公署创办，最初资本为 15 万元。一战期间我国从欧美进口的棉纱减少，该厂发展颇为迅速，1919 年，资本已升值至 51 万元。曹锐任省长之后，与商人章瑞庭勾结，提出将章瑞庭私营的恒源帆布厂与直隶模范纱厂合并，意在侵吞直隶模范纱厂。此举遭到直隶议会全体议员反对，曹锐即派直隶议长边守靖四下活动，强行合并，以官商合办形式组织恒源纺织有限公司。后又将直隶模范纱厂股

---

[1] 南开大学经济研究所、南开大学经济系编《启新洋灰公司史料》，生活·读书·新知三联书店，1963，第 99 页。

[2] 武正国等：《晋华风云录》，山西人民出版社，1985，第 215 页。

份升值部分 39 万元据为已有，1926 年借筹措军费之机，将所持 51 万官股以七折的低价私自转让给章瑞庭与边守靖等官僚。[①] 直隶模范纱厂转为完全私有。曹锐任直隶省长时，利用职权将省内大部分官产"化公为私"。为一己私利，肆意破坏市场规则之事时有发生。张作霖家族八道壕煤矿曾与一民营制砖厂签订包砖用砖合同，中途八道壕煤矿欲中止合同，对方要求支付赔偿金，煤矿一方蛮横拒绝，致使砖商"亏赔甚巨"，"无有生机"，而告状无门，只能自吞苦果。

强权与特权经营，为华北财团封建性、腐朽性的表现。其借助行政权力占用资金，利用超市场经营优势，进行不公平竞争的行为，形成对普通私人资本的非法排挤，对市场机制形成破坏，对市场发育形成负面影响。

二 官僚家族资本与其他资本关系分析

以投资者身份为标准，中国近代资本主义资本形式可分为四类，即国家资本、官僚家族资本、普通私人资本与外商资本。除去外商资本，前三类均可称为"民族资本"。毋庸置疑，华北财团资本的核心构成为官僚家族资本。民国以后，北京政府财政竭蹶，国家资本衰退，北方地区普通私人资本薄弱，官僚家族资本成为主要投资力量，但并未成为一种独立的投资力量。实践中，华北财团除进行内部合作投资、联合投资以外，亦多与国家资本和普通私人资本进行联合投资，以后两者为辅助力量。华北财团

---

① 杜春和、林斌生、丘权政编《北洋军阀史料选辑》下，中国社会科学出版社，1981，第 249 页。

为增强投资能力，与外商资本合作设立中外合资工业与金融企业，两者形成合作关系，其中后者占主导地位。

（一）华北财团与国家资本

华北财团与国家资本的合作关系，或者说借助国家资本投资的主要方式，为创办官商合办企业。众所周知，官商合办企业始自清末，最初目的为补国家资本之不足，管理权掌控于政府之手，私人资本只可分红，不具有管理权能。民初以后因政权式微，官办企业衰落，官商合办企业仍陆续设立。但性质已不同于清代，官商地位发生翻转，商业资本居主导地位，国家资本处于被支配地位，主要原因为官僚军阀欲投资工商金融事业，有意吸收国家资本为己所用。华北财团吸收国家资本入股动机有二。其一为获取政治特权。华北财团以私人资本投资，囿于法规限制，往往难以直接赋予其经营企业某类特权或业务便利。采用官商合办形式，可借助其官办身份解决上述问题。如张作霖等人设立东三省银行，借助官商合办形式，取得代理奉天省库及发行纸币特权。烟酒商业银行采用官商合办形式，官股由烟酒事务署拨资，享有烟酒经营特权。其二为借助国家资金，弥补投资之不足，此为主要动机，这可从官商合办企业的行业分布得到证实。华北财团官商合办形式投资主要存在于金融领域，产业投资相对较少。这主要是因为金融业为资本密集型行业，资金门槛较高，特权资本亦往往面临资金不足困境。官僚军阀乃借助其特殊身份，以官商合办形式，借用财政资金开设企业。如中华劝业银行本为国务总理靳云鹏与上海商人虞洽卿合作开办，短期内股款难以凑齐，于是凭借与财政总长李思浩之私人关系，动用财政资金 100 万元来垫付。另如中国实业银行本为周学熙为方便周氏集团企业融资而设立，但冠以"振兴实业"之名，即可获财政部 40 万元官款投资。以官商合办形式经营，既可缓解资金紧张，还有助于提高银行声誉。更典型者如新华储蓄银行、晋胜银行、盐业银行等，开业时资金不足，采用"官商合办"组织形式，即可名正言顺借助国家资金充实开业资本，一旦募足资本，即退还官股，改为商办。

（二）华北财团与普通私人资本

民国初期，北方民族资本主义已有初步发展，尤其在天津及东北、山东地区，具备一定投资能力。但总体资力薄弱，不具备单独投资较大型企业与资本密集型产业能力，只能附属于特权资本投资。同时，因市场机制不完善，即使普通私人资本单独投资设立银行，亦须托庇于特权阶层，寻求特权保护。另外，官僚军阀家族资本虽然实力强于普通私人资本，但金融投资亦往往有资力不济情况，亦须借助普通私人资本，吸收普通私人资本入股。故此，华北财团投资企业中，多存在吸收普通私人资本入股现象。据宋美云统计，天津官僚军阀私人投资的 44 家工业企业中，与商人合作者即有 40 家，占 90% 以上。[①] 此种情况在金融业更为普遍，华北财团投资之银行，除极少数为单独投资之外，绝大部分吸收了额度不等的普通私人资本，后者股款占比多为 10% ~

---

① 宋美云：《北洋时期官僚私人投资与天津近代工业》，《历史研究》1989 年第 2 期，第 38~53 页。

30%。如北四行之大陆银行成立时，江淮盐商即购得 12% 的股份。普通私人资本附属于官僚军阀资本，一方面可弥补投资能力的不足，增加获利机会，同时亦可通过与官僚资本捆绑利益，托庇于特权，获取安全经营与超市场竞争优势。在市场机制不健全的资本主义发展初期，往往第二种需求要超过第一种。故此，近代不乏商人创办银行，拉拢军政界人士投资入股之现象。此类银行中，虽然官僚军阀持股比例较低，但仍拥有对银行之操控权或者较大影响力。如东陆银行为宁波商人贺得霖创办，贺曾多年供职于财政部，官至财政总长，故对财政部需款情况颇为熟悉。1919 年利用同乡李思浩出任财政总长之机会，于北京开办东陆银行，以经营北京财政部放款为主要业务。为保障银行顺利发展，拉拢军阀张勋、财政次长吴鼎昌等人入股，并请张勋出任董事长。中华劝业银行乃为上海商人虞洽卿拉拢国务总理靳云鹏创办，后又拉拢潘复、沈仕荣等多位政界人士出资。以政界高层官员为靠山，中华劝业银行顺利获得纸币发行权，政府赋予其债券发放、全国烟酒税款存储等特权。但官僚特权资本为弥补资金不足，亦有利用政治权力，强行拉拢普通私人资本入股现象，表现出强权性特点。如山西晋华纱厂在筹设时资金不足，官商赵鹤年乃依恃特权及社会地位，派警察至各村强制乡民入股，筹集 500 余股。[①] 东北奉系财团筹设东三省储蓄会等金融机构时，也存在向商民摊派股金现象。

---

① 武正国等：《晋华风云录》，山西人民出版社，1985，第 215 页。

（三）华北财团与外商资本

华北财团虽为民族资本之支柱，但与外商资本相比，投资实力仍然偏弱，尤其在资本密集型行业（如制材业、金融业）投资能力仍显不足。北京政府时期华北财团所设银行实收资本多在100万元以下，除中国银行与交通银行两家国家银行之外，尚未出现资本额在500万元以上之银行，与外资银行相差甚远。欲增强投资实力，唯有与外资合作。华义（意）银行呈请设立的文件曾称："我国今日根本要图厥惟开发实业，实业命脉端赖银行。银行者实国家相依为命之机关也。然国内母财不足于此，而欲自设一规模宏大之银行，实际上既有所未能，专仰给于外人财团，主权上又大受损失，权其利害轻重，自以与外人合资办理为适当。"① 这反映了当时华商资本设立中外合资企业的普遍心理。

事实上，北京政府时期有能力与外商资本达成合作者，亦非官僚私人资本莫属。北京政府时期，北方地区新设中外合资金融机构18家，华资股东除2家身份不详外，华北财团参与者有14家，数量占比为77.8%。与在民族资本中之主导地位不同，华北财团在与外商资本合作中处于劣势。中外合资金融机构中民族资本股本占比仅为46.5%，处于劣势。北方地区中外合资企业多存在于矿业与木材、电气行业，民族资本亦多为官僚军阀出资，但

① "中义（意）合资组设华义（意）银行业务活动有关文件"，中国第二历史档案馆藏档案，1027-重156-2，转引自戴建兵《近代中国和意大利合办银行略论》，载复旦大学中国金融史研究中心编《银行家与上海金融变迁和转型》，复旦大学出版社，2015，第95页。

未搜到各方详细出资数额，估计亦应为外商资本居优势地位。不论何种性质，可以肯定的是，企业经营管理多数操控于外商之手，民族资本反受其控。中外合资金融机构资本分类统计如表1-14所示。

表1-14　中外合资金融机构资本分类统计

单位：万元

机构名称	设立时间	性质	地点	资本额	外商资本	民族资本	备注
大连龙口银行	1913	中日合资	大连	1100	550	550	中日商人集资创办，中国商人为张本政等
中日实业公司	1914	中日合资	北京	250（实收）	125	125	中日各半，华商为北洋官僚
中和人寿保险公司	1916	中日合资	天津	100	50	50	不详
中华汇业银行	1918	中日合资	北京	750	540	210	根据1927年数据，日方出资占比为72%，中方出资占比为28%。其中，中交两行各持5000股，占比为20%，官僚军阀人士持股比例为58%，二者合计占华商股份之78%
中法储蓄会	1918	中法合资	北京	5	2.5	2.5	华商为北洋官僚
中华懋业银行	1919	中美合资	北京	750	375	375	北洋军阀官僚出资占华商股份之53.4%
中美实业公司	1919	中美合资	北京	500	250	250	华商为北洋官僚

续表

机构名称	设立时间	性质	地点	资本额	外商资本	民族资本	备注
东方人寿保险公司	1920	中日合资	北京	100	50	50	中日各半，华商为北洋官僚
华义（意）银行	1920	中意合资	天津	480	360	120	华商为北洋官僚
华法银行	1920	中法合资	天津	1574	787	787	华商为北洋官僚
大东银行	1920	中日合资	北京	125	62.5	62.5	不详
震义银行	1921	中意合资	北京	225	112.5	112.5	华商为北洋官僚
中法振业银行	1921	中法合资	北京	200	100	100	中法各半，华商均为宁波人
华威银行	1921	中挪合资	北京	250	125	125	华商为北洋官僚
中和（荷）商业银行	1922	中荷合资	北京	500	250	250	华商为北洋官僚
中美民生银行	1922	中美合资	北京	250	125	125	中美各半，华商为清旧僚
义利银行	1922	中日合资	北京	125	62.5	62.5	中日各半，华商为北洋军阀
中英加汇通银行	1922	中英加合资	北京	500	250	250	华商为北洋官僚

第二章

华北财团资本体系

华北财团投资领域广泛,涉足华北与东北地区几乎所有重要工业部门,在金融领域更是居支配地位。本章拟对华北财团投资体系做量化统计分析。因华北财团投资活动主要集中于北京政府时期,故本章统计之华北财团产业资本主要范围为1912~1927年北方官僚家族所做的投资,同时亦包括设立于清末、民国时期仍然持续经营并卓有影响的企业,以及1927年以后基于原有产业持续投资的企业,统计范围为资本在万元以上的企业。从军阀官僚集团政治势力分布来看,华北财团的投资具有较强的地域性。大致而言,奉系财团以东三省为势力范围;晋系财团在山西一隅自成体系;北京政府各派力量投资集团则广泛分布于山西以外的华北各省,因人数多,加之以中央政治权力为背景,规模最大,姑且称其为"京津系资本财团"。除投资主体之外,上述三个投资区域又因自然资源与市场基础不同而呈现相对独立的态势。

第一节　华北财团产业投资体系

一　轻工业投资体系

轻工业资本门槛低、周转快，为北京政府时期发展速度最快、程度最高的工业门类，亦为华北财团重点投资行业。华北财团轻工业投资以棉纺织、火柴、面粉等支柱产业部门最为集中，涉足食品、缫丝、造纸印刷、制革等多个工业门类。

（一）棉纺织业

棉纺织业为华北财团投资之重点工业门类，1912~1927 年华北财团共投资棉纺企业 10 家，资本总额 2410 万元，占华北财团投资总规模之 1/5 以上。同期北方万元以上棉纺织厂 20 家，资本总额 3573.5 万元，华北财团投资在北方新设棉纺企业中占比为 67% 以上，居绝对优势地位。[①] 从地域看，华北财团投资之棉纺企业均匀分布于东北三省，以及直隶、山东等省，分属于不同资本集团。重要企业如下。

奉天纱厂。张作霖等人以奉天当局名义筹设，奉天财政厅厅长王永江具体经办。该厂自 1919 年开始筹办，至 1923 年方开工生产。奉天纱厂采用官商合办形式，资本奉大洋 450 万元。由奉天财政厅拨款奉大洋 250 万元，其余招募商股，具体出资情况为：东三省官银号 3457 股，奉大洋 345700 元；中国银行 1128 股，奉大洋 112800 元；交通银行 1128 股，奉大洋 112800 元；奉天储蓄会 528 股，奉大洋 52800 元；奉天总商会 1049 股，奉大洋 104900

---

① 根据附表计算。

元;其余向各县摊派散股。① 按该厂计划,拟逐步减少官股份额,增加商股份额,最终转变为商办工厂。奉天纱厂机器全部购自美国,资金充裕,自开工当年起即连年赢利,规模逐渐扩大,至20世纪20年代末期拥有工人1300余名、纺机20000锭,全年纺纱15000包;拥有织机200架,年产棉布15万匹。② 生产能力居全国前五名,居东北工业之首。

华新纺织公司。财政总长周学熙筹划,具体由其弟周学辉(实之)联合滦州煤矿和启新洋灰公司股东言仲远(敦源)、王锡彤(筱汀)、孙多森(荫庭)、陈一甫(维壬),山东盐运使杨味云(寿),德州机械厂坐办马学廷等12人发起创办。华新纺织公司最初拟采取官商合办形式,拟定资本总额1000万元,官四商六,因社会反对之声高涨,未能建成。后由徐世昌出面,华新纺织公司最终于1916年开业。华新纺织公司设天津、青岛、唐山、卫辉四厂,总事务所设于天津。华新天津分厂于1918年开工,资本200万元,大股东计有:周学熙、倪嗣冲、孙多森、杨味云、黎元洪、徐世昌、龚心湛、徐世章、陈光远、言仲远、王筱汀等。青岛纱厂于1919年1月开工。股本多为周氏家族集资,计84万元,另有江西督军陈光远等投资120万元。继之,1920年唐山分厂批准设立,1922年开工生产,股本220万元,王筱汀任专务董事,李希明为常务董事,聘李子贞为经理,常驻唐山建厂施工,总管理处由周学熙管理。河南卫辉分厂于1922年设立,厂址

---

① "奉天纺纱厂商股股数清册",辽宁省档案馆藏档案,档案号:JC010-01-033161。
② 董慧云、张秀春编《张学良与东北新建设资料选》,香港同泽出版社,1998,第188页。

位于卫辉汲县，采取官商合办形式，原定股本 80 万元，后合并尚未成立之济南纱厂，资本增至 200 万元，其中官股 80 万元，商股中王锡彤认股 10 万元，其余多为政界人士。至开办时，因资金紧张，委托中国实业银行代发债券 180 万元。拥有纱锭 2 万余枚。[1]

裕元纱厂。注册名称为"裕元纺织股份有限公司"，由安福系要员王郅隆创办，1915 年 11 月注册成立，1918 年开业。初创时主要股东有倪道杰（幼丹）、王郅隆、王克敏、冯耿光、陆宗舆等帝制派人物。复辟失败以后，股东失势，股本难以募齐，实收股本 200 万元，其中倪嗣冲投资 100 万元，倪道杰、王克敏、陆宗舆、王郅隆等人共投资 100 万元。[2] 董事会成员均为北京政府上层官僚，计有：国务总理段祺瑞、安徽督军倪嗣冲、陆军次长徐树铮、外交总长曹汝霖、交通总长朱启钤、后任安福国会众议院议长的王揖唐、奉天军务督理段芝贵等。王郅隆另邀日本大仓洋行以不记名方式入股，裕元公司中大仓洋行实际股份在 1/2 以上，但因其为不记名股票，故该公司性质仍为商办，而非中日合办。后经几次增股，资本总额超过 556 万元，共有纱锭 75000 枚、织布机 1000 台。[3]

天津恒源纱厂。1919 年由官办直隶模范纺织厂与恒源帆布有

① 《周学熙一生及其创办的企业》，载中国人民政治协商会议天津市委员会文史资料研究委员会编《天津文史资料选辑》第 38 辑，天津人民出版社，1987，第 68 页。

② 中国人民政治协商会议天津市委员会文史资料委员会编《近代天津十大寓公》，天津人民出版社，1999，第 147 页。

③ 中国人民政治协商会议天津市委员会文史资料委员会编《天津文史资料选辑》第 4 辑，天津人民出版社，1979，第 174 页。

限公司合并设立。恒源帆布有限公司原为直隶省长曹锐与直隶省议长边洁卿、宋文轩等人发起创办之商办企业。因布衣庄所需棉纱主要购自日本，利益外溢，乃招集商股 300 万元，拟设立纱厂，自产棉纱。恰逢官办直隶模范纱厂经营不善，几无盈利，乃将官办直隶模范纱厂与恒记军衣庄合并，设立恒源纺织股份有限公司。恒源纺织股份有限公司采取官商合办形式，官股为原直隶模范纱厂股本 51 万元，商股主要为恒源帆布有限公司原招集之商股，另增募 59 万元，合计 400 万元股本。[1] 商股股东主要为军政界人士，其股本情况为：直隶督军曹锟、直隶省长曹锐等曹氏家族 82 万元，除此之外，直隶模范纱厂原股本仅 12 万元，额外 39 万元均为估值溢额，计入曹锐名下；黑龙江督军鲍贵卿 20 万元；山东督军田中玉 20 万元；奉系军阀张作霖 5 万元；两淮盐运使段谷香（段芝贵的弟弟）10 万元；长芦盐运使王鹿泉及其家族 9.5 万元；曹锐盟弟、直隶省议会议长边守靖 2 万元；另有若干散户。[2] 故该公司虽名为官商合办，实际为直系军阀控制，1926 年将官股出售，改为商办。

鲁丰纱厂。山东实业司司长潘复、山东巡按使蔡儒楷、军阀靳云鹏等于 1916 年共同发起创办，资本 120 万元，其中军阀官僚出资 50%，其余招募社会散股。该厂于 1919 年开工生产，恰逢五四运动抵制日货时期，连年赢利，于 1922 年扩建鲁丰二厂，两

---

① 吴瓯主编《天津纺纱业调查报告》，载李文海主编《民国时期社会调查丛编·近代工业卷》中，福建教育出版社，2014，第 506 页。
② 中国人民政治协商会议天津市委员会文史资料委员会编《天津文史资料选辑》第 4 辑，天津人民出版社，1979，第 155 页。

厂纱锭合计 28000 余枚，日产纱 47 件，成为北方知名棉纺企业。[1]

晋华纱厂。1919 年山西官商徐一清联合纺织界聂云台、徐秉臣、郝星三等筹备设立，但迟至 1924 年方开工投产，全称"晋华纺织股份有限公司"。晋华纱厂实收资本 150 万元，每股 100 元，共 15000 股。资金主要来源于山西省及京、津、沪官绅与实业界人士，赵戴文、孔祥熙、徐秉臣、贾继英、赵鹤年等均投资入股。此外，由于资金筹集困难，徐一清借助权势，拉拢财政厅厅长崔文征，将若干股份分给各县，摊派征集，按村勒征，强行征购 500 余股。[2] 徐一清任董事长，阎锡山妹夫曲佩环任总经理。机器设备与纱锭全部通过怡和洋行购买。1924 年开工生产时纱锭数 1.28 万余枚。经营期内效益稳定，持续增加资本，扩大生产规模，至 1931 年资本超过 400 万元，纱锭数增至 41741 枚。1924~1931 年利润总额 242.9 万元。[3]

裕大纱厂。裕大纱厂由官商陈承修（曾任农商部工商司司长，后辞职投身实业）联合北洋军阀官僚与实业界人士创办。注册资本 300 万元，实收 100 余万元，另以纱厂技术权为抵押，向日人借款 159 万余元。[4] 投资人为北京军政官员与工商金融界名

① 李良森整理《鲁丰纱厂的创建与沿革》，载济南市天桥区政协学习文史委员会编《天桥文史资料》第 3 辑，济南市天桥区政协学习文史委员会印行，1997，第 258 页。
② 武正国等：《晋华风云录》，山西人民出版社，1985，第 214~215 页。
③ 孔令仁、李德征主编《中华老字号·工业卷》上，高等教育出版社，1998，第 742 页。
④ 张泽生、白荣荫：《日商对裕大纱厂的鲸吞和摧残》，载中国人民政治协商会议天津市委员会文史资料委员会编《天津文史资料选辑》第 3 辑，天津人民出版社，1979，第 99 页。

流，计有北京政府财政总长王克敏、中国银行总裁冯耿光、盐业银行总经理吴鼎昌、江苏督军李纯，以及工商界名流李律阁、穆藕初等。裕大纱厂于 1922 年开工生产，王克敏任专务董事（后改为冯应楷），陈承修任总经理。但因未能归还日人贷款，裕大纱厂技术权一直掌控于日商之手，进而于 1925 年转让给日本东洋拓殖公司代管。

（二）面粉业

面粉业为华北财团重点投资领域之一。1912～1927 年，北方地区新设面粉厂 121 家，除去资本不详者外，资本总额 2990.6 万元①，其中军阀官僚投资 24 家，资本 817 万元②，工厂数量与资本额占比分别约为 20% 与 27%。区域分布不平衡，以天津最为发达，其他地区均不占优势，但亦占相当比例。

1912～1927 年，天津官僚军阀投资面粉公司 9 家，资本总额 370 万元，同期天津民族资本新设面粉公司 13 家，资本总额 486.9 万元，天津官僚军阀投资公司数量与资本分别占天津民族资本的 70% 与 76%。③ 大型面粉厂几乎全部为官僚军阀投资，现将主要企业略述于下。

寿星（寿丰）面粉公司。1915 年由粮商朱清斋（曾任长芦盐运使）创办，为天津首家机器面粉公司。因资金困难，吸收日本三井洋行股份，改名"寿星制粉株式会社"，但实权操控于日人之手。1919 年五四运动时期，因抵制日货运动高涨，业务停

---

① 根据附表计算。
② 根据附表计算。
③ 根据附表计算。

顿，三星公司华资股东趁机清除日人股份，转由北京粮商佟德夫经营，改名"寿星面粉股份有限公司"。1925 年资金周转困难，由粮商孙俊卿、杨西园与官商倪幼丹收购，改为三津寿丰面粉股份有限公司，资本增至 60 万元，倪幼丹任董事长，孙俊卿任总经理。改组之后，三津寿丰面粉公司分设寿丰、永年、民丰三个分厂，后逐渐增资至 170 万元，有磨粉机 67 部。① 同时改进经营机制，效益日渐好转，发展为华北地区最大面粉公司。

大丰面粉公司。倪嗣冲之子倪幼丹与天津米业资本家李少波、罗筱臣、曹幼占等于 1920 年合资创办，位于天津西头杨家场，资本 50 万元，倪幼丹个人投资 20 多万元，并任董事长。公司经营仅一年之后，倪幼丹排挤米商，改为独资经营，1929 年加入三津寿丰面粉公司系统，更名为"三津永年面粉公司"。董事长及总经理、经理仍由倪幼丹等人担任。为整合资源，旋即又与三津寿丰面粉公司、民丰天记公司三厂合并改组，成立寿丰面粉公司。原三家面粉厂分别改为寿丰一厂、寿丰二厂、寿丰三厂，倪嗣冲家族持 50% 的资产。

福星面粉公司。1919 年官员刘鹤龄（曾任吉林省税务局局长，奉天官银号经理）与商人张良谟发起设立，资本 30 万元。1929 年增至 80 万元。采用机器生产，股东主要为北洋军政界人士，大股东主要有：吴秋舫（曾任交通总长）、胡海门（财政部印刷局局长）、籍亮侪（国会筹备事务局局长）、陈云樵（孟恩远参谋长）、刘纪亭（孟恩远军需处处长）、刘砚生（中东铁路督

---

① 卞瑞明主编《天津老字号》下，中国商业出版社，2007，第 177 页。

办)、孟秉初(长春道尹)等。董事长为刘纪亭。1930 年以前,福星面粉公司除 1922 年与 1928 年两次失火产生亏损外,其余年份均实现盈利,除个别年份外,盈利率均在 30%以上。[①]

华北财团天津面粉业其他企业投资中,经营状况欠佳者如下。(1)庆丰面粉公司。北洋军阀王占元、蔡成勋等于 1921 年创办于天津,实收资本 67 万元。蔡成勋个人投资 30 万元,王占元投资 7 万元。[②] 其他大股东亦多为军政界人物,计有倪嗣冲、王心斋、李廷玉及其弟李干忱、妹夫陈文瀚等。庆丰面粉公司成立之时,恰逢连年自然灾害,市场环境恶劣,公司生产一年之后即因亏损停产。(2)三星面粉厂。前身为吴季荪等人之织布厂,股东主要为吴权孙(曾任北京警察厅厅长)及其弟吴季荪(曾任徐世昌秘书),因织布厂经营不利,于 1925 年改建为面粉厂,进口了 5 部洋式面粉机,日产面粉 700 多袋。惜三星面粉厂仅经营几年即毁于火灾。[③](3)裕和面粉公司。1923 年朱幼鸿(清朝官员,民国成立以后经商)在天津开办,资本 20 万元,粉磨 15 部。因市场环境不利,仅维持三年,于 1926 年倒闭。

天津以外,北方其他地区面粉业以普通工商资本居优势地位。以面粉业最发达之东北地区为例,1912~1927 年东北新设民族资本面粉厂 67 家,资本总额 1629.5 万元,而华北财团投资者

---

① 籍孝存:《福星面粉公司始末》,载中国人民政治协商会议天津市委员会文史资料委员会编《天津文史资料选辑》第 4 辑,天津人民出版社,1979,第 187 页。

② 孙冰如:《解放前天津的面粉工业》,载中国人民政治协商会议天津市委员会文史资料委员会编《天津文史资料选辑》第 42 辑,天津人民出版社,1987,第199 页。

③ 中国人民政治协商会议天津市委员会文史资料委员会编《天津文史资料选辑》第 42 辑,天津人民出版社,1987,第 200 页。

仅5家，资本总额80万元，企业数量与资本占比均不足10%。其他地区情况与此类似。官僚军阀投资规模较大且有重要影响之面粉厂如下。（1）庆泰祥面粉厂。由张作霖等奉系军阀1913年投资设立，位于哈尔滨。（2）东兴火磨集团。奉天营口西义顺总柜倒闭以后，张作霖通过东三省官银号以债权人身份夺取其所有权，1920年改组为东兴火磨第一制粉厂，同年收购万福广火磨，改为东兴火磨二厂，之后又组建东兴火磨三厂、四厂，形成面粉企业集团。（3）保定乾义面粉公司，1919年军阀王占元与当地商人孙锡五合作创设，位于保定南关，资本20万元，采用两合公司形式。其中王占元出资18万元，占比90%，负无限责任，孙锡五出资2万元，为有限责任股东，故名"乾义面粉两合公司"。[1]乾义面粉公司1921年正式投产，订购美国磨粉机7部，聘用外国技师，职工90多人，之后几次增购机器，扩大规模，月产面粉4500袋，为北方最大面粉厂之一。[2]因技术先进，经营得当，逐渐挤垮手工磨坊，垄断保定面粉市场，畅销京津地区。（4）通丰面粉厂。1919年孙多臣与徐文甫等人合资创办，位于河南新乡，资本50万元。该公司隶属于孙氏家族"通孚丰"集团，故名"通丰面粉股份有限公司"。通丰面粉厂购置磨粉机18部，月产等级面粉4500~5000袋，为新乡最大工业企业之一，亦为河南最大机器面粉企业，所产面粉主要销往京津地区。[3]为寻求地

① 张立辉主编《保定府河》，河北大学出版社，2014，第96页。
② 中国人民政治协商会议湖北省委员会文史资料委员会编《湖北文史资料》第2辑，中国人民政治协商会议湖北省委员会文史资料委员会印行，1989，第119页。
③ 新乡市政协、新乡市志工作组：《新乡通丰面粉公司经营始末》，载全国政协文史资料委员会编《文史资料存稿选编》第21辑，中国文史出版社，2002，第1026页。

方政府庇佑，该公司聘清旧僚朱兰圃为经理，河南督军赵倜为名誉股东，新乡商务会长、士绅王宜亭为顾问，同时广泛拉拢新乡政界人士。

华北财团投资之其他面粉公司。（1）包丰面粉公司，北洋官僚恽公孚1922年于内蒙古包头设立，资本30万元。（2）大通机器面粉公司。1914年4月由俞家骥、胥在廊、林文光等创办于山西大同，资本银7万两，日产面粉450袋。① （3）民安面粉公司，1922年山东军阀官僚田中玉、张怀芝、何宗莲等创办。军阀王占元亦投资5万元，并从乾义面粉公司抽调技术管理人员协助经营。因经营不善，几年之后倒闭，之后由民间商人苗杏村租用房产与机器，改为成记面粉公司。（4）山东丰年面粉公司，清旧僚张肇铨联合商人王星斋等于1914年创办山东面粉厂，因政府不允许以地名命名，故改名"丰年面粉公司"。1915年建成投产，资本10万元。因接受大量山东地方军阀政府发行的军用票，于1928年破产。

（三）火柴业

华北财团火柴业投资虽仅占其投资总额之1.6%，但在火柴业具有举足轻重之地位。华北财团投资火柴企业5家，资本总额178万元，在北方地区火柴业投资中的占比分别为11.6%与33.6%。② 规模较大的火柴企业如下。

永华火柴公司。1912年河间盐商王聘三、钱立亭、李雅轩等

---

① 张宪文、方庆秋、黄美真主编《中华民国史大辞典》，江苏古籍出版社，2001，第66页。

② 根据附表计算。

创办于直隶泊镇。公司初创时资本 12 万元。[①] 自建厂时起，即受官办北洋火柴排挤，加之资金困难，无法维持。为寻求政治靠山，于 1916 年邀请冯国璋入股洋元 40000 元。在冯国璋之资金支持以及政治庇佑下，永华火柴公司经营顺利，规模逐渐扩大，发展成为北方知名火柴企业。

荣昌火柴公司。1915 年官商段捷三（清末豫泉官钱局总经理）联合新绛官绅地主张贵贡创办，资本 10 万元。[②] 荣昌火柴公司位于山西新绛，为当地第一家民办火柴厂。荣昌火柴公司生产设备与赤磷均购自日本，技术人员亦由日人担任。采用"卧牛""火炎驹"商标，火柴行销晋东南、河南、陕西等地。

丹华火柴公司。为华昌火柴公司与丹凤火柴公司合并而成。北京丹凤火柴公司由张新吾于 1903 年发起设立，资本银 5 万两，原定由商部拨付，后商部仅拨银 2000 两，其余招商承办，后增资至 7.5 万两。[③] 因丹凤火柴公司盈利较好，张新吾另于 1910 年创设华昌火柴公司，资本仍为 7.5 万两，商部认股 5000 两，商股股东多为华昌旧股东，主要为北京军政界人士。1918 年为避免同业竞争，增强实力，着手合并改组，改名"丹华火柴公司"。合并以后，股本扩充为 120 万元。[④] 股东主要为北洋官僚，董事会成

---

① 杜恂诚：《民族资本主义与旧中国政府（1840—1937）》，上海人民出版社，2014，第 333 页。

② 衡翼汤主编《山西轻工业志》上册，山西省地方志编纂委员会办公室印行，1984，第 190 页。

③ 张新吾：《丹华火柴公司沿革》，中国人民政治协商会议全国委员会文史和学习委员会编《文史资料选辑》（合订本）第 5 卷，中国文史出版社，2011，第 355 页。

④ 张新吾：《丹华火柴公司沿革》，中国人民政治协商会议全国委员会文史和学习委员会编《文史资料选辑》（合订本）第 5 卷，中国文史出版社，2011，第 402 页。

员有冯麟霈、王郅隆、孙凤藻、王季烈、孙寿亭、李樾；监事为温锡楷、陈炳镛、牛恩绶、吴建勋，张新吾任董事长，孙实甫为理事长。丹华火柴公司总公司设于北京崇文门外，仍在北京、天津分设两厂，另在奉天安东设东厂，购运木料供应京津，实现三厂分工合作经营。

惠临火柴公司。1922年张志良联合沈阳富商创办，集合股金36万元，厂址位于奉天沈阳市，张惠霖担任董事长。惠临火柴注册麒麟牌与双鹤牌商标，质优价廉，使用方便，加之以国货相号召，销路日广，逐渐占领东北火柴市场。在其竞争优势排挤之下，日资火柴公司磷寸株式会社破产，1924年被惠临火柴收购，改为分厂。两厂合并以后，资本增至36万元，生产规模扩大，有火柴工人600人，日产火柴100箱，年产值25万元，成为东北地区最大的民族资本火柴企业。因其火柴畅销，东北地区日本火柴进口量下降90%，打破了日商对东北火柴市场的垄断。[①]

保阳火柴公司。曹锐、于振宗等于1916年创办，厂址位于保定清苑，资本10万元，经营情况不详。

（四）缫织业

民国初期，东北地区缫丝业已有相当程度的发展，但多为小型工业资本，官僚军阀阶层投资者仅有奉天纯益缫织公司等少数几家。奉天纯益缫织公司由奉天省长刘尚清于1918年11月筹集奉钞25万元发起设立，购省城大北关钦差府胡同地基47亩建设工厂，主要制品为素绸及纯丝，副产品为蚕蛹。缫织公司建厂

[①] 鲍振东、李向平等：《辽宁工业经济史》，社会科学文献出版社，2014，第139页。

时，设纩 400 多支，提花电力织机 40 多台。以奉天东南各县山蚕为原料，所产丝主要销往日本。1922 年续招新元 22 万元。[①] 之后规模不断扩大，1927 年因资金周转不灵，由东三省官银号接办，改为官办企业。

（五）食品业

华北财团食品业投资涉及榨油业、啤酒饮料业与制糖业。东北地区榨油业主要由普通民族私人资本投资，多为旧式榨油作坊购置机器转化而来，官僚军阀投资不占主要地位。规模较大者主要有：1915 年官僚杨度、王秉越等在奉天黑山县设立谦恒制油无限公司，资本 7 万元；1918 年李律阁、周作民创立长春东兴豆油实业公司，资本 50 万元；1919 年李正卿、哈云裳在天津创办新农油酒公司，资本 10 万元。啤酒饮料业投资主要有 1922 年成立之八王寺啤酒汽水公司，发起人为张惠霖、朱晓斋、金恩祺、沈宜清、高荣久、董泽民等奉系官僚。生产的金星牌啤酒，因技术先进，采用优质水源，销路甚广，年产量最高达 1382 吨。[②] 段祺瑞、钱能训 1921 年于济南设立溥益制糖公司，资本 300 万元，为华北地区唯一一家资本百万元以上的糖厂。

（六）造纸印刷业

兴林造纸。1922 年吉林督军鲍贵卿与日本财阀大仓喜八郎合资创办，厂址位于长春市郊区九站，资本 500 万元，但中方主要

---

① 沈阳市人民政府地方志编纂办公室编《沈阳市志》五，沈阳出版社，1994，第347 页。
② 鲍振东、李向平等：《辽宁工业经济史》，社会科学文献出版社，2014，第 137 页。

以土地与造纸原料入股，由日人贷款出资。该厂未及开工，即被并入共荣起业株式会社。

华兴造纸公司。位于山东济南。前身为1908年清铜元局总办丁道江所办泺源造纸厂，名为官办，实为官商合办。民初因洋货排挤，经营不善破产，1917年山东督军马子贞租赁厂房机器生产，改名"成业造纸公司"，然仅维持两年即陷困境，为何春江（袁世凯心腹，帝制派，曾任袁世凯侍从武官，袁称帝失败后下野）集股25万元收购，何春江任董事长，更名"华兴造纸股份有限公司"。[①] 公司开业之时，正逢五四运动兴起，民众抵制日货，产品销路畅通，盈利颇丰。遂增购机器，扩大生产，1921年兼办印刷厂。主要产品有连史纸、包装纸、书皮纸等，年产量530吨，产值20万元。[②]

光华美术印刷公司。章以吴（章以吴岳父为朱启钤，其本人亦长期任职于政府）等人1920年创办于天津，资本3万元。

（七）制革业

裕津制革厂，前身为法国人创办之韦良制革厂。韦良制革厂经营不善倒闭后，由日本财阀大仓喜八郎与官商王郅隆合资收购，改名"裕津制革厂"，资本50万元，中日各半。[③] 但具体管理与技术人员均由日人担任，实权操控于日人之手。改组后裕津制革厂年产量3000担，占天津皮革总产量之50%，为天津最大

① 济南市天桥区政协学习文史委员会编《天桥文史资料》第3辑，济南市天桥区政协学习文史委员会印行，1997，第255页。
② 济南市史志编纂委员会编《济南市志》第三册，中华书局，1997，第370页。
③ 中国人民政治协商会议天津市委员会文史资料委员会编《天津文史资料选辑》第31辑，天津人民出版社，1985，第190页。

的皮革生产企业。1920 年北洋军阀李纯、蔡成勋等创办一大制革厂，资本 40 万元。同年创办鸿记制革厂，资本 10 万元。

二 矿业投资体系

北方地区矿藏丰富，因投资门槛高，对技术、电力、运输等均有较高要求，普通资本难以承担，大型机器采掘公司多数为华北财团控制。其控股或参与投资之燃料采掘企业 28 家，资本总额 3346.5 万元，同期北方地区燃料采掘企业 93 家，除去资本不详者外，资本总额 5543.05 万元，企业数量与资本额分别占北方地区燃料采掘业之 30% 与 60%。[①] 此统计仅为公司成立时数据，从长期来看，普通工商资本矿业公司至 20 世纪 20 年代后期多有被华北财团吞并者，故华北财团矿业投资之占比估计当在 80% 以上。地域分布以东三省规模最大，在北京、天津、直隶及河南等地均有一定投资。

（一）奉系财团矿业投资体系

1. 东北矿务局系统

东北矿务局起步于黑山八道壕煤矿，为张作霖家族投资之矿产集团，在东北居垄断地位。奉天黑山八道壕煤矿资源丰富，最初仅由当地商民上法零星开采，效率低下。1919 年张作霖成立益民矿务局，但不久关停。1920 年，张学良投资 50 万元重新开业，报领矿区近 5000 亩。重新开业之后，煤矿聘请洋人管理，添购机器，扩大生产规模，并修建交通通信设施，同时获批免税等多项特权。1922 年将八道壕煤矿改称奉天矿务局。因资金雄厚，

---

① 根据附表计算。

特权保护，奉天矿务局实力迅速增强，年产煤保持在六七万吨。之后几年，凭借规模与资本优势，寻机吞并民营矿业企业，逐渐形成集团经营模式。至 1929 年，奉天矿务局矿区面积达 4 方里（1 方里 = 540 亩）329 亩，其所属各煤矿年产煤 11 万吨至 20 万吨。[1] 1931 年 4 月，由原奉天矿务局下辖煤矿组合成立东北矿务局，为华资最大矿务集团。"辽省主要矿产，如本溪湖煤矿，如抚顺煤矿，均归日人掌握；国人所经营者，要以东北矿务局为巨擘矣。"[2] 到"九一八"事变前，东北矿务局所属矿业公司 6 家，资本总额在 500 万元以上，主要为张作霖家族股份。东北矿务局所属矿产公司主要如下。

复州湾煤矿。位于辽宁复县南部之复州湾，三面环海。该矿早于乾隆年间就已开采，清末落入俄人之手，曾组建大业公司。1919 年由金州矿商周文贵出洋 10 万元赎回矿权，改组为振兴公司。1928 年周文贵去世，奉天矿务局趁机收购。

大岭滑石矿。1916 年由天福、天兴、日益兴公司合作开采，省政府借矿区诉讼之机取消其采矿权，后以张学良、王正黼名义重新开业，注册资本 1 万元。

西安县西安煤矿。该矿于清末由当地农民掘井发现，秘密开采，曾成立富国股份公司。北京政府时期，另有国人开办之宝兴、大成等小型公司，日人出资之健元、健北、健兆等多家公司

---

[1] 东北文化社年鉴编印处编《东北年鉴（1931）》，东北文化社年鉴编印处印行，1931，第 1123 页。

[2] 黄曾元：《东北矿务局与冀北金矿公司》，载中国人民政治协商会议全国委员会文史和学习委员会编《文史资料选辑》（合订本）第 17 卷，中国文史出版社，2011，第 242 页。

在西安煤矿从事土法开采。为了方便向其家族控制之兵工厂及纺纱厂、发电厂提供原煤，1927年张作霖以奉天省政府名义，将西安县10家华商煤矿公司合并，加入官股，改为官商合办，组建西安煤矿公司。西安煤矿公司原拟官股170万元，后由奉天省财政厅、兵工厂、奉海路各出现洋50万元，外招商股现洋50万元，原矿商70万元，总计官商股本270万元。[①] 但官股始终未缴齐，1931年初，张学良拨款120万元接办，并入东北矿务局。

辑安县宝马川金矿。原由矿商江云李报领矿区129亩，1917年设兴华公司从事开采，1928年因无力经营，由张学良、王正黼等组织的大北矿冶公司接办。1931年宝马川金矿矿权正式移转至东北矿务局。

阜新煤矿。阜新煤矿位于阜新县中部。民国初期，日方大仓组与上海顺济公司股东周圭章合作成立大新矿业合资公司，实际为日本大仓组独资开办，独掌大权，中方代表仅为傀儡。以张作霖为首的奉系军阀主政东北之后，对日采取抵制态度，日方阜新煤矿势力扩张受到限制，开始主动寻求与奉系军阀合作办矿。1926年，张学良委托王正黼在新邱孙家湾开矿，开始染指阜新煤矿。1927年，张学良联名主持八道壕煤矿工作的王正黼向北京实业部正式提请开采新邱地区煤炭资源的计划案，报领矿区面积达530方里，为满铁矿区面积的9倍。

2. 奉系财团其他矿业投资

在东北矿务局系统之外，以张作霖为首的奉系军阀财团还通

---

① 辽宁省档案馆藏奉天省长公署档案，档案号：JC010-01-000852。

过官商合办、侵吞民营企业等方式，开办多家矿业公司，规模较大者如蛟河奶子山煤矿、鹤岗煤矿、北票煤矿等。

奶子山煤矿。奶子山煤矿位于吉敦路蛟河车站东南约 10 公里处，早于清光绪年间即由当地商人开采。1905 年高启明、李善鸣等人注册成立"德兴公司"，报矿区 1028 亩。吉敦铁路修通以后，该矿矿区面积扩大到 5400 亩，奉系官僚趁机加入股份，计有吉林督军孟恩元 10 万元、吉林商会会长张松龄 4 万元，连同原创办人高启明之 5 万元，资本总计 19 万元。[①] 1928 年奉系张学良、张作相、毕维桓等官僚军阀，伙同买办商人迟适夫出资 40 万元，加入新股，将高启明旧领奶子山矿区与温国梁旧领腰岭子、磨石砬子矿区合并，改组为奶子山煤矿股份有限公司，资本总额 150 万元。[②]

鹤岗煤矿。位于松花江北岸，该矿最早于 1916 年由商人沈松年集资 15 万元，以土法开采。1919 年黑龙江督军孙烈臣等提议加入官股，将煤矿改组为黑龙江鹤岗煤矿股份有限公司，官商合办。新改组之鹤岗煤矿公司发起人 49 人，其中原商股股东包括沈松年等 17 人，新认股较多的股东多为东三省军政界官员，计有张作霖、鲍贵卿、孙烈臣、刘尚清、增韫、王树翰、郑谦、钟毓等人。[③] 除此之外，张作霖以东三省巡阅使名义训令各总商会劝募股款。改制后鹤岗煤矿资本总额定为现大洋 600 万元，先招 1/4，计 150 万元，其中旧商股原有股本和产业合计 30 万元，黑

---

① 解学诗（本卷）主编《满铁档案资料汇编》第七卷《掠夺东北煤炭石油资源》，社会科学文献出版社，2011，第 205 页。

② 解学诗（本卷）主编《满铁档案资料汇编》第七卷《掠夺东北煤炭石油资源》，社会科学文献出版社，2011，第 205 页。

③ 孔经纬、傅笑枫：《奉系军阀官僚资本》，吉林大学出版社，1989，第 13 页。

龙江省政府认股 40 万元，发起人认股 40 万元，其余 40 万元招集商股。至 1926 年，鹤岗煤矿实收资本现大洋 330 万元，每股 30 元，分为 11 万股，其中黑龙江省银行广信公司持股 150 万元，吴俊昇家族持有 3 万股 90 万元，张作霖等新旧股东持有 3 万股 90 万元。广信公司本为吴俊昇操控，故鹤岗煤矿实际为吴、张两家族控制。①

北票煤矿。位于热河省朝阳县东北。1921 年京奉路局发起设立，官商合办，资本增至 500 万元，官股占 40%，商股占 60%。其中商股股东全部为军政要人，根据 1922 年公司股东大会选举结果，商股董事为张汉卿、徐国安、叶恭绰、蒋梦苹、何东、潘鉴齐、张孝若等军阀政客。以敬惠堂、延惠堂、经畲堂、得全堂、崇德堂、敦厚堂、永泽堂名义各认股 10 万元，毓庆堂、华如堂、同心堂、槐德堂、耐安堂各认股 5 万元，永年堂、张孝若、徐国安各认股 45 万元，永怀堂认股 25 万元，吴兆会、刘垣、袁翼各认股 20 万元。② 叶恭绰任董事长，聘丁文江为经理。1922 年改由徐世昌任董事长。该矿"九一八"事变后不久为日本侵占。

除上述较大矿业公司以外，奉系军阀在煤炭及金属矿领域有多处投资，其中以张作霖家族投资最巨，计有：法库县、复县和兴城县几处煤矿共 32700 余亩，兴城县和凤城县 5 处锰矿共 4300 余亩。1924 年以张学良名义报领兴城县煤窑沟煤矿 5400 亩；以张学良和王正黼名义申请报领法库县四家子和抚顺县大小演武沟

---

① 马尚斌:《奉系经济》，辽海出版社，2000，第 93 页。
② 交通、铁道部交通史编纂委员会编《交通史路政编》第七册，交通、铁道部交通史编纂委员会印行（出版时间不详），第 553 页。

两处煤矿共 9287.5 亩；商城县和盖平县（盖县）四处滑石矿 697
亩。[1] 其他奉系官僚亦进行了大规模矿业投资，1920 年汤玉麟报
领义县稍户营子煤矿，矿区 540 亩，1922 年批准注册开采。[2]
1918 年张作相报领兴城县杨家杖子铅矿，开采铅矿。同年张景惠
报领东南荒沟黄铜矿，矿区 3 方里，资本 25000 元。至 1930 年张
学良家族其他矿产还有：岫岩县钢玉石矿 460 余亩；已经申请报
领待批的矿有铅矿 7000 余亩、锰矿 2200 余亩、砂金矿 3500 余
亩、煤矿近 1400 亩、黏土矿 1100 余亩、石灰矿 560 余亩、磁土
矿 270 余亩，合计有 16000 多亩。[3] 1925 年张作相报领兴城县马
家沟铅矿，矿区 194.54 亩，独资办理。同年张海鹏报领洮安县白
土坑磁土矿，矿区 1080 亩。1926 年张景惠报领本溪县荒地等处
煤矿 5400 亩，次年报领本溪县荒沟掌铜矿 1620 亩。[4] 1925 年奉
系要员阎泽溥等人投资裕东煤矿，资本 29 万元。[5]

（二）华北地区矿业资本投资

华北地区之大型矿业企业多为华北财团掌控。

正丰煤矿。位于直隶井陉。1918 年，段祺勋、靳云鹏、段永
彬（段芝贵胞弟）、许世英等集资 500 万元，于荆浦南矿区发起
设立，段祺勋出任总经理。[6] 股东多为安福系人物，计有徐树铮、

---

① 孔经纬、傅笑枫：《奉系军阀官僚资本》，吉林大学出版社，1989，第 64 页。
② 孔经纬、傅笑枫：《奉系军阀官僚资本》，吉林大学出版社，1989，第 65 页。
③ 孔经纬、傅笑枫：《奉系军阀官僚资本》，吉林大学出版社，1989，第 64 页。
④ 孔经纬、傅笑枫：《奉系军阀官僚资本》，吉林大学出版社，1989，第 65 页。
⑤ 解学诗主编《满铁史料》第 4 卷第 2 册，中华书局，1987，第 792 页。
⑥ 于大信：《安福系创办正丰矿矿公司秘史》，载中国人民政治协商会议全国委员会文
  史和学习委员会编《文史资料选辑》（合订本）第 17 卷，中国文史出版社，2011，
  第 236 页。

李思浩、王郅隆、王克敏、王揖唐、梁鸿志等人。之后又强行吞并商办凤山煤矿，将原荆浦南矿区全部设备与工人搬入凤山煤矿，合并生产，开始用机器采煤。

广懋煤矿。原为商人周芝鹤创办，土法开采。1921年因资金不足，拉拢北洋官僚段永彬投资。段又凭借私人关系联络多名权贵入股。计有交通银行协理孟锡玉、徐世昌胞弟徐世林、曾任国务总理之朱启钤，另有孟恩远、梁士诒、徐尚之等。改组后之广懋公司注册资本1000万元，实收250万元，资金充裕，随即购买大批先进机器设备，生产能力陡增。黄沙岩与柳沟二矿日产量由几十吨增至约300吨，石可叠矿区更是高达600吨，三矿日产量约2000吨。[①] 因资金充裕兼特权保护，在阳泉煤炭市场渐呈垄断之势。

鲁大煤矿。1922年8月山东官僚靳云鹏、吕海寰等人与日人合资设立鲁大矿业股份有限公司，接办原由日资控制之淄川、坊子煤矿，注册资本1000万元，中日各半，主要经营淄川、坊子、金岭镇各矿山及附带事业。靳云鹏任总经理，王占元、日人神崎正助任协理。但华商资本多来自日本投资之机构，故资金与经营大权全由日人操控，中方无控制权。

六河沟煤矿。位于河南安阳县西北六河沟，1903年安阳人马吉森、山东潍县人谭士桢集资银2万两合作开办，土法开采。1907年改名为"六河沟煤矿股份有限公司"。因资金困难，六河

---

① 于大信：《皖系军阀创办广懋煤矿公司的内幕》，载中国人民政治协商会议全国委员会文史和学习委员会编《文史资料选辑》（合订本）第17卷，中国文史出版社，2011，第79页。

沟煤矿发展初期被迫求助于德国与比利时商人，受外人掣肘。1917 年宁波商人李祖绅等倡议改组公司，偿还债款，收回利权。六河沟煤矿趁改组之机，大量吸收北京政界及金融界资本，董事会成员计有钱新之、宋子良、李祖绅、张新吾、魏子纯、李祖恩、陆发青、吴蕴斋等，监事是谭芝屏、黎重光等，王正廷任董事长。改组之后公司资本增至 300 万元（包括旧股折新），矿区范围扩大到 9 个区约 19 平方公里。[1] 公司增资改组之后，于 1919 年完全收回矿权。

中兴煤矿。最初由清政府路矿帮办张翼于 1899 年创办，总公司设于天津，矿址位于山东峄县。1915 年该矿发生透水与瓦斯爆炸事故，损失严重，几致无法维持。为摆脱困境，大量吸收军政界人物投资，其中张勋认股银 20 万两，张作霖认股 6 万两，其他多位北洋官僚均有投资，公司资本增至洋 380 万元以上。1916 年改选之董事会成员多为官僚军阀人物，有张学良、任凤苞、袁静谙（朱启钤同乡，实为朱助手）、张仲平（张莲芬之子）等人，政界实权人物徐世昌任董事长，朱启钤任代理董事长。之后几次增资，至 1924 年股本已逾 900 万元[2]，成为仅次于抚顺、开滦的第三大煤矿[3]。

同宝煤矿。位于山西大同口泉镇西 30 里之胡家湾。1919 年

---

① 蔺祥洲、申建忠：《六河沟煤矿解放前的有关资料》，载中国人民政治协商会议河北省磁县委员会文史资料委员会编《磁州文史资料》第 1 辑，中国人民政治协商会议河北省磁县委员会文史资料委员会，1992，第 144 页。

② 《中兴煤矿史略》，载《枣庄矿务局志》编纂委员会编《枣庄矿务局志》，煤炭工业出版社，1995，第 867 页。

③ 《中兴煤矿史略》，载《枣庄矿务局志》编纂委员会编《枣庄矿务局志》，煤炭工业出版社，1995，第 874 页。

官办裕晋煤矿公司与义昌煤矿公司合并（晋北镇守使张树帜所办），以矿区资产作价100万元，另由梁士诒出资200万元，合营设立同宝煤矿公司，为官商合办性质，关冕钧任总经理，裕晋与义昌各出一人任协理。[1]

旭华煤矿。为北洋官僚管相绅与日本东亚兴业公司代表冈崎藤吉之子冈崎忠雄合作开办。"旭"指日本，"华"指中国。1917年日本三井物产公司犬冢信太郎与东亚兴业公司冈崎藤吉，勾结中国官僚管相绅，并暗中拉拢北京政府农商总长周自齐，向山东政府申请中日合办旭华煤矿。因反日运动高涨未能成功，直至1920年方由山东实业部批准成立。旭华公司资本20万元，中日各半，开采章丘普集区天尊院80方里煤区。[2]但管相绅仅担名义之责，实际为周自齐投资。至1928年，因中日摩擦加剧，山东民众反日情绪激烈，日本撤出全部股份，改为管相绅独资经营。

三 其他产业投资

除以上重点投资领域外，华北财团在其他行业均有广泛投资，现将其控股之较大规模企业做一简要介绍。

（一）盐碱化学工业

华北财团对范旭东精盐公司与制碱公司均给予较大资金支持。久大精盐公司为我国近代著名化学家范旭东创设。1914年开始精盐制作技术的研发，但苦无资金，遂邀请特权阶层投资入股，得到政界人士与社会名流的支持。久大精盐公司至1915年底

---

[1] 孔祥毅主编《民国山西金融史料》，中国金融出版社，2013，第124页。

[2] 景苏：《旭华煤矿调查记》，载政协章丘县文史资料研究委员会编《文史资料》第6辑，政协章丘县文史资料研究委员会印行，1989，第45页。

股本在 500 元以上的股东计有：梁启超 6000 元，黄孟曦 6000 元，范旭东 4000 元，陈敬民 2000 元，邓木鲁 2000 元，徐佛苏[①] 4000 元，汤觉顿 1500 元，谭典虞 1000 元，范秉钧 2000 元，李宾四 5000 元，汪伯唐 2000 元，梁仲荣 1000 元，周希哲 500 元，李藻孙 500 元，蔡松坡 1000 元，周作民 500 元，麦公立、何擎一 500 元。[②] 之后历次增资扩股，北洋官僚黎元洪、梁士诒、曹锟等人先后加入。

为挽回利权，防止洋人垄断中国制碱市场，继精盐公司以后，范旭东复于 1917 年筹办永利制碱厂。经创办人联名呈请长芦盐运使署转请财政部盐务署以第 1415 号训令特许立案，1918 年 11 月永利制碱公司在天津召开成立会，招募银元 40 万元。第一批股东计有景韬白、张弧（岱杉）、李穆（宾四）、王秀同（小徐）、聂其杰（云台）、陈调甫（德元）、范旭东。[③] 1920 年第一次股东会选举周作民为董事长，范旭东为总经理，之后官僚政客与银行界人士纷纷加入。至 1924 年，永利股本增至 200 万元。

其他化学工业投资还有：1920 年北洋官僚徐树铮、曹毓隽等创办的北京化学工业社，资本 100 万元；1921 年 12 月，鲍贵卿与倪嗣冲、庄乐峰等合办的中国漂白粉厂，工厂位于天津，资本 12 万元。

（二）轮运业

北方轮运业主要为普通工商资本投资，华北财团投资之轮船

---

① 徐佛苏为北京造币厂厂长。
② 赵津主编《"永久黄"团体档案汇编·久大精盐公司专辑》上，天津人民出版社，2010，第 11 页。
③ 张同义：《范旭东传》，湖南人民出版社，1987，第 30 页。

公司主要有 3 家。

戊通轮船公司。黑龙江实业厅厅长孟昭常、东三省交通银行总经理陈威等人发起创办。1919 年 3 月于哈尔滨正式成立，实收资本 50 万元。投资人主要为交通部及交通银行上层人士，董事会成员有梁士诒、曹汝霖、任凤苞等，叶恭绰为候补董事。1921 年交通部加入官股 150 万元，将其改组为官商合办。但该公司自成立时起，即连年亏损，最终于 1925 年破产清理。

北方航业公司。1920 年曹锟弟（曹钧）与曹锟内弟陈世如创办，股本 50 万元，每股 100 元，曹钧与陈世如各认 1000 股，其余股东多为曹氏家族同乡或亲友，以及军政官员。1921 年第一届董事会成立，曹钧任董事长，董事会成员计有陈世如、陈巨熙、叶筱臣、王锦堂、郑汇川等。公司业务以货运为主，兼营客运。成立之初航运范围限于天津、营口、安东海域，后扩展至烟台、龙口、青岛、大连乃至上海、香港、福州及长江沿线各口岸。[①]

通源林业公司轮运。北洋军阀鲍贵卿独资经营，主要为方便运输通源林业公司木材而设，1924 年 2 月正式成立，拥有轮船 1 艘、蔓船 2 艘。

（三）金属采掘及冶炼业

官商资本创办的较大的金属采掘冶炼业公司主要有官商合办之龙烟铁矿公司。该公司为北洋官僚陆宗舆等人于 1919 年创立，位于龙关、宣化两县，原名"龙关铁矿公司"，后与宣化烟筒山

① 陈世如：《天津北方航业公司的兴衰》，载孙大干编著《天津经济史话》，天津社会科学院出版社，1989，第 274～278 页。

铁矿合并，采取官商合办形式，改名"官商合办龙烟铁矿公司"。
龙烟铁矿公司资本 500 万元，官商各半。官股由农商部出资 128
万元，交通部 122 万元。商股共募集 230 万元，其中官商资本投
资 190 余万元，约占私人股份的 80%。[①] 开业实收资本仅 340 万
元，大股东主要有：黎元洪、徐世昌、冯国璋、曹锟、段祺瑞、
曹汝霖、陆宗舆、梁士诒、曾毓隽、章宗群、傅良佐、龚心湛、
傅增湘、李思浩、李纯、田中玉、张文生、聂宪藩、薛之珩、周
自齐、周家彦、盛恩颐、周作民、冯耿光、胡莘江、朱铁林、任
凤苞、岳荣堃等。1921 年从美国购置大型炼铁炉、热风炉、蒸汽
机等设备，几将股本耗费完毕，公司陷入困境。后计划增发 400
万元公司债券，但未及发行，1922 年第一次直奉战争爆发，直系
军阀倒台，该矿被迫停建。

官商资本投资之金矿还有东北官僚吉兴（延吉镇守使）、陶
彬（延吉道尹）、张松桥等于 1924 年创办的延和金矿公司，资本
40 万元，采取官商合办形式，开采延吉县八道沟、小六道沟，和
龙县夹皮沟、蜂蜜沟等多处金矿。该公司 1927～1930 年年产金
1000 两。[②]

（四）制材业

东北林木资源丰富，清末时期曾建立多家国有林场。民国元
年，允许私人经营林场，但因林业资本门槛高，民族资本无能力
进入，私人投资多为奉系军阀官僚，且多委附于日商资本，以中

---

① 郑连明：《龙烟铁矿公司创办始末：北洋官僚资本个案剖析》，《近代史研究》1986
年第 1 期，第 255～271 页。
② 和龙县地方志编纂委员会编著《和龙县志》，吉林文史出版社，1992，第 313 页。

日合办形式创办，经营权多掌控于日人之手。华北财团投资企业主要如下。

松江林业公司。原名"永衡林业公司"，于 1913 年成立，为官办企业。总公司设于吉林，另于长春、大连等地设分公司。因经营困难，于 1916 年由吉林永衡官银号与吉林绅商共同出资，改组为官商合办企业，公司名称亦更改为"松江林业公司"，公司资本 26 万元[①]，经营木材采伐运销，所领森林面积约 4000 方里，分布于敦化、额穆、桦甸、漾江四县。

丰材公司。日本大仓喜八郎与周自齐合资创办，成立于 1918 年。资本 500 万元，实收 100 万元，中日各半，中方资本由大仓公司以贷款形式垫付，故均为日人出资。主要业务为木材采伐与制作、运销，经营区域为松花江流域森林，分散于林甸县、安图县及蒙江县部分地区。1920 年以后市场环境恶化，木材需求量下降，丰材公司陷入经营困境。大仓喜八郎为谋公司发展，决计与另外三家中日合资公司——富宁、华森、黄川合并经营，乃设立共荣起业株式会社，之后将丰材公司委托于共荣起业株式会社经营。值得指出的是，富宁、黄川公司中方股东亦均为北京政府亲日派官僚，陆宗舆、张弧、徐世昌、曹汝霖、周自齐等人均有出资。东北官绅亦多入股，如吉林督军孟恩远、省长郭宗熙等。

庆云制材有限公司。1919 年 5 月创办，总公司设于哈尔滨，资本 200 万日元，中日各半。中方股东全部为北洋官僚，大股东

---

① 杜恂诚：《民族资本主义与旧中国政府（1840—1937）》，上海社会科学院出版社，1991，第 433 页。

计有孟庆延、张岱杉、刘绍汶、朱作舟、孙家驹等人。按照中日所订之合同，经营区域共有四处："一、吉林省宁安县属牡丹江西岸地方，西以毕展窝集分水岭为界，东至青林子山麓，南界二道河子，北至三道河子大青川北山麓，面积约壹千六百华方里。二、吉林省宁安县属牡丹江西岸，南至高路沙林场，北至二道河子南河沿，东至青林子山麓，西至高路沙林场东界，东西三十华里，南北十华里，面积三百华方里。三、吉林省牡丹江自三道河至五道河面积五百七十六华方里。四、吉林省同宾县属毕展窝集岭西面小亮珠河上掌等，面积六百七十八华方里。"①

（五）机器业

北方官商资本投资设立之大型机器厂有 2 家。

唐山启新机器厂。周学熙于 1924 年创办，启新洋灰公司附属企业。前身为启新洋灰公司机修房。1921 年启新洋灰公司与丹麦史密斯公司合作建立水泥机械专业厂，又称"新机厂"。1923 年新机厂增购炼钢炉、电焊机等机器设备，扩建为启新机器厂。经营范围扩大，除为启新洋灰公司修理设备外，另代造钢铸机件，发展成为华北地区大型机器厂。

奉天大亨铁工厂。1923 年奉系军阀核心人物杨宇霆创办于沈阳，由奉天军械修理所扩建而成，资本奉票 40 余万元。生产军用物资、车辆、矿山机械等，年产货车车厢 500 个，为沈阳最大铁工厂。1927 年，大亨铁工厂又筹建酸素厂与建筑铸铁厂。

---

① 李澍田、潘景隆、金慧珠主编《涉外经济贸易》上，吉林文史出版社，1995，第 500~501 页。

（六）电灯电力业

华北财团在北方地区投资之电灯与电力厂有 4 家。

华北唐山电力厂。周学熙 1917 年创办于唐山，资本 15 万元。该厂创办之目的原为向开滦煤矿和启新洋灰公司供电，因电量充足，1919 年开始向社会出售剩余电量，为直隶首家专司供电与售电业务的电力公司。

芦台企业电灯公司。1919 年周学熙投资创办，位于直隶宁河，资本 10 万元，采用蒸汽发电，为中国最早向乡村供电之电力企业。

华北电灯股份有限公司。资本家李干忱 1915 年在张家口筹建，资本 20 万元，卢木斋之子卢南生投资并出任董事长，经理为范祥甫。

保定电灯公司。1919 年冯国璋、曹锟、王占元等人在保定创办，资本 20 万元。该厂于 1921 年投产，几次扩建，至 1936 年，保定电灯厂发电容量达 1355 千瓦，年发电量 167.7 万千瓦时，成为中国最大电厂之一。[1] 电量主要供应保定军政机关及官绅商贾，同时带动了保定商业的繁荣。

（七）建筑业

华北财团北方地区投资设立建筑公司 3 家，资本总额 1300 万元，资本规模约占北方地区同行业的 82%。

东方实业建筑无限公司。1917 年刘肖颖、刘肖铺创设于天

---

[1] 张立辉主编《保定府河》，河北大学出版社，2014，第 237 页。

津，承办建筑工程，资本银 75 万两。[①]（刘肖颖为北京政府海军总长刘冠雄之子。）

北京建筑公司。1917 年周自齐、周作民等创设，资本 25 万元。

开成土木公司。1920 年叶恭绰、卫星武于北京创办，资本 30 万元。承建各类交通道路以及住宅、厂房等房屋建筑。为股份有限公司组织形式。

（八）砖瓦制造业

官商资本投资规模较大者主要有肇新窑业公司。肇新窑业公司由留日学生杜重远动议创办，奉系官员张惠霖为主要出资人。杜重远在日本学习窑业，1922 年学成归国，因感于"东北矿业甲全国，而陶瓷原料尤为丰富，惜不知应用科学方法设厂制造"[②]，立志创办机器窑厂。但没有资金，缺少人脉，无从办起。后凭借与张惠霖之子张保先的同学关系，结识张惠霖，得其投资相助，并通过张惠霖在军政界广集资金，于 1923 年 3 月在沈阳创建肇新窑业公司，以制造及售卖砖瓦为主要业务，资本金暂定为奉大洋 20 万元，分为 2000 股，每股奉大洋 100 元，分四期缴纳。[③] 至 1923 年开业时共募集股款 23 万元。根据其股东名册，可以查到身份的持 20 股以上之大股东主要为奉系军政界人士（见表2-1）。其他小股东亦不乏奉系军政要人，如郭松龄投资 10 股等。

---

① 中国社会科学院近代史研究所近代史资料编辑部编《近代史资料》总 58 号，知识产权出版社，2006，第 175 页。
② 沈阳市人民政府地方志办公室编《张氏帅府志》，沈阳出版社，2013，第 153 页。
③ 辽宁省档案馆藏奉天省长公署档案，档案号：JC010-01-003194。

表 2-1　奉天肇新窑业公司第一期股东情况统计（20 股以上）

单位：股

姓名	身份	股数	姓名	身份	股数
张惠霖	历任奉天储蓄会会长、东三省官银号稽查、奉军军需官等职	200	王锡九	历任黑龙江省督军署军法科科长、黑龙江省高等检察厅厅长、国民政府最高法院东北分院判事、黑龙江省高等审判厅厅长	20
马序波	不详	120			
李香齐	不详	100			
董文富	康平官银分号助理	100			
阚甸文	日本大学毕业，曾任东山铁路局秘书	70	陶菊溪	奉天警察厅厅长	20
史敬一	1928 年后任直隶实业厅厅长	68	王皡如	不详	20
金哲忱	奉天省城总商会会长	50	郭润之	不详	20
福记	不详	40	林仲三	辽宁地方士绅	20
王忠樵	应当为奉军将领	36			
林浥尘	历任奉天省议会议长、奉天清丈总局兼水利局总办、东三省官银号总文书、辽宁省政府高等顾问	30	祝博泉	不详	20
			张魁英	不详	20
曾子敬	历任东三省盐运使、山海关监督、奉天督军署秘书、奉天市政公所所长	30	□棣琴	不详	20
			孙集贤	不详	20
王福善唐	不详	50	陈公记	不详	20
张毓德堂	不详	50	阎靳尘	不详	20
彭相亭	张作霖亲信，历任奉军军需官、东三省官银号总办	30	何首民	不详	20
张汉卿	张作霖之子，奉系核心人物之一	20	单宝珊	不详	20

注：未查到者标为"不详"，□为原文不清。

资料来源：股东姓名与股数依据奉天省长公署档案（档案号：JC010-01-003194）整理，股东身份系查询各类相关资料整理。

（九）玻璃制造业

华北财团投资之玻璃制造业企业有 2 家，其中耀华玻璃公司规模较大。1921 年周学熙与秦皇岛玻璃公司签订《华洋合股合同》，成立耀华玻璃有限公司，资本 120 万元，中外合办有限公司性质。1914 年江朝宗于北京创办光明玻璃料器厂，资本 5 万元，为无限公司性质，主要生产出口玻璃料器、民用煤油灯、玻璃片，该厂因销路不好于 1920 年倒闭。

另外，投资烟草企业 1 家，为东三省烟草公司，1922 年沈阳商会会长鲁宗熙创办，资本 100 万元。但该公司存世仅两年，于 1924 年停业。涂料染料业方面，1915 年倪嗣冲于天津创办大成油漆颜料公司，资本 20 万元①，为天津第一家油漆工厂。该厂引进德国技术。但因缺乏经验，经营不善，于 1921 年倒闭，更名为"振中油漆公司"，转手他人。在石棉业有小规模投资，1915 年天津官僚杨敬林、卞滋如等创办天津石棉制造有限公司，资本 3 万元。

第二节　华北财团金融资本体系

金融为资本主义经济之核心。民国初期，随着民族资本主义经济发展及政府内债滥发，新式金融开始发展。1918～1922 年，国债滥发及其优厚的回扣与利息收益，对特权资本形成极大投资诱惑，掀起金融投资热潮。金融为资本密集型行业，普通私人资本尚不具备单独投资能力，国家资本亦因政府式微而日渐萎缩，

---

① 李良玉等：《倪嗣冲年谱》，黄山书社，2010，第 145 页。

故此，华北财团成为新式金融的主要投资力量。北京政府时期，华北财团资本势力渗透至国家与地方银行，以及商办、官商合办、中外合办等其他各类金融机构。

一 华北财团与政府银行体系

北京政府时期，依据特殊政治或经济发展目的，初步建立起政府银行体系，具体包括国家银行、地方银行与专业银行。因财政困难，政府银行多吸收商股，采取官商合办或商办形式，官商资本以其资本优势与政治地位之便利条件，成为政府银行系统之重要资本来源。

（一）国家银行

北京政府时期，国家银行职能由中交两行共同承担。但因北京政府财政困难，官股被政府以抵借或出售等方式转为商股。在此过程中，华北财团投入巨额资金，成为国家银行重要资金来源。

中国银行自 1917 年开始增加资本，招募商股，副总裁张嘉璈等为实现独立发展金融之梦想，有意识控制官股比例，"此时行方深恐政府加认官股，压倒商股股数，致董监人选，复由政府控制支配。遂不得不努力招募商股，俾得保持均衡"①。另外，1921年起，财政部因国库亏空，陆续抵押出售其所持之 500 万元股份，"初则作为债款抵押，继则作价出售"。仅一年多时间，便已抵借

---

① 中国银行总行、中国第二历史档案馆编《中国银行行史资料汇编》上编，档案出版社，1991，第 93 页。

495 万元，官股仅剩余 5 万元①，官股所占比例仅 0.25%，而商股比例为 99.75%。中国银行招募商股过程中，北洋官僚军阀趁机大量入股。初期以个人投资为主，1917 年商股联合会中，施肇曾位居商股代表之首。1921 年以后北京政府持续出售或抵押官股，官商资本投资方式转以机构为主。1922 年财政部出售官股 500 万元，承购者主要为北洋官僚群体或其控制之金融机构，承购总额 135 万元，占比超过 27%，分别为：天津中国实业银行 25 万元，金城银行 25 万元，北京商业银行 30 万元，太平贸易公司 25 万元，大业银行 15 万元，中国实业银行 15 万元。② 中国银行前三届董事、监事名单如表 2-2 所示。

表 2-2　中国银行前三届董事、监事名单

届别	董事	监事
第一届 （1918）	施肇曾、王叔鲁、张公权、林子有、李伯之、周学熙、冯幼伟、潘履园、熊希龄	卢学溥、李劲风、陈辉德、李律阁、张燮元
第二届 （1921）	冯耿光、周作民、王世澄、施肇曾、李士伟、李铭、罗鸿年、张謇、金还	卢鉴泉、陈辉德、李律阁、章伯初、王源瀚
第三届 （1924）	冯耿光、周作民、王世澄、施肇曾、李士伟、李铭、罗鸿年、张謇、金还	卢学溥、陈光甫、童今吾、徐寄顾、李宣威

资料来源：根据中国银行总行、中国第二历史档案馆编《中国银行行史资料汇编》上编（档案出版社，1991）第 191、198、204、205 页资料整理。

---

① 中国银行总行、中国第二历史档案馆编《中国银行行史资料汇编》上编，档案出版社，1991，第 87~88 页。
② 中国银行总行、中国第二历史档案馆编《中国银行行史资料汇编》上编，档案出版社，1991，第 87 页。

交通银行自 1922 年开始清退官股，增招商股。增资后股本总额 2000 万元，官商股份比例变为官三商七。至 1928 年国民政府新条例颁布之前，交通部所余股份仅为 7800 股，计 78 万元，商股股本则达 6935150 元，官股占比仅 10% 有余，该行基本转变为商业银行性质。[①] 商股股份主要为交通系人物认购，梁士诒以化名或亲属名义实际持有交行股份 1000~2000 股。交通系其他核心人物如施肇曾、任振采、汪子刚、曹汝霖、叶恭绰、周自齐、朱启钤等亦持有相当数量股票，规模较大者有 1000 股以上，较少者亦有五六百股。机构投资者亦以官商资本银行（如金城银行与盐业银行）为多，共持 11400 余股。从 1932 年 12 月底北平与天津股东名册可观其详情（见表 2-3）。

表 2-3　交通银行京津地区认购三百股以上股东名单（1932 年 12 月底）

单位：股

天津股东	股数	北平股东	股数
边洁卿各户	1020	金城银行	9093（内 8392 股系交部过入）
徐弢斋	827	大陆银行	2399（内 2394 股系交部过入）
任振采	765	盐业银行	2392（全系交部过入）
陆闰生	375	中国实业银行	1545（内 1522 股系交部过入）
曹润田	325	清华基金户	1908
包慧智	450	平绥路局	318
天津盐业	406	李右周	331
王子春	318		

资料来源：交通银行总行、中国第二历史档案馆编《交通银行史料》第一卷，中国金融出版社，1995，第 27~28 页。

[①] 交通银行总行、中国第二历史档案馆编《交通银行史料》第一卷，中国金融出版社，1995，第 25~26 页。

（二）地方银行

北京政府时期，各省均建立省银行系统以代理省库，整顿省内金融。省银行多为官办，亦有部分吸收商股，采用官商合办形式。军阀官僚趁机投资入股，形成对地方政府金融的资本渗透。北方地区东三省银行、山西省银行均属此种类型。此外，青岛地方银行亦吸收大量官商资本。官商资本在地方银行之投资仅有几年时间，之后即因地方银行改组为完全官办而退出。

1919 年张作霖以"统一东北币制，整顿金融"为名，设立东三省银行，总行地址设于哈尔滨，奉天分行与长春分行同时开业。东三省银行采用官商合办形式，股本大银元 800 万元，官商各半。商股 400 万元中，张作霖个人即有 100 万元，东三省官银号和奉天兴业银行共同承担 100 万元[①]，其他投资者主要为奉系资本集团之各级官绅。人事管理权亦掌握于奉系资本集团之手，督办张之汉，总办刘尚清、陈廷洁均为张作霖亲信。1924 年 7 月，东三省银行与奉天省官银号、兴业银行合并，仍称东三省银行，商股发还，改为完全官办。

山西省银行在原山西官银号基础上改组成立，由山西省省长阎锡山指令山西政府各部门官员发起筹办，总处设于太原。山西省银行采用官商合办形式，原官钱局股份 45 万元转为官股，其余招募商股。1919 年开办时实收资本 117 万元，至 1921 年增至约 180 万

---

① 《东三省银行招股简章》，载吉林省金融志编纂委员会、长春市金融志编纂委员会编《金融法规汇编》，吉林省金融志编纂委员会、长春市金融志编纂委员会印行，1989，第 64 页。

元，其中官股占 25%，商股占 75%。[①] 商股大股东主要为山西富商及山西军政界高层人士。因有政府荫庇，开业初期，营业顺利，获利丰厚。1923 年山西省省长阎锡山"痛惜厚利外溢"，且碍于银行资金运用受私股股东限制，清退商股，改组为官办银行。山西省银行董事、监事及其身份如表 2-4 所示。

表 2-4 山西省银行董事、监事及其身份

姓名	职务	身份	姓名	职务	身份
乔尚德	董事	不详	严慎修	董事	山西省议会副议长
鲁奎儒	董事	太原总商会副会长	李步青	董事	不详
徐一清	董事	山西陆军粮服局局长	崔庭献	监事	山西省议会议长
王玠	董事	不详	杨兆泰	监事	山西政务厅厅长
贾继英	董事	原大清银行行长	赵戴文	监事	山西陆军第四旅旅长

资料来源：孔祥毅主编《民国山西金融史料》，中国金融出版社，2013，第135 页。

除去省银行外，1924 年青岛市为解决财政困难，胶澳督办高鸿恩发起创办青岛地方银行。青岛银行采用官商合办形式，资本75 万元，官二商一。商股招股时，因政府信誉低下，普通商民极少参与。参与投资者多为与官府关系密切的大商人与军阀官僚。商人刘了山、成兰圃、隋石卿等，山东军阀褚玉璞、毕庶澄等均有较大投资额。

（三）专业银行投资

民国初期，北京政府以扶助农工实业为日的，欲建立专业银行系统，计划设置劝业银行、农工银行、农商银行等专业银行体

[①] 孔祥毅主编《民国山西金融史料》，中国金融出版社，2013，第134、140 页。

系。但因财政困难、政权式微，劝业银行始终未能设立，农工银行、农商银行亦收效甚微。既设银行中，多为官僚军阀以政府名义呈请设立，或为政府设立，官僚军阀投资。不论何种形式，官商资本均占重要地位。

农工银行系统由财政总长周学熙于 1915 年呈请设立，以"振兴农工业"为宗旨。最初计划以县为单位，"以一县境为一营业区域，在一营业区域内，以设立一行为限"①。嗣后于财政部内附设农工银行筹备处，农工银行拟先采用官商合办形式，之后渐次转为商办。嗣后由财政部拨款支持，先于京兆通县、昌平设立农工银行，以为示范。②北京政府时期北方成立农工银行 21 家，其中特权私人资本投资 16 家，占 76%。专业银行体系虽后因北京政府式微未能建立，但亦有少数机构经营比较成功，如北京大宛农工银行等。

北京大宛农工银行成立于 1918 年，位于北京大兴和宛平两县。按其章程，注册资本定为 40 万元，官商合办，拟先由财政部拨款 10 万元。③但因国库亏空，始终未能拨付，仅由京兆财政厅暂拨 5 万元作为营业费用，其余招募商股。京兆财政厅之官股至 1921 年全部由商股归还，改为完全商办。大宛农工银行于 1927 年改组为中国农工银行。商股大股东多为军政界人士，兹可从其

---

① 《农工银行条例》第 4 条，载卓宣谋编《京兆通县农工银行十年史》，大慈商店，1927，第 4 页。

② "全国农工银行筹备处关于拟定筹备处暂行章程等件详稿（1915 年 12 月 21 日）"，载《中华民国史档案资料汇编·金融》，编辑出版时间不详，第 12 页。

③ 全国农工银行筹备处编《京兆大宛农工银行招股章程》，全国农工银行筹备处印行，出版时间不详。

董事构成中窥见一斑。1921 年大宛农工银行第一届董监事成员 9 人，其中 6 人为军政界人士（见表 2-5）。

表 2-5 大宛农工银行第一届董事、监事及其身份

姓名	职务	身份	姓名	职务	身份
王大贞	董事长	北京政府商部官员	吕变甫	董事	不详
唐慕潮	副董事长	绅商，富户	周韬甫	董事	绅商
单束笙	董事	清旧僚，北京政府官员	王君宜	监事	北京政府财政部泉币司官员
王奎元	董事	军界将领	顾子言	监事	北京政府教育部官员
吴震修	董事	北京政府实业部农本局官员			

资料来源：根据中国人民银行北京分行金融研究所《北京金融志》编委会办公室编《北京金融史料·银行篇》三（中国人民银行北京分行金融研究所《北京金融志》编委会办公室印行，1991）第 3 页内容，并查证董事、监事身份后整理而成。

通县农工银行成立于 1915 年，先以财政部与京兆财政分厅合垫 10 万元开业（见表 2-6），后逐渐转换为商股，投资者主要为北京政府官僚。其他地区农工银行商股亦以官僚私人资本为主。据《晋中地区志》记载，1923~1926 年，"太谷、祁县少数官商开设农工银行"①。据此判断投资人当为官僚阶层。1926 年，汾阳"世合源"银号改组为汾阳农工银行，资本多来源于官商。山东莒县农工银行由官商庄式如与莒县县长周仁寿发动全县富户出资设立。

① 晋中地区地方志编纂委员会办公室编《晋中地区志》，山西人民出版社，1993，第 400 页。

表 2-6　官僚军阀参与之北方农工银行一览

单位：万元

银行名称	成立时间	组织形式	地址	资本	投资人身份
宛平日新农工银行	1922	商办	北京	15	官僚
北京香山农工银行	1925	商办	北京	25	官僚
大宛农工银行	1918	商办	北京	40	官僚
通县农工银行	1915	官商合办	京兆通县	10	官僚
山东安潍农工银行	1919	商办	济南	10	政界人士，绅商
山东新泰蒙阴农工银行	1919	商办	济南	20	北洋官僚
山东临沂农工银行	1919	商办	临沂	10	绅商，政界人士
山东莒县农工银行	1920	商办	莒县	25	官商
山东泰安农工银行	1921	商办	山东泰安	5	北洋官僚
山东聊城农工银行	1922	商办	聊城	20	军政界人士，绅商
昌图县农工银行	1917	商办	昌图	10	官僚
长春农工银行	1918	商办	长春	15	官僚，商人
祁县农工银行	1925左右	官商合办	祁县	5	官僚
太谷农工银行	1923	官商合办	太谷	7	官僚
文水农工银行	1922	官商合办	文水	5	官僚
汾阳农工银行	1926	官商合办	汾阳	2	官僚

资料来源：庄建平主编《近代史资料文库》第 8 卷，上海书店出版社，2009，第 389、391、395、409、411、420、428 页；《银行周报》社编《银行年鉴 1921—1922》，《银行周报》社，1923，第 61 页；卓宣谋编《京北通县农工银行十年史》，大慈商店，1927，第 38 页；莒南县金融志编纂办公室编《莒南县金融志》，山东省临沂市新闻出版办公室印行，1996，第 129 页；财政部财政年鉴编纂处编《财政年鉴》下，商务印书馆，1935，第 1836 页；山西省地方志编纂委员会编《山西通志·金融志》，中华书局，1991，第 420 页；任勋禄主编，吕梁地区地方志编纂委员会办公室编《吕梁地区志》，山西人民出版社，1989，第 308 页。投资人身份系通过各种资料查证。

殖边银行为北洋官僚徐绍桢、王揖唐、冯麟霈等呈请财政部批准设立，意在以金融巩固边防，"辅助政府调剂边疆金融，并贷款于沿边实业"[①]。除经营普通银行业务外，另享发行纸币、代理金库特权。[②] 殖边银行 1914 年开业，总管理处设于北京，采用官商合办形式，开业时实收资本约 200 万元，其中农商部出资 70 万元，其余为商股。[③] 商股主要源自北洋军政界人物及清旧僚，发起股东中北京政府官员计有徐绍桢、冯麟霈、刘冕执、宋发祥、王揖唐、吴乃琛、胡太才（清旧僚）、马吉符、马振宪等人[④]，普通股东亦以北洋军政界人士为多。

农商银行由北京政府农商部高凌蔚、江天铎等发起筹办，1921 年成立，设总行于北京，另于北京、天津、汉口、上海等地设立分行。依章程规定，农商银行注册资本 1000 万元，官商各半。[⑤] 但官股拨付很少，至开业时实收资本 173 万元，其中商股 123 万元，官股 50 万元。[⑥] 北京政府官僚齐耀珊、曹锟、张弧、王迺斌、张志谭等均在农商银行有大额投资，齐耀珊任总裁，曹锟曾出任农商银行董事长。[⑦] 农商银行经营范围除普通银行业务

---

① 《殖边银行条例》第 1 条，载殖边银行总管理处编《殖边银行条规》，殖边银行总管理处印行，1916，第 1 页。
② 《殖边银行条例》第 12 条，载殖边银行总管理处编《殖边银行条规》，殖边银行总管理处印行，1916，第 1 页。
③ 殖边银行总管理处编《殖边银行三年来之经过》，殖边银行总管理处印行，1917。
④ 殖边银行总管理处编《殖边银行三年来之经过》，殖边银行总管理处印行，1917。
⑤ 《农商银行章程》（1920 年 7 月）第 5 条，中国第二历史档案馆、中国人民银行江苏省分行、江苏省金融志编委会编《中华民国金融法规档案资料选编》上册，档案出版社，1989，第 260 页。
⑥ 吴筹中：《中国纸币研究》，上海古籍出版社，1998，第 209 页。
⑦ 魏明：《论北洋军阀官僚的私人资本主义经济活动》，《近代史研究》1985 年第 2 期，第 66~110 页。

以外，享有代理金库、发行纸币、经理公共实业机关收支款项等
特权，并无特定农业金融业务。

二　华北财团与普通商业银行

民初以后，受民族资本主义发展高潮及公债滥发影响，新式
银行大量成立。银行业为资本密集型产业，小型资本难以单独投
资，华北财团成为商界、金融界主要民族资本力量。华北财团银
行投资多与政府资本、普通商人资本或外商资本合作进行，按组
织形式可分为官商合办、商办与中外合办三种类型。

（一）官商合办银行

此类银行创办人多为官商"两栖"人物，凭借特殊身份，借
用政府资金或者借助政府声誉，获取特权，谋取私人利益。除政
府银行以外，北京政府时期北方地区官商合办商业银行共 6 家，
分别为中华劝业银行、边业银行、中国实业银行、奉天兴业银
行、烟酒商业银行、蒙藏银行。

中华劝业银行为上海商人虞洽卿与国务总理靳云鹏合作开
办，1920 年开业，注册资本 500 万元，先收半数 250 万元开业。
因商股短时间内难以募齐，故借助靳云鹏与李思浩（财政总长）
之政治特权，由财政部出资 100 万元，采用官商合办形式。商股
参与者主要为军政界官员，靳云鹏一人出资即达 20 万元，其他
北京政府官员如潘复、张勋、沈仁荣等人皆有出资。中华劝业银
行依靠靳云鹏政治支持，获得纸币发行权，此外还获得发放政府
特许劝业债券权，成为全国烟酒税款储存银行之一，并代理国库
券发行业务。

边业银行最初由皖系军阀徐树铮等以"开发西北边疆，振兴实业，巩固国防"为由筹建，实则借投资银行之机，谋取私人利益。边业银行于 1919 年 9 月成立，总行设于北京，另于库伦（今蒙古乌兰巴托）、张家口、天津等处设立分行。1920 年潘复、章瑞庭等加入新股进行改组，1921 年因外蒙动乱而遭受重大损失，于是停业，之后落于军政要人曹锟、靳云鹏、张学良、倪嗣冲等人之手，总行移至天津。1924 年曹锟政治垮台以后，张作霖购买全部私人股份，并增资扩建，注册资本 2000 万元，实收 525 万元。张作霖为掩人耳目，规避独资银行之名，另以阚朝玺名义认购 20 万元，北京政府财政部认购 5 万元，实际全部为张作霖家族出资。[①] 1926 年张作霖家族将边业银行总行迁入奉天。至"九一八"事变前，边业银行已发展成为仅次于东三省官银号的东北第二大商业银行。

周学熙任财政总长期间，曾以振兴实业为名，向袁世凯提议创立中国实业银行，后因袁称帝失败而被搁置。1919 年，周学熙为方便华新集团企业融资，重新招募股本，设立中国实业银行，资本总额 1000 万元，实收 350 万元。中国实业银行采用官商合办形式，其中财政部出资 40 万元，商股主要来源于周氏集团企业以及政界人士，其董事会成员几乎全部为政府官僚。董事计有：周学熙（总经理）、熊希龄（董事长）、钱能训（协董）、龚心湛、李士伟（协理）、王克敏、杨味云、言敦源、阮忠极、张成勋、许德凝、周学辉、曹汝霖等。官员身份的监事有：田中玉、

---

① 韦锡九：《东北边业银行始末记》，中国人民政治协商会议全国委员会文史资料研究委员会编《文史资料选辑》（合订本）第 35 辑，中华书局，1963，第 130~131 页。

林葆恒、陈光远、朱宝仁、张训钦等。

奉天兴业银行由官办之奉天农业银行改组而成。1912 年开业，官商合办，官股 70 万元，商股 60 万元①，商股系奉系军阀集股而成。

官商合办之商业银行另有蒙藏银行、烟酒商业银行等。蒙藏银行由蒙藏院向北京政府呈请设立，"以辅助政府调剂蒙藏金融，并发展实业为宗旨"②。资本总额定为 1000 万元，收足 500 万元开业。③ 蒙藏银行采用官商合办形式，商股投资者多为官僚特权阶层或实业名流，如袁世凯族弟袁世传、家侄袁述之，另有谢天锡、俞东屏、王礼维等。烟酒商业银行由张肇达等于 1917 年投资设立，资本 25 万元，采用官商合办形式，官股由烟酒事务署拨资，烟酒商业银行享有烟酒经营特权。

（二）普通商办银行

商办银行为华北财团金融投资的主要形式。与官商合办银行相比，商办银行全部为私人资本，政府没有参与。从经营性质看，以营利为主要目的，一般不拥有特殊业务经营权。前已述及，华北财团金融投资多与普通商业资本合作进行，多数商办银行为官商发起设立且由官商居主导地位，亦有少数银行为普通商人发起设立，或普通商人拥有多数股份，但为经营便利，会邀请

---

① 辽宁省地方志编纂委员会办公室主编《辽宁省志·金融志》上，辽宁科学技术出版社，1996，第 98 页。
② 《蒙藏银行章程》第 1 条，载商务印书馆编译所编《最新编订民国法令大全·财政》，商务印书馆，1924，第 616 页。
③ 《蒙藏银行章程》第 4 条，载商务印书馆编译所编《最新编订民国法令大全·财政》，商务印书馆，1924，第 616 页。

官商入股。据此，根据设立与经营特点，华北财团投资之商办银行具体又分为四种类型。

第一，以官商合办形式组建，旋即转化为商办银行。初建立时以政府名义或借助财政资金开办，旋即清退官股，改为完全商办，如新华储蓄银行、晋胜银行、盐业银行等。

新华储蓄银行成立于1914年，由中交两行奉财政部令拨款筹设，设立目的是为北京政府筹措财政经费，1925年冯玉祥控制该行后改称"新华商业储蓄银行"。新华储蓄银行总行设于北京，官商合办，初成立时额定资本100万元，先收1/2。[①] 遵照部令由中交两行先拨15万元开业，1917年中交两行加拨10万元，另招商股25万元，凑足50万元。1918年新华储蓄银行修订章程，改为商业银行性质。文件载："去年（民国7年）底，承中交两行转商财政部准予本行照原订章程，略为修改，并准予添招商股，为完全商办银行股份有限公司。"[②] 之后商股认购股额50万元，凑足100万元股本。新华储蓄银行掌控于北京政府交通系之手，除中交两行外，持100股及以上的个人股东几乎全部为交通系人物，计有：梁士诒400股，黎元洪300股，吴鼎昌200股，任凤苞200股，方仁元200股，汪有龄200股，朱桂辛200股，周作民100股，贺欣100股，胡笔江100股，李赞侯100股。[③] 1918年董事会成员有梁士诒、方

① 中国人民银行北京分行金融研究所《北京金融志》编委会办公室编《北京金融史料·银行篇》二，中国人民银行北京市分行金融研究所印行，1990，第2页。

② 中国人民银行北京分行金融研究所《北京金融志》编委会办公室编《北京金融史料·银行篇》二，中国人民银行北京市分行金融研究所印行，1990，第22页。

③ 中国人民银行北京分行金融研究所《北京金融志》编委会办公室编《北京金融史料·银行篇》二，中国人民银行北京市分行金融研究所印行，1990，第25页。

仁元、贺欣、叶玉甫、吴鼎昌、谈荔孙、陈福颐、居益铉、胡笔江等 9 人，陆宗舆、谢霖为监事。①

晋胜银行，阎锡山 1913 年为解决军饷困难筹备设立，总行位于太原。该行初创时由山西省政府拨款 10 余万元作为开办资本，后陆续归还，改为完全商办，至 1915 年实收资本 156000 元。② 阎锡山父亲阎书堂任董事长，大清银行前经理贾继英任行长。晋胜银行商股股东主要为晋系官僚军阀，股本构成如下：康佩珩将清"保安会"资金四五万元入股晋胜银行，作为康、阎两家股份；阎锡山截留军饷两三万元，分与亲信赵戴文、张玉堂、黄国梁、徐一清、南桂馨等，充作晋胜银行股份。另外，为能依靠北京政府，拉拢梁士诒等人投资入股。③ 该行凭借阎锡山与梁士诒私交，获得交通银行在山西业务的代办权。凭借特权，晋胜银行在山西省业务位居各银行之首，"较晋省中国银行官钱局为发达"④。

盐业银行，清官僚张镇芳发起设立，于 1915 年 3 月正式开业，总行设于北京。据《盐业银行章程》，盐业银行拟定股本总额为 500 万元，分为 5 万股，每股 100 元。其中，财政部"为辅助盐业银行营业进行"，认定 2 万股，其余股份向社会招募。⑤ 但财政部股款实际并未缴付，仅盐务署缴纳 10 万元。盐业银行开

---

① 中国人民银行北京分行金融研究所《北京金融志》编委会办公室编《北京金融史料·银行篇》二，中国人民银行北京市分行金融研究所印行，1990，第 27 页。
② 孔祥毅主编《民国山西金融史料》，中国金融出版社，2013，第 115 页。
③ 孔祥毅主编《民国山西金融史料》，中国金融出版社，2013，第 116 页。
④ 中国第二历史档案馆编《中华民国史档案资料汇编·金融》，江苏古籍出版社，1991，第 750 页。
⑤ 《盐业银行章程》第 3 条，载中国人民银行北京分行金融研究所《北京金融志》编委会办公室编《北京金融史料·银行篇》四，中国人民银行北京分行金融研究所《北京金融志》编委会办公室印行，1993，第 455 页。

业时实收资本 64 万余元，商股股东大多为清旧僚，如：张镇芳
30 万元，张勋 15 万元，绍幼琴 5 万元，倪丹臣 2 万元，段谷香 1
万元，凌润台 1 万元，徐福 1.3 万元。[①] 1916 年将 10 万元官股全
部退回，改为完全商办。袁世凯复辟失败以后，盐业银行落入段
祺瑞内阁之手，安福系要员吴鼎昌出任经理，依靠其在政界的广
泛人脉经营银行。

另有北洋军阀蔡成勋等人于 1920 年在绥远归绥设立丰业银
行，董事长为蔡成勋，经理为陆滨，实收资本 26.6 万元。[②] 丰业
银行最初采用官商合办形式，1924 年改为完全商办，为当时绥远
唯一商业银行。

第二，军阀官僚为寻求投资出路，直接投资设立，或将旧式
银号改组，创立商业银行。

此为官商资本投资银行之主要形式。新设商办银行以京津地
区最为集中，规模较大者如下。大同银行，1913 年清旧僚任文毅
发起设立，资本 250 万元。大生银行，1919 年北洋财政次长苏慕
东联合银行界魏（睿）泉、张鸿卿等集资创办，资本 200 万元，
开业实收 60 万元。股东主要为北京政府官员与金融界人士，第
一届董事会成员均为北洋财团核心人物，计有梁士诒、王祝三、
胡笔江、陶兰泉、苏慕东、罗仲芳、吉少庵、潘耀庭、杨霁川
等，监事有卞寿孙、张文富等。中华运业银行由北洋官僚张书

---

① 中国人民银行北京分行金融研究所《北京金融志》编委会办公室编《北京金融史
　料·银行篇》四，中国人民银行北京分行金融研究所《北京金融志》编委会办公室
　印行，1993，第 402 页。

② 中国银行经济研究室编《全国银行年鉴》，中国银行经济研究室印行，1937，第
　200 页。

绅、徐诚等发起设立，1922 年开业，总行设于天津，资本 75 万元。裕津银行为官商王郅隆与买办商人魏信臣等于 1921 年发起设立，资本 100 万元，实收 60 万元开业。第一任董事长为魏信臣，王郅隆、阮寿岩、赵出卿、孙东园、张次迈为董事。[①] 1925 年以后奉系军阀执政华北，奉系财团开始在京津地区投资金融，如陈国铨、张志良等于 1925 年创办中元实业银行，总行设于天津，注册资本 400 万元，实收 100 万元开业。另有私人金库性质银行，典型的如冯国璋之华充与华通两银行。华充银行由三益兴银钱店改组而成。三益兴银钱店由冯九合[②]独资创办，1914 年扩充资本至 5 万元，改组为华充银行。[③] 此类银行多不与市场发生关系，规模偏小，随投资人政治上之进退而兴衰。

东北地区主要为奉系财团投资，规模较大者有东北银行、奉天汇华银行等。东北银行由奉系财团核心人物张惠霖等人于 1923 年发起设立，股本奉小洋 200 万元，主要发起人均为奉系资本集团核心人物，计有：鹿宝国、高钧阁、常葆枫、王拱臣、李会九、吴灌依、尹秀风、曲道堂、关宝如、郭任生、王挹清、王锡臣等。[④] 汇华银行由张惠霖之子张其先于 1926 年开办，原名"奉天汇华银号"，实际采取股份有限公司形式，不久将名称改为"汇华银行"。为提高银行声誉，拉拢彭相亭、王枢垣、金哲忱、

---

① 中国银行经济研究室编《全国银行年鉴》，中国银行经济研究室印行，1937，第 186 页。
② 冯九合为冯国璋亲信。
③ 姜建清主编《近代中国银行业机构人名大辞典》，上海古籍出版社，2014，第 335 页。
④ 辽宁省档案馆藏奉天省长公署档案，档案号：J010-01-005770。

杨济普等人做发起人，选定彭长庚（彭相亭之子），王枢垣，董襄忱，以及东北兵工厂祁静轩、吴既寿、王仲甫等人为董事。汇华银行注册资金 60 万元，次年增资至 120 万元。[①] 赵恩铭之子赵靖黎 1927 年组织东北农林银行，资本 500 万元。

山东规模较大银行有 2 家。齐鲁银行，1916 年 10 月设立于山东济南，发起人有董丹如、李瑞庵、马惠阶等，资本银 100 万元。初期与山东银行齐名，后因经营失利，陷入窘境。1922 年起缩小经营范围，1925 年前停业。山东工商银行，1918 年成立，总行设于济南，另于天津、上海设立支行。实收资本 63.9 万余元。董事有陈泽普、马惠阶、萧绍庭、马官和、王鹿泉、颜文卿、安善圃等，1925 年因资本周转不灵停业。[②]

此外亦有官商资本投资之旧银行、票庄改组之商业银行，规模较大者如下。北洋保商银行，成立于 1910 年，华商叶兰舫与德国商人合资设立，资本额银 400 万两，中德各半。1920 年清除外资，改组为商业银行，总办事处设于天津，次年迁往北京。改组后之北洋保商银行股份主要源自北洋官僚投资，资本 500 余万元。[③] 周自齐出任董事长，北洋官僚王克敏、曹锟、陈光远、徐世章等均为该行董事。蔚丰商业银行，1916 年由蔚丰厚票庄改组而成，资本 300 万元，除原商号资本 100 万元外，添招 200 万元商股[④]，新

---

① 张其先：《汇华银号的兴衰》，载中国人民政治协商会议沈阳市委员会文史资料研究委员会编《沈阳文史资料》第 13 辑，中国人民政治协商会议沈阳市委员会文史资料研究委员会印行，1987，第 175 页。

② 《银行年鉴 1921—1922》，《银行周报》社，1923，第 61 页。

③ 《银行年鉴 1921—1922》，《银行周报》社，1923，第 46 页。

④ 《蔚丰商业银行招股简章》，载黄鉴晖等编《山西票号史料》增订本，山西经济出版社，2002，第 552 页。

招商股股东几乎全部为北洋军政界人物（见表 2-7）。

表 2-7　蔚丰商业银行股东姓名及身份一览

姓名	身份	姓名	身份	姓名	身份	姓名	身份
李景铢	北洋官僚	冯麟霈	北洋官僚	梁纬堂	不详	高景棋	曾任职于总统府
邹日烃	财政部官员	侯腾云	票庄经理	张风台	河南省省长	董翔	票庄经理
冀麟书	票庄经理	赵唯熙	甘肃都督	程恩培	杭州海关监督	张宗棋	票庄经理
杨增新	新疆督军、省长	程文葆	清旧僚、北洋军界人物	樊德光	政府官员	袁世辅	袁世凯五弟
商增爵	山西民政长	宋罗槐	票庄经理	张勋	北洋军阀	陈钰	曾任山西巡按使等职
王学曾	票庄经理	朱瑞	浙江都督	雷多寿	甘肃财政厅厅长	王文魁	北洋军界人物
屈映光	政府官员	张继隆	票庄经理	李宏龄	票庄经理	赵椿年	曾任财政次长等
宁星圃	票庄经理	侯正效	票庄经理	马福祥	北洋军界人物	王矩曾	不详
毛履福	票庄经理	董士佐	总统府内史	渠本翘	山西富商	郝登五	票庄经理

资料来源：发起人名单选自《蔚丰商业银行招股简章》，载黄鉴晖等编《山西票号史料》增订本，山西经济出版社，2002，第 553 页。股东身份系通过各种资料查证。

另有华北银号改组之华北银行。华北银号原资本 10 万元，财政总长李思浩等人出资设立。1921 年改组为华北银行，增资至 100 万元，天津警察厅厅长张弧出任董事长。[①] 其他华北财团投资的资本在百万元以上之银行还有新亨银行、华夏实业银行、惠民银行、神州实业银行、大业银行、富国银行、西北实业银行、大

---

① 魏明：《北洋政府官僚与天津经济》，《天津社会科学》1986 年第 4 期，第 87~93 页。

华储蓄银行等，因资料欠缺，其详情无从得知。另外，也投资了多家资本为几十万元的中小银行。

第三，附设于企业集团，主要为帮助企业集团融资而设立。典型如孙氏集团之中孚银行与周学熙集团之华新银行等。

中孚银行由孙氏家族孙多森为实现集团经营目标，以通惠为母公司所设，主要目的是为孙氏家族企业提供资金支持。中孚银行成立于1916年，总行设于天津，资本额200万元。大股东半数以上为孙氏家族人员，北洋官员中多人参与投资，如包培之、龚心湛等均持100股（见表2-8）。中孚银行成立以后，孙氏家族乃于各地设立面粉厂，由中孚银行提供资金支持，先后有河南通丰面粉厂、山东济丰面粉厂、哈尔滨滨丰面粉厂等。

表 2-8 中孚银行股东（1917）

单位：股

姓　名	股数	姓　名	股数
孙多钰（章甫）	450	顾朔经（仲叔）	230
孙豫方	352	孙养儒	300
孙观方（仲莘）	300	孙叔威	420
包光镛（培之）	100	沈京似	200
林葆恒（子有）	100	孙启方（璧威）	440
龚心湛	100	胡崇本	200
傅增湘（沅叔）	100	徐星曙	130
卞寿孙	50	高敬仪	150
孙多澉（陟甫）	200	白薰芳	130
周毕康	50		

资料来源：中国人民银行北京分行金融研究所《北京金融志》编委会办公室编《北京金融史料·银行篇》三，中国人民银行北京分行金融研究所《北京金融志》编委会办公室印行，1991，第441页。

周学熙为给华新集团内部工商业企业提供融资便利，于1923年创设华新银行，资本100万元，周学熙任董事长。华新银行附属于华新集团，资金主要来源于华新集团工矿企业。与之性质相似者还有官商马官和等把持的山东工商银行。马官和即通过此银行筹集资金，开设博山、八陡煤矿，之后修筑胶济铁路支线——博山、八陡铁路。

第四，金融家或商人发起设立，拉拢官僚军阀投资。金融家或商人为发展私营金融事业，主动寻求特权阶层资金支持及特权庇佑，拉拢特权阶层投资。由金融家发起设立的如金城银行、大陆银行等；由商人发起设立的主要有东莱银行、东陆银行、明华银行等。

金城银行为留日学生周作民发起创设。周作民曾先后供职于财政部与交通银行，因心怀金融梦想，所以寻求自创银行，但苦于无创办资金，遂拉拢皖系军阀倪嗣冲及其亲信——军火商人王郅隆出资，又通过王郅隆拉拢许多京津地区军阀官僚入股。金城银行开业时实收资本50万元，其中军阀官僚投资45.2万元，占90.4%。[①] 之后金城银行趁增股之机，有意减少官商股份，增加普通商业股本，但官商资本始终占绝对优势。谈荔孙早年公费留学日本，回国后在中国银行任职。因怀揣金融救国抱负，辞去公职，与金融界名流钱新之、张公权、吴震修、许汉卿、万弼臣和军政界人士颜惠庆、王筱云等20多人发起创办大陆银行。大陆银行于1919年正式开业，总行设于天津，注册资本为通用银元

---

① 中国人民银行上海市分行金融研究室编《金城银行史料》，上海人民出版社，1983，第20页。

200 万元，实收 100 万元。大陆银行资本中，直系军阀头目冯国璋一人即投资 10 万元，占总额的 10%，清旧僚张勋以永寿堂等 20 个户名投资 20 万元，占总额的 20%。[①] 其他股东亦多为军政要员，如江苏督军李纯、江苏财政厅厅长俞促韩、江宁镇官运使齐燮元等。另外，中国银行总裁冯耿光、副总裁张嘉璈亦各认股 1 万元。[②] 之后历次增资，主要投资人均为军阀官僚。

东莱银行本为山东富商刘子山单独出资 20 万元开设。但为获得政治权力之庇护，刘主动向曾任大清银行经理、时任青岛总商会会长的成兰圃赠送股份，并请其出任总经理一职，请商会主席吕月塘任经理，意在借助其在金融界与商界之声望，扩大影响。1923 年扩充股份至 300 万元，吸收吴蔚如、顾逸农、薛赞廷等官僚及金融界名流入股，但刘子山持股比例始终在 90% 以上。东莱银行还吸纳特权阶层任董事或常务董事，主要目的是借助后者之身份与特权获取经营优势。1932 年东莱银行董事长为刘子山，常务董事为徐青甫、吴蔚如，董事有刘星山、吴蔚如、常勉齐、徐泽山、徐青甫、刘文山、刘子山，监事为刘锡三、刘占洪。[③] 情况类似者有东陆银行、明华银行。东陆银行为宁波商人贺得霖、童今吾设立。李思浩出任财政总长后，贺得霖、童今吾借助与李思浩之同乡关系，专至京津地区开办银行，依恃李思浩支持，广泛拉拢京津地区官场与金融界人士入股或出任要职。东

① 中国人民银行北京分行金融研究所《北京金融志》编委会办公室编《北京金融史料·银行篇》四，中国人民银行北京分行金融研究所《北京金融志》编委会办公室印行，1993，第 242 页。

② 康金莉：《北四行研究（1915—1937）》，冶金工业出版社，2010，第 15 页。

③ 郭凤岐主编《天津通志·金融志》，天津社会科学院出版社，1995，第 144 页。

陆银行设立于 1919 年，总行最初设于北京，1923 年迁至天津，资本 200 万元，实收 100 万元开业。[①] 北洋军阀张勋为东陆银行最大股东。董事会成员几乎全部为北洋政界人物，计有：常务董事吴鼎昌、刘文揆；董事朱邦献、龚心湛、张弧、李思浩、于宝轩；监事郑宝芸。[②] 1920 年东陆银行创办人之一童今吾另设明华银行，采取与东陆银行完全相同之经营模式。

（三）中外合资银行

华北财团虽为金融投资之重要资本力量，但投资实力仍然偏弱，所设商业银行规模偏小，实收资本多在 100 万元以下，除两家国家银行之外，尚未出现资本额在 500 万元以上之银行，与外资银行相差甚远。欲增强投资实力，唯有与外资合作。中外合资银行资本规模普遍在 500 万元以上，高于华商单独设立之银行。北京政府时期，北方地区新设中外合资银行 10 家，其中官商资本参与者 9 家，数量占 90%。

中华汇业银行，北洋官僚陆宗舆与日商藏相胜田合资开办，1918 年开业。注册资本 1000 万元，分为 10 万股，每股 100 元，中日各出资 50%。中方资本由中交两行各分担 100 万元，总计 200 万元，私人出资者多数为北京政府亲日派官僚及北京金融界名流。据 1927 年中华汇业银行股东名簿记载，日方出资占股份总数之 72%，华商股份占 28%，中交两行各持 5000 股，占华商股份之 20%，以段祺瑞为首之亲日派占 42%，其他官僚军阀人士持

---

① 郭凤岐主编《天津通志·金融志》，天津社会科学院出版社，1995，第 144 页。
② 郭凤岐主编《天津通志·金融志》，天津社会科学院出版社，1995，第 144 页。

股比例为 16%，三者合计占华商股份之 78%。①

中华懋业银行为北京政府国务总理钱能训、中国银行总裁徐恩元等与美国几家金融公司合资创建，总行设于北京，注册资本1000 万元，实收 750 万元，中美各半。华股股东中，北洋军阀官僚出资占 53.4%，居绝对优势。参与中华懋业银行投资的高官计有：钱能训、傅良佐、张勋、冯国璋、黎元洪、段祺瑞、叶恭绰、王占元、卢永祥、梁士诒、徐世昌、陈光远、周自齐等人。因持股优势，中华懋业银行要职均由军政界人士担任，发起人钱能训出任中华懋业银行总经理，唐默思与徐恩元任协理。7 名华人董事中，北洋军阀官僚即有 6 人，计有张寿龄、傅良佐、罗鸿年等。中华懋业银行华资股东分类持股情况如表 2-9 所示。

表 2-9　中华懋业银行华资股东分类持股情况

单位：人（家、个），股，%

股东类别	数量	历年持股							
		1920 年		1922 年		1924 年		1926 年	
		股数	比例	股数	比例	股数	比例	股数	比例
工商资本家	41	13220	26	12220	26.4	12620	27.3	13103	29
军阀官僚	44	27199	53.4	24299	52.5	24249	52.5	24039	53
华商银行	4	—	—	1000	2.2	1000	2.2	1200	2.6
财税部门	1	6000	11.8	6200	13.4	6200	13.4	4475	10

---

① 魏振民：《中华汇业银行的资本结构及其营业概况》，《历史档案》1981 年第 1 期，第 107~112 页。

股东类别	数量	历年持股							
		1920 年		1922 年		1924 年		1926 年	
		股数	比例	股数	比例	股数	比例	股数	比例
社团	2	400	0.8	400	0.9	400	0.9	500	1
其他	1	4100	8	2150	4.6	1750	3.8	2010	4.4
合计	93	50919	100	46269	100	46219	100	45327	100

资料来源：根据虞和平《资产阶级与中国近代经济及社会》（中华工商联合出版社，2015）第 214~217 页表格资料整理计算。

华义银行（华意银行）1920 年由北洋官僚许世英等与意大利商人合资创办，总行设于天津，另于北京、上海设立分行。华义银行资本 480 万元，其中华商出资 120 万元，意商以意币400 万元入股。[1] 华股股东主要为北洋军政界官员，资料记载："近则靳派诸人如张志谭等皆着手于此，其中国资本之筹备亦由督军团人物及钱、靳等各要人任之。闻拟向上海方面招商股80 万，向各督军招募百余万。"[2] 许世英出任中方总裁。1924 年华义银行改组，中国董事撤回资本，由意大利独资经营，总行迁往上海。

其他中外合办银行情况如下。1920 年张勋等人与意大利商人合资创办震义银行，资本 1000 万元，实收 250 万元。1920 年军阀王廷桢等人与法商合资创办华法银行，资本 1574 万元。1921

---

[1] 郭凤岐主编《天津通志·金融志》，天津社会科学院出版社，1995，第 161 页。

[2] 作者不详，《北京最近之三银行问题》，《实业旬报》1920 年第 1 卷第 12 期，第 28~29 页。

年北洋政界人士与挪威商人合资筹备华威银行，次年开业，资本总额 1000 万元，实收 250 万元。中方股东主要为北洋政界人士与商界名流，计有：江天铎、宋发祥、戚维新、靳鸣皋、张干若、周廷励、李钦等。总裁为江天铎（农商次长），1923 年总行迁往上海。1922 年北洋军阀陈向元、商人方维周与荷兰商人合资创办中和（荷）商业银行，资本 500 万元。1922 年清旧僚胡用霖与美商蒲那托合资设立中美民生银行。北洋官僚汪大燮（曾任北京政府交通总长、外交总长等职）与英国、加拿大商人合资创办中英加汇通银行，资本 500 万元等。

三 非银行金融机构

（一）实业公司

实业公司为进行金融、商业与实业活动的综合性经营公司。北京政府时期北方地区共新设 19 家实业公司，除一家投资者不详外，其余全部为官僚军阀投资或与外商合资。

1915 年奉系财团王永江等人出资创办东三省兴利公司，创办宗旨如呈请书中所言，"东三省疆域广袤，土脉沃衍，天产之富，不独为全国之冠，亦各国所涎而视"[1]。但是，"众情涣散，民力单薄，不足以尽地之利，虽于各项实业有所经营，多因资本不充，中途废止，以致利权坐失，束手让人。势非萃群力结财团，以巨资长期经营之，则东省实业前途无望振兴之一日也"[2]。兴利

① "奉天省长公署档案全宗"，辽宁省档案馆藏，第 4351 号卷。
② 辽宁省档案馆编《奉系军阀档案史料汇编》2，江苏古籍出版社、香港地平线出版社，1990，第 318 页。

公司资本 200 万元，开业时实收 50 万元[1]，经营"东省森林、矿产、银行"等业[2]。股本全部源于奉系财团核心人物，计有王永江（6 万元）、朱仪庭（5 万元）、程昌鑫（5 万元）、吴连元（6 万元）、刘尚清（5 万元）、高毓衡（3 万元）、鲁宗熙（4 万元）、张慎修（4 万元）、张之汉（4 万元）、赵鸿鹏（4 万元）、辛寿培（4 万元）。[3] 业务范围包括：领采森林并造林，开采矿产，垦殖田地及荒山，经营畜牧及园艺事业，设立银行。

　　1915 年周学熙在袁世凯授意下拨款创办通惠实业公司，取通商惠工之意，资本 500 万元，实收 150 万元，其中官股 60 万元，商股 90 万元。商股股东多为北洋政界人士。孙多森任总裁，该公司人事管理权始终掌控于孙氏家族。通惠实业公司主要业务为通过发行企业债券或直接放款等方式向企业融通资金。1920 年左右袁良、钱赏延等人于北京发起设立溥益实业公司，大股东多为北京政府官僚，靳云鹏、段祺瑞、徐世昌、潘复、曹汝霖、傅良佐、张勋、曹锟、陆宗舆、张志谭、钱能训等均有投资。资本 50 万元。北京溥益公司投资设立山东溥益糖厂与酒精厂。1919 年冯国璋发起创办开源实业公司，资本 1000 万元。许世英、邓君祥等 1920 年开办太平贸易公司，经营贷款、投资业务。袁克成、袁乃宽等 1918 年于河南安阳创办同泰源实业公司，资本 50 万元。1922

---

① 《东三省兴利公司招股章程》第 1 条，载辽宁省档案馆编《奉系军阀档案史料汇编》2，江苏古籍出版社、香港地平线出版社，1990，第 318 页。
② 辽宁省档案馆《奉系军阀档案史料汇编》2，江苏古籍出版社、香港地平线出版社，1990，第 139 页。
③ 辽宁省档案馆《奉系军阀档案史料汇编》2，江苏古籍出版社、香港地平线出版社，1990，第 139~140 页。

年教育界人士周诒春、费兴仁将经营之仁立号改组为仁立实业公司，资本 20 万元，经营地毯出口业务，后购置机器，生产机制毛纱。后孙多钰家族持续投资该公司，实际持股达 60%，形成对该公司的控股权。[1] 1921 年徐世昌、倪嗣冲、张调辰等发起设立北洋贸易公司，资本 500 万元，经营进出口贸易，并附设北洋贸易银行，兼营金融业务。1926 年陈福颐等于天津创办元和实业公司，资本不详。

华北财团另与外资合作设立 2 家实业公司。1914 年 6 月北洋官僚杨士琦、李士伟、孙多森等与日商合资创办中日实业公司，总公司设于北京，实收资本 250 万元[2]，涉及通融资金，经募债券、调查等业务。1914 年 9 月又呈请开采矿业，称："因思江西余干、安徽怀宁两煤矿，前经具禀请探，并蒙贵部特派专员往查一切。现虽奉批俟该员与各区详复核示，然擘划予夺，权在贵部。可否即于此时由阁下另赐一函，以确切之辞示许可之意，则得益不仅在公司也。至禀帖手续或有未合，自当随后补备。将来开矿时，一切组织亦当随时从长商承办理。"[3] 1917 年黎元洪辞去大总统职务以后，与美国人华克（政界人物）在北京合办中美实业公司，资本 500 万元。[4] 北洋官僚齐耀珊、黎元洪、张勋、冯玉祥、冯麟阁等均有投资。黎元洪出任董事长，蒙古王塔旺布里甲拉为副董事长。主

---

① 汪谦干：《安徽寿县孙氏家族与近代中国企业》，载施立业、李良玉主编《安徽三大家族与近代中国实业研究》，合肥工业大学出版社，2010，第 8 页。

② 欧阳哲生主编《丁文江文集》第 3 卷，湖南教育出版社，2008，第 151 页。

③ 《中日实业公司杨士琦等为请准探余干煤矿致张謇等密函》，载中国第二历史档案馆编《中华民国史档案资料汇编》第三辑，江苏古籍出版社，1991，第 854 页。

④ 中国社会科学院近代史研究所近代史资料编辑部编《近代史资料》总 58 号，知识产权出版社，2006，第 485 页。

要经营进出口及林矿开采业务，因经营不善，于 1924 年倒闭。[1]

（二）储蓄会系统

民国初期，随着新式金融业的发展，适合小额资金存储之新式储蓄会开始发展。北方地区储蓄会以东三省最为发达，出资与经营多掌控于奉系财团之手。自 1915 年起，辽宁铁岭等地方商农率先创办储蓄会，东北各地纷起效办。储蓄会股额采取按月、按季或按年收取方式，每股多在 50 元以下，最低可至 3 元[2]，贷款利率低于普通商业银行。新式储蓄会以吸收闲散资金、聚沙成塔的灵活经营形式，备受商民青睐。至 1924 年初，东北各地储蓄会已发展至 75 个，基金总额逾 5000 万元。[3] 储蓄会系统以绅商资本为主，规模大多偏小，多在 50 万元以下。奉系资本对储蓄会亦有投资，东北规模较大之储蓄会均为奉系财团出资设立，影响大者有奉天储蓄会与东三省兴业储蓄会。

奉天储蓄会为奉系核心人物张学良、张惠霖于 1918 年发起设立，以"接济地方金融，活动社会经济，冀以挽回外溢之利权，并养成生活之独立"为宗旨[4]，采用股份有限公司形式，原定股本 18 万元。原定名为"奉天地方抵当储蓄公会"，因官商各界认股踊跃，不足一年所收股本即逾 40 万元，于是扩充资本，开设分会，并将储蓄会名称改为"奉天储蓄总会"。之后连续增资，

---

① 葛培林：《黎元洪家族》，金城出版社，2000，第 182 页。
② 周梦题：《东三省储蓄会之调查》三，载《银行周报》第 8 卷第 44 号，第 15 页。
③ 王景春、王雪枫主编《吉林货币金融史料》，吉林市政协文史资料研究委员会、吉林市《金融志》编纂委员会印行，1988，第 199 页。
④ 《奉天储蓄会股份有限公司发起人报告书》（1920），辽宁省档案馆藏奉天省长公署档案，档案号：JC010-01-005770。

至 1922 年股本总额已增至 720 万元[1]，1924 年进一步增至 811 万元[2]。而同期东北其他储蓄会之资本多为 60 万~90 万元，超过 100 万元的寥寥无几，奉天储蓄会规模约为一般储蓄会之 10 倍。奉天储蓄会董事会成员半数以上为奉系高层军阀官僚（见表 2-10）。

张作相、张学良、金恩祺、郭松龄等 1922 年发起设立东三省兴业储蓄会，以联络东三省同业，共谋巩固金融、发展地方实业、挽回利权为宗旨，额定资本现大洋 100 万元，分为 5 万股，每股现大洋 20 元。[3] 县地方储蓄会多为地方官绅出资，奉系高层官僚亦涉足其中，如 1923 年设立的牛庄商民储蓄会，张作霖拥有 100 股，每股 30 元，共计 3000 元。[4] 为加强储蓄会同业联合，1925 年奉天储蓄会会长张惠霖发起设立东三省储蓄会联合会，以所有东三省储蓄会代表人为会员。干事长由奉天储蓄会董事、奉天商会会长金恩祺担任，东三省各储蓄会代表担任干事。[5] 奉系集团核心人物通过联合会，实现对东北三省储蓄会系统的直接控制。

---

① 《银行周报》1924 年第 24 期，第 16 页。

② 孔经纬、傅笑枫：《奉系军阀官僚资本》，吉林大学出版社，1989，第 46 页。

③ 《东三省储蓄会联合会章程》，辽宁省档案馆藏奉天省长公署档案，档案号：JC010-01-005770。

④ 《东三省储蓄会联合会章程》，辽宁省档案馆藏奉天省长公署档案，档案号：JC010-01-005770。

⑤ 《东三省储蓄会联合会章程》，辽宁省档案馆藏奉天省长公署档案，档案号：JC010-01-005770。

表2-10 奉天储蓄会主要职员及董事情况

姓名	职务	身份	姓名	职务	身份	姓名	职务	身份
张学良	名誉会长	张作霖长子，任多项军政要职	陈桂鸣	董事	不详	王咸恒	董事	不详
张叙左	名誉会长	不详	汪芝云	董事	奉天高等师范学校学监，高级中学校长	纪成章	董事	不详
张惠霖	会长	曾任奉天署督军监印官、奉天省官银号稽查，张作霖亲信	金恩祺	董事	沈阳商会会长	成永安	董事	
丁广文	副会长	原奉天商业银行董事长	陈艺	董事	交通银行奉天分行总理	石光	董事	不详
傅廷珊	副会长	不详	和成口	董事	开原县税捐征收局局长	刘钧	董事	不详
张作相	董事	奉系核心人物，历任奉军督军、师长等职	鲁侯东	董事	不详	张广福	董事	商界人士
鲁宗煦	董事	奉天商会会长	马云桥	董事	不详	刘桂年	董事	不详
刘东藩	董事	奉天财政厅科员，后任营口市政公所市长	刘志信	董事	不详	陈桂鸣	董事	不详
单有珍	董事	东三省银号副经理	王文镐	董事	似任援闽粤军总司令部参谋、科长等职，具体不详	吴裕民	董事	南京政府时期曾于安新县等地任县长

续表

姓名	职务	身份	姓名	职务	身份	姓名	职务	身份
刘尚清	董事	奉天省省长兼奉天财政厅厅长，东三省官银号总办	韩保春	董事	东北交通委员会科长，奉系陆军中将	李春轩	董事	不详
吴恩培	董事	东三省官银号总文书	范维康	董事	不详	于化龙	董事	任职于北京政府陆军部
高毓衡	董事	在奉天省财政厅任职，东三省官银号总文书，1925年任东三省电话局局长	马炳书	董事	广宁县学教谕	郭升云	董事	不详
孙百钧	董事	不详	范佐辰	董事	不详	汪汉章	董事	不详
沈可象	董事	曾任职于清丈局务文书（东三省官银号总文书），后任东三省官银号副经理	王国辅	董事	民初曾任职于实业司，后似曾任广州军政府大本营咨议	金玺文	董事	不详
彭龄	董事	东三省官银号会办	孙赞廷	董事	不详	景维明	董事	不详
钱维新	董事	奉系军需处处长	朱锦亭	董事	吉林四洮农商储蓄会会长			
富雴康	董事	奉系陆军步兵中校，奉天粮秣厂厂长	夏云翘	董事	应为商界人士			

注：□为原档案不清，故空缺。

资料来源：董事名录摘自奉天省省长公署档案（档案号：JC010-01-005770），其履历系自查各类近代相关文献。

华北地区储蓄会规模较大者有 1918 年中法商人合作设立之中法储蓄会，资本 20 万元，实收 5 万元。[①] 中方发起人主要为北洋官僚与买办商人，计有李士珍、陆宗舆、江朝宗、孙宝琦、沈瑞麟、谭祖伍、蒋尊神、陈文泉、邓君翔、伍少垣等。法商以那森等东方汇理、中法实业两银行职员为主。中法储蓄会在法国领事馆注册，为法国公司。1926 年清除外资，在财政部重新注册，改为华资金融机构。1921 年北京银行界谈荔孙、方仁元、卓定谋、罗鸿年、吴延清、陈福颐、吴荣鬯、贺雪吭、陈其采、凌霄凤等人筹设京都市储蓄银行，资本 50 万元，宗旨为"提倡妇孺储蓄及女子职业"，初定名"妇孺银行"，后与叶恭绰所设之中华平民银行合并，改称"京都市储蓄银行"，但成立当年即因股款不足宣告结束。

（三）其他金融机构

北京政府时期，北方地区开始出现信托公司、交易所与证券公司、保险公司等非银行金融机构，但数量较少。非银行金融机构仍以北洋官僚为主要投资力量。

北京政府时期北方共设立信托公司 4 家，资本总额 570 万元，其中官商资本投资 2 家，资本 550 万元，分别为北京信托公司与滨江农产信托公司。北京信托公司为北洋官僚张弧、张勋、江朝宗、钱能训等人于 1921 年投资设立，资本 500 万元，为北方地区最大信托公司。第一次世界大战爆发后，东北粮豆

[①] 庄建平主编《近代史资料文库》第 8 卷，上海书店出版社，2009，第 391 页。

出口生意受挫，华商被迫另谋销售途径。受日本人在长春、沈阳、大连开设的"取引"所影响，1916 年海关监督侯延爽与原清朝执政院官员孟荣升等人在哈尔滨市创办滨江农产信托公司，资本 50 万元，但以商业企业成泰益、复兴公粮栈出资最多。该公司主要承办大豆、小麦、面粉等的交易，且以期货交易为主，现货交易较少。

新设交易所 6 家，其中官商资本投资 3 家，分别为北京证券交易所、天津交易所与通丰证券交易所。1916 年京钞停兑风潮以后，在北京等地形成中交钞券买卖市场。因无固定组织，交易杂乱无序。1919 年新亨银行经理王灏、大宛农工银行经理吕汉云、盐业银行经理岳乾斋、金城银行总经理周作民、曾任山东财政厅厅长的李介如、农商部司长王怀清、财政部科长沈苞芳等人倡导创办北京证券交易所，股本 100 万元，实收 50 万元[①]，为中国首家证券交易所。股东主要为北京政府官僚，以梁士诒、岳乾斋出资最多，周自齐、沈吉甫等皆有投资。北京证券交易所初期以买卖中交两行钞券为主，京钞停兑风潮平息以后，转向政府公债买卖业务，成为公债投机场所。天津交易所，全称为"天津证券物品交易所"。北洋官僚王筱三等联合天津商人集资设立，1921 年开业，资本 250 万元，曹锟家族亦有大额投资。军界人士李世辉参与投资之通丰证券交易所，资本仅 5 万元，成立不久即关闭，无实质交易。

---

① 杜恂诚：《民族资本主义与旧中国政府（1840—1937）》，上海人民出版社，2014，第 484 页。

1912～1927 年北方地区设立保险公司 9 家，其中 2 家投资者身份不详。剩余 7 家保险公司中，华北财团投资者 2 家，资本占比约为 60%。1915 年中国实业银行开设永宁水火保险行，附设于中国实业银行，资本 100 万元，总公司设于天津，另在上海等地设立分公司。永宁水火保险行为首家华资银行投资之保险企业。1920 年北洋政客周自齐、张弧等人与日本三菱公司、明治保险会社合资设立东方人寿保险公司，实收 25 万元，中日各半[①]，总公司设于北京，另于上海、天津、汉口等设立分公司或代理处，经营保险与抵押放款业务。

第三节 华北财团北方地区投资体系分析

华北财团为民国初期北方地区民族资本之重要资本来源，在投资方向及企业运营等方面均居主导地位。本部分拟对华北财团在北方地区之产业与金融投资总量进行估计，并据此对其在北方早期民族资本主义发展中的地位予以客观分析。

一 华北财团北方产业资本总量估计及地位分析

（一）华北财团产业资本总量及地位分析

华北财团投资活动主要集中于北京政府时期，本课题主要对 1912～1927 年北方地区中国资本主义产业投资做全面的统计，并以此为基础，分析华北财团在北方产业资本发展中的地位与作用。

---

① 秦池江、张立中主编《中国金融大百科全书》上编卷五，中国物资出版社，1999，第 98 页。

若将年代不详者包含在内，1912～1927 年北方地区新设的资本在 1 万元以上的各类企业有 846 家，除去资本额不详者，资本总额为 23026.35 万元。其中特权资本投资或参与投资者 144 家，资本总额 11492.6 万元，企业数量与资本占比分别约为 17% 与 50%。除官办与投资者身份不详者外，此时期私人资本新设企业 795 家，资本总额 20192.25 万元，其中华北财团投资企业数量与资本占比分别约为 18% 与 57%，资本占比超过半数，居绝对优势，但企业数量占比较小。[①] 出现上述状况的主要原因在于，东北与山东地区在 20 世纪初期，已有较好的手工工场基础，之后逐渐转化为机器生产，此类企业以普通私人资本投资为主，但规模偏小，多在 10 万元以下。华北财团之投资集中于矿业、制材业、金融业等资本密集型行业，单个企业规模大，但数量有限。故单从企业数量看，普通民族资本占优势。华北财团投资优势在于单项投资规模较大，这可从企业平均规模得以反映。此时期北方地区华资新式产业企业平均资本 27.2 万元，普通私人资本投资企业平均资本仅为 13.5 万元，特权私人资本投资企业平均资本 79.8 万元，为平均规模的 2.9 倍、普通私人资本企业之 5.9 倍。[②] 北方发展程度较高行业（如棉纺织业、面粉业、矿业等）的大型企业，几乎均为华北财团投资。此外需指出的是，上述分析仅为静态分析，选取数据为企业注册或开业时的资本数额。长期来看，北方产业资本普遍存在特权资本吞并普通私人资本的趋势。如张作霖家族的东北矿

① 根据附表计算。
② 根据附表计算。

务局系统，于 1926 年以后趁小煤矿资金困难之机，以接收或投资入股方式予以控制，渐行膨胀，以至形成垄断之势。另如周学熙集团、孙多森集团在棉纺织、面粉、洋灰等行业的扩张等。故从长期看，华北财团在北方产业资本体系内实居绝对优势地位。

（二）行业分布分析

以行业渗透而言，北京政府时期北方地区有所发展的 39 个工业门类中，华北财团涉足 31 个，占 79%，对支柱产业或发展程度较高的行业均有涉足，其中燃料采掘业、棉纺织业、制材业与面粉业规模较大，四行业投资总额 7928.5 万元，在其投资总额中占 70%，超过 2/3。另在制糖、轮运、造纸、金属采掘及冶炼、呢绒、火柴等行业有一定投资。棉纺织、燃料采掘、面粉、制材、制糖、轮运、造纸、金属采掘及冶炼、呢绒、火柴、酸碱苏打晶、建筑、制革、化妆品等行业的总投资规模超过 90%。可知华北财团之投资集中于资本密集型与技术密集型产业，而对传统手工业转化之小型工业部门，如染织、缫丝、服用品、织麻、碾米等行业较少涉足。

如果不考虑国家资本，仅以民族私人资本而论，万元以上企业中，华北财团之投资在行业内占比超过 55%，其中居绝对优势地位的有 15 个行业，占 40% 以上的有 18 个行业。这意味着在北方民族资本主义将近半数的行业中，华北财团均居绝对优势地位或重要地位。其中，制糖业、石棉业、制材业全部为华北财团投资；金属采掘及冶炼业、呢绒业、卷烟业中华北财团之投资占 90% 以上。特权资本投资行业分布如图 2-1、图 2-2 所示。

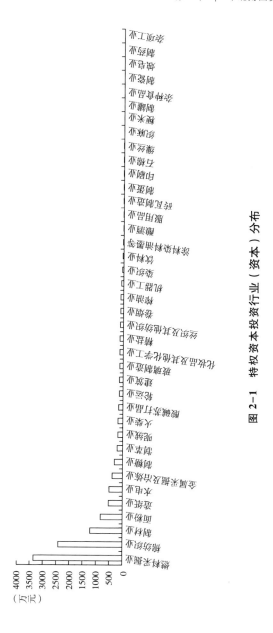

图 2-1 特权资本投资行业（资本）分布

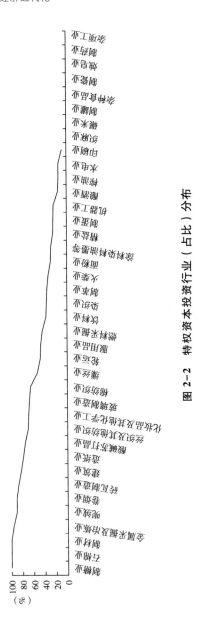

图 2-2　特权资本投资行业（占比）分布

（三）华北财团产业资本区域分析

华北财团投资具体在各区域又有明显差异。仅以私人投资来看，除投资者身份不详者外，东三省与山东因普通私人资本发展较早，至民国初期已有相当基础，故特权私人资本投资整体占比较低，其他地区的特权私人资本则占绝对优势。以绝对数看，1912~1927年，以东三省与天津规模较大，分别为3367.1万元与2143万元，两者合计在特权私人投资总额中约占半数。另外，直隶与山东规模亦在1000万元以上，其他地区规模均较小。以其在各地民族资本之地位看，华北与东北地区特权私人资本投资平均占56%。除东三省与山东、河南以外，其他各地之华北财团投资均在60%以上，热河、察哈尔、绥远特权私人资本投资占比达90%。民族资本主义发展程度较高的京津地区在2/3以上。东三省虽绝对数额较大，但因普通私人资本发展程度较高，华北财团投资占比仅为48%，不具绝对优势（见表2-11）。

各区域之间行业投资差异较大。东三省矿产、森林资源丰富，故奉系资本集团主要集中于矿业与制材业，对轻工业较少涉足，如棉纺企业仅有奉天纺纱厂一家。晋系资本集团则依托山西煤炭资源，以煤炭采掘为重点投资领域。京津地区以及直隶、山东、河南等则以棉纺织业、火柴业、面粉业等轻工业为主要投资领域。

表 2-11 北方地区民族产业资本区域统计

地区	总计		特权私人资本					普通私人资本				
			企业		资本			企业		资本		
	企业数量（家）	资本（万元）	数量（家）	占比（%）	数额（万元）	占比（%）		数量（家）	占比（%）	数额（万元）	占比（%）	
东三省	351	6976.3	44	13	3367.1	48		307	87	3609.2	52	
天津	101	3216.7	30	30	2143	67		71	70	1073.7	33	
北京	51	1250.7	11	22	945.5	76		40	78	305.2	24	
直隶	61	2318.9	15	28	1437	62		46	72	881.9	38	
热河、察哈尔、绥远	10	613.5	3	30	550	90		7	70	63.5	10	
山东	139	3051.2	20	14	1375	45		119	86	1676.2	55	
河南	38	1154.1	6	16	635	55		32	84	519.1	45	
山西	34	1047.15	12	35	765	73		22	65	282.15	27	
合计	785	19628.55	141	18	11217.6	57		644	82	8410.95	43	

注：官办企业不计入；投资者身份不详者不计入。

资料来源：根据附表整理。

二 华北财团北方金融投资分析

（一）华北财团金融投资规模估计及地位分析

与产业资本不同，华北财团金融投资不论在总量抑或单位规模方面均居绝对优势地位。1912~1927 年北方新设华资银行及其他金融机构 241 家，除资本不详者外，资本总额 31466.95 万元。除投资者身份不详者外，官僚特权阶层创设或参与投资者 156 家，资本总额 25490.05 万元，企业数量与资本占比分别为 65% 与 81%。[①] 除去官办金融机构，华北财团金融投资在民族金融资本中约占 87%。[②] 从金融机构资本规模看，华北财团参与投资之金融机构资本平均规模为 166 万余元。

华北财团投资之金融机构，部分为官僚军阀单独投资，多数有普通商业资本参与，因资料所限，未能一一核实官僚军阀在各家机构中的投资占比，只能估算。1920 年以前，北方商办金融机构中官僚军阀投资比重普遍较高，部分机构为纯粹由特权阶层投资，如大陆银行、盐业银行及五族商业银行、华充银行、华懋银行、中华储蓄银行、奉天汇华银行等北京官僚军阀直接创办之银行。但可以肯定的是，在多数合作投资的金融机构中，华北财团均占绝对优势，占比在 90% 以上者不在少数，如北京官僚军阀在北京专为投机所设之银行。部分金融机构长期存在官商资本占比下降、普通私人资本占比上升趋势，如金城银行开业时实收资本 50 万元，其中军阀官僚投资 45.2 万元，

---

① 根据附表计算。
② 根据附表计算。

占 90.4%，之后随着资本规模扩大，官僚军阀持股比例有所下降，1922 年占比仍达 62.71%。北四行中的大陆银行，开业时实收资本 38 万元，民国总统冯国璋一人即出资 20 万元，占总资本之 53%，其他出资者也多为北洋官僚军阀或任职于国家银行之金融名流。亦有少数银行以普通私人资本为主，为拉拢特权阶层、求其庇佑而加入官商资本，或者官商资本为寻求投资出路入股商业银行，典型者如东莱银行、中孚银行等。东莱银行为山东商人刘子山独资设立，但为获取经营便利，增资时广泛吸收青岛权贵人士入股，与特权阶层形成一种合作关系。亦有少数机构中官僚军阀投资比重较低，如盐业银行资本半数以上为盐商投资。官商合办银行商股股东全部为官僚军阀，商股约占 64%。中外合资金融机构中，除中法振业银行与大连龙口银行的华股股东为普通商人，中和人寿保险公司华商身份不详之外，其余均为华北财团投资，资本占比在 45% 左右。考虑到官商合办银行与中外合资银行数量有限、商业银行为主要形式，粗略估计官僚军阀参与投资新式金融机构之股金份额当在 70% 左右，则华北财团金融投资规模在 21000 万~22000 万元，对北方民族金融资本的贡献率在 2/3 以上。① 由此推断，华北财团对北方新式金融的发展与金融体系的构建，起到了关键的资本积累作用。

除资本供给以外，华北财团也对北方普通私人资本的投资起到了拉动作用。此时期北方普通私人资本虽有一定积累，但

---

① 根据附表计算。

仍过于薄弱与分散。金融业为资本密集型行业，资本要求高，普通私人资本尚无独立投资金融业之能力，多附属于官商资本，进行联合投资。从这个意义上讲，官商资本对普通私人资本起到了带动作用。同样道理，华北财团弥补了弱势财政下国家资本金融投资之不足。此外，在市场机制尚未健全的市场环境下，官商资本依恃特权设立与经营新式金融机构，客观上促进了新式金融的快速发展。

（二）华北财团金融投资区域分析

华北财团金融投资区域分布极不平衡，且呈现与产业投资严重偏离之局面。中央政府所在地——北京新设的 120 家新式金融机构中，能够确定由官僚军阀、金融界名流投资者 80 家，投资规模达 15090.55 万元，在北京金融资本总额中占 93% 以上。其次为天津，投资规模为 5258.5 万元，占天津地区的 83%。[①] 华北财团金融投资中约 79.8% 的资本集中于京津两地（见表 2-12）。金融资本高度集中于北京，与北京产业资本发达程度严重不符。其主要原因在于北京政府滥发内债，聚居于北京、天津的官僚军阀，得地利之便，为公债厚利引诱，投资设立银行。这反映了 20 世纪 20 年代前后金融业脱离工商实业，投机盛行的历史过程。东三省因奉系财团投资设立银行与储蓄机构，亦占 8% 以上的比例，其他地区则远逊于此。市场发育程度低，且远离政治中心的地区，如天津以外之直隶，以及察哈尔、热河等地根本没有投资。

---

① 根据附表计算。

表 2-12　华北财团北方地区金融投资状况（1912～1927）

区域		北京	天津	山东	东三省	山西	绥远	河南	总计
企业	数量（家）	80	30	16	18	9	2	1	156
	占比（%）	51.3	19.2	10.3	11.5	5.8	1.3	0.6	100
资本	资本额（万元）	15090.55	5258.5	1034.9	3703.9	305.6	46.6	50	25490.05
	占比（%）	59.2	20.6	4.1	14.5	1.2	0.2	0.2	100

注：投资者身份不详者未列入。
资料来源：根据附表计算。

三　华北财团与北方地区民族资本主义关系分析

根据前文分析可知，华北财团在北方民族资本主义发展中具有重要地位，资金贡献率总体在 50% 以上，有效弥补了北方民族资本主义发展中资金的不足。除资本积累的关键作用之外，还具有加速北方地区经济近代转型、拉动普通私人资本投资、挽回利权等积极作用。

（一）拉动与排挤——华北财团与北方民族资本主义早期发展关系分析

华北财团以其资金与特权优势，迅速成为北方民族资本主义发展之主导资本力量。因其具有封建性与强权性、垄断性，形成了对普通私人资本的排挤与市场机制的破坏，颇受诟病。但忽略其非法色彩，单以客观效果分析，则其对北方民族资本主义近代转型的拉动作用似应为问题的主要方面。

以行业分布分析，华北财团投资主要分布于新式金融、燃料采掘、棉纺织、金属采掘与冶炼、面粉、制材、制糖、轮运、造纸、呢绒、火柴、酸碱苏打晶、建筑、制革、化妆品等行业，主要投资资本密集型与技术密集型产业。对上述行业，除制糖、火柴、面粉等少数工业部门之外，民国初期之普通工业资本尚不具备投资或单独投资能力。而对传统手工业转化之小型工业部门，如染织、缫丝、服用品、织麻、碾米等行业，华北财团较少涉足，这些行业以普通工业资本经营为主。由此可知，就行业分布而言，华北财团与普通私人资本更多体现为一种互补关系。即便在轻工业部门，如棉纺织、面粉、火柴等行业，亦非单纯竞争或排挤关系。以棉纺织业而言，北方地区虽素有耕织传统，但以传统手工纺织为主，时至民国初期，近代机器纺织基本尚未起步，华北财团对于棉纺织业之投资，开启了北方棉纺织机器化生产的近代转型历程。东北地区时至 1920 年尚无一家现代化纺织工厂，奉天纺纱厂的建立，对于东北现代棉纺织业的发展无疑具有开创性意义。另外，在面粉等行业，存在普通工业资本与官商资本并行投资之局面，东北民办磨坊多为小型工业资本，由旧式磨坊添加机器改造而成，基本处于手工生产向机器生产过渡阶段，未形成进一步向大机器生产转化的能力。官僚特权资本投资，无疑提高了该行业的机械化程度，推进了面粉业近代转型进程。

特权资本对工业近代转型的促进作用在资本密集型与技术密集型产业（如新式金融业、矿业、化学工业等）更加明显。华北财团对促进早期北方民族金融业起步、打破外商垄断起到了至为关键的作用。时至清朝末期，北方华资银行除官办银行以外，民族资本投资者仅 1 家（北京厚德商业银行，1909 年设立，资本 100 万元），金融近代转型尚处于起步阶段，远落后于南方。民国以后，北方地区于 10 余年间，新设商业银行 200 余家，北京超过上海，成为全国最大的金融中心，华北财团成为最关键的资本力量。此外，新式金融为近代经济发展之核心，资本门槛高、风险大，在市场与法制环境均未完善的背景下，普通私人资本积累不足，尚不具备投资能力。华北财团则可凭借资金与特权优势投资金融业，在此过程中，普通私人资本作为附属资本投资，对民营资本投资能力的提高无疑具有拉动作用。在矿业与化学工业、制材业等领域，对其技术改进、近代化建设的作用同样不可忽视。中国矿产开采早于 19 世纪后半期洋务运动时期即已起步，清末形成民间资本投资矿业的高潮。但普通私人资本规模过小，注册资本多在几万元至十几万元规模，技术落后，全部为土法开采。这种状况，一方面不利于矿业实现规模发展，另一方面因技术落后，无法探知煤层厚度，只能做浅层次开发，之后便成弃井，形成资源浪费。如吉县周边长岭子、丁家窝堡等处煤矿，均曾有当地商民尝试以土法开采，但因资本不足，未正式开工即停产。1906 年商民私采黑龙江佛爷岭煤矿，成立同聚兴公司试采，两年之后因资本不足停业。1910 年矿商汪顺熙在延吉五虎林、凉水泉子一带采煤，后亦因资本不足停工。奉系军阀资本投资矿业之后，依恃雄厚的股金实力，以及东三省官银号、东三省银行、边业银行等金融机构之资金支持，扩大公司规模，购置机器，修建铁路，聘请外国技师等，对于矿产行业的规模发展及近代转型，起到了关键作用。以八道壕煤矿为例，张作霖家族接手该矿之后，专门修筑铁路运销煤炭，渐成规模经营。该矿 1922 年产煤仅 5000 余吨，铁路修通以后，1923 年即增至 70000 吨。① 为提高煤矿生产自动化水平，方便煤炭销售，1923 年张作霖与孙烈臣共同出资奉大洋 40000 元，购买了 700 亩土地，兴建八道壕新市镇，安装通信、自来水设施，筹建发电厂，招商建房设商铺。1926 年，张氏集团在八道壕煤矿区域开办奉天矿务北镇电气厂，资本 30 万元，在北镇、新立屯、打虎山、黑山、新民、奉天各市县安设电灯，并设分支变电厂，每年亦获利八九万元。② 东北矿务局下辖之八道壕、西安、复州、鹤岗等矿全部安装水泵、鼓风机、卷扬机等机械设备，实现机械化生产，并修筑了专门运煤的轻便铁路，极大促进了东北煤炭采掘业的规模化与近代化。另如山东中兴煤矿，北洋官僚朱启钤入股之后，利用职权从交通银行贷款 200 万元，为台枣铁路与中兴煤矿第一大井修建提供了充足资金。另借督办津浦铁路之机，修建临枣支线，与津浦铁路接轨，方便中兴煤炭外运，同时促使中兴煤矿与津浦路局签订互惠运输合同，降低运煤成本。在朱启钤扶助下，中兴煤矿 1913 年产销量较上年增加一倍以上，之后连年增加，经营状况迅速好转；1912 年尚亏损 5.5 万余元，1913 年则赢利 21 万余元，1913 年、1914 年合计赢利 41 万余元。③ 中兴煤矿 1914 年报告书中指出："先生督办津浦后，既蒙维持，赶筑临枣支路，订立运煤合同，凡可扶助之处，无微不至。"④ 1915 年以后，朱启钤出任董事长兼总经理，大力增资扩股，吸引大批军阀

① 孔经纬、傅笑枫：《奉系军阀官僚资本》，吉林大学出版社，1989，第 31 页。
② 奉天省长公署档案，第 3211 号卷；第 4 次《中国矿业纪要》，第 252 页，转引自孔经纬、傅笑枫《奉系军阀官僚资本》，吉林大学出版社，1989，第 57 页。
③ 中共枣庄矿务局委员会等编著《枣庄煤矿史》，山东人民出版社，1959，第 22 页。
④ 朱启钤：《营造论——暨朱启钤纪念文选》，天津大学出版社，2009，第 234 页。

官僚投资，至 1921 年股本增至 500 万元，1922 年进一步增至 750
万元。因资金雄厚，公司持续购买国外先进设备，引进先进技
术，同时派人赴欧美考察，学习新式管理经验，中兴煤矿迅速
成为中国知名大型煤矿。故可断言，倘无特权富豪阶层之大规
模资金投入，中国近代工矿业发展速度必然大大降低，在国力
式微的背景下新式机器与先进技术的引进几无可能。

（二）挽回利权，打破外资垄断

1895 年之后，外商资本加大直接投资力度，中国主要工业部
门长期处于外资垄断之下。挽回利权、实业救国成为舆论主流。
除中外合资企业之外，华北财团所设各类工矿金融企业章程中，
均有禁止外国人入股的规定，其招募股份、呈请设立，亦多以挽
回利权为号召，虽有标榜因素，但客观上的确具有与外商竞争市
场之效果。在国家资本衰退、市场发育不足、民族资本不成熟的
北方地区，特权资本虽然弱于外资，但为当时唯一具备与外资竞
争能力的资本形式。实际经营中，官僚军阀以大规模资金投入新
式工矿金融业，在一定程度上起到了抵制外资、挽回利权之功
效。如奉海铁路修筑过程中，煤炭主要由日人控制的抚顺煤矿供
给，利权外溢，且受外人钳制。1926 年，奉天省政府以官方名
义，由奉天财政厅、奉海铁路、原有矿商等合办，将原西安县各
小煤矿合并为西安煤矿公司，增资至 270 万元，采用官商合办形
式。商股由张学良出资 120 万元，并入东北矿务局。西安煤矿公
司成立以后，全部采用机器运作，产量猛增，1927 年产煤 80200

吨，1930 年增至 166900 余吨[1]，奉海铁路用煤改自西安煤矿，摆脱了日人控制。近代以来，中国碱业市场一直为洋碱垄断，官僚阶层对范旭东永利制碱公司的资金支持，成为日后其掌握研发技术、打破洋碱垄断不可或缺的因素。即便在轻工业部门，各领域规模大者多为官商资本投资企业，对产业规模发展起到了较大拉动作用，在增强民族产业资本竞争实力、夺回市场、挽回利权方面起到了积极作用。如张惠霖创办的惠临火柴公司投产以后，以国货相号召，销路日广，逐渐占领东北火柴市场，挤垮日资火柴企业磷寸会社，进而于 1924 年收购之，改为分厂。两厂合并以后，资本增至 36 万元，生产规模扩大，有火柴工人 600 人，日产火柴 100 箱，年产值 25 万元，成为东北地区最大的火柴民族资本企业。因其火柴畅销，东北地区日本火柴进口量下降 90%，打破了日商对东北火柴市场的垄断。肇新窑业公司得张学良支持，享有五年免税特权，同时由边业银行给予资金支持，实力增强，将日商大华瓷厂挤出中国市场。凡此事例，不再一一列举。

（三）华北财团特权经营的再思考

依托政治特权，进行超市场经营，历来为华北财团受世人诟病之主要原因。但细加思考，在缺乏法制保障、市场竞争机制未确立的环境之下，依恃特权似乎成为民族企业平稳发展的唯一选择。单以税负而论，19 世纪后半期清政府为缓解财政困难，饮鸩止渴，开征厘金税，成为强加给民族商业的沉重枷锁。外商企业则可凭借条约特权完全不用缴纳。清末所设之官办企业，亦均享

---

[1] 孔经纬、傅笑枫：《奉天军阀官僚资本》，吉林大学出版社，1989，第 59 页。

有免税特权。单此一项，即将民族工业置于不复之地。华北财团投资之企业，则多凭借行政权力申请免除，获得与官办企业和外商企业平等的税收优惠，客观上讲，对商办民族工业亦不失为一种保护之举。另如地方官吏之敲诈勒索。19世纪末期以后，民族工业起步，但因吏治腐败，地方官吏、军阀敲诈勒索几成常态，民族工业难以生存，多有为躲避官吏勒索，将企业搬至租界者。华北财团为官僚军阀上层人物，其势力在地方官吏之上，所投资之企业，断无此忧。正因如此，普通私人资本为求生存，主动邀约其入股，以求保护。如直隶永华火柴公司，本为河间盐商王聘三、钱立亭、李雅轩等创办，因受官办北洋火柴厂排挤，几至停业。后邀请大总统冯国璋投资入股，以获"政治庇护"。有冯做政治靠山后，永华火柴公司经营状况迅速改善，规模扩大，几年之内即发展成为北方知名火柴企业。私营民族资本为求取保护而邀请官僚军阀入股，几乎成为北京政府时期普通私人资本的习惯性做法。如东莱银行本为商人刘子山独资经营，为求政治庇佑，邀请商会会长出任董事长。中兴公司1925年遭军阀张宗昌勒索生产税，以"通匪"罪名强缴矿警队武器，后经张作霖父子出面，才迫使张宗昌妥协，煤矿方得以免去勒索之苦。从此角度看，华北财团利用政治特权，在公司注册、经营乃至税收方面获取特权，客观上达到了提高行政效率、抵制苛捐杂税与地方官吏勒索的效果，为企业提供了稳定的发展环境，即"以不法制不法，以特权抵特权"。这种状况，实为市场机制尚未建立时一种特殊的企业自我保护现象。而此种能力，普通民族工业资本难以具备，它们往往在苛捐杂税、贪官污吏不法勒索之下举步维艰，乃至破产。这种情况下，普通私人资本为求生存，不得不主动邀请特权资本入股，以求庇护。

当然，华北财团以强权、行政垄断等手段排挤普通私人资本、破坏市场竞争秩序所导致的低效率，以及对市场机制的长期破坏作用亦不能忽视。如段祺勋等人恶意侵吞煤矿，周学熙集团以行政手段垄断中国洋灰市场达十几年之久，均应予以否定。此外，华北财团之特权经营，对北方地区民族资本平等竞争意识的培育，产生了阻碍甚至破坏作用，这种隐性负面影响长久且顽固。因政治资源在获取竞争优势方面具有极大便利，北方企业家普遍形成一种主动靠拢、依附行政势力的经营习惯。此种习惯，在华北财团经营重心南移之后，仍然得以保持，成为其与江浙财团企业追求独立经营思想的显著区别。更主要的影响在于，这种习惯在北方地区企业中长期沉淀，对北方地区市场的独立发展、竞争意识的培养形成了不利影响。

第三章
华北财团发展趋势与个案分析

第一节　集团化经营雏形的出现
与分化发展趋势

总体来看，北方官僚家族资本涉足新式投资时期，为中国民族资本主义粗放式发展时期，准入门槛低，企业规模普遍偏小。至北京政府末期，北方民族资本主义发展基本处于自由竞争阶段，现代意义上的大集团或财阀式经营尚未形成。民族资本银行业历经起步、粗放竞争与恶性淘汰阶段，至北京政府末期形成资本与区域稳定分布格局，金融领域，包括中交两行在内，均以经营存、贷、汇等银行业务为主，未出现金融资本大规模投资或控制实业资本的金融财阀集团。尽管如此，经过十余年发展，仍然有部分资本集团完成初步资本积累，涉足工业、矿业、商业、金融业等多领域投资，出现集团化经营的雏形。

一 华北财团集团化经营雏形的出现

（一）京津系若干资本集团雏形的形成

京津地区特权资本群体呈现不同政治集团、不同家族分散与平行发展态势。北京政府时期具备集团规模与经营雏形者主要有：周学熙资本集团，孙氏家族资本集团，倪嗣冲、王郅隆资本集团，曹锟家族企业集团。其中，周学熙集团与孙氏集团涉足工、矿、金融各业，形成比较完整的资金内部循环，实现金融业与工矿业企业相互支持局面，初步形成财阀经营模式。倪嗣冲与曹锟家族企业仅于规模上形成一定影响，尚未实现企业内部资金与管理的集团式经营。此外，军阀官僚投资之金城、盐业、大陆三行与侨资银行中南银行联合经营，逐渐摆脱旧式股东控制，淡化特权资本色彩，发展成为北方卓有影响的新型民族金融资本形式。至北京政府后期，上述资本集团或迅速衰落，或向市场化方向转化。

周学熙资本集团。周氏家族经营近代工业起步于清末时期。周学熙辅助袁世凯直隶新政时期，以收回利权、抵制外侮为名，借助官款开设启新洋灰公司与开平矿务局，以此两厂为基础，完成初步资本积累。民国初期，周历任两届财政总长，在袁世凯支持下，以振兴实业为名，继续投资，扩大经营范围与企业规模，至20世纪20年代，逐渐形成涉足洋灰业、纺织业、玻璃制造业、金融业、矿业及公用事业等的企业集团。周学熙企业集团支柱企业为启新洋灰公司、滦州矿务公司、华新纺织公司，另有京师自来水公司、启新机器厂、唐山电灯厂、耀华玻璃厂等10多家企业。该集团另开设中国实业银行与华新银行，为企业集团提供金融支持，形成工业资本与金融资本的联合。周学熙集团依靠官款起步，依恃特权经营，且有浓厚的家族色彩，但在现代企业经营中，又能注重资本积累与现代化经营，成为近代北方缺乏完善市场机制环境下，最具集团性质的民族资本典型模式。

孙氏家族资本集团。孙氏家族实业投资起步于1898年上海阜丰面粉厂的成立。孙多森叔祖孙家鼐为清政府内阁大学士，主张发展实业。孙氏家资财丰厚，为安徽寿州最大家族。在家族影响与直接支持之下，孙多鑫、孙多森兄弟集资创办上海阜丰面粉厂。该厂开业之后即获准十年专利，并免缴厘金税。阜丰面粉厂自开业起即连年赢利，声名大振。孙多钰在实业界名噪一时，引起北洋系实业官员周学熙关注，由其介绍进入袁世凯集团。孙氏家族企业发展重心随之北移。孙多鑫去世以后，其弟孙多森取而代之，继续为袁世凯北洋实业集团肱股之臣。民国以后，孙多森受袁世凯委托，出任实业司司长、中国银行总裁、安徽督军等职，因感政界凶险，辞去公职，专心创办实业。孙氏家族企业主要在华北地区投资，向集团化方向发展。

1915年，孙多森以兴办实业为名，在袁世凯支持下，与周学熙、张镇芳、袁克文等人合作创办通惠实业公司，通惠公司为"经营各项实业之总机关，并以介绍信托，调剂金融，募集债票为主旨"①。孙多森担任通惠实业公司总裁，掌握公司实权，逐渐将通惠公司转化为孙氏家族企业。之后以通惠实业公司之名继续投资面

---

① "通惠实业股份有限公司广告"，《政府公报》第72册，1915年11月11日，第468页。

粉、精盐、棉纺等业，企业以"通"字命名，形成"通"字企业系列，主要有通益精盐公司、哈尔滨通森采木公司等。面粉业继续冠以"丰"字号，如济宁济丰面粉厂、新乡通丰面粉厂等，形成"通阜丰"集团。为方便孙氏企业融资，于1916年投资设立中孚银行，设总行于天津。除上述控股企业之外，孙氏家族另广泛投资水泥、煤炭、矿业以及金融等各类企业，如在周学熙企业集团之滦州矿务公司、启新洋灰公司等，孙氏家族均持有相当一部分股份，孙多森曾任启新洋灰公司协理，其弟孙多钰亦曾任启新常务董事等职。仁立实业公司原为教育界人士设立，孙氏家族自1922年起入股该企业，之后不断增资，股份达60%，实现控股。[①]

倪嗣冲、王郅隆资本集团。倪嗣冲于安徽督军任内，凭借职权大肆贪污受贿，聚敛资财，积累巨额资金，以此投资近代工商金融业。倪嗣冲资本集团早期投资主要由王郅隆经手。王郅隆原为商人出身，于倪嗣冲困顿时有意结交，倪任安徽督军后任其为安武军后路军总办，掌管倪嗣冲军队所有款项。倪嗣冲私人资本投资，亦主要由其策划实施。倪嗣冲早期投资多由王郅隆作为其私人代表，出面担任董事长、董事等职，负责企业经营管理。后期则直接以其子倪道杰之名义投资，并由其子担任职务。倪嗣冲近代工商金融投资，多数有安福系成员加入，形成以倪嗣冲家族为核心，以王郅隆及其他皖系、安福系要员为外围力量，兼具家族与政治派系色彩的资本联盟。倪嗣冲资本集团实业投资领域主要涉及面粉、棉纺、采矿、化学等行业，另投资设立多家金融

---

① 王志辉：《成志会对朱继圣及仁立实业公司的影响》，载天津市档案馆编《天津档案与历史》第1辑，天津人民出版社，2008，第196页。

机构，实现金融业与实业资本之相互支撑，初步形成集团经营模式。

倪氏财团主要投资行业为面粉业。倪嗣冲任督军时，利用军政特权，进行面粉生产与销售特权经营。其所辖区域及军队面粉全部购自其投资之面粉厂。与粮商王郅隆合作，由王郅隆投资经营商号，向皖系军队销售面粉与其他农产品，进行无风险经营。故其面粉企业销路稳定，资本积累持续增加，面粉厂规模扩大，排挤、收购普通民族资本企业，如寿星面粉厂（旧）、嘉瑞面粉厂等普通民族资本面粉公司，被其合并后统一更名为"寿星面粉公司"。倪氏面粉企业集团形成过程具体如下。倪嗣冲家族最早于 1920 年投资开设天津大丰机器面粉公司，实收资本 65 万元，倪嗣冲个人资本占 1/3 以上，其子倪幼丹出任董事长。继之 1925 年倪幼丹与孙俊卿、杨西园等人集资 60 万元共同收购天津寿丰面粉公司，改名"三津寿丰面粉公司"。1929 年将天津大丰面粉作价 70 万元，并入三津寿丰面粉公司，改名"三津永年面粉公司"。1932 年收购民丰年记面粉厂。同年将上述三家面粉公司统一并入三津寿丰面粉公司，分设一、二、三厂，形成集团化经营。三津寿丰面粉集团资本总额 170 余万元，其中倪氏家族资本90 万元，占 50% 以上。棉纺业投资主要有 1915 年投资设立之天津裕元纱厂。实收资本 200 万元，倪嗣冲个人投资 110 万元，持股比例在 50% 以上。王郅隆任总经理，其他投资者主要为皖系与交通系成员。董事计有段祺瑞、王郅隆、徐树铮、曹汝霖、朱启钤、王揖唐、吴鼎昌、周作民和段芝贵等。为保证裕元纱厂原料供应，倪、王二人于 20 世纪 20 年代初合作接办开源农场，改名

"新开源垦殖公司"，试种棉花，为裕元纱厂提供原料。倪嗣冲家族还涉足商业投资，1924年倪嗣冲与商人李颂臣合作投资设立恒益粮店，由东北运进大豆及其他杂粮，主要供应军需，兼供市场，并经营进出口业务。

1917年倪嗣冲、王郅隆合作创办金城银行，倪嗣冲投资17万元，王郅隆投资11万元，倪、王投资占金城股本总额之56%。[①]王郅隆长期担任金城银行董事长，以金城银行为倪、王家族工业企业之融资机构。除金城银行以外，倪嗣冲家族与王郅隆家族另在北洋贸易公司、大陆银行、边业银行、中华汇业银行等多家金融机构持有股份。1927年之前，金城银行贷款对象以倪嗣冲与王郅隆家族投资之工商业企业为大宗，成为倪、王家族工业投资的融资平台。由此倪嗣冲家族与王郅隆家族联合，形成集农业、工业、商业与金融业于一体的托拉斯经营模式（见表3-1）。

表3-1 倪嗣冲家族主要投资企业

行业	企业名称	地位	合作投资者	备注
面粉粮食业	天津大丰机器面粉公司	倪嗣冲持股1/3以上		1932年合并为三津寿丰面粉公司，分设一、二、三厂
	天津寿丰面粉公司		孙俊卿、杨西园	
	民丰年记面粉厂			
	恒益粮店		李颂臣	
棉纺业	裕元纱厂	持股50%以上	王郅隆与皖系要员	

---

① 中国人民银行上海市分行金融研究所编《金城银行史料》，上海人民出版社，1983，第19页。

续表

行业	企业名称	地位	合作投资者	备注
农业	新开源垦殖公司		王郅隆与皖系军阀、北洋官僚	为裕元纱厂供应棉花
火柴业	丹华火柴公司	主要投资者	北洋官僚	
矿业	中兴煤矿公司	投资者之一		
油漆业	天津大成油漆公司	独资创办		
电业	北辰电气公司	独资创办		
金融业	金城银行	倪、王合计持股56%	皖系军阀	
	北洋贸易公司	发起者之一	徐世昌、张调辰、黎元洪等	
	边业银行	1924年之前任监事	曹锟、靳云鹏、张学良等	
	中华汇业银行	主要投资者之一	段祺瑞、陆宗舆等	
	大陆银行	参与投资		
	天津兴业银行	参与投资		

曹锟家族企业集团。曹锟政治得势以后，其家族依恃权势，买卖官职，称霸一方，恣意敛财，数年之内即行暴富。曹锟家族以非法聚敛所得，广泛投资典当、银号、房产等领域，同时在新式投资高潮中投资经营新式企业。曹锟家族新式企业投资集中于棉纺、航运、食品与电灯等实业领域，也投资新式商业企业，对金融业较少涉足，仅以普通股东身份参与金融投资，无控股金融机

构，与工矿企业之间亦未形成相互挹注关系，故未形成集团化经营模式（见表3-2）。

表 3-2 曹锟家族主要投资企业

行业	企业名称	地位	职务	资本构成
棉纺业	恒源纱厂	持股比例20%，最大商股股东	曹锐任董事长兼总经理	曹氏兄弟、鲍贵卿、田中玉、段谷香、边守靖等直系要员
航运业	北方航业公司	10万元，最大股东；曹氏家眷存款70余万元	曹钧任董事长	曹锟家族，直系军政人员
食品业	同福饼干公司	曹家独资经营		
	礼和三星面粉厂	曹锟创办		
电灯业	保定电灯公司	曹锟入股10万元，主要股东之一	曹钧子曹士杰任董事	
火柴业	保阳火柴公司	发起者之一		曹锐、于振宗
商业	利丰大米庄	曹锐独资经营	利用军需款项投机经营	
	魁星米面庄	曹锟长子曹士魁开设		
	三星米面庄	曹锟长子曹士魁开设		
	宝权珠宝店	曹钧独资经营		
	大信诚五金行	曹钧独资经营		

续表

行业	企业名称	地位	职务	资本构成
矿业	龙烟铁矿公司	参与投资		皖系、交通系官僚
	怡立矿务公司	发起者之一		
盐业	久大精盐公司	参与投资		北洋官僚
金融	大业公司	主要投资者		
	中日实业公司	参与投资		
	北洋保商银行	参与投资		周自齐、王克敏、曹锟、陈光远
	边业银行	参与投资		徐树铮、李思浩、朱启钤、潘复、倪嗣冲
	农商银行	参与投资		齐耀珊、张弧、王迺斌、张志谭等
	天津交易所	参与投资		张调辰

（二）以张作霖家族为首的奉系资本集团

奉系资本集团以张作霖家族为核心，与张作霖同时绿林起家的张作相、冯玉麟、张景惠，以及之后投靠的吴俊昇、孙烈臣等奉系大将形成奉系集团核心，其核心成员多为土匪出身。与京津系及晋系资本集团相比，奉系资本集团的"官商"性质更为明显，因其政治地位的稳定性，投资与经营呈现以下特点。

第一，直接利用军政权力，进行超市场特权经营。前文曾根据军阀官僚阶层投资动机与投资身份，将其投资活动分为三种类型。奉系资本集团属于以官僚军阀身份进行资本主义投资的类型，这方便其直接借助行政军事权力，进行超市场投资与经营。张作霖多以安定金融、改善经济名义，设立官商合办性质之工矿与金融机构，如奉天纺纱厂即由奉天省财政厅厅长王永江以政府名义筹办，张作霖个人投资 100 万元。东三省银行为奉系军阀分享利益而专门设置，成立之后，即被赋予发行纸币特权，发行利益全部为投资之军阀官僚所得。张作霖家族之工矿企业，随时根据经营需要，由政府给予减免税负或其他经营特权。具体情况前文已有详述，此不赘言。

第二，公私不分，官民不辨。奉系资本集团的最大特点，在于官办企业与奉系军阀私人投资企业之间在人事、资本乃至营业等方面相互渗透，假公济私，这种情况在金融系统有典型表现。奉系当政时期，东三省官银号、广信公司、吉林永衡官银号三家地方银行全部为官办银行，无私人股份。但奉系统治集团将其视同私人金库，从人事与资金方面进行全面控制，将地方银行异化为牟取私利之工具。东三省官银号为奉天地方政府银行，张作霖当政以后，即任命其心腹刘尚清为东三省官银号总裁，刘离任以后由彭相亭出任，借此控制东三省官银号。1920 年以后，随着奉系军阀政治势力扩展至东北三省，吉林永衡官银号与广信公司全部为奉系掌控。奉系军阀孙烈臣出任吉林督军，刘尚清出任吉林永衡官银号总办。吴俊昇出任黑龙江省省长以后，亦将广信公司视作私人账房，随意挪用款项，"每年由广信公司提出大量钱款，由他自己任意分配，作为赏金"①。随着奉系资本集团的扩张，东

---

① 中国人民政治协商会议吉林省委员会文史资料研究委员会编《吉林文史资料选辑》第 4 辑，吉林人民出版社，1983，第 226 页。

北地方金融机构与奉系私人投资愈益形成人事与资本融合趋势，异化为私人资本赢利与避险之选择。张作霖家族投资边业银行之500万元，即全部由东三省官银号提取。边业银行总行迁入奉天以后，张作霖即将原东三省官银号总裁、其心腹彭贤调至边业银行担任总裁，边业银行其余高层管理人员亦几乎全部由东三省官银号抽调。奉系财团私人投资银行亦依托地方金融机构，通过业务经营获取利益，如奉天储蓄会拥有向东三省官银号低利贷款特权，取得贷款后转手以高利息贷给商民，赚取利差。此外，奉系资本集团借助东三省地方银行发展附属事业，广泛投资商业贸易、粮栈、交通运输等领域，垄断东北粮食与土特产品贸易，以政府资金赚取私利。据满铁对东北官商所做调查，东北官僚军阀依托地方官银号发展附属事业，经营粮栈业务，如有盈利，则装入私囊，亏损则由官银号承担，比单纯私人投资风险更低。且可恃官办银行之名，排挤普通商号，更具竞争优势。

第三，长期膨胀趋势。奉系军阀官僚基于对东北三省的长期稳固统治，其资本规模、投资范围不断扩大，至九一八事变前，形成以东三省官银号、广信公司、吉林永衡官银号、边业银行等金融资本为核心，涉足工业、矿业、运输业、商业贸易等领域的庞大官商资本集团，初步形成金融与工商业的托拉斯经营模式，即以地方与商业金融机构为资金后盾，对奉系财团控制之工矿企业进行投资与贷款支持，形成金融资本集团。把持东三省官银号、吉林永衡官银号、广信公司等官办金融机构，发行钞票，发展附属事业，广泛投资商业贸易、运输等领域，借助政府资金牟取私利，形成集金融、商业、运输于一体的托拉斯企业集团。另投资设立商业金融机构，形成对东北金融、工矿、商业贸易、运输等领域的全方位控制。

奉系财团军阀官僚采取合作投资模式，家族、派系之间相互渗透，形成大的资本财团，内部又以家族为单位，形成若干家族资本集团，在不同区域、不同领域各有侧重。规模较大的家族企业集团如下。

张作霖家族企业集团。为奉系集团最大的资本势力，投资区域集中于奉天，依托东三省官银号与边业银行，投资矿业、工业与商业贸易。

吴俊昇家族集团。吴俊昇为张作霖亲信，奉系军阀二号人物，张作霖当政之后，任命吴俊昇为黑龙江督军。单以财产论，吴俊昇敛财规模或与张作霖家族并驾齐驱。吴俊昇出任黑龙江督军以后，在广信公司及政府要害部门安插亲信，依托广信公司，利用官办银行资金，经营粮食及其他商业买卖，操纵市场，牟取暴利，形成金融-商业托拉斯经营模式。吴俊昇家族新式企业投资集中于黑龙江全省、吉林北部地区，投资行业以商业与轻工业为主。吴俊昇发迹地为通辽地区，吴家在洮南市兴隆街建有商业一条街，整条街的商号全为吴家产业，另于1926年在洮南建造督军商场大楼。洮南凡以"德"字开头的工商业企业，均为吴俊昇女儿吴淑德开办。另于郑家屯投资商号30多家，于齐齐哈尔开办卜奎商场。工业投资有：于郑家屯开办天合油坊，于洮南投资设立德记电灯厂。在四平与热河都统阚朝玺合资开设天增长机器油坊，经营粮栈、钱庄与信托业务。另在面粉、采矿、运输等领域的企业持有大量股份。

张惠霖家族集团。张惠霖为奉系财团核心人物之一，擅长经营实业，于东北工商界有较大影响。张惠霖主持设立之金融机构主要有：奉天储蓄会、东北银行、奉天汇华银行等。工业投资主要有：惠临火柴公司、肇新窑业公司、八王寺啤酒汽水公司、东兴染织公司等。

值得指出的是，奉系财团投资企业除极少数为家族独立或控股投资之外，多为奉系军阀官僚合作出资，且股权分布多数较为分散，家族性特征并不明显，更多为奉系军阀官僚阶层共同投资，形成庞大的利益共同体，史称"奉系财团"。

二 北京政府后期华北财团的分化发展

华北财团早期依赖特权投资经营民族资本主义企业，后期则因不同军政集团政治地位与市场的变化，出现分化发展倾向。

（一）京津系特权资本的衰落与市场化转向

北京政府政坛动荡，主政者更换频繁，军政要人投资企业命运因其军政地位而沉浮。尤其至北京政府后期，北洋军阀整体失势，其所经营之企业或衰落歇业，或转化为普通民族资本，进行市场化经营。

以衰落或歇业为主流发展趋势。华北财团虽可以政治特权获得免税及其他经营便利，但企业经营终究为市场行为。北京政府后期，京津系特权官商集团随着北洋集团政治式微，军阀官僚政治优势丧失，企业因已成规模，能继续营业，但已丧失特权经营地位，逐渐向普通私人资本企业转化，或者股权易手他人，与特权阶层逐渐脱离关系。丧失特权庇佑后，迅速衰落之典型如华北财团核心人物——皖系军阀倪嗣冲、王郅隆投资之集团。倪、王企业集团为北京政府时期天津最大官商投资集团，倪、王二人一官一商，主营面粉等业，依恃倪嗣冲在军界声望，由王郅隆在军队中销售面粉等军需品，销路稳定，企业盈利丰厚，同时控股金城银行等金融机构，为产业企业融通资金。王郅隆 1923 年死于日本地震，继之倪嗣冲于 1924 年病逝。倪死后，家族企业由其子倪道杰管理。倪道杰贪图享受，不善经营。金城银行亦有意稀释股权，摆脱旧式股东控制，缩减对倪、王产业企业之贷款。倪、王家族逐渐丧失对金城银行的控制权，军队销售渠道亦逐渐丧失，倪、王资本集团逐渐衰落。1928 年倪道杰辞去金城银行董事职务。倪氏投资资本逐渐缩水，至 20 世纪 30 年代在天津经济界已无足轻重。

特权资本迅速衰退之另一重要原因，是内部官僚作风严重，管理效率低下，缺乏市场竞争能力。如曹锟家族经营之恒源纱厂，虽为有限公司形式，但完全为衙门作风，贪污腐化严重，自开业时起即营业不振，曹锟当政之时尚能依恃特权维持。曹锟1926 年下野，曹氏丧失政治庇佑，其投资之企业再难维持。"津埠恒源纱厂，创自民八〔1919〕，洎至〔民国〕十四年春，经田玉山、章瑞庭两君办理，其间因营业不振，……十六年底厂务益复不支，不但本利无着，全厂几至停机，危险情况，莫此为甚，当经各董事开会公决（自十七年一月起）暂推弟与王彦侯、李小亭诸人出面维持，借挽颓状。两年以来，惭无成绩。"[①] 1928 年恒源纱厂停业清理，之后又于 1929 年调整人事，进行机构改革，筹

①　中国人民银行上海市分行金融研究室编《金城银行史料》，上海人民出版社，1983，第 396 页。

资重新开业，进行市场化经营，但始终无大起色。

军阀官僚在金融业之投资，有相当一部分为官僚私人或政治集团服务，或主营政府债务，与市场联系不紧密，极易受投资者政治命运影响，至北京政府后期，因政府债信丧失，该类机构大批倒闭。前者如冯国璋投资设立之华充银号与华通银行，为冯国璋私家账房，无市场业务。1919 年冯病逝以后，两家机构随即自行清理。更多银行则因过度集中于政府业务，反受其害。典型如中华汇业银行与中华懋业银行，二者均为北洋军阀官僚与外商合资设立之银行。中华汇业银行业务重点是经营段祺瑞政府对日借款，以及为政府提供短期贷款，供应军政开支。开业初期，凭借特权地位，盈利丰厚。但之后因政府贷款长期不能归还，资金周转不灵，经营陷于困境。至 1928 年底，中华汇业银行政府贷款余额本息 105085000 元，其中主要为段执政时期所借。① 北京政府倒台以后，总行迁至天津，意欲清理整顿，但又遭遇挤兑提存风潮，于 1928 年底休业。中华懋业银行以扶助工商实业发展之目的高调问世，但因 20 世纪 20 年代工商业贷款业务经营艰难，于 1925 年转变经营方向，交往官员，大量发放政府贷款。至 1927 年政府贷款呆滞，银行资金周转不灵，终至停业。另有普通商人邀请政府官员投资之银行，亦遭受同样命运。典型如明华银行、东陆银行，二者均依恃财政总长李思浩政治势力集股开业。1921 年李思浩官位不保，两行财政贷款均未能及时收回，大受损失。东陆银行将总行迁至天津，意欲摆脱政治干扰，但终因损失过

---

① 魏振民：《中华汇业银行的资本结构及其营业概况》，《历史档案》1981 年第 1 期，第 107~122 页。

大，元气难以恢复，于1925年解散。明华银行将总行迁往上海，北京业务基本停顿。又如，华新银行虽较少受政治影响，但其贷款过度集中华新纺纱集团，1930年以后，因周氏家族失去对启新公司控制权、军阀混战摊派等，经营困难，于1932年结束营业。以上案例为当时官商资本银行的缩影，1923～1925年，因政府债信不保，商办银行倒闭率为40%以上，其中主要为京津地区特权资本投资之银行。

经营重心南移与市场化转型。至北京政府后期，华北财团投资企业因投资者地位不保，再难依恃特权维持。即便如此，因前期已有资本积累，相当一部分企业亦能持续发展，转化为市场化经营，典型案例如周学熙集团企业至1922年以后基本转化为市场化经营，后文有详细论述，此不赘言。又如，王占元等投资设立之乾义面粉公司。1928年北伐战争胜利以后，因其由军阀投资，为北伐军列入没收之列，为避此风险，以亏损之名停业清理。风潮过后，王占元等人对该厂增资，改组为有限责任公司，重新开业。但因王占元在保定已失势，转化为普通民族资本企业。另如丹华火柴公司、中兴煤矿等大企业，至南京国民政府时期亦得以继续营业，但已失政治庇护。随着中国政治经济中心南移，华北财团纷纷将资产南移至上海，进行市场化经营，家族资本反有兴旺之势。如孙氏家族于1930年将通惠实业公司总管理处迁往上海，在有利市场环境下，其支柱企业阜丰面粉长期保持赢利，1926～1937年年均盈利额达145.83万元。[1] 孙氏家族控股之中孚

---

[1] 上海市粮食局等编《中国近代面粉工业史》，中华书局，1987，第198～199页。

银行迁往上海之后，孙氏家族在通惠实业公司与中孚银行之股份逐渐增多，直至完全控制这两家企业。

京津地区特权资本银行多以政府业务为主，亦有部分银行有意摆脱旧式股东掣肘，注重与工商业联系，逐渐向市场化经营转型。相比于产业企业，金融业因受资源、机器及场地限制较小，1927 年以后更多将总行南移至上海，此类银行以北四行、新华商业储蓄银行等为典型。但其与北方产业企业仍保有密切联系，以华北地区为经营重心。

（二）资本特权性之强化与膨胀趋势

此为奉系资本集团之发展趋势。民国初期，以张作霖为首的奉系军阀已实现对东北军权的掌控。在此期间，奉系军阀即凭借军事特权，大肆购置土地房产，贪污受贿，疯狂敛财，积累巨额财富。约 1914 年前后，张作霖等人开始将手中资财投资工商业，但规模较小，投资领域以典当行与旧商号、银号为主。1917 年张作霖主政东北之后，借统一货币、整顿金融之机，控制东三省地方银行，同时投资设立东三省银行、奉天储蓄会等商业银行，建立包括地方银行、商业银行、储蓄会等金融机构在内的金融体系。之后以金融资本为核心，通过发行钞票、经营附属事业等形式向贸易、工业、矿业、交通运输业等领域渗透，形成对东北经济的全面掌控。因统治地位稳固，1925 年以后奉系资本集团资本特权性反而更加强化，凭借资本优势大量吞并私营企业，投资领域不断扩大，资本规模日益膨胀。至九一八事变前夕，奉系资本集团凭借军政特权与雄厚资金实力，逐渐形成集金融、工矿、运输、商业资本于一体的财阀式经营模式，呈现日益强化与内卷化的发展趋势。

奉系资本集团发展可分为三个阶段，民国初至1919年为资本形成阶段。此时期奉系资本集团在东北军政界地位初立，处于原始资本积累阶段，投资领域以商业为主，初步涉足矿业与金融业，尚未形成控制局面。1920～1924年为奉系资本集团扩张阶段。1920年以后，奉系军阀对东北政治、军事与经济实现完全控制，利用对东三省地方银行的控制，以及纸币发行特权，以经营附属事业或直接投资形式，经营农产品贸易，并投资工业、金融业、矿业、制材业、运输业等领域，在东北新式经济中渐居支配地位。1925～1931年九一八事变前夕为膨胀阶段，以东北四家银行为中心，形成对工矿、农产品贸易等领域的垄断经营。东三省官银号、吉林永衡官银号、广信公司为东三省地方银行，并无私人股份。以张作霖为首的奉系执掌东北以后，逐渐从人事与资金方面进行全面控制，三家地方银行成为奉系资本集团牟取私利之工具。1924年曹锟政治垮台以后，张学良购买边业银行全部私人股份，改组为张作霖私家银行，进而于1926年将边业银行总行迁入奉天。依恃政治特权，边业银行规模迅速扩大，至九一八事变前，已发展成为仅次于东三省官银号的东北第二大商业银行。奉系资本集团以四家银行为中心，通过控制钞票发行、经营附属事业等方式，涉足贸易、粮栈、矿业、轮运、铁路等领域，进行集团化经营。不仅如此，奉系资本集团还依恃其资本优势，投资或收购普通民族资本企业。以矿业为例，东北矿产丰富，奉系资本集团以矿业为重点投资领域，张作霖家族矿业投资始自1919年设立黑山八道壕煤矿，建立奉天矿务局系统，之后凭借雄厚资金实力与政治特权优势，吞并小型矿产公司，增加资本，进行改组扩建，至 1925 年以后逐渐形成庞大的矿务局系统，形成对东北矿产的垄断经营。1925 年以后，在新的国际国内形势影响下，奉系资本集团借助政治特权，开始向铁路、轮运业渗透，形成涉足金融业、商业贸易、矿业、工业、交通运输业等多领域的综合性资本体系。至九一八事变前夕，奉系资本集团始终呈现特权经营与资本规模膨胀的内卷化发展趋势，没有衰落或市场化转型迹象。

（三）晋系资本集团的公营化趋势

晋系资本集团自 1917 年阎锡山主政山西以后，广泛投资工矿金融各业，数年之内建立起官商资本体系。但 20 世纪 20 年代中期以后，阎锡山公营经济思想逐渐形成，在"节制资本，发展公益事业"理念指导之下，着手发展公营事业，限制私人资本。其前期所办之私营企业，亦逐渐清退商股，转为官办。1923 年，阎锡山即以"省行不应有私人股本"为由，清退商股，改组为官办银行。之后晋系官僚投资设立的晋胜银行亦并入山西省银行。1927 年，山西省政府主持设立山西省营业公社，阎锡山自任董事长。山西省营业公社成立以后，之前由晋系财团投资的晋丰面粉公司、大同煤业公司、晋同银号等先后由其接收。之后，山西工商业投资主要以公营事业形式进行，晋系资本集团逐渐向公营事业转化。

第二节　个案分析——周学熙企业集团

周学熙企业集团为华北财团起步最早、规模最大、最具现代财阀特征的企业集团，在棉纺、面粉、煤矿、水泥等多领域居重要地位。周学熙亦官亦商，善于借助官款与官员身份获取资金与经营优势，同时具有现代企业经营思想，此为其企业集团能够获得充分发展的关键因素。周学熙企业集团以袁世凯为政治靠山，长期来看，该集团因袁世凯政治影响渐失、周学熙脱离政坛，逐渐丧失政治特权，有向市场化经营转化的趋势。周学熙企业集团经营模式可视为京津系资本集团成功经营的个案代表。

一 周学熙企业集团资本积累与集团模式的形成

（一）周学熙实业投资起步及早期产业资本发展

周学熙新式企业投资始于启新洋灰公司。启新洋灰公司原名"唐山细棉土厂"，1889 年李鸿章令唐廷枢试办建成，采用官商合办形式，资本银 10 万两。建厂初期，因技术落后，成本过高，经营效益极差，连年亏损。开平矿务局为英人骗占以后，唐山细棉土厂作为附属财产一并为英人控制。周学熙任开平矿务局会办之后，向袁世凯建议以北洋大臣名义，责成收回唐山细棉土厂。在周学熙等人努力下，唐山细棉土厂 1907 年从英人手中收回，更名为"启新洋灰公司"，取"以旧启新"之意，周学熙自任经理，孙多森出任协理。唐山细棉土厂原为官办企业，周收回以后，利用职权，将该厂折价银洋 74803.62 元予以收购，转为私人公司。① 商股股东均为清官僚，民国以后多数任职于北京政府各部

---

① 南开大学经济研究所、南开大学经济系编《启新洋灰公司史料》，生活·读书·新知三联书店，1963，第 38 页。

门，为特权富豪群体。1906 年，为抵制英商侵略，周学熙又主持创办滦州矿务公司。滦州矿务公司于 1908 年正式成立，全名"北洋滦州官矿有限公司"，官商合办，周学熙任总经理，协理为孙多森。滦州煤矿开业以后，与开平煤矿摩擦不断。后中英协商，于 1912 年两司合并，联合经营矿区，设立开滦矿务总局，而产业上一切权力仍各自独立。

民国以后，周学熙曾两次出任财政总长。任职期间投资设立了华新纺织公司，于 1918～1922 年，先后设立天津、青岛、唐山、卫辉四分厂，形成棉业集团。另于 1919 年在华新纺织公司之下附设兴华棉业公司，专为华新纺织公司提供原料供应与产品销售服务，形成工业与商业产销一条龙经营模式。详细情况前文已有介绍，此不赘述。

1921 年，开滦煤矿总经理、英人那华受比利时弗克玻璃新式制造方法启发，建议于滦矿集团开设玻璃厂。后经周学熙与董事会商议，决定不用"滦州"名义，另以"耀华"命名，独立经营。但股款主要由滦州煤矿与开平煤矿拨款支持。此外，周学熙还将两矿股东之"新事业"存款，投资入股。恰在此时，比利时乌得米银行正在筹划成立秦皇岛玻璃厂，并已购得弗克专利权，主动向周学熙资本集团寻求合作。双方协商以后，设立耀华玻璃公司，中比合资，中方负担股本，比方则以专利入股。新设之耀华玻璃公司资本 120 万元，之后续招股本 130 万元，总资本增至250 万元。公司总事务所与董事会均设于天津，生产厂地则设于秦皇岛，周学熙任董事长，其余董事会成员及高层领导人物均为滦州矿务公司大股东，耀华由开滦矿务总局代管。1920 年以后，周学熙集团又陆续投资电灯、机器等行业。至 20 世纪 20 年代初期华新集团发展成为一个囊括 20 多个门类的企业集团。1924 年周学熙企业集团资本总额达 42608390 元。[1]

周学熙企业集团虽借助官款起步，但注重资本积累。启新公司非常注意提取公积金与准备金，增加企业资本，扩大规模，增强竞争能力。青岛华新纱厂以"多积累，少分红"为公司经营原则，注意提取公积金与准备金，增加企业资本，扩大规模。账务管理上尽量提高成本，降低盈余，以压缩分配比例。比如库存原棉在运送出库时，常按高于进价价格列支。若遇价格波动，则取高价做账。如市价上涨则按市价记账，如市价下跌，则按进价入账，形成暗盈，以降低账面盈利率。注重资本积累，可增强企业风险抵御能力，更主要的是可扩大企业资本规模，筹设新厂。滦州煤矿开业以后，经营顺利，盈利颇丰，历年股东分息额均在股本之 60% 以上。周学熙为扩大事业规模，于开滦煤矿营业鼎盛之时，提议每股股息发放以 2 元 4 角为最高（每股股额为 15 元），剩余股息予以提存，作为新事业开办基金，"又投资新兴各事业中，以资辅助"[2]。此提议经董事会通过后实行。由于注重资本积累，周学熙资本团体所办企业规模持续扩大，且新企业资本多来源于旧企业资本积累，呈梯度推进，渐成集团化经营模式。1907~1930 年，启新公司先后 8 次增加资本，由 100 万元增至 1300 余万元，增长了 12 倍多（见表 3-3）。所增资金主要源于利润积累，新招股本不占主要地位。故启新公司股东群体始终未有太大变化。

① 盛斌：《周学熙资本集团的垄断倾向》，《历史研究》1986 年第 4 期，第 81~96 页。
② 《周止庵先生自叙年谱》，文海出版社，1985，第 61 页。

表 3-3 启新公司资本积累情况

单位：元

年份	原股本额	增加股本额	增加后新股本额	备注
1907	1000000			原始股本
1909~1911	1000000	1850000	2850000	分设砖窑添置新机两次招股
1912	2850000	3150000	6000000	改组新公司，旧股加倍升值及酬劳股
1915	6000000	514000	6514000	筹设山东峄县分厂招股
1921	6514000	2286000	8800000	添设新机招股
1924	8800000	740990	9540990	利用窑后余热扩充锅炉机招股
1925	9540990	514000	10054990	1915 年新股升值
1927	10054990	2286000	12340990	1921 年新股升值
1930	12340990	740990	13081980	1924 年新股升值

资料来源：南开大学经济研究所、南开大学经济系编《启新洋灰公司史料》，生活·读书·新知三联书店，1963，第 256~257 页。

至 1924 年启新公司先后创办甲、乙、丙、丁四个水泥分厂。另投资创办马家沟机器制砖厂（今马家沟耐火材料厂）、启新瓷厂（今唐山陶瓷厂）、启新机修厂（今唐山水泥机械厂）。马家沟机器制砖厂主要生产铺地砖、黏土砖、耐火砖及琉璃瓦等。启新瓷厂是在细棉土厂原址上建立起来的生产杯盘、器皿、卫生器具、脸盆、小缸砖等的工厂。启新机修厂制造铁路、矿厂、水利设施的各种铸钢机件，为启新公司与滦州煤矿提供机器配件与机修服务，形成集团经营模式。

其他企业资金亦部分来源于启新公司与滦州煤矿资金积累。

华新公司唐山、卫辉纱厂开办资金则源于滦州煤矿之新事业基金。耀华玻璃厂股款亦主要由滦州煤矿与开平煤矿拨款支持。中国实业银行设立时，启新公司、滦州煤矿与华新纱厂均以"新事业专款"部分资金及股息、花红等进行投资，在商股中占比 23%有余[1]，为中国实业银行重要商股来源。华新银行则完全由启新公司、华新纱厂、滦州煤矿投资 100 万元而设。

1924 年以前，各企业总经理均由周学熙兼任，总体处于周统筹管理之下。1924 年周学熙退休离职，为防止各企业集团解体，曾计划成立由启新公司、滦州煤矿、华新四厂联合组织之实业总汇处，以实现集团企业的统筹管理，但因股东内部派系纷争，未能施行。又于 1925 年改筹实业联合会，联合会章程规定通过协商解决集团内部各公司事宜，但联合会仅维持两年即行停办，1927年又改为实业学会，实际徒有虚名，未起任何作用。

（二）金融资本与实业资本的融合

1920 年以前，周学熙资本团体已创办启新公司、滦州煤矿、华新四厂等多家企业，资金流量巨大。为实现集团内部资金周转，防止利权外溢，方便企业内部融资，于 1919 年创设中国实业银行，资本 350 万元，其中华新、启新、滦矿三公司盈余积累资金占 23%，将近 1/4。中国实业银行除于大城市设立分支机构外，还在集团企业所在区域（如卫辉、青岛、唐山）设置办事机构。中国实业银行成立以后，周学熙企业集团闲散资金均存入中国实业银行，成为其稳定的资金来源。中国实业银行另向社会广泛吸

---

[1] "中国实业银行董事会"，上海市档案馆藏档案，档案号：Q276-1-340。

收各类存款。资金运用方面首先保证集团企业需求，向华新纱厂及其他企业发放大量贷款，成为企业资金的稳定来源。除此之外，中国实业银行另向集团企业提供担保服务，1923年为卫辉华新纱厂发行180万元公司债，即由中国实业银行担保。中国实业银行以集团企业为后盾，亦获得稳定利润来源，业务活跃，开业前几年利润一直保持在10万元以上。周辞去中国实业银行总经理职务后，于青岛华新纱厂附设惠通银号，吸收启新公司与滦州煤矿存款，转贷于华新纱厂。后由启新公司、滦州煤矿、华新纱厂共同出资，向惠通银号增加资本，改组为华新银行，资本100万元，为集团企业提供资金周转服务，惜因受军阀勒索，旋即歇业。另设久安信托公司，资本40万元，缩小营业范围，专为青岛华新纱厂资金周转之用。

周学熙企业集团结构如图3-1所示。

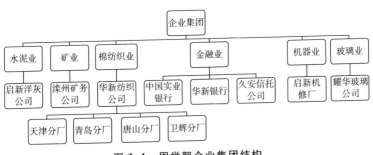

图3-1 周学熙企业集团结构

二 特权股东群体及封建色彩之管理模式

（一）周学熙企业集团之特权股东群体

周学熙企业集团以启新洋灰公司与滦州矿务公司起步，私人股份主要源自周学熙、孙多森、陈一甫与李希明四姓家族。此外，因企业在政治上得袁世凯庇佑，周学熙经股东会通过，每年于利润中提取 10%，以"报效"形式赠送于袁世凯家族。但袁世凯并不列名，其股份由私人账户王筱汀持有，死后分给其妻妾子女，构成周学熙企业集团五大班底之一。周学熙集团核心人物如下。

周学熙，安徽建德（今东至）人，清朝举人。20 世纪初期协助袁世凯办理直隶新政。曾任长芦盐运使、直隶按察使等职。民国初期两度出任财政总长。周学熙企业集团核心人物，1924 年企业集团实际控制人，任启新洋灰公司、滦州矿务公司、华新纺织公司、京师自来水厂、中国实业银行总经理。

王锡彤（1866~1938），字筱汀，河南汲县（今卫辉）人。早年为乡村私塾教师，后应袁世凯之邀，为袁府幕僚，与周学辉为儿女亲家。民初曾任国民政府参政院参事。长期与周学熙合作开办实业，历任京师自来水公司协理、启新洋灰公司、华新纺织公司董事兼唐山纱厂专务董事、启新洋灰公司协理。

卢木斋（1856~1948），又名靖，字勉之，湖北沔阳（今仙桃市）人，清末举人出身，1887 年起先后任直隶省赞皇、南宫、定兴、丰润知县。因镇压义和团有功，屡获提拔，1905 年率领直隶官绅赴日本考察教育工作。次年出任直隶提学使，随即调任奉天提学使。民国时期，无意仕途，在天津、山海关、秦皇岛、海口、北京等地广置地产。1911 年出任启新洋灰公司董事。

陈一甫（1869~1948），名惟壬，安徽石埭（今石台县）人，清末官员，曾任北洋海防、海关监督、农工商部议员等职。袁世凯新政时期，追随周学熙创办实业，曾任启新洋灰公司、开平矿务局、滦州矿务局坐办。1912 年担任启新洋灰总事务所经理，后改任天津办事处坐办。为华新纺织公司筹委会成员，在周学熙集团各企业均持有股份，任华新纺织公司津、唐两厂董事，滦州矿务公司副主任董事，启新洋灰公司经理兼董事。

李希明，直隶天津人，清武备学堂铁路学堂毕业。曾任开平矿务局矿师、唐山洋灰公司总经理。20 世纪以后协助周学熙办理实业，参与启新洋灰公司、滦州矿务公司的收回与开办。后长期任职于周学熙企业集团，任启新洋灰公司董事兼唐山工厂经理、开滦矿务总局议董、华新纺织公司唐山纱厂董事。

孙多森（1867~1919），清光绪帝师孙家照之侄孙。外祖父是李鸿章兄、官居湖广总督的李瀚章。1901 年升候补道，任上海电报局帮办。1905 年与聂之台等筹建上海商务总合，任直事兼副合长，家资巨富。1898 年 2 月，在上海创办国内第一家华商面粉厂——阜丰面粉公司。其兄孙多鑫协助袁世凯直隶新政，与周学熙同为袁之左膀右臂，孙负责幕后筹划，曾任天津官银号总办、天津造币厂督办。1906 年，孙多鑫病故，孙多森继之，与周学熙共同经营启新洋灰公司。

另外，袁世凯六子袁克桓、八子袁克轸等均为周学熙企业集团大股东、河南系核心人物。1924 年以后参与倒周，进入企业管理层，成为企业集团核心人物。

此外，为获取政治庇佑，周学熙企业集团表现出明显的靠拢政府倾向，启新洋灰公司自 1907 年以后本已为完全商办企业，但为获取政治便利，有意添加官股，转化为官商合办企业。1910 年增资 150 万元，官股与商股各购半数，"因思职公司销场以铁路为主，端赖各部宪提倡及各铁路公司合力维持，益形稳固。此项扩充新股 150 万元，拟以一半尽归股东分认，其余一半拟请钧部及邮传部酌附官股，并请分行外省绅办各铁路公司一体认付，俾得官商一气，共保利源，而杜外输"[1]。民国以后，为笼络新贵，获取特权庇佑，周学熙企业借增资或设新厂之机，吸收北洋军阀官僚入股，具体对象则随企业经营需要，收相应领域官员投资。如启新公司发展初期，以铁路机构为主要销售对象，则注重拉拢铁路界官员入股，詹天佑等人均为启新公司大股东。且对交通界人士委以职务，以密切关系。如詹天佑曾向周学熙推荐由交通部沈慕韩出任启新董事："启新公司货物全以行销铁路为大宗，……特别选一著名路界者以承其乏，既可力任维持，且能推广销路，……交通部考工司司长沈慕韩兄庶乎其可，……倘荷垂询，必能详其底蕴。"[2] 周回复："此举于敝公司营业前途实有莫大之裨益。"[3] 但因当时选举已过，遂聘沈为顾问。于 1914 年增股 300 万元，其中私人购买 2/3，其余由交通部及各铁路局购 100 万元。"其余三成之一，禀请交通部酌附官股，并请分行各省商办各铁路一体认付，俾固基础，共保权利。"[4] 周学熙集团职务任

---

[1] 南开大学经济研究所、南开大学经济系编《启新洋灰公司史料》，生活·读书·新知三联书店，1963，第 88 页。

[2] 南开大学经济研究所、南开大学经济系编《启新洋灰公司史料》，生活·读书·新知三联书店，1963，第 88 页。

[3] 南开大学经济研究所、南开大学经济系编《启新洋灰公司史料》，生活·读书·新知三联书店，1963，第 88 页。

[4] 南开大学经济研究所、南开大学经济系编《启新洋灰公司史料》，生活·读书·新知三联书店，1963，第 88 页。

命以是否有利于获取政治资源及企业经营便利为参考标准，且非常注意审时度势，平衡各方利益。1924 年周学熙辞职以后，曾聘在启新公司尚无根基的北洋官僚言仲远代任总经理。"公司总理一席，按今日时势，以对外联络接洽为要义，且以与军阀派系有感情而又不偏倚者为宜，仲远先生在北洋中资望最著，若推为代任总理，于公司前途裨益匪浅。"① 另如启新公司为便于向铁路系统销售水泥，广泛拉拢各铁路局掌权人物投资入股。其他各系统官僚均成为拉拢对象，至 1920 年之前，在周学熙企业集团投资之北洋军政界实权派人物当在百名以上。表 3-4 列举了在周学熙企业集团有大额投资并任要职之部分军政要员。

表 3-4　周学熙企业集团北洋实力派股东

姓名	职　务
龚心湛	京师自来水公司监事、启新洋灰公司董事、耀华玻璃公司董事、华新纺织公司董事、中国实业银行大股东，曾任中国实业银行董事长、启新洋灰公司董事长兼总经理
王士珍	启新洋灰公司大股东，1927 年后当选董事
李士伟	中国实业银行董事兼协理、开滦矿务公司董事、华新纺织公司董事、启新洋灰公司董事、耀华玻璃公司董事、京师自来水公司候补董事
言仲远	滦州矿务公司股东、启新洋灰公司股东、华新纺织公司董事、中国实业银行董事长、湖北水泥厂总经理、启新洋灰公司代理总经理
段祺瑞	中国实业银行董事
曹汝霖	中国实业银行董事

---

① 南开大学经济研究所、南开大学经济系编《启新洋灰公司史料》，生活·读书·新知三联书店，1963，第 89 页。

续表

姓名	职　务
田中玉	中国实业银行董事
陈光远	开滦矿务公司股东、中国实业银行董事
王克敏	中国实业银行董事、华新纺织公司董事
王遁斌	华新纺织公司股东、启新洋灰公司股东、耀华玻璃公司董事
颜惠庆	启新洋灰公司董事
吴少皋	（京张路局局长）启新洋灰公司股东
卢木斋	启新洋灰公司董事、滦州矿务公司股东
李颂臣	启新洋灰公司董事
李赞臣	启新洋灰公司董事
李希明	启新洋灰公司董事
张邵垫	启新洋灰公司董事
孙荫庭	启新洋灰公司董事
周实行	启新洋灰公司董事
杨毓缘	启新洋灰公司董事
张芷庵	启新洋灰公司董事
杨溥庵	启新洋灰公司董事
沈穆涵	启新洋灰公司董事
傅润源	启新洋灰公司董事

资料来源：根据郝庆元《周学熙传》（天津人民出版社，1991）第124～125页，南开大学经济研究所、南开大学经济系编《启新洋灰公司史料》（生活·读书·新知三联书店，1963）第42页等资料整理而成。

（二）管理模式之封建性与宗族性

周学熙资本集团形成于清末政府试办新政时期，支柱企业由官办企业转化而来，班底人物全部为旧式官僚，这导致周氏企业集团保留了严重的衙门作风，经营管理上封建宗法派系色彩浓重。启新公司开办初期，高层管理人员均拥有政府官衔，无官衔者均设法捐得功名，以维身价，公司门口摆放着黑红水火棍和虎头牌，总经理周学熙每到公司，则由号房听差高喝"总经理到"，全体职员屏息肃立，完全衙门作风。各企业总经理均由周学熙一人兼任，集人事、财政大权于一人之手，事无论巨细，钱无论多少，均由周一人独断，董事会形同虚设。为防大权旁落，周学熙于重要岗位全部安插家族成员或亲信。

周学熙企业集团股东班底基本固定，其相互之间又多存在姻亲、同僚、同乡等关系，如王筱汀本为袁世凯私人幕僚，与袁世凯长子袁克定为结拜兄弟，另与周氏、李氏均为姻亲关系，王筱汀女嫁予周学熙弟周实之之子，李希明女儿又嫁给王筱汀胞侄；王筱汀、袁世凯、李希明均为河南同乡；周学熙与孙多森为安徽同乡。各种关系错综复杂，具有浓厚的宗族性质，相互之间又有矛盾冲突，如卢木斋与周学熙为同僚，亦为朋友关系，但因意见不同，相互指责，渐生嫌隙。企业发展过程中，逐渐形成安徽系与河南系两大帮派。大体而言，周学熙企业集团以籍贯、家族为界，分化为安徽系与河南系。安徽系主要由周学熙家族、陈一甫家族以及孙多森家族构成，以周学熙为核心人物。河南系主要包括王筱汀家族、袁氏兄弟、李希明家族，以王筱汀为首脑。此外，卢木斋家族因反对周学熙专断，亦加入河南系，故集团股东实际可分为周派与反周派（见图3-2）。派别内部又因家族利益冲突而相互倾轧。

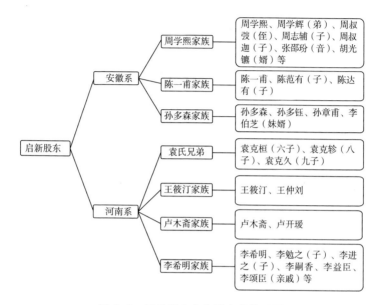

图 3-2 周学熙企业集团内部关系网

1924 年以前，启新公司一直掌控于周学熙之手，形成大一统之管理模式，派系之分尚不明显。袁氏兄弟安于分红，河南系王筱汀、李希明等担任副职。但周学熙长期独断专行、任人唯亲，核心岗位均安插其家族成员与安徽籍人士担任，引发河南系不满，矛盾逐渐激化。1924 年股东大会，两派发生激斗，几致武力冲突。周学熙被迫辞职，河南系夺取管理大权。1927 年，董事会改选，五名董事分别为王筱汀、李希明、袁克桓、王士珍、王仲刘，几乎为清一色的河南系。河南系攫取实权以后，又大肆安排河南系成员进入各管理岗位。派系斗争使得启新公司陷入帮派斗争旋涡，内耗严重，经营效率低下。

（三）特权与市场——周学熙企业集团经营与竞争分析

周学熙企业集团早期多以政府名义创设，借助政府资金与行政特权进行超市场经营，成为其早期发展的突出特点。此时期周学熙资本集团投资企业的经营特权按照有无合法依据，可分为合规特权与非合规特权两类。合规特权即政府以法规形式赋予其经营专享特权，非合规特权即依恃政府官员手中政治资源，获得经营便利。合规特权主要包括：垄断生产权、赋税减免权与政府资金使用权等。

周学熙资本集团最早创设的企业——启新洋灰公司开业时，中国尚未形成完善的市场环境，周学熙为北洋官僚，企业经营全赖政治特权支撑。启新洋灰公司与滦州矿务公司均为抵制外商资本、维护利权而建，故均以此为由，向政府呈请专办特权。启新洋灰公司成立伊始，即向农工商部呈请在直隶建厂特权，称："中国营业往往不肯力争先着，迨前者创办甫成，而后者蹿起倾轧，堕功失业，可为寒心。……拟请嗣后直隶境内如再查有此项相同之土质，应仍归职公司推广添设，以杜外人觊觎，……"[①] 此请求得农工商部批复同意。之后复于 1909~1910 年先后获得在东北各省及扬子江流域优先设立分厂特权。民国以后，启新公司即利用其"专办特权"，阻止其他人进入水泥行业，以维护其垄断地位。1912 年，趁湖北大冶水泥厂资金困难，欠日债无力偿还

---

① "宣统元年 7 月启新给北洋大臣、直隶总督的禀帖"，南开大学经济研究所、南开大学经济系编《启新洋灰公司史料》，生活·读书·新知三联书店，1963，第 90 页。

之机，出资收购，改为分厂。此后，独家垄断中国水泥市场10年之久。1922年井陉煤矿欲在井陉设立洋灰厂，启新随即以同业过度竞争，且启新拥有在直隶的"专办特权"为由，出面阻止，周学熙亲自致函段祺瑞："无如近来时局日益艰难，同业竞争结果，惟有同归于尽之一途。"[1]为达劝说目的，提出由正丰煤矿修筑运输铁路，启新湖北分厂从正丰煤矿购煤，在文件中称："……窃以为与其将预计之巨资投诸冒险之事业，毋宁在煤斤运输方法上有所设施，较为根本解决之良图。将来运煤便利，价值不高，启新所管之湖北水泥厂亦可常年购用。似此兼全并顾，启新既感我公维持，免去同业之竞争，而正丰之煤，得以运销两畅，获利自有可观。"[2]

其在煤炭业亦试图实现在附近区域之垄断经营，按清农工商部规定，煤矿矿区面积一概以30方里为限。滦州矿务公司则以其官商合办之特殊身份，一经成立，即获得330方里以内的开采权[3]，为法规限定面积之11倍。"惟此矿系为北洋官家用煤便益而设，与他矿情形不同，所请矿界方里量为宽展之处，自可照准，他矿仍不得援以为例。"[4]为保证滦州煤矿用地，滦州矿务公司经北洋大臣批准，并由农工商部立案，另设立滦州地矿公司，由政府赋予特权，为滦州煤矿强行征购土地。"无论官地民地，凡关系矿产者，概归本公司收买后，再转给矿商开采，作为地

---

[1] "民国11年1月26日周学熙给段祺瑞的信"，载南开大学经济研究所、南开大学经济系编《启新洋灰公司史料》，生活·读书·新知三联书店，1963，第197页。

[2] "民国11年1月26日周学熙给段祺瑞的信"，载南开大学经济研究所、南开大学经济系编《启新洋灰公司史料》，生活·读书·新知三联书店，1963，第198页。

[3] 周学熙著，文明国编《周学熙自述》，安徽文艺出版社，2013，第40页。

[4] 李保平、邓子平、韩小白主编《开滦煤矿档案史料集》2，河北教育出版社，2012，第713页。

股。如有私相授受者，由滦州地方官查究充公，将该矿封停。"①
如此规定，实际禁绝了其他资本在滦州地区开采矿产的可能性，
而且为滦州矿产用地提供了政治特权。在此特权保护之下，滦州
地矿公司在当地强行低价收购土地，在唐山城子庄以南，东至铁
路，西至山坡，南至民房，约 300 亩土地，以每亩 20～30 两、约
低于市价一半的价格强行征购。此举遭村民强烈反对。启新公司
通过袁世凯，勾结地方官府强行弹压，以违抗命令罪，拘捕多名
村民。为压制村民，达到长期占地目的，周学熙上下运作，将心
腹刘凤镖推为滦州知州，启新公司按月为其支付薪俸。

华新纺织公司筹划成立时，华北地区棉业尚未起步，周学熙
亦曾试图请求政府赋予其于直隶、山东、河南三省 30 年的专办
权，后因遭民间强烈反对而未能成功。周学熙企业集团均获得厘
金等杂税的减免特权。19 世纪末期以后，清政府为弥补财政收入
不足，开征厘金等杂税，这成为 20 世纪初期民族资本主义工商
业的沉重税务负担。但外资企业可凭借"子口税"特权不予缴
纳，官办企业亦获得豁免特权。"查机器制造各货，如湖北织布
厂、火柴厂、镇江笔铅公司、徐州耀徐玻璃公司等处所成货物，
无论运销何处，只完正税一道，值百抽五，沿途概免重征。"② 启
新公司成立以后，周学熙即以"抵制洋货，收回利权"为由，向
袁世凯请示按照官办企业办法，免除厘金等一切杂税，只纳出厂

---

① 《滦州地矿有限公司章程》第 5 条，载魏子初编《帝国主义与开滦煤矿》，神州国光
社，1954，第 117 页。
② 南开大学经济研究所、南开大学经济系编《启新洋灰公司史料》，生活·读书·新知
三联书店，1963，第 93 页。

"正税"。对此，袁世凯完全照准："今唐山洋灰公司用机器制造洋灰、缸砖、花砖、矸子土等件，核与湖北织布厂等处情事相同，应准援照成案，无论运销何处，只令完纳正税一道，值百抽五，沿途关卡验明放行，免予重征，俾得推广销路。"① 滦州官矿公司开业以后，其所产煤纳税办法"悉照开平成案办理"②。上述特权华新纺织公司同样享受，其所购机器、物料、棉花等免除一切捐税。华新纺织公司所产之棉纱及棉布按 5% 征收出厂税后，不再计征厘金等其他杂税。京师自来水公司以政府名义创设，更得政府保护，除官款拨付、保息以外，所有杂税一概免除。"查铁路材料向章免税，自来水为京师卫生消防而设，视铁路为尤要，拟应奏请援案办理；所有自来水公司购运材料、机器，经过关卡暨京师崇文门，一律豁免厘税，以轻成本，而维公益。"③

启新公司与各路局订有互惠合同，凡启新公司之物资运送，均享有九折至七折不等的运费优惠。20 世纪 20 年代以后，中国洋灰业发展迅速，为防止其他公司获得同样优惠，启新公司特致函交通部，要求饬令各路局不得与其他洋灰公司订立同类合同："现在制造洋灰之新公司纷纷继起，出货日多。将来商场竞争，势所不免，惟有恳请贵部……准予通饬各路局，所有前与启新公司订立之互换利益合同，他公司不得援以为例，倘嗣后于各该新

① "光绪三十二年 10 月 20 日袁世凯的札饬"，载南开大学经济研究所、南开大学经济系编《启新洋灰公司史料》，生活·读书·新知三联书店，1963，第 93 页。
② 《北洋滦州官矿有限公司招股章程》第 11 条，载魏子初编《帝国主义与开滦煤矿》，神州国光社，1954，第 110 页。
③ 沈云龙主编《近代中国史料丛刊》第 1 辑，文海出版社，1973，第 44 页。

公司之运费有所减让，启新公司得按数递减。"① 此请示迅速得到交通总长同意："启新洋灰公司运费合同事，既承台嘱，已饬路政司查照前案核办矣。"② 孙多钰亦有复信："启新与各路交易有年，原定合同，既属互换利益，他公司自未便援以为例。前承台嘱，已饬司科特别注意及之，并嘱赶为办理矣。"③

　　除去上述"合规"特权以外，周学熙及企业股东以手中所掌握之政治资源，在资金、运输、销售等环节为企业谋取便利条件，提供超市场经营优势。启新公司初成立时，周学熙凭借其天津官银号总办身份，以及与袁世凯之特殊关系，以淮军银钱所的存洋垫付给英商，作为收购款项。之后周学熙将启新公司资本扩充至 100 万元，原定所需坐本（固定资产）洋 50 万元（合银 36 万两）仍由淮军银钱所垫付，行本（流动资金）"拟由天津银号，随时息借应用"④。后坐本又改归天津官银号拨付，另加借 4 万两，共 40 万两，官息 5 厘，无须抵押，期限 10 年，且前三年只还利息，第四年以后按年偿还本息，息随本减，第十年还清。⑤ 利率仅及市场利率水平半数。尽管之后因袁世凯调任外务部尚书，启新公司短期内还清了官方垫款，但其还款资金除新募商股以外，全部源自企业利润，

① "民国 12 年 9 月 5 日周学熙给交通部总长吴秋舫的信"，载南开大学经济研究所、南开大学经济系编《启新洋灰公司史料》，生活·读书·新知三联书店，1963，第 92 页。
② "民国 12 年 9 月 13 日吴秋舫给周学熙的复信"，载南开大学经济研究所、南开大学经济系编《启新洋灰公司史料》，生活·读书·新知三联书店，1963，第 93 页。
③ "民国 12 年 10 月 19 日孙多钰给周学熙的信"，载南开大学经济研究所、南开大学经济系编《启新洋灰公司史料》，生活·读书·新知三联书店，1963，第 93 页。
④ 南开大学经济研究所、南开大学经济系《启新洋灰公司史料》，生活·读书·新知三联书店，1963，第 38 页。
⑤ 南开大学经济研究所、南开大学经济系《启新洋灰公司史料》，生活·读书·新知三联书店，1963，第 39 页。

可谓空手创业。华新纺织公司初创时，因商股募集困难，周学熙利用其财政总长职权便利，从财政部拨官股100万元，指定中国银行从芦商应还大清银行项下作抵归还，25个月还清本金，再分两个月偿还息银，不计复息。1907年启新公司开业时，袁世凯即谕令轮船招商局，凡启新洋灰公司货物由天津塘沽运送至上海或沿江沿海各埠，均按照汉阳铁厂等官办企业成例，按七折收取运费。京师自来水厂初成立时，因商股招募困难，股款全部暂由天津官银号垫付。且成立二三年内，为减轻其偿付股息压力，由直隶每年筹拨官款15万两，预存天津官银号，以做保息之用。[①]

除资金与经营特权以外，周学熙企业集团在产品销售环节亦注重利用政治资源。尤其在经营初期，凭借官商合办性质，直接由官府以"官股"身份责令官办企业与启新公司、滦州煤矿签订购买合同。滦州煤矿开业以后，直隶总督陈夔龙札饬北洋机器局、铁工厂、长芦盐厂等各局厂，责成从滦州煤矿购煤。"职公司既系官矿，而各局厂同为官家事业，如能一律购用职公司煤炭，彼此互相维系，裨益实多。"[②]并允诺各局厂如能与滦州煤矿订立常年购用合同，煤价按八五折优惠。其意虽重在排斥为英商所霸占的开平煤矿，但亦同时将其他民族资本投资的煤矿排斥在外，给滦州煤矿开辟了稳定的销售渠道。

启新公司成立之时，正值清末铁路修筑高潮，工矿业起步，而启新公司独家生产水泥，成为各铁路局及矿产业唯一的水泥供

---

① 汪敬虞编《中国近代工业史资料》第二辑，科学出版社，1957，第633页。
② 李保平、邓子平、韩小白主编《开滦煤矿档案史料集》2，河北教育出版社，2012，第763页。

应企业，销路极广。尽管如此，基于便利的政治资源，启新公司仍然注重运用政治力量打开销路。开业初期，即呈请袁世凯饬令各铁路局购用启新洋灰，袁世凯全部照准。"候饬关内外、京张、京汉、正太、汴洛、道清、沪宁各铁路局查照购用，以挽利权。"[①] 滦州矿务公司成立以后，又请袁世凯出面帮助议定与滦州矿务公司的供应合同。"升任都宪袁面谕……现在滦矿业经开办，将来需用洋灰等项亦广，本司道等公同商酌，为彼此保全利益起见，特先议定合同，互相辅助，以维久远。"[②] 得袁世凯支持，北南各铁路局均与启新公司签订长期供货合同。"查上届北方销路，其大宗：如京张、京汉、京奉各铁路，今年均订定长年合同，销路较上届为优。……南方为创销之处，如津浦南段、皖、赣、江苏各铁路及各大局厂，均能信用，销出亦广。"[③] 此外，启新公司官僚股东群体，均各自运用职权，为洋灰销售提供便利。言仲远任袁世凯内务次长期间，即运用职权向北京政府部门推荐从启新公司购灰。教育总长傅增湘保证启新公司在教育系统的洋灰供应。龚仙舟任交通总长期间，在启新公司与国内各铁路局签订互惠合同事宜中起到了关键作用。各铁路局局长如孙多钰、吴少皋等则成为各铁路局用灰购自启新公司的保障。

周学熙企业集团之支柱企业启新公司与滦州矿务局均由官办

---

① 南开大学经济研究所、南开大学经济系编《启新洋灰公司史料》，生活·读书·新知三联书店，1963，第 91 页。
② 南开大学经济研究所、南开大学经济系编《启新洋灰公司史料》，生活·读书·新知三联书店，1963，第 164 页。
③ "民国 2 年第二届股东会'总理报告'"，载南开大学经济研究所、南开大学经济系编《启新洋灰公司史料》，生活·读书·新知三联书店，1963，第 164 页。

企业转化而来，与政府有特殊关系，加之其创办人与股东群体之特殊身份，在经营管理各个环节均试图依靠政治特权，获取超市场经营优势，学界对周学熙企业集团之关注多集中于此。但根据理性经济人理论，市场主体行为往往遵从效用最大化原则。如果行政干预损害经济主体利益，必然会导致经济主体对行政强制性干预的抵制，而使所谓"特权"无效，这必然使周学熙企业集团的"特权经营"效果大打折扣。以初建时期启新公司与滦州煤矿依恃行政手段签订购销合同为例，两公司开业初期，均曾以直隶总督名义饬令各铁路局及其他官办企业与两公司订立长期供销合同与互惠条约，但效果迥异。各铁路局均能依据合同规定，购用启新公司洋灰。似乎政府各铁路局是因遵从政府命令，购买启新公司洋灰，但稍加分析则可发现，各铁路局购用启新公司洋灰之根本原因在于启新公司为国内唯一的水泥企业，且几无外商竞争，铁路局等用灰公司除此之外别无选择，而且启新公司洋灰质量优良，用灰公司自然乐于购用。相比之下，滦州煤矿则没这么幸运，虽然直隶总督陈夔龙亦亲自饬令各铁路局及轮船招商局购买滦州煤矿煤炭，且承诺给予八五折优惠，但因当时民族采矿业已有一定发展，且邻近之卅平煤矿降价竞争，各铁路局均寻找各种借口，抵制购用滦州煤矿煤炭。如京奉铁路靠近滦州煤矿，运输便利，但因京奉铁路局原附属于开平煤矿，与开平煤矿有长期合作关系，故对直隶总督之"饬令"先是拖延不办，后借口与开平煤矿的互惠合同无法撤销，滦州煤矿煤炭产量过低，无法满足需要等，拒绝从滦州煤矿购煤，强调："本路实难损己以益人。"京张铁路局亦以有自办鸡鸣煤矿，所需煤炭"无须外购"为由，拒绝购煤。京汉铁路局更直接提出"用滦矿彼此不合算",直接回绝。

民国以后,清末以政府名义颁布的法令逐渐失去法律效力,尤其袁世凯死后,周学熙集团政治靠山失势,随着民族资本主义发展,市场竞争加剧,周学熙企业集团不自觉转向以经济手段参与市场竞争,特权经营色彩淡化。以启新公司为例,至 1920 年之前,民族洋灰公司仅启新一家,受一战影响,西方洋灰销量有限,故启新洋灰在国内市场居垄断地位。之后,华商上海水泥与中国水泥公司先后成立,同业竞争加剧。启新公司仍试图借助政治特权稳定市场,请交通部出面禁止各铁路局与其他洋灰公司订立互惠合同。"惟有恳请贵部俯念启新公司与各路订约以来,竭尽义务⋯⋯所有前与启新公司订立之互换利益合同,他公司不得援以为例。倘嗣后于各该新公司之运费有所减让,启新公司得按数递减。"[1] 吴秋舫允诺:"既承台嘱,已饬路政司查照前案核办矣。"[2] 但以之后启新公司处境看,交通部之令似乎未有太大效用。华商上海水泥与中国水泥公司最终占领南方市场,与启新公司呈三足鼎立之势。同业竞争之下,1923 年启新南所销量巨减 22 万余桶。[3] 之后广东等地又有其他水泥厂陆续设立,启新公司只得承认:"独家经营一层,为已往成绩,事实上所必难再有。"[4]

① "民国 12 年 9 月 5 日周学熙给交通部总长吴秋舫的信",载南开大学经济研究所、南开大学经济系编《启新洋灰公司史料》,生活·读书·新知三联书店,1963,第 92 页。

② "民国 12 年 9 月 13 日吴秋舫给周学熙的复信",载南开大学经济研究所、南开大学经济系编《启新洋灰公司史料》,生活·读书·新知三联书店,1963,第 93 页。

③ 南开大学经济研究所、南开大学经济系编《启新洋灰公司史料》,生活·读书·新知三联书店,1963,第 205 页。

④ 南开大学经济研究所、南开大学经济系编《启新洋灰公司史料》,生活·读书·新知三联书店,1963,第 210 页。

华资水泥厂恶性竞争，给外商可乘之机。外国水泥尤其是日本水泥大举进入，至 1924 年，进口水泥占中国市场的份额在 44% 以上。为抵制洋货，启新公司转而谋求与华商上海水泥、中国水泥公司三家联营，协商规定销量，协定标价。这种状况表明，启新公司已难再依恃政治特权进行超市场经营，转而以经济手段参与市场竞争，已基本转化为普通私人资本企业。

第三节　核心与外围：华北财团产业与
金融关系分析
——基于北四行联合经营的个案研究

对于华北财团之构成与性质，学界传统用"金融资本集团"予以概括。传统观点认为，华北财团最终形成以金融资本为核心的金融资本集团，具体可分为政府系、直鲁系与北四行系，具体构成如下：政府系意指中国银行、交通银行与新华储蓄银行等金融机构；直鲁系为边业银行与东莱银行；北四行系乃为金城、盐业、大陆、中南银行之联合经营。以此概括，即表明：至北京政府后期，华北财团已经形成以金融资本为核心，集合金融与产业的财阀式经营模式。但本课题经考察后认为，至少在北京政府结束时，华北与东北区域并未形成以金融资本为核心的资本集团，或者说银行资本对产业资本的控制。以业务种类看，各银行业务均以贷款为主，除东北地方银行外，京津与山东区域银行直接投资的业务非常有限。边业银行之快速发展始自 1926 年迁往奉天，依恃奉系军政特权，对商业与工业进行广泛投资，但远未形成对产业资本的控制。非但如此，因资本来源过度集中于官僚军阀特权富豪阶层，投资者除金融业以外，广泛投资各工矿实业部门，受特殊股东群体控制，银行资金运用呈现高度集中于股东产业资本的情况，成为产业资本之外围附属力量。但长期来看，金融资本又呈现逐渐摆脱股东产业资本控制，向市场化发展的趋势，北四行即为此种发展趋势之典型。本书拟通过对北四行进行个案研究，剖析此时期北方民族金融资本发展特色，探析金融与产业资本的关系及其演变。

一　北四行经营模式与特点

北四行为金城、大陆、盐业、中南四家银行之统称。北四行集团之性质，为旧式股东与新式金融人才合作之典型。除中南银行以外，其他三家均由旧式军阀官僚投资设立。旧式股东缺乏新式金融经营理念与管理能力，委托新式人才经营管理。因新旧理念的巨大差异，在其经营与发展中，充斥着旧式股东与新式金融家之间的博弈，且以新式金融家渐居主导地位、摆脱旧式股东制约、完成市场化转型为结局。但因市场机制不完善，以及北方特有的经营环境，北四行经营过程中，仍保留主动迎合特权阶层，以求取生存机会与竞争优势的特点。此外，北四行集团内部关系亦非基于家族或资本之同源性，而是源于华资金融机构为增强实力、争取生存空间而形成的资金与经营的相互扶持与合作，属于管理合作性质的华资银行联盟。

（一）北四行股本构成

北四行成立时间在 1915~1921 年，即民族金融业第一次发展高潮时期。除中南银行为华侨黄奕住联合侨商投资以外，其他三家均以官僚军阀出资为主（见表3-5）。盐业银行为张镇芳以振兴盐业为名，由袁世凯授权设立，主要投资群体为清旧僚，股东全部为官僚军阀。金城银行由倪嗣冲、王郅隆联合军政界人士投资，以皖系军阀为主，军阀官僚出资占90%以上。若将交通银行当权人物计算在内，则军政界股东人数占98.7%。大陆银行除两淮盐商出资12万元以外，其余亦均为军政界人士投资，冯国璋与张勋为最大股东，二人合计投资占30%，其他股东亦以直系军阀为主。黄奕住为福建南安人，早年下南洋谋生，经商致富。1919年左右携资回国，投资实业，以求振兴国家与民族，但不熟悉国内投资环境。时值华资银行发展高潮，在胡笔江劝说之下，投资设立中南银行，寓南洋华侨回中国投资创业之意。中南银行总行设于上海，开业实收资本500万元，黄奕住投资350万元，其他均由南洋侨商及上海新闻界、金融界人士出资（见表3-6）。

表 3-5　北四行成立时间与股本构成

银行	成立时间	实收股本（万元）	股本构成	私人股东构成
盐业银行	1915	64	盐务署（10万元）、张镇芳（30万元）、张勋（15万元）、绍幼琴（5万元）、倪丹臣（2万元）、段谷香（1万元）、凌润台（1万元）、徐福（1.3万元）等	军阀官僚100%

续表

银行	成立时间	实收股本（万元）	股本构成	私人股东构成
金城银行	1917	50	倪嗣冲（17万元）、王郅隆（11万元）、徐树铮、陈星楼、段谷香、曲荔斋、郭善堂、吴鼎昌、任振采、周作民等	军阀官僚90.4%、交通银行当权人物8.3%、工商界人士1.3%
大陆银行	1919	100	冯国璋（10万元）、张勋（20万元）、两淮盐商（12万元）、齐耀琳、齐燮元、俞仲韩、王桂林、冯耿光、张嘉璈等	除两淮盐商外，其他均为官僚军阀出资，具体比例不详
中南银行	1921	500	黄奕住（350万元）等	

注：表中各股东出资为认缴额，非实缴。

资料来源：根据中国人民银行上海市分行研究室编《金城银行史料》（上海人民出版社，1983）第19页，中国人民银行北京分行金融研究所《北京金融志》编委会办公室编《北京金融史料·银行篇》四（中国人民银行北京分行金融研究所《北京金融志》编委会办公室印行，1993）第260、402、536页相关资料与数据整理。

表3-6　金城银行投资人分类统计

单位：元，%

投资人类别	1917		1919		1922		1927	
	金额	占比	金额	占比	金额	占比	金额	占比
军阀	270000	54.00	727000	36.35	1554500	31.09	2104900	30.07
官僚	182000	36.40	915000	45.75	1581200	31.62	1430000	20.43
金融界人士	41500	8.30	270000	13.50	564800	11.30	851200	12.16
金城持有股份	—	—	—	—	109300	2.19	898500	12.84

续表

投资人类别	1917		1919		1922		1927	
	金额	占比	金额	占比	金额	占比	金额	占比
工商界人士	1500	0.30	68000	3.40	774200	15.48	849900	12.14
买办	5000	1.00	15000	0.75	257100	5.14	501300	7.16
其他	—	—	5000	0.25	158900	3.18	364200	5.20
合计	500000	100.00	2000000	100.00	5000000	100.00	7000000	100.00

注：1. 列入买办类的绝大多数是天津、上海两地外国在华洋行和银行的买办，个别是洋行买办的高级助手。

2. 其他类包括不属于上述各类的和情况不明的两部分。前者以医师、教员等知识分子和自由职业者居多。

资料来源：1917~1927 年金城银行股东名册及访问记录；中国人民银行上海市分行金融研究室编《金城银行史料》，上海人民出版社，1983，第 23 页。

大陆银行开业以后，为增强资金实力，迅速增资，初期股份购买者仍主要为军阀官僚。1919 年底增资至 200 万元，除原有股东外，新加入股东全部为北京政府官员及直系军阀，计有龚心湛、李思浩、吴荣鬯、李纯、齐耀琳、齐耀珊、齐燮元、张勋等人。1920 年以后，有意吸收普通商业资本加入，1924 年增资 500 万元，除原股东有限增加持股、新加入的倪嗣冲 20 万元外，其余全部源自社会普通私人资本，但总体仍为军阀官僚资本占绝对优势。吴鼎昌任盐业银行总经理后，即以股款未收齐为由，拉拢交通银行协理任凤苞、金城银行总经理周作民、中南银行胡笔江等人投资 30 万元。

由上可知，三家银行在 1920 年之前，股金几乎全部源自官僚军阀，之后为摆脱掣肘，逐渐吸收普通商股，降低旧股东股权比例，借此削弱其势力。1920 年以后，随着管理地位的巩固，吴鼎昌、周作民、谈荔孙三人均曾通过增加股本、招募商股方式降低旧股东资金比例，削弱其在股东会之影响力。这导致三行股本中军阀官僚资本比例下降，普通私人资本比例上升。但由于普通私人资本薄弱等，至1927年，三行资本构成仍为官僚军阀资本占绝对优势，表现出新式银行在工商业不发达环境下，为求取生存不得不依赖旧式资本。

（二）存放款业务高度集中于特权阶层

尽管北四行为谋求自主发展，经营中力求摆脱旧式股东掣肘，但因民族工商业不发达、市场发育水平低等，1927年之前，资金来源始终高度依赖特权资本，资金运用虽有分散化趋势，但仍以股东投资之企业为主要方向。与此相应，北四行在业务经营中表现出对官僚军阀富豪阶层的主动迎合、拉拢策略。

以存款业务而言，北四行发展初期，存款来源仍主要依靠股东及军政人物、下野寓公等特权群体。北四行中最大的金城银行，1928年以前商业部个人及机关团体存款占比始终在83%以上，源自公司商号者基本在17%以下（见表3-7）。储蓄部存款全部源自个人及机关团体，个人存款基本保持在80%以上。1922年储蓄存款中个人占80.54%，机关团体占19.46%；1928年个人占79.61%，机关团体占20.39%，变化不大。[1] 定期存款亦为个人存款占绝对优势，基本在80%以上，最低年份1921年亦在74%以上，表明其稳定资金来源主要依靠个人（见表3-8）。

----

[1] 中国人民银行上海市分行金融研究室编《金城银行史料》，上海人民出版社，1983，第142页。

表 3-7　金城银行商业部存款户各类型占比

单位：%

年份	个人	机关团体	公司商号	总计
1917	38.15	49.38	12.49	100.00
1921	46.25	37.52	16.23	100.00
1928	50.87	35.47	13.66	100.00

注：1917年，三项百分比相加为100.02，与总计不符，系原文如此。此项百分比系按照金额统计。

资料来源：中国人民银行上海市分行金融研究室编《金城银行史料》，上海人民出版社，1983，第142页。

表 3-8　金城银行定期存款户各类型占比

单位：%

年份	个人	公司商号	机关团体	总计
1919	81.65	8.58	9.77	100.00
1921	74.27	21.46	4.27	100.00
1925	86.80	6.28	6.92	100.00

资料来源：中国人民银行上海市分行金融研究室编《金城银行史料》，上海人民出版社，1983，第142页。

　　个人存户大多使用化名或堂名，但据金城银行股东组成情况，可知金城银行与权贵富豪之密切关系；根据京津地区特权富豪分布状况，可推知个人存户应多为军政界人士或寓公等权贵阶层。另据其他资料亦可部分查证，如锄经堂、阜桂堂户为倪嗣冲化名，倪嗣冲曾以化名存金城京行10万元，津行36万元；1925年徐世昌以绪限堂户名存京行10万元；1926年梁士诒以燕记户名存津行10万元；靳云鹏以敦厚堂、靳荐青户名存津行行化银6万两、洋64000余元；等等。① 机关团体存款为金城银行依托其

---

　　① 中国人民银行上海市分行金融研究室编《金城银行史料》，上海人民出版社，1983，第143页。

军阀官僚特殊关系之股东吸收，主要源自政府与军队资金。金城银行最大股东、皖系军阀倪嗣冲权力所及之军队款项，均存入金城银行。相关记载如："军饷经种种波折，始于前日拨到五十万元，曾托祝〔王祝三〕翁达意，谅荷察及。尊处定期存款系于本月二十一日到期，此款想仍照旧续存，尚祈见示。"① "今接来电开：陆部发给沪军使署饷款，允由本行汇交，专为与使署生意地步，务希借以联络赵等为盼。……该饷款十四万五千元，今已开立存款户，明日需用十二万元（由敝代发军饷），其余尚可接洽，随时往来。"② "昨京电嘱解各款均洽。除第二十师十万零六千元如数取去外，第十七旅领饷官未到汉，尚未领去，运输处之十八万元，取去十二万〔元〕，其余六万〔元〕暂为活存。十六旅之十万零二千元，经商之暂可活存。"③ 鲍贵卿曾将其掌管之军饷存入金城银行，"兹据恒记德声称，接到鲍督军来电，谓财政部应交第三批军械日金五十余万元，业经由部领出转交京行等语，未悉是否收到，希即示知，以便通告"④。周作民回函："鲍督军第三批军械日金五十余万元事，已经领出交由京行收津册矣。"⑤

金城银行另通过入股、委派职务等各种途径，借助权贵阶层

---

① 金城档案："周作民致倪幼丹函"，1920 年 6 月 13 日，载中国人民银行上海市分行金融研究室编《金城银行史料》，上海人民出版社，1983，第 144 页。

② 金城档案："沪行致总处函"，1918 年 1 月 31 日，载中国人民银行上海市分行金融研究室编《金城银行史料》，上海人民出版社，1983，第 144 页。"赵"指赵子丰，当时为北洋军阀政府上海护军使卢永祥的军需人员。

③ 金城档案："汉行致总处函"，1919 年 1 月 29 日，载中国人民银行上海市分行金融研究室编《金城银行史料》，上海人民出版社，1983，第 144 页。

④ 金城档案："津行阮寿岩、宋相臣致周作民函"，1918 年 11 月 21 日，载中国人民银行上海市分行金融研究室编《金城银行史料》，上海人民出版社，1983，第 144 页。

⑤ 金城档案："周作民复津行阮寿岩、宋相臣函"，1918 年 11 月 22 日，载中国人民银行上海市分行金融研究室编《金城银行史料》，上海人民出版社，1983，第 144 页。

之间的私人关系，相互介绍，与军阀官僚攀附关系，以期利用特权或人脉资源，获取内幕信息，承做政府业务，开辟利润来源渠道。据金城银行旧职员回忆，金城银行开业初期，通过胡笔江，以重金将原大清银行、北京中国银行跑外王宾卿拉拢至北京金城银行，利用王宾卿在北京政界的人脉资源，承揽政府业务，如王宾卿与陆军部陈星楼攀附关系，陈星楼将陆军军饷汇款业务交予金城银行办理，进而涉及陆军各级公私款项。金城银行曾依托与交通银行之特殊关系，吸收政府财政资金。交通银行代理国库的天津分库设于金城银行库内，交通银行国库主任吴言钦兼任金城银行稽核长，利用职权自由调用国库款项。交通银行承做北京政府军饷汇兑业务，将其中一部分分给金城银行承做。此外，交通银行承做之出售外汇业务，亦部分交予金城银行承做。

其他三行经营风格与金城银行相似，盐业银行开业初期，从总经理到分行经理及各管理职位，均聘请清旧僚担任，其存款则主要由股东与各经理等通过私人关系拉拢介绍。如其北京分行经理由清旧僚岳乾斋担任，岳为拉拢财政部存款，邀请财政部库藏司课员朱虞生担任副理，又请中国银行职员李隽祥担任营业主任，以便遇事可托庇于中国银行。北四行成立初期，盐业银行总经理吴鼎昌担任天津造币厂厂长，利用职权为盐业、金城银行代铸银币，获利颇丰。大陆银行总经理谈荔孙借助原外交总长颜惠庆之社会声望，发展大陆商业公司，于1926年聘其为大陆银行董事长。中南银行虽为侨商投资，但经营管理风格与其他三行相同，总经理胡笔江利用其在北京政界及金融界的人脉资源，上下活动，打通关系，以获取资金及经营便利。

在资金运用环节，北四行亦主要围绕股东、官僚军阀及其投资企业进行。金城、盐业、大陆银行成立初期，军阀官僚股东均将其视为私家金库，任意提取资金。三家银行虽有独立经营意愿，但受资金约束，不得不满足其资金需求，此为军阀官僚个人借款居高不下的根本原因。金城银行董监、股东皖系军阀徐树铮、田中玉、唐天喜、鲍廷九等人，均在金城银行有2万~4万元不等的个人借款。发起股东北洋官僚王祝三、陈星楼、段谷香、倪幼丹、魏联芳、黎元洪等个人借款金额则在10万~20万元。其他多名未入股的北洋官僚亦从金城银行借款，如交通总长曾云霈、司法总长朱深、财政总长王克敏、外交总长王正廷等均有3万~8万元不等的借款。中国银行、交通银行等国家金融机构高层职员如张公权、郭善堂、吴鼎昌、胡笔江、钱新之等，均在金城银行有借款。据段祺瑞管家王楚卿回忆，段祺瑞虽未在银行投资，但经济紧张时，即写张白条到金城、大陆银行提款。对此种情况，两行经理亦只能照办。据金城银行统计，在能够查明身份的大户个人贷款中，1919年北洋官僚贷款在个人贷款总额中占38.71%，军阀占2.49%，两者合计占41.2%，之后每年均有下降，但1927年仍保持在20%。股东贷款占比呈下降趋势，但1927年，股东贷款仍占个人贷款总额的23.46%（见表3-9）。其他三行虽无确切数据，但仅以现有资料看，资金使用情况与金城银行高度一致。盐业、大陆两行长期为官僚股东羁绊，中南银行虽无官僚股东，但为政府机关放款亦为其主要渠道之一，对于金城、大陆、盐业银行之政府放款，中南银行多有参与。

表3-9 1919年、1923年、1927年金城银行个人放款情况

项目	1919年			1923年			1927年		
	户数（户）	金额（元）	金额占比（%）	户数（户）	金额（元）	金额占比（%）	户数（户）	金额（元）	金额占比（%）
身份明确大户	28	504218	51.38	53	1598107	55.12	74	3194662	47.95
本行股东	18	386579	39.39	28	1126951	38.87	39	1562877	23.46
北洋军阀	2	24420	2.49	2	30416	1.05	4	118832	1.79
本行股东	1	16420	1.67	1	19416	0.67	4	118832	1.79
北洋官僚	16	379881	38.71	27	1078555	37.20	35	1252044	18.79
本行股东	10	301273	30.70	15	831898	28.69	22	962827	14.45
金融业者	10	99917	10.18	13	269731	9.30	14	494845	7.43
本行股东	7	68886	7.02	9	211293	7.29	9	417772	6.27
工商业者		—		11	219405	7.57	16	624514	9.37

续表

项　目	1919 年			1923 年			1927 年		
	户数（户）	金额（元）	金额占比（%）	户数（户）	金额（元）	金额占比（%）	户数（户）	金额（元）	金额占比（%）
本行股东		—			64344	2.22	4	63446	0.95
本行（化户）往来				3			5	704427	10.57
身份不明者及一般散户	161	477206	48.62	338	1301065	44.88	607	3467452	52.05
4 万元以上	3	123471	12.58	4	246764	8.51	20	1120281	16.82
1 万~4 万元	10	17838	13.03	32	473908	16.35	76	1346104	20.20
1 万元以下	148	225897	23.01	302	580393	20.02	51	1001067	15.03
总计	189	981424	100	391	2899172	100	681	6662114	100

资料来源：中国人民银行上海市分行金融研究室编《金城银行史料》，上海人民出版社，1983，第 178 页。

北四行工商业企业放款亦优先支持股东投资之企业，尤其在发展初期，基本成为官僚军阀工商业投资之专业金融机构。如金城银行1919年对裕元纱厂一厂放款额达262570元，占其棉纺织业放款额之65%，之后对其贷款规模连年扩大，1922年达110万元。[1] 贷款高度集中势必导致风险加大，于银行经营不利，王郅隆死后，金城银行对裕元纱厂的放款有所控制，绝对数与相对占比均有下降，但仍有相当规模，1927年对裕元纱厂放款90余万元，在棉纺织业贷款中约占28%，接近30%（见图3-3）。[2]

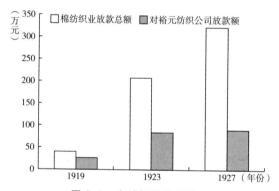

图3-3 金城银行放款情况

资料来源：根据中国人民银行上海市分行金融研究室编《金城银行史料》（上海人民出版社，1983）第157页表格绘制。

金城银行商业放款初期高度集中于股东经营之商号。金城银行最大股东、董事长王郅隆等将金城银行视为私家金库，任意利

---

[1] 中国人民银行上海市分行金融研究室编《金城银行史料》，上海人民出版社，1983，第157页。

[2] 中国人民银行上海市分行金融研究室编《金城银行史料》，上海人民出版社，1983，第157页。

用金城银行资金进行周转，将其掌控之公私资金均存于行内，资金紧张时，亦随意提取，为其所经营之工商行号进行资金融通。1919 年仅对王郅隆元庆一家商号之放款即超过 47 万元（见表 3-10），占当年商业放款之 27%，且借款方式以透支为主，不做任何抵押。1920 年之后金城银行逐渐收缩股东商号贷款，分散投资，向市场化转变。王郅隆死后，金城银行大幅缩减对其商号之放款，1923 年元庆号以裕元纺织公司 25 万元股票与地契作抵，向金城银行申请 30 万元贷款。金城银行以数额过大、不利于资金周转为由，表示："碍难照办。且以我行营业而言，大都数小户散，收集较易，盖于放款之中，预留灵活地步，否则数巨户尟，似非所宜。"① 1925 年以后，金城银行逐渐停止对王郅隆等股东经营之商号进行放款，逐渐转向市场散户及通成等附属商业公司。

表 3-10　金城银行对王郅隆投资商号及自营附属
事业放款情况（1919~1927）

单位：元

年份	元庆号	天庆仁五金号	丰大号	通成公司
1919	476210	—	—	—
1920	54313	—	—	—
1921	21501	31126	—	3390
1922	5197	17219	—	192061
1923	249833	6926	52293	160278

---

① 金城档案："总处致津行函"，1924 年 3 月 25 日，中国人民银行上海市分行金融研究室编《金城银行史料》，上海人民出版社，1983，第 177 页。

续表

年份	元庆号	天庆仁五金号	丰大号	通成公司
1924	221378	4522	76507	62485
1925	—		85730	50105
1926	—	—	235000	47001
1927	—	—	1333342	161613

资料来源：中国人民银行上海市分行金融研究室编《金城银行史料》，上海人民出版社，1983，第176页。

但附属事业及主要投资人经营之商号，始终为金城银行商业放款之重点方向，甚至有随时间推移而增加的趋势。1927年此类贷款在商业贷款中占比增至42%以上（见表3-11），这主要是因为对通成公司等附属事业的放款增加，反映出金城银行集团化经营倾向。商业放款第二集中去向为贸易公司，1923年占16.09%，1927年占14%，旧式商号（金店、金号）放款占比则基本在1%以下，这反映了金城银行与新式商业的密切联系。

至1927年前，金城银行工矿业放款之集中倾向仍然明显，主要表现为行业集中与大户集中。纺织业放款在北四行工矿业放款中占比始终保持在46%以上，为最集中领域。另外，各行业大户集中放款现象突出，最大单户放款占比多在40%以上，这导致贷款风险加大。但随着时间推移，金城银行逐渐拓宽放款领域，分散风险。从行业分布看，1919年放款仅限于纺织、化学与面粉三个行业，放款对象仅9家企业。1927年扩展至15个行业，企业数量增至48个（见表3-12）。

表3-11 1919年、1923年、1927年金城银行商业放款分类统计

行业	1919年			1923年			1927年		
	数量（户）	金额（元）	金额占比（%）	数量（户）	金额（元）	金额占比（%）	数量（户）	金额（元）	金额占比（%）
金城银行附属事业与主要投资人经营之商号	1	476210	27.10	4	469330	18.49	5	1821055	42.19
贸易公司	4	79279	4.51	11	408636	16.09	21	604428	14.00
洋行	6	265586	15.11	10	251506	9.91	8	213416	4.94
粮、盐、南北货	8	92709	5.27	10	217257	8.56	12	167946	3.89
建筑材料	1	21219	1.21	2	19465	0.77	4	38204	0.89
花、纱、绸、布（附洋货、服装）	2	54237	3.09	7	247739	9.76	5	70561	1.64
金店、金号（旧式）	4	42348	2.41	2	23302	0.92	1	8453	0.20
其他	89	725812	41.30	206	901381	35.50	183	1392179	32.25
总计	115	1757400	100.00	252	2538616	100.00	239	4316242	100.00

注：其他包括5000元以下散户，及5000元以上不能确定行业性质的商号。表列三个年份中，可以确定商业性质的商号户数仅占20%左右，金额占60%左右。

资料来源：中国人民银行上海市分行金融研究室编《金城银行史料》，上海人民出版社，1983，第175页。

表 3-12 1919 年、1923 年、1927 年金城银行工矿业放款统计

行业	1919 年				1923 年				1927 年			
	企业数量（家）	金额（元）	平均（元）	最大单户占比（%）	企业数量（家）	金额（元）	平均（元）	最大单户占比（%）	企业数量（家）	金额（元）	平均（元）	最大单户占比（%）
纺织	5	402687	80537.4	65.2	14	2073958	148139.9	51	14	3223643	230260.2	29.6
化学	3	309882	103294	85.7	3	639415	213138.8	71.8	5	1332372	266474.4	58.9
面粉	1	116976	116976	100	5	536909	107381.8	47.5	6	596025	99337.5	36.9
煤矿					6	548925	91487.5	74	9	727563	80840.3	44.4
其他工业					7	270081	38583	42.9	14	988803	70628.8	45.5

资料来源：根据中国人民银行上海市分行金融研究室编《金城银行史料》（上海人民出版社，1983）第 157～159 页表格整理。

但仍以纺织、化学、面粉、煤矿放款规模最大，四行业放款占比约为 86%，其他工业均为零星放款。但贷款大户已不仅限于旧式股东投资的公司，而是更倾向于各行业实力强、规模大的企业，表明北四行受特权阶层束缚状况已有较大改观，逐渐向普通民族资本性质转型。

金城银行放款对象按性质可分为工矿企业、商业、个人、铁路、军政机关、其他，单从规模与占比看，工矿企业与商业合计占 50% 左右，为最大用款去向，个人放款占 17%~25%。铁路放款呈快速增长趋势，军政机关放款初期占比在 30% 以上，1923 年迅速收缩，主要由北京政府债信低下所致，但到 1927 年仍占14% 有余，与铁路放款规模相当（见表 3-13）。且如前所述，随着时间推移，工矿企业和商业放款逐渐压缩旧股东投资公司的放款，转向普通工矿企业和商业放款，表明北四行市场化倾向明显。

二 北四行联营事业

北四行成立于华资银行发展高潮时期，北京政府内部混乱，财政没落，忙于内耗与发行公债，无暇顾及金融市场之整顿。当时金融市场为外资银行与旧式钱庄所垄断已久。华资商业银行实力孱弱，既无完善的市场竞争机制，亦难以得到政府的制度性保护。1920 年以后，西方列强卷土重来，华资银行多为初设，规模偏小，信誉低下，欲在短期内立足并发展，唯有内部联合，抱团取暖。金城、大陆、盐业、中南四行均处于发展初期，且经营范围均以华北地区为中心，在盐业银行经理吴鼎昌倡议之下，于 1921 年设立金城、盐业、中南三行联营事务所。一年之后，邀请大陆银行加入，

表3-13 1919年、1923年、1927年金城银行放款类别统计

单位：元，%

放款对象	1919年			1923年			1927年		
	金额	占比	比数	金额	占比	比数	金额	占比	比数
工矿企业	834340	15.00	100.00	4259080	31.94	510.5	6996253	25.55	838.5
商业	1757400	31.59	100.00	2538616	19.04	144.5	4316242	15.76	245.6
个人	981414	17.64	100.00	2899172	21.74	295.4	6662114	24.33	678.8
铁路	217840	3.91	100.00	801824	6.01	368.1	4009612	14.64	1840.6
军政机关	1731529	31.12	100.00	2176433	16.32	125.7	3932498	14.36	227.1
其他	41151	0.74	100.00	659768	4.95	1603.3	1469595	5.36	3571.2
总计	5563674	100.00	100.00	13334893	100.00	239.7	27386314	100.00	492.2

资料来源：中国人民银行上海市分行金融研究室编《金城银行史料》，上海人民出版社，1983，第155页。

三行联营转为四行联营。北四行所设联营机构与联营企业主要有四行准备库与四行储蓄会。此外，在银行其他业务方面均实行联合经营。

（一）四行准备库与联合发行钞票

四行联营初期主要联营事务，即为四行联合发行中南银行钞票。早于 1915 年 10 月，北京政府即颁布《取缔纸币条例》，禁止新设银行，或已经设立但尚未发行纸币之银行发行纸币。[1] 因法规限制，加之发行纸币有挤兑风险，1916 年以后已少有新设银行获批发行钞票。中南银行成立于 1921 年，按常规无法取得钞票发行权，但总经理胡笔江利用其在北京金融界与政界之人脉资源，上下活动，以投资人是侨商为由，获准发行钞票。但中南银行根基未稳，信誉低下，发行钞票亦面临挤兑风险，希冀借助四行联营，由四行联合发行钞票，共同准备，共担风险。因钞票发行可获厚利，故其他三行均积极响应。1922 年 9 月，四行准备总库于上海设立，另于天津、北京、上海、汉口等凡有四行分支机构的地方，均设立分库。根据《四行准备库规约》，成立四行准备库，办理钞票发行准备及兑现一切事宜。钞票发行费用及其他损益，四行公摊；四行准备库章程及钞票准备金章程由四行共同议定。[2]

中南银行钞票由四行共同担保，且始终保证十足准备发行，所发兑换券长期保持较高社会信誉，在其十几年发行历史中，从未发生挤兑事件。故此，四行准备库钞票社会信誉良好，发行规

---

[1] 《取缔纸币条例》第 2 条，载吉林省金融志编纂委员会、长春市金融志编纂委员会编《金融法规汇编》，吉林省金融志编纂委员会、长春市金融志编纂委员会印行，1989，第 300 页。

[2] 《四行准备库规约》，载中国人民银行上海市分行金融研究室编《金城银行史料》，上海人民出版社，1983，第 91 页。

模与流通区域连年扩大，为中交两行纸币之外第三大流通纸币，在全国纸币流通量中占比基本保持在 6% 以上（见表 3-14）。

表 3-14 四行准备库钞票发行状况（1922~1927）

年份	1922	1923	1924	1925	1926	1927
发行额（万元）	250	1407	1274	1451	1542	1733
比数	100	562.8	509.6	580.4	616.8	693.2
占全国钞票发行总额百分比（%）	2.12	10.01	8.41	7.08	6.73	6.61

资料来源：中国人民银行上海市分行金融研究室编《金城银行史料》，上海人民出版社，1983，第 299 页。

（二）四行储蓄会

为扩大资金来源，四行联营以后，于 1923 年在上海设立四行储蓄会，吸收储蓄存款。四行储蓄会实行会员制，四行为发起会员，存款者为普通会员。储蓄会不采取当时社会流行的抽签给奖办法，而是提倡正当储蓄，由发起会员对储蓄存款"负保本保息之责"，即凡存款均可百分之百获取利息，另可享受年终分红，故而受社会公众欢迎，存款迅速增加。四行储蓄会所吸收之存款主要由北四行用于开展再贷款、再贴现业务，利率低于市场利率。储蓄会充当了"银行的银行"角色，成为北四行稳定的资金供给来源。储蓄会亦依托北四行形成稳定的资金运用渠道。因其贷款对象以北四行为主，倒账风险几近于零。借助北四行社会声誉及有效管理，四行储蓄会存放款业务发展迅速，几年之内即成为国内知名储蓄银行。随着经营规模扩大，利润连年增长。1923~1927 年，四行储蓄会存放款业务增长约 19 倍（见图 3-4），纯利润增长 13 倍以上。

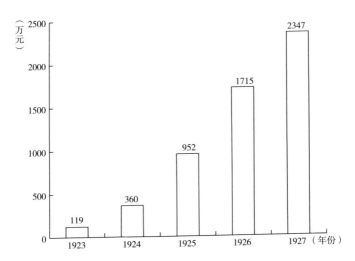

图 3-4　四行储蓄会存款增长情况（1923~1927）

资料来源：根据中国银行总管理处经济研究室编《中国重要银行最近十年营业概况研究》（中国银行总管理处经济研究室，1933）第 315 页数据绘制。

（三）北四行业务的联合发展

除钞票发行与储蓄业务设立联营机构，联合经营以外，其他业务方面，亦能够做到相互支援，多以"北四行"整体名义发布广告宣传，在社会上以"北四行"共同体面貌存在，实现共同发展。以放款业务为例，民国初期因华资银行规模较小，为分散风险起见，大宗放款业务多以组织银行团方式进行。北四行既已联营，合作尤为密切。

事实上，北四行所经营之大宗放款业务，多数为"联合营业"业务，由四行或其中两三家银行合作进行。四行中任何一行承担之放款业务，均与其他三行或其中一二行联合承做。现举几例。1921年金城、盐业、中南三行联合向中兴煤矿公司发放定期借款，合同表述如下："今因公司需用款项，向三行订借定期及透支款项，双方议定条件如下……"①此笔借款1925年到期，中兴公司续借，金额增为100万元，续借各项事宜亦由三行经理协商确定。"中兴公司定期借款［金额增为100万元］一事，承我兄与笔江、达诠商洽，均允维持，至为欣纫。……兹将草案并担保品清单附去，即请与达诠、笔江两兄协议，三行意见如何？能否定局？仍盼酌示为荷。"②1922年金城银行承揽裕元纱厂50万元放款业务，即转做联合业务，与其他三行共同承做。1922年，金城、盐业、中南、大陆四行联合承放交通银行抵押贷款100万元。1922年金城银行承揽裕元纱厂50万元放款业务，即转做联合业务，与其他三行共同承做。1922年，金城、盐业、中南、大陆四行联合承放交通银行抵押贷款100万元。

政府机关放款为银行界放款重点领域之一。北四行得近水楼台之利，尤其注重政府放款。政府放款多为大宗贷款，银行界多组织银行团贷放，此亦为北四行联合经营之重点领域。兹以财政部借款观察之。1920~1928年财政部向各银行借款12笔，除2笔信息不详外，其余北四行都有参与（见表3-15）。

---

① 金城档案："中兴煤矿借款合同"，载中国人民银行上海市分行金融研究室编《金城银行史料》，上海人民出版社，1983，第169页。
② 金城档案："中兴总经理朱启钤致周作民函"，载中国人民银行上海市分行金融研究室编《金城银行史料》，上海人民出版社，1983，第170页。

表 3-15 1920~1928 年财政部向各银行借款记录

单位：元

借款部门	借款日期	放出总额	欠款	合放银行	备注
财政部警察厅服装借款十二行合放户	1920 年 12 月 20 日	280000	225681.06	中国、交通、盐业、金城、大陆、劝业、汇业、新享、东陆、豫丰	
财政部九六公债一期付息户	1922 年 9 月 21 日	盐余借款联合壹*两次合放 洋 640000	洋 41040	中国、交通、盐业、金城、中南、大陆、实业、四明、汇业	约定以三个月为期，期满后于 1922 年 12 月 28 日将押品处置，变价归还
财政部华比名义九行合放户	1925 年 6 月 24 日立合同	2400000	欠本款 1485916.80	中国、交通、盐业、金城、中南、大陆、实业、四明、汇业	
代兑中法券垫款利息户（甲户）	1925 年 8 月 31 日	427379.84		29 行合放	
代兑中法券垫款利息户（乙户）	1925 年 8 月 31 日转账	665034.21			此项欠款应照数拨付美金债票，迄未拨到
财政部借款汇理盐余担保六行合放户	1925 年 11 月 10 日立合同	500000		中国、交通、盐业、金城、中南、大陆	

续表

借款部门	借款日期	放出总额	欠款	合放银行	备注
财政部德发、津浦债票抵借五行合放户	1926年4月9日	300000		中国、交通、盐业、金城、大陆	
财政部胶、大两关民船税借款六行合放户	1927年6月3日	999955.48		中国、交通、盐业、金城、中南、大陆	
财政部接济劝业借款户	1928年5月8日	100000		中国、交通、盐业、金城、大陆、汇业、农工、实业、懋业	
财政部临时借款户	1927年10月12日	200000		中国、交通及北四行	
财政部华比出面汇理盐余担保户	1925年12月1日	500000		中南、交通、金城、大陆、实业、直隶省、华比	
财政部发付山东协饷借款户	1925年10月6日	600000		中南、大陆	于1927年12月20日到期

* "壹"应当为"团"，系原文如此。

资料来源：黑广菊、刘茜主编《大陆银行档案史料选编》，天津人民出版社，2010，第336~337页。

公债为北京政府时期华资银行重要投资领域，北四行虽未联合投资，但亦能做到互通声气、利益均沾，遇有获利信息，即通过书信、电报等方式互相通告。如此做法，可使得四行利益共沾、联合发展，亦可分散风险。如 1922 年盐业库券出现投机行情，周作民、吴鼎昌即致电胡笔江，透露投机信息。"盐券［特种库券］办法与历届无异，已为［吴鼎］昌亲见，并声明前押九千余万，［盐务］稽核所于四月一日前须定办法，嗣后不得再押等语，是不但库券确实，前欠亦必有办法，故无须另行交涉。盐［业银］行决自认票面一百（万）整数，招揽六、七十数，金［城］认三十，连兄者共二百八十数，此间各行所认总数五五。"① 类似事例不再一一列举。政府公债均为大规模发行，四行采取联合认购方式。1926 年四行联合认购直隶善后公债 80 万元。"查直隶省政府，前以募集本省善后公债，要求盐业、金城、中南及敝处四行共认购 80 万元，计每行认购 20 万元，以表提倡赞助之意。业经四行会商均已允办此项善后公债。"② 1925 年天津电话局发行扩充营业短期债券 250 万元，金城、盐业、大陆、中南、新华五行组织银行团，代为募集。③ 1926 年北四行、浙江兴业银行代理中兴煤矿公司债券发行（300 万元）业务。④

---

① 金城档案："周作民、吴鼎昌致胡笔江电"，1922 年 1 月 21 日，载中国人民银行上海市分行金融研究室编《金城银行史料》，上海人民出版社，1983，第 206 页。
② 黑广菊、刘茜主编《大陆银行档案史料选编》，天津人民出版社，2010，第 251 页。
③ 黑广菊、刘茜主编《大陆银行档案史料选编》，天津人民出版社，2010，第 255 页。
④ 黑广菊、刘茜主编《大陆银行档案史料选编》，天津人民出版社，2010，第 257 页。

三 北四行初期发展态势及经营特色

（一）规模扩大，地位上升

北四行发展初期借助军阀官僚阶层资金与特权支持，同时得新式金融人才管理之便，经营中逐渐摆脱旧式宗族帮派等陈旧理念束缚，随着民族资本主义发展潮流，顺势而行，成功完成由旧式资本集团附庸向市场化经营的转型。且在经营中注重信誉，四行联合经营，扬长避短，仅十年左右时间即发展成为国内显赫之金融集团势力，是为旧式资本与新式金融经营相结合之典范。在资金充裕、新式经营、联合经营等有利因素促动之下，尽管国内金融业风潮频现，北四行各类业务发展仍几乎呈直线上升趋势。

如表 3-16 所示，除中南银行以外，其他三行自开业至1927 年股本增长均在 10 倍以上（大陆银行开业时实收股本仅38 万元，1919 年底收足 100 万元），中南银行开业时实收资本即有 500 万元规模，1927 年增至 750 万元（见表 3-16）。主要业务增长方面，除中南银行外，其他三行存放款业务基本增长了6～19 倍，中南银行 1921 年因开业伊始即加入四行联营，加之总行设于上海，存放款业务规模自开业时即较大，之后基本平稳增长，至 1927 年增加了 2～5 倍，业绩可观。有价证券投资增长更快。1917 年末，金城银行账列有价证券不满 3 万元，1927 年超过708 万元，增长了 200 多倍。北京政府时期企业债券尚未形成规模，北四行投资债券多为政府债券与铁路债券。相比透支放款，债券收益高且有实物担保，故能引发银行投资兴趣，金城银行1927 年债券构成中，北洋军阀政府各项债券占 74.56%，国民党

表3-16 北四行发展状况（1915～1927）

单位：元

年份	金城银行					盐业银行				
	实收股本	存款	放款	有价证券	纯益	实收股本	存款	放款	有价证券	纯益
1915	—	—	—	—	—	644000	4630000	4020000	—	90000
1916	—	4046913	—	—	—	1250000	8060000	5420000	—	330000
1917	500000	9202612	3782700	27484	96080	1500000	8140000	6220000	—	400000
1918	1031480	9807460	6513704	233779	368478	1750000	11240000	10500000	—	800000
1919	2111458	11984831	6958968	495357	646913	2500000	16460000	16610000	—	1190000
1920	3702071	9999136	8515765	1081837	898699	3500000	15140000	17900000	—	1650000
1921	4862660	13700066	10516927	2677515	1204621	3500000	15700000	16740000	—	1610000
1922	5601395	16893749	13282829	2066701	1214627	5000000	17841363	18359306	3291334	1716768
1923	5774634	19909539	15114394	2761254	1287623	5500000	17841005	21979741	2357230	1838324
1924	6501718	27030530	17109922	4096098	1330803	6000000	23303435	25809828	1133058	1708457
1925	7305780	33803838	23478604	4261168	1356266	6500000	27756471	27362569	2995185	1855983
1926	8059167	34986920	25843662	5631286	1258543	7000000	34393687	36593158	4050988	1438295
1927	8752646		27295378	7081248	990617	7500000	40753667	46037283	不详	1217829

续表

年份	大陆银行					中南银行				
	实收股本	存款	放款	有价证券	纯益	实收股本	存款	放款	有价证券	纯益
1915	—	—	—	—	—	—	—	—	—	—
1916	—	—	—	—	—	—	—	—	—	—
1917	—	—	—	—	—	—	—	—	—	—
1918	—	—	—	—	—	—	—	—	—	—
1919	1000000	2349713	393071	—	227899	—	—	—	—	—
1920	151600	102732	1065891	95	441332	—	—	—	—	—
1921	2000000	2105340	876168	247831	498340	5000000	5660000	7399409	44378	402621
1922	2500000	2706924	2337790	1385226	436966	5000000	6430000	4680540	1197050	800777
1923	2568300	4610292	4865675	1130586	695687	5000000	11680000	8355741	1751430	908131
1924	3058500	14925774	4717361	157028	897229	5000000	18140000	11668581	3070744	1126516
1925	3345800	23089735	6408207	3297101	880663	5000000	21750000	13418883	1951797	1362289
1926	3561900	29310969	6435930	4971823	655932	5000000	32610000	24088178	3295947	1127420
1927	3570400	23664305	3326811	2927172	451779	7500000	33660000	24911291	4825672	796269

注：盐业银行数据精确至万元部分，原文如此。

资料来源：金城银行数据根据中国人民银行上海市分行金融研究室编《金城银行史料》（上海人民出版社，1983）第117~118页数据整理。盐业银行资料根据1915~1921年数据转引自王锋《盐业银行概况研究（1915—1937）》（硕士学位论文，河北师范大学，2006）；1922~1927年数据根据中国人民银行北京分行金融研究所《北京银行概况研究》《北京金融志》编委会办公室编《北京金融志》第445~446页表格数据整理。大陆银行资料根据北京分行金融研究所刘茜主编《大陆银行档案史料选编》（大陆人民出版社，2010）第466~467页表格数据计算整理。中南银行资料数据根据广菊、夏秀丽主编《中南银行档案史料选编》（天津人民出版社，2013）第669页数据整理。

政府二五库券占 6.92%，各项铁路债券占 12.61%（其中外币债券占 4.03%），各项地方债券和其他债券等只占 5.91%。[①]

因经营得当，北四行在国内银行倒账风潮中，未出现亏损，且收益快速增长。与开业时相比，1926 年金城与盐业银行盈利增长 10 倍以上，大陆、中南银行增长约 2 倍。1927 年受战争影响有所回落，但盈利规模亦相当可观。

横向比较，北四行在全国银行界地位与影响迅速增长。20 世纪 20 年代初，金城、盐业银行业务规模排名尚在前五之外，位居东亚银行、中兴银行与上海商业储蓄银行之后，之后占比连年上升，1926~1927 年盐业银行放款规模在全国 28 家重要银行中占比超过 5%，成为仅次于中国、交通两行的第三大华资银行，金城银行紧随其后，排名第四。大陆、中南两行在全国重要银行中占比亦有所增加。1926~1927 年，四行一会存款、放款业务在全国重要银行中占比超过 16%，其有价证券投资在 1924 年已超过 20%，四行一会成为举足轻重之金融集团（见表 3-17）。

四行储蓄会成立当年，储蓄存款总额在全国 28 家重要银行中占 5%，1927 年其储蓄存款占比已超过 30%[②]，成为全国最大储蓄银行，在同业遥遥领先。

（二）审时度势，迎合政治势力经营风格的形成

与同时期其他北方官商资本投资之金融机构相比，北四行总

---

① 中国人民银行上海市分行金融研究室编《金城银行史料》，上海人民出版社，1983，第 202~205 页。
② 中国银行总管理处经济研究室编《中国重要银行最近十年营业概况研究》，中国银行总管理处经济研究室印行，1933，第 16 页。

表3-17 四行一会主要业务在全国重要银行中占比情况 （1921~1927）

单位：%

年份	盐业银行			金城银行			大陆银行			中南银行			四行储蓄会			合计		
	存款	放款	有价证券	存款	放款	有价证券	存款	放款	有价证券	存款	放款	有价证券	存款	放款	有价证券	存款	放款	有价证券
1921	3.67	4.09	1.75	3.18	2.86	4.93	1.17	1.22	2.55	1.37	2.10	0.06	—	—	—	9.39	10.27	9.29
1922	3.85	4.30	5.89	3.78	3.72	3.10	2.04	2.10	2.02	1.27	1.83	2.14	—	—	—	10.94	11.95	13.15
1923	3.69	4.65	4.68	4.08	3.99	4.32	2.49	2.55	3.12	2.13	2.68	3.48	—	0.15	2.60	12.39	14.02	18.2
1924	4.33	5.33	1.89	4.31	4.05	5.86	2.69	2.59	5.49	3.23	3.84	5.11	0.21	0.40	3.27	14.77	16.21	21.62
1925	4.06	4.69	4.63	4.41	4.33	5.68	3.18	2.87	7.06	2.98	3.70	3.02	0.58	0.59	6.48	15.21	16.18	26.87
1926	4.23	5.09	4.50	4.20	4.12	5.60	3.37	3.08	6.61	3.50	3.99	3.00	1.22	1.24	5.52	16.52	17.52	25.23
1927	4.18	5.07	3.66	4.35	4.01	5.96	2.65	2.28	3.07	3.46	3.77	4.65	1.83	1.93	5.56	16.47	17.06	22.9

资料来源：根据中国银行总管理处经济研究室编《中国重要银行最近十年营业概况研究》（中国银行总管理处经济研究室印行，1933）第12~18页表格数据整理计算。

经理全部为新式金融人才。虽为旧式官僚投资，但注重采用新式企业管理模式，注重与民族工商业保持较为密切的联系，有意识摆脱旧式股东掣肘，进行市场化转型，但在市场机制不完善、军政特权高于法律的特殊背景之下，以京津地区为核心区域的北四行仍然形成了主动迎合政治势力、靠拢特权阶层的经营风格。

北四行除中南银行以外，其余均以军政人物或下野官僚为发起股东。北四行非常注重利用股东在军政界的人脉关系，探听内幕消息，揽做政府放款，买卖政府债券。中南银行虽为侨商出资，但总经理胡笔江长期任职于北京交通银行，善于钻营，加之与其他三行联营，其经营风格与其他三行如出一辙。盐业银行总经理吴鼎昌民国元年已入仕途，先后担任天津造币厂监督、财政次长等职，为安福系要员，深谙官场之道，因段祺瑞政治失势而退出政坛，专事金融。但吴鼎昌善于钻营，政治嗅觉敏锐，任盐业银行总经理后，仍非常注重与政界人士保持密切联系，借以获取经营便利。以放款为例，盐业银行发起股东多为清旧僚、北洋军阀，吴鼎昌即利用股东在政界之人脉关系，探听政界信息，揽做政府贷款。故此，盐业银行以政府贷款与债券投资为资金主要流向，这可从盐业银行北京分行业务占比中得以反映。1922~1927 年，盐业银行北京分行存款占比始终保持在 30% 以上，放款占比在 40% 及以上（见表 3-18）。北京工商业不发达，盐业银行存贷款对象均主要为北洋军阀官僚与政府机关。盐业银行还注重债券投资与投机经营，北伐战争后期，北京政府大势已去，其发行债券行市大跌。吴鼎昌则派专人赴广州探听国民政府态度，得知国民政府继续承认北京政府债券后，即大行购进袁政府善后大借款债券，待行情上涨后赚取巨额差价。

表 3-18 盐业银行北京分行存贷款情况统计（1922~1927）

单位：万元，%

年份	各项存款	占全行存款总额比重	各项放款	占全行存款总额比重
1922	809	45	839	46
1923	796	44	1077	49
1924	943	44	1391	54
1925	982	35	1393	51
1926	1097	32	1621	44
1927	1319	32	1868	40

资料来源：中国人民银行北京分行金融研究所《北京金融志》编委会办公室编《北京金融史料·银行篇》四，中国人民银行北京分行金融研究所《北京金融志》编委会办公室印行，1993，第419页。

　　金城银行的放款较为偏重工业，但存款主要面向特权富豪阶层，吸收大户存款。为揽取军阀官僚等富豪的存款，迎合其吃喝嫖赌玩各种喜好，各项交际费用均由银行承担。另应其要求，给予存款大户各种便利，并注重培养私人关系，以感情招揽客户存款。在其"上层战略"公关之下，当时军政要员纷纷将钱存入金城银行，如徐世昌、梁士诒、靳云鹏等在金城银行之存款常年保持在 10 万元以上，安徽省主席陈调元在金城银行之存款额高达 500 万元。这使得北四行形成了靠拢、依附军政特权的经营习惯。北京政府垮台以后，北四行积极向南京政府统治集团靠拢，以期与新政治权贵攀附关系，获取政治庇佑与超市场经营便利。如北伐战争后期，战争胜负已定之时，吴鼎昌即利用《大公报》等媒体吹捧炒作，提高北四行金融地位，希冀引起蒋介石对北四行的重视，其个人亦投机跻身蒋政府统治集团，以寻求新的政治靠山与特权优势。金城银行亦通过政学系向蒋介石政权通融关系，四行储蓄会主任钱新之自 1929 年起即担任财政次长要职。国民政府迁都南京之后，北四行迅速将经营重心南迁上海，继续依附新的军政集团，此为后话。

第四节　以纸易金——奉系资本集团"贸易纸币"与金融托拉斯经营分析

奉系财团通过控制东北地方银行，同时投资东三省银行、边业银行等商业金融机构，以政治特权发行纸币，经营附属事业，垄断东北粮食与土特产品买卖，无本经营，形成集金融、运输、贸易于一体的托拉斯组织。

一　无本经营——以代理省库与发行纸币为主的负债业务体系

（一）地方纸币发行

奉系集团在 1916 年张作霖出任奉天省省长以后，迅速清除异己，实现对东三省的完全控制。奉系集团主政东北时期，东三省地方金融机构——东三省官银号、吉林永衡官银号、广信公司（黑龙江省官银号于 1919 年合并至广信公司），全部处于奉系军阀控制之下，享有发行纸币与代理省库特权。东三省地方银行虽为现代金融机构，但并不注重吸收存款，资金主要来源于发行纸币与代理省库。时人评论："官银号存款一项营业向不发达。良以纸币之发行，漫无限制，不忧款项不敷应用，自无吸收市面游资之必要。"① 东三省官银号自 1917 年起，以整顿纸币为名，发行大洋票，主要流通于奉天；吉林永衡官银号垄断吉林官帖发行；广信公司自成立时起即拥有江帖的垄断发行权，1913 年起，黑龙江官帖停止兑换银元，成为不兑现信用纸币。东三省官银号 1924 年底定期存款余额仅 71901.15 元，活期存款虽达 57893505.19 元，但 95% 以上为政府存款，普通商业存款占比不到 5%。② 如此计算，东三省官银号普通存款不过 30 万元左右，而其 1925 年 1 月仅大洋票发行额即有 13000 多万元，纸币发行几乎成为其唯一的资金来源渠道。③ 其他两家地方银行——吉林永衡官银号与广信公司的业务经营模式完全相同。吉林永衡官银号存款业务主要吸收政府资金，历年政府存款占比在 98% 以上，除财政存款及同业往来存款以外，普通存款占比仅为 1% 左右。④ 1917~1921 年吉林省官银号主要负债项目如表 3-19 所示。

表 3-19　吉林省官银号主要负债项目（1917~1921）

单位：元

年份	各署局往来存款	其他往来存款	暂记存款	发行期票	发行官帖	总额
1917	2112543.24	492953.38	2104114.22	488854.26	15034283.26	20232748.36
1918	926810.93	4105159.90	4678890.90	122138.92	32479987.61	42312988.26

① 侯树彤：《东三省金融概论》，太平洋国际学会，1931，第 129 页。
② 姜宏业主编《中国地方银行史》，湖南出版社，1991，第 123 页。
③ 戴建兵：《中国近代纸币》，中国金融出版社，1993，第 170 页。
④ 根据《吉林省官银钱号出入对照表》计算，参见傅文龄主编《吉林永衡官银钱号》，吉林延边大学出版社，1993，第 707~739 页。

续表

年份	各署局往来存款	其他往来存款	暂记存款	发行期票	发行官帖	总额
1919	6351089.43	2370725.59	3254065.90	102097.40	42135819.72	54213798.04
1920	3545513.07	926875.74	1001144.85	11081.58	2611616.71	8096231.95
1921	1861720.31	259360.85	2138242.47	98555.77	26925283.19	31283162.59

注：表格中数额为各类纸钞折合现大洋数。

资料来源：根据《吉林省官银钱号出入对照表》整理，参见傅文龄主编《吉林永衡官银钱号》，吉林延边大学出版社，1993，第707~739页。

除利用官办银行发行纸币之外，奉系财团另通过投资私营银行发行纸币。如边业银行虽为张作霖家族私营银行，但自1925年迁入奉天以后，即获得与东三省官银号等机构同等的发行纸币特权。此外，边业银行虽为私营银行，但因其为张作霖私家银行，亦被赋予代理省库特权。张作霖还利用职权将其他公款存入边业银行，如曾将所扣留之几千万元盐税以及中国掌管之中东铁路收入存入边业银行。与官办银行相同，边业银行亦以纸币发行为主要资金来源，存款业务极不发达。1931年哈尔滨边业银行各项负债余额1013.7万元，其中存款仅17.7万余元，而与总行往来项目为948万元，占比约为94%[1]，仅有之存款来源亦主要为政府公款，普通商业存款微乎其微。

---

[1] 王文卿：《哈尔滨边业银行》，载中国人民银行哈尔滨市分行金融办公室编《哈尔滨金融史料文集（1896—1945年）》，中国人民银行哈尔滨市分行金融办公室，1989，第114页。

（二）对哈大洋券发行权的争夺与垄断

除地方纸币以外，奉系资本集团还伺机参与哈大洋券发行，缩小中交两行势力范围。1919 年为整顿东北金融，北京政府批准中交两行发行哈大洋券，东三省官银号等地方金融机构并未获得相应权利。对此，奉系财团专门在哈尔滨设立东三省银行，与中交两行一起发行哈大洋券，以分享发行利益。东三省银行成立初期，奉天当局批准其发行限额为 300 万元，但文后附有"如信用昭著，可扩大限额"的保留意见。东三省银行仅 4 个多月，即突破发行限额。为进一步获取发行利益，张作霖批示："该行所发大洋券，既据声称信用昭著，300 万元为限原案应准注销。"[1] 自此，东三省银行可无限额发行钞票。在特权庇护之下，东三省银行发展迅速，至 1924 年 7 月，东三省银行在奉天、长春、吉林、齐齐哈尔等东北各大城市的分支机构达 22 处，另在上海、北京、天津等地设有办事处（1922 年 4 月第一次直奉战争中奉军失败后，北京分行撤销）。[2] 直奉战争期间，奉系集团以发行哈大洋券为筹集军费之主要途径，东三省银行哈大洋券发行量激增，至该行撤并前夕，哈尔滨及附近一带流通的 2000 万元哈大洋中，半数以上为东三省银行所发。钞票滥发引发挤兑风潮。为避免风险，奉系当局于 1924 年 7 月将东三省银行与奉天兴业银行，并入东三省官银号，撤回私人资本，改为完全官办。其发行之哈大洋券由东三省官银号负责收回。这样，奉系财团利用对政局的掌控，巧

---

① 黑龙江省地方志编纂委员会编《黑龙江省志·金融志》，黑龙江人民出版社，1989，第 140 页。
② 姜宏业主编《中国地方银行史》，湖南出版社，1991，第 374 页。

妙地将私人风险转化为政府风险，而东三省官银号也顺理成章地取得了哈大洋券的发行权。此外，1921 年黑龙江广信公司亦取得哈大洋券发行权，当年发行 250 万元[①]；1925 年边业银行哈尔滨分行获准发行哈大洋券。

为达到垄断目的，奉系当局出台各种地方法规，寻找机会，制造借口，扩大东北三家地方银行与边业银行纸币发行规模，压缩中交两行纸币发行规模。奉天当局对各行哈大洋券之发行均有限额规定，边业银行与广信公司均为 300 万元，东三省官银号 1000 万元，中国银行与交通银行各 500 万元。但边业银行与东三省官银号从未遵守规定，边业银行初设立时发行额即达 500 万元，次年增至 800 万元，至 1929 年达 1200 万元。[②] 之后，奉天当局即运用各种借口，增加东三省官银号与边业银行发行额度，限制中交两行规模。1926 年边业银行发行 800 万元，东三省官银号发行 2000 万元，两者合计 2800 万元，当年东三省哈大洋券发行总额为 4100 万元，两行合计约占 70%，远超中国银行 500 万元与交通银行 400 万元之发行规模。[③] 之后几年，奉系财团为垄断哈大洋券发行权，以稳定币值为由，连续减少中交两行发行限额，同时增加东三省官银号与边业银行发行限额，致使东三省官银号与边业银行成为哈大洋券主要发行银行，发行规模遥遥领先于中

---

① 哈尔滨市地方志编纂委员会编《哈尔滨市志·金融》，黑龙江人民出版社，1995，第 34 页。

② 王文卿：《哈尔滨边业银行》，载中国人民银行哈尔滨市分行金融办公室编《哈尔滨金融史料文集（1896—1945 年）》，中国人民银行哈尔滨市分行金融办公室，1989，第 110 页。

③ 任浩然：《哈大洋发行的起因及其流通》，《哈尔滨史志丛刊》1985 年第 1 期，第 21 页。

交两行（见图3-5）。

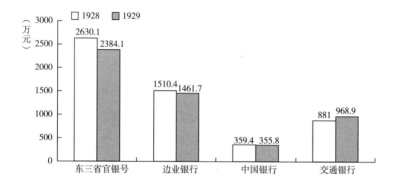

图 3-5 1928 年、1929 年四银行哈大洋券发行额比较

资料来源：根据哈尔滨市地方志编纂委员会编《哈尔滨市志·金融》（黑龙江人民出版社，1995）第 34 页数据绘制。

二 东三省地方银行附属事业及其运行机制

（一）东三省地方银行附属事业经营

东三省地方银行资金运用渠道有政府贷款、货币买卖、附属事业等多种形式，基本没有向普通工商业企业贷款经历，官厅贷款又因多不能收回，逐渐收缩，被视为"可有可无"业务。货币买卖与投机则因市场行情波动而时有亏空，难以扩大规模，附属事业则可恃资本优势形成对产业与商业的完全把控，成为地方银行稳定、无风险之投资渠道，进而成为东三省地方银行经营的核心业务。东三省地方官银号附属事业设立方式有两类：其一，接收破产或无力还贷企业，以抵押还债方式予以收购，纳为附属事业；其二，为避免利权外溢、振兴工商实业而专门投资设立，如铁路公司、矿产业、进出口贸易等，主要分布于资金门槛较高、普通资本无力投资的行业。20世纪20年代中期以后，东三省地方银行附属事业逐渐涉足工矿、轮运及铁路运输等领域。东三省官办银行经营之附属事业以所在省份为中心形成各自势力范围，进行集团化经营。其中以东三省官银号规模最为庞大，1929年3月统计数据显示，东三省官银号附属事业涉及粮栈、制粉、油坊、烧锅、皮毛、缫丝、制糖、金矿、煤矿、电灯以及当铺等11个行业，共有厂店、公司、分公司百余家，其中影响较大的有28家。① 吉林永衡官银号之投资以旧式典当与粮栈业最为发达，另在杂货、烧锅领域均有可观投资。民国时期曾有东北某大学组织之考察团，于吉林省城考察时，"瞩沿街商店，名号上冠永衡二字者，比比皆望"②。截至1919年，永衡官银号附属事业有19家，资本总额帖钱3218万吊，以当时大银元市价计算，约合656万元。此外还有附入各界司、局、厂股本，折合现大洋200多万元，各附属商号资本金总计约856万元。③ 广信公司则以油坊、火磨为主要投资方向，另在轮船业有投资。许多企业实力雄厚，获利约占官银号利润总额的50%。④ 1928年大连工商所调查之东三省官办银行主要附属事业情况如表3-20所示。此仅为其规模最大者，小规模事业则不计其数。

---

① 姜宏业主编《中国地方银行史》，湖南出版社，1991，第128页。
② 侯树彤：《东三省金融概论》，太平洋国际学会，1931，第174页。
③ 姜宏业主编《中国地方银行史》，湖南出版社，1991，第43页。
④ 姜宏业主编《中国地方银行史》，湖南出版社，1991，第128页。

表 3-20　1928 年东三省官办银行主要附属事业情况

行号	名称	行业	所在地	行号	名称	行业	所在地
东三省官银号	公济粮栈	粮商	大连	广信公司	广信升	钱业、粮食	哈尔滨
	公济当	典当	沈阳		广信通火磨	面粉	哈尔滨
	东兴泉	烧锅	沈阳		广信丰油坊	油业	哈尔滨
	广成公	烧锅	铁岭		广信轮船经理处	航运	哈尔滨
	东记油坊	油坊	哈尔滨				
	东兴火磨	制粉			广信电灯厂	电灯	齐齐哈尔
	纯益缫织公司	丝织			广信火磨油坊	油业	齐齐哈尔
	利达公司	皮毛及粮食出口	沈阳		惠济当	典当	齐齐哈尔
					广信皮庄	皮业	齐齐哈尔
吉林永衡官银号	永衡通达	粮栈	长春		广信当	典当	呼兰、绥化、庆城、海伦、巴彦
	永衡通	粮栈	长春				
	永衡达	粮栈	公主岭		广信电灯厂	电灯	呼兰、绥化
	永衡茂	粮栈	吉林		广记火磨	面粉	富拉尔基
	永衡德	杂货、钱庄	长春		广信涌	烧锅	海伦
	永衡长	金店	长春		广信煤矿	煤矿	胪滨、察罕敖拉
	永衡谦	烧锅、粮栈	长春				
	永衡升	烧锅、粮栈、当铺	长春		漠河金矿	采金	漠河
					库玛尔河金矿	采金	库玛
	永衡印书局	印刷	吉林		奇干河金矿	采金	室韦
	永衡电灯厂	电灯	吉林		观都金矿	采金	萝北、乌云
	永衡木业公司	木业	吉林		通原公司	木业	哈尔滨

　　资料来源：根据侯树彤《东三省金融概论》（太平洋国际学会，1931）第 171~174 页资料整理。

（二）附属事业"公私兼济"之经营模式分析

东北三家地方银行附属事业名为官办，实则为奉系财团利用官款开办之私营公司，运营资金全部由官银号提供，但企业经营及人事安排完全掌握于私人之手。"这些企业的经费大部分来自官银号，但是，尽管他们的大部分资本都由政府资金构成，他们却不被称为政府运营的企业，因为他们不是由政府任命的官员管理的。本质上他们是全部由私人运营的企业，与其他纯粹的私人商号没有区别，只是他们的相当一部分利润被转交给官银号（因为他们的大部分资本出自这个来源）。……实业家的高级文官朋友们如王永江可以安排使他们的公司通过这种方式得到政府资金的资助，因而得到他们所需的资本。"[1] 通过这种方式，奉系集团的军阀官僚得以借助官款牟取私利。附属事业经营利润按比例进行分配，东三省官银号附属事业 75% 的利润上交官银号，作为资本报酬；剩余 25% 则由内部留存，再从 25% 中提取 10% 分配给代照股，即银行职员。吉林永衡官银号附属事业利润之 70% 归官银号，25% 由内部留存，余 5% 归代照股。广信公司附属事业实行二八分利，即官银号得 80%，附属事业得 20%，再于 20% 中酌提 10% 归代照股，但代照股所得部分仅于总办与各级经理间分配。[2] 除此之外，地方银行每年从盈利中提取相当一部分数额，对附属事业进行分红。吉林永衡官银号与广信公司提取比例一般为 20%，东三省官银号无定数，多由省政府酌情确定。如此分配，

---

[1] 〔美〕薛龙：《张作霖和王永江：北洋军阀时代的奉天政府》，徐有威、杨军等译，中央编译出版社，2012，第 129 页。

[2] 侯树彤：《东三省金融概论》，太平洋国际学会，1931，第 175~176 页。

奉系集团公私两方均可得到可观利益，地方银行所得成为地方政府军政费用开支的可靠来源，官僚私人集团虽然仅获取了 15%～20% 的低比例利益，但因规模庞大，收益亦相当可观。更主要的诱惑在于零成本投资，亏损全部由地方银行承担，私人只享赢利，不担风险，此为奉系当局及其官员竭力扩大附属事业经营范围的根本动机。

三 奉系资本集团粮豆贸易与托拉斯经营

奉系当政时期，因粮豆贸易收益稳妥，东三省地方银行依恃纸币发行特权，以经营附属事业的形式，大肆进行粮豆贸易，实现"以纸易金"经营目标，形成纸币发行与粮豆贸易规模的交相扩大，最终形成对东北粮豆贸易的操控。

（一）粮豆贸易与东三省纸币的贸易发行

前已述及，东三省地方银行以纸币发行为主要资金来源，附属粮栈买卖粮豆所需资金由东三省地方银行无偿拨付，故东三省官帖发行规模很大程度上取决于粮豆买卖需要。所发官帖通过附属事业收购粮豆进入市场流通，由此完成纸币的贸易发行。东三省地方银行纸币贸易发行利润来源于两种渠道。第一，以纸易现。东北各类官帖为区域性流通货币，粮豆出口贸易则以现金交易，故东三省地方银行以官帖收购农产品，转而售于外省或外国，以现银或金票回收货款，在一买一卖之间，实现"以纸易金"交易。第二，赚取差价。因农业生产的周期性，东三省地方官帖发行为季节性发行。每到粮食收购季节，东三省地方银行为收购粮食与其他农产品，大量增发纸币。至次年春夏季节，粮商将粮豆转运出口，换取现金或金票，"以纸易金"过程完成。但因省内交易以官帖为主，故需再将现金由地方银行兑换为官帖，或者将所存粮豆出售，形成纸币回流，贸易货币完成发行过程。相较于贷款与投资业务，发行纸币进行粮豆买卖，经营成本几乎为零，且恃其资本优势，市场风险极低，故东三省地方银行均热衷于此。

（二）纸币发行与粮豆贸易规模的交相扩大

"以纸易金"贸易模式形成的巨大利益诱惑，使得东三省地方银行有足够动机扩大粮豆贸易规模，而粮豆贸易规模扩大又必然导致官帖增发，形成纸币发行与粮豆贸易规模交相扩大，恶性循环。在货币领域，表现为纸币发行量连年增加，价值下跌，以及奉系集团对纸币发行权的牢牢把控；在贸易领域，表现为东三省官银号恃依资本优势，持续扩大粮豆贸易规模，最终形成对东北粮豆市场的控制。

东三省官银号 1918 年最早附设粮栈，经营粮食买卖与存储业务。广信公司在其经营初期的十几年间，均以汇兑与贷款为主要业务，1920 年以后逐渐将经营重点转向粮豆买卖，而"贷款业务收缩，一度停滞"[1]。每年粮豆上市季节，在铁路沿线产粮区普设采购点，从事粮食收购业务。每年购进的小麦、大豆等农产品，仅齐齐哈尔一地就有六七万石。1928 年在黑龙江绥化收购 13

---

① 哈尔滨市地方志编纂委员会编《哈尔滨市志·金融》，黑龙江人民出版社，1995，第63 页。

万~14万石。① 各地采购的粮豆主要集中在哈尔滨出售，或转运大连换回正金钞票或金票。转手之间，获利倍蓰。1920年获利折合江洋38.2万元，1921年为江洋45.3万元，1922年增至江洋70.5万元，成为广信公司主要盈利业务。② 永衡官银号"初则未着意经营，一九二○年后，始步广信之后尘，沿吉长铁路大肆收买各种粮食"③。东三省官银号1918年即开始经营粮豆贸易，逐渐形成专业化经营，其附属贸易公司规模较大者有公济粮栈与利达公司东记。公济粮栈设立于1918年，开业资本奉大洋10万元。④ 公济粮栈总栈设于铁岭，同时设立奉天分栈，次年设立开原分栈。1920年以后，世界市场金价低落，大豆价格低迷，粮栈受损，增资20万元，并在开原附设机器油坊。1925年开设大连分栈，代理总处及南北满洲其他附属事业粮食买卖业务。每年秋收季节在公主岭、四平街、山城子、海龙、西丰、洮南、辽源、法库、通辽、新民等地设立临时分处，收购粮食。因粮豆贸易规模逐年扩大，公济粮栈连年增资，1927年增资至100万元。⑤ 利达公司东记原名"利达公司"，由奉天资本家丁广文（极宸）于1919年设立，经营东北猪鬃、皮毛等土特产出口贸易。因资本薄

① 亚擘：《黑省绥化县商业农产最近之状况》，《东三省官银号经济月刊》1929年第2期，第33页。
② 姜宏业主编《中国地方银行史》，湖南出版社，1991，第100页。
③ 吉林市金融系统修志办公室编《吉林永衡官银钱号及其发行的纸币》，吉林省金融系统修志办公室印行，1987，第45页。
④ 王元澄：《东三省官银号之沿革》，《东三省官银号经济月刊》1929年第1期，第29页。
⑤ 王元澄：《东三省官银号之沿革》，《东三省官银号经济月刊》1929年第1期，第29页。

弱，无力维持，1926 年由东三省官银号出资 400 万元接办，更名"奉天利达公司东记"[1]，专门办理毛革、粮食及特产出口，并调配中外货币，同时代理中外航运及进出口商品保管、商品抵押短期贷款及透支等业务。为支持其农产品贸易，东三省官银号拨资 200 万元作为固定资金，流动资金无限制供应。在东三省官银号雄厚资金支持之下，其经营规模迅速扩大，在纽约、哈尔滨等地设立了分公司，另在东三省各重要商埠设置了 19 个临时采运处。1928 年以后，东记土特产品（如猪鬃、马尾、羊毛、皮张等）畅销欧美等地。因资金充裕、实力雄厚，改组后之东记利润额由数十万元迅速增至 100 万元。[2] 依托纸币发行提供的充足资金，东三省地方银行附属粮栈逐渐将粮豆贸易视为主业，形成稳定的贸易格局。东三省官银号农产品贸易区域集中于南满铁路沿线，奉天、开原、铁岭、公主岭、大连各驿，以及奉海铁路沿线城镇。广信公司在黑龙江各城镇，均安排专人收购，于每年粮豆上市季节，在铁路沿线产粮区普设采购点，再集中于中东铁路沿线城市（如哈尔滨、安达等）出售，或转运大连换回正金钞票或金票。吉林永衡官银号沿吉长铁路收买粮豆，活动区域集中于吉林省内。

　　在充足资金支持之下，东三省地方银行粮豆贸易历年均在几十万石甚至百万石规模。据 20 世纪 20 年代日人对南满洲最大粮

---

[1] 王元沚：《东三省官银号之沿革》，《东三省官银号经济月刊》1929 年第 1 期，第 26 页。

[2] 全国政协文史资料委员会编《文史资料存稿选编》第 22 辑，中国文史出版社，2002，第 632 页。

食市场——开原的调查，每年经由开原发送之大豆、高粱等在 24
万吨以上，其最大贸易商即为东三省官银号附属之公济粮栈。
1926 年以后，公济粮栈对开原特产实行"包购"，独家垄断，抬
高收购价格，周边区域农产品纷纷运往开原市场，开原驿站发送
量骤增至 57 万余吨（见表 3-21）。此尚为东三省官银号粮豆贸易
在开原一地之规模，以此推算，其在东北之贸易总量当在几百万
吨规模。

表 3-21 开原驿站粮豆发送量统计（1922~1927）

单位：吨

年份	1922	1923	1924	1925	1926	1927
大豆	260820.0	269048.0	268388.6	163403.6	204936.5	420621.0
高粱	122714.0	105705.0	59955.8	79216.6	105539.5	140966.0
粟	1994.0	4290.0	4453.6	4116.9	5911.0	8999.0
合计	385528.0	379043.0	332798.0	246737.1	316387.0	570586.0

资料来源：辽宁省档案馆编《满铁调查报告》第四卷（八），广西师范大学
出版社，2009，第 402~403 页。

广信公司每年购进小麦、大豆，仅齐齐哈尔一地就有六七万
石，1928 年在黑龙江绥化一地收购 13 万~14 万石[1]，以此推算，
全省收购规模亦应达百万石。吉林永衡官银号通过其"永"字号
粮栈大肆进行农产品收购，规模日益膨胀，至 1930 年以后规模达
70 余万吨[2]，其主要支号粮食买卖情况详见表 3-22。

---

[1] 亚擘：《黑省绥化县商业农产最近之状况》，《东三省官银号经济月刊》1929 年第 2
期，第 33 页。
[2] 姜宏业主编《中国地方银行史》，湖南出版社，1991，第 43 页。

表 3-22　吉林永衡官银号主要支号粮食买卖情况（1930、1931）

单位：吨

附属事业名称	买入	卖出	附属事业名称	买入	卖出
总号粮业系	366722	369990	长春永衡通	38695.2	37290
吉林永衡茂	45048.6	45048.6	长春永衡德	25806.6	25806.6
吉林永衡泰	5100.0	5100.0	木石河永衡怀	4620.0	2730.0
吉吉永衡裕	15810.0	15810.0	双阳永衡厚	22156.8	24566.0
吉林永衡长	49633.8	49633.8	双城永衡宏	25920.0	15017.2
吉林永衡和	64316.4	28380.0	公主岭永衡达	45180.0	56670.0
吉林永衡谦	29196.0	29365.8			

资料来源：吉林省金融系统修志办公室编《吉林永衡官银钱号及其发行的纸币》，吉林省金融系统修志办公室印行，1987，第46页。

东三省地方银行附属粮栈所收购粮豆除少量在省内销售以外，大部分转售外省或外国。20世纪初期，东三省为中国唯一的贸易出超地区，出口商品主要为粮食及其他农产品，农产品出口贸易主要由东三省地方银行通过附属粮栈把持，故上述数据可部分反映东三省地方银行粮豆贸易增长情况。东三省地方银行涉足粮豆贸易之前，东三省出口贸易额在1.6亿海关两水平，增长平缓，自1919年东三省官银号大规模经营粮豆贸易之后，东三省出口额迅速超过2亿海关两，20世纪20年代中期以后，东三省地方银行形成农产品贸易垄断，出口贸易额进一步超过4亿海关两（见图3-6）。①

东三省出口贸易增长过程与东三省地方银行纸币发行量高度

① 郑肇：《东三省贸易之分析观》，《国际贸易导报》1932年第7期，第3~4页。

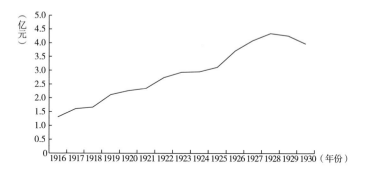

图 3-6 东三省出口贸易情况（1916~1930）

注：包括东三省与国内其他省份及外国贸易额。

资料来源：郑肇《东三省贸易之分析观》，《国际贸易导报》1932年第 7 期，第 3~6 页。

正相关。因流通区域的分割性、计价单位不统一等，现对东三省地方银行纸币发行情况进行对比。1922~1929 年，东三省官银号累计发行纸币 85 亿元，1925 年加速增长，当年发行量达 4.4 亿元，较 1924 年增发 2 亿余元（见图 3-7）。之后随着东三省官银号对市场垄断程度提高，纸币发行量保持快速增长态势。

吉林永衡官银号自 1920 年涉足粮豆贸易以后，吉帖发行量进入长期增长阶段，1919~1928 年共发行官帖 72 亿余吊，约为此前十年发行总量的 20 倍，增发历程随粮豆贸易同步变化。1920 年发行规模由 1919 年的 4.5 亿吊骤增至 5.2 亿吊，一年之内增发0.7 亿吊。1922 年以后，吉林当局实行限制粮豆贸易政策，当年吉帖发行量仅为上年之 18%，之后直至 1925 年，发行量增速相对缓和。第二次大幅增长出现于 1925~1926 年，并在之后几年继

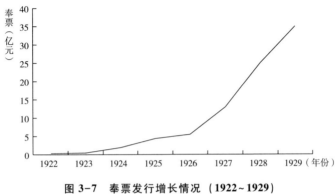

图 3-7 奉票发行增长情况（1922~1929）

续保持快速增长态势，这与 20 世纪 20 年代中期以后东三省地方银行粮豆贸易与出口贸易发展趋势高度同步。1928 年以后，受东三省地方银行对东北粮豆贸易垄断程度加大、出口贸易增加等因素影响，纸币发行出现恶性膨胀乃至失控现象，1929~1931 年增发近 27 亿吊[①]，其中仅 1931 年就发行 16 亿多吊，这一年的发行量相当于 1918 年之前 20 年的发行总和。其发行增长情况见图 3-8。

相较于地方银行，边业银行附属事业较少，所发纸币主要用于贷款，但其贷款对象主要为边业银行、东三省官银号及其他官办银行之附属事业。边业银行完全融入东三省金融托拉斯集团。以哈尔滨边业银行为例，其放款对象主要有两类。一类为广信公司之附属商号，如广信升、广信源、广信昌等。1931 年底，哈尔

---

① 刘万山等：《吉林永衡官银钱号的始末》，载东北三省中国经济史学会、抚顺市社会科学研究所编《东北地区资本主义发展史研究》，黑龙江出版社，1987，第 319 页。

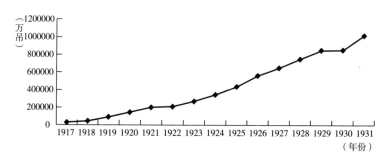

图 3-8 吉林永衡官银号官帖累计发行情况（1917～1931）

资料来源：姜宏业主编《中国地方银行史》，湖南出版社，1991，第 37 页。

滨边业银行对上述商号放款哈大洋 2858581 元、现大洋 422337 元[①]，占其放款总额之 50% 以上。哈尔滨边业银行放款的另一重点对象，为张作霖家族设于哈尔滨之庆泰祥商号。随着时间推移，边业银行附属事业规模逐渐扩大，与东三省官银号业务日渐融合。1931 年，边业银行与东三省官银号合资经营庆泰祥（制粉、油坊业）、东三省购运特产事务所，并创办营口公兴厚商号，经营棉布与粮油批发生意。

除金融附属事业之外，奉系财团要员另以私人资本投资粮栈，依托官银号进行粮食投机。张作霖家族在沈阳、哈尔滨、营口等大城市开设粮栈多处，著名者如三畬堂粮栈、东方粮栈等。其他如张景惠开办的同义隆粮栈，张作相开设的东成玉粮栈等。

---

① 王文卿：《哈尔滨边业银行》，中国人民银行哈尔滨市分行金融办公室编《哈尔滨金融史料文集（1896—1945 年）》，中国人民银行哈尔滨市分行金融办公室印行，1989，第 111 页。

黑龙江督军吴俊昇则贪污税款 800 万元，存入广信公司，直接依托官银号进行粮食投机。通过此种方式，奉系财团在东北建立起依托国家资金、公私融合的集金融、粮栈等于一体的金融托拉斯组织，形成对东北金融与贸易的一体化控制。

结　语

　　兴起于北京政府时期的华北财团，是在当时市场不成熟、政治腐败、军事割据特殊背景下形成的官商资本集团。与江浙财团相比，华北财团的特权性与前资本主义特点更突出。依赖军政特权，以权力牟特权，以特权牟私利成为华北财团资本积累与企业经营的共同发展路径。北京政府后期，受政局变化影响，华北财团呈现分化发展态势。

　　传统观点惯于以金融资本概括华北财团，暗含观点为华北财团已形成以金融资本为核心的托拉斯经营模式。但本书经研究认为，至北京政府后期，华北财团尚未形成以金融资本为核心的财阀式经营，而是仍然保留以产业资本为核心、以金融资本为外围的资本结构。少数家族与资本集团初步具备集金融、工业、商业贸易于一体的集团雏形，但因政治中心南移，其经营中心随即移到江浙地区，融入江浙财团的发展轨道。奉系资本集团呈内卷化发展态势，但旋因九一八事变爆发而戛然中断。

　　客观来看，华北财团在弥补北方民族资本主义发展资金不足、推动民族资本主义起步与初步发展、推动北方工矿金融业近代化转型等方面，起到了关键作用。其依靠政治特权获取免税资格及其他经营便利，亦有以特权弥补市场机制不完善、以"不法"手段谋取"合法"效力的积极作用。

从民族资本形式上讲，华北财团以其资本与特权优势，成为新式投资之主导力量，但其更多的是通过与国家和地方政府资本、普通民间资本合作的方式进行投资活动，这形成对其他资本形式，尤其是极孱弱的普通私人资本的投资拉动作用，对普通私人资本的壮大及投资能力的增强起到了积极作用。随着时间推移，政局变动，京津地区军阀官僚家族资本多出现向市场化转型趋势，企业资本构成亦有分散化趋势，普通私人资本占比逐渐增大，如北四行中金城、大陆、盐业三行的资本构成有明显变化。

但华北财团的封建性、特权性对市场机制的破坏，以及对普通私人资本的排挤与压制亦不容忽视。尽管前面谈到，其特权经营在某种程度上可视为对市场机制与法规体系的修正与补充，但其特权经营本身亦是对正常市场秩序的破坏，以及对市场机制健康发展的一种阻碍。这种负面作用，一方面表现为其依靠特权获取优于普通私人资本的竞争条件，更有甚者，依靠强权对普通民间资本强取豪夺，其对普通私人资本的直接排挤与压制，导致了市场垄断，是对公平竞争市场环境的直接破坏。另一方面，华北财团作为北方民族资本主义的主导资本形式，其快速发展模式对普通私人资本具有很强的示范效应，北方民族资本主义在发展过程中，普遍存在普通私人资本主动靠拢特权资本，拉拢军政界人士投资入股，以改善经营，求取生存空间的事例。此种现象出现于民族资本主义起步时期，对于民营资本家竞争意识的培育，产

生了深远影响。除此之外，对华北财团经营阶层本身亦形成了很
强的心理暗示，使其形成主动靠拢军政特权的经营习惯。北京政
府倒台以后，北四行经理均主动至南京探听政治动向，寻求新的
政治靠山，即明证。

诚然，华北财团的历史影响远逊于之后南京政府统治集团之
官僚家族利益集团，但两者在性质上并无实质区别。华北财团衰
退之主要原因在于北京政府政局不稳、北洋统治集团政治失势，
而非市场对官商资本的自然摒弃。其中，华北地区诸官僚家族利
益集团随各派系政治失利或受其他因素影响陆续衰退或完成市场
化转型；东北奉系集团则因奉系统治集团政治地位的稳固而不断
膨胀，九一八事变之后因日本全面侵占东三省，奉系军事力量撤
出东北而停止发展。历史不能假设，但假如北洋统治集团政治地
位能够一直稳固，华北财团继续膨胀亦未可知。官僚家族利益集
团利用公权力牟取经营特权，甚至垄断经营，势必形成对市场机
制的毁灭性破坏、对普通私人资本的极大排挤效应，最终导致经
济发展的低效率，影响了一国经济发展。可惜的是，之后的南京
国民政府非但未能从华北财团历史中吸取教训，反而变本加厉，
形成更大规模的官商资本利益集团，成为将民营资本推向衰退乃
至破产边缘的重要因素。其中教训，值得深思。

附表 1

北京政府时期华北与东北地区民族资本产业投资一览

单位：万元

行业	成立/开业时间	名称	性质	所在地	资本	创办人或企业代表	投资者身份	资料来源	备注
棉纺织业	1915	天津彰记纱厂	商办	天津	6.5	张锡卿、吴彭秋	普通商人	《北洋时期工商企业统计表》，载《近代史资料》总58号，171页	
	1916	鲁丰纱厂	商办	济南	120	潘复、靳云鹏	官僚军阀	《民族资本主义与旧中国政府（1840—1937）》，254页	
	1918	天津裕元纱厂	商办	天津	200	王郅隆、段君良、倪幼丹、胡笔江、周作民	官僚军阀	《北洋时期工商企业统计表》，载《近代史资料》总58号，179页	
	1918	天津华新纱厂	商办	天津	200	周学熙、杨味云等	官僚军阀	《民族资本主义与旧中国政府（1840—1937）》，254页	

续表

行业	成立/开业时间	名称	性质	所在地	资本	创办人或企业代表	投资者身份	资料来源	备注
棉纺织业	1918	同昌	商办	北京	1	魏玉泉	普通商人	《民族资本主义与旧中国政府（1840—1937）》，254 页	
	1919	豫丰	商办	河南郑县	70	穆藕初、薛宝润	普通商人	《北洋时期工商企业统计表》，载《近代史资料》总 58 号，194 页	
	1919	成兴	商办	河南武陟	80	刘晦之、许树滋	普通商人	《近代史资料》总 58 号，219 页	
	1920	青岛华新纱厂	商办	青岛	270	周学熙	官僚	《民族资本主义与旧中国政府（1840—1937）》，255 页	
	1920	恒源纱厂	商办	天津	300	曹锐、章端庭等	官僚军阀	《近代史资料》总 58 号，206 页	
	1920	北洋商业第一纱厂	商办	天津	200	黄献忱、范竹斋	普通商人	《近代史资料》总 58 号，199 页	

续表

行业	成立/开业时间	名称	性质	所在地	资本	创办人或企业代表	投资者身份	资料来源	备注
棉纺织业	1921	新集纱厂	商办	直隶宝坻	15		普通商人	《民族资本主义与旧中国政府（1840—1937）》，256页；《今世中国实业通志》下，98页	利生纱厂改组
	1921	裕大纱厂	商办	天津	300	王克敏、吴鼎昌	官僚	《民族资本主义与旧中国政府（1840—1937）》，256页	
	1922	宝成三	商办	天津	300	刘伯森、刘厚生，慎昌洋行	普通商人	《近代史资料》总58号，221页	
	1922	华新唐厂	商办	唐山	220	周学熙	官僚军阀	《周显廷文集》中《修正中国纱厂一览表》	
	1922	华新卫厂	商办	卫辉	200	周学熙	官僚	《周显廷文集》中《修正中国纱厂一览表》	
	1922	大兴纱厂	商办	石门	294	徐荣廷、毛树棠、周星棠	普通商人	《近代史资料》总58号，232页	
	1923	奉天纱厂	官商合办	奉天	奉大洋450	奉系军阀、银行业	财政厅官僚军阀	辽宁省档案馆藏档案 JC010-01-033161	

续表

行业	成立/开业时间	名称	性质	所在地	资本	创办人或企业代表	投资者身份	资料来源	备注
棉纺织业	1923	乾丰一纱厂	商办	济南	150	王子春、穆伯仁	普通商人	《近代史资料》总 58 号，240 页	
	1924	晋华纱厂	商办	山西榆次	150	徐一清等	官僚军阀	《民族资本主义与旧中国政府（1840—1937）》，258 页	
	1927	大益成	商办	山西新绛	47	赵作肃、薛士选、鲁锡爵等	普通商人、绅商	《民族资本主义与旧中国政府（1840—1937）》，258 页	
	1912	广业机器织布厂	商办	奉天	3.1		普通商人	《民族资本主义与旧中国政府（1840—1937）》，261 页	
染织业	1912	民益布织布工厂	商办	天津	1	张汝霖	普通商人	《近代史资料》总 58 号，147 页；《天津商会档案汇编 1912—1928》三，2708 页	

续表

行业	成立/开业时间	名称	性质	所在地	资本	创办人或企业代表	投资者身份	资料来源	备注
染织业	1914	宜彰帆布有限公司	商办	天津	10	曲同丰、冯祖增、李奎年等	官僚军阀、普通商人	《民族资本主义与旧中国政府（1840—1937）》，262页；《中华民国史档案资料汇编·工矿业》，753页	
	约1915	彭记纺织股份有限公司	商办	天津	6.5		普通商人	《民族资本主义与旧中国政府（1840—1937）》，262页	
	1915	广成公司	商办	奉天	不详		普通商人	《民族资本主义与旧中国政府（1840—1937）》，263页	
	1916	恒源帆布股份有限公司	商办	天津	10	章瑞庭、朱琴航、曹锐	官僚军阀、普通商人	《近代史资料》总58号，147页	
	1917	中华棉织股份有限公司	商办	烟台	10	张英甫	普通商人	《民族资本主义与旧中国政府（1840—1937）》，263页	

续表

行业	成立/开业时间	名称	性质	所在地	资本	创办人或企业代表	投资者身份	资料来源	备注
染织业	1918	新兴劝工厂	商办	山西忻县	5	陈敬棠、葛松龄	官僚	《近代史资料》总58号，147页	
	1919	富吉织厂股份有限公司	商办	长春	10	冯芳干、修海峰	官僚	《民族资本主义与旧中国政府（1840—1937）》，264页	冯芳干为吉林省议员
	1920	三盛成织布工厂	商办	天津	1	张仲普	普通商人	《天津商会档案汇编》三，2704页	
	1920	德发祥	商办	天津	1.2		普通商人	《天津商会档案汇编》三，2704页	
	1921	华胜染织	商办	直隶文安	1	张荣光	普通商人	《近代史资料》总58号，214页	
	1921	利济织布	商办	河南邻县	5	陈暄、原筱篷	普通商人	《近代史资料》总58号，233页	

续表

行业	成立/开业时间	名称	性质	所在地	资本	创办人或企业代表	投资者身份	资料来源	备注
染织业	1922	中国卫生原料股份有限公司	商办	天津	1.5	王吴珊	普通商人	《民族资本主义与旧中国政府（1840—1937）》，265页	
	1923	同丰裕国公司	商办	天津	20	杜克臣	普通商人（买办）	《民族资本主义与旧中国政府（1840—1937）》，266页	
	1923	振华布厂	商办	天津	2	李宾田、李华甫	普通商人	《天津商会档案汇编 1912—1928》三，2715页	
	1924	利利织物公司	商办	天津	5	徐燮臣	普通商人	《民族资本主义与旧中国政府（1840—1937）》，266页	
	1924	华茂织染工厂	商办	天津	不详	瓶莘茹	普通商人	《民族资本主义与旧中国政府（1840—1937）》，266页	
	1927	泰和帆布公司	商办	天津	8	仲三益、马景和	普通商人	《民族资本主义与旧中国政府（1840—1937）》，269页	
	不详	祥聚	商办	北京	2		普通商人	《民族资本主义与旧中国政府（1840—1937）》，270页	

续表

行业	成立/开业时间	名称	性质	所在地	资本	创办人或企业代表	投资者身份	资料来源	备注
染织业	不详	大生布厂	商办	天津	1		普通商人	《民族资本主义与旧中国政府（1840—1937）》，270 页	
	不详	九华布厂	商办	天津	1		普通商人	《民族资本主义与旧中国政府（1840—1937）》，270 页	
	不详	华利布厂	商办	天津	1		普通商人	《民族资本主义与旧中国政府（1840—1937）》，270 页	
	不详	北华兴	商办	辽阳	2		普通商人	《民族资本主义与旧中国政府（1840—1937）》，269 页	
	不详	增兴记	商办	辽阳	3		普通商人	《民族资本主义与旧中国政府（1840—1937）》，269 页	
	不详	永茂东	商办	辽阳	3		普通商人	《民族资本主义与旧中国政府（1840—1937）》，269 页	
	不详	同顺利	商办	辽阳	3		普通商人	《民族资本主义与旧中国政府（1840—1937）》，269 页	

续表

行业	成立/开业时间	名称	性质	所在地	资本	创办人或企业代表	投资者身份	资料来源	备注
染织业	不详	同德利	商办	辽阳	3		普通商人	《民族资本主义与旧中国政府（1840—1937）》，269页	
	不详	福源工厂	商办	辽阳	5		普通商人	《民族资本主义与旧中国政府（1840—1937）》，269页	
	不详	利盛公	商办	奉天	2		普通商人	《民族资本主义与旧中国政府（1840—1937）》，269页	
	不详	福增祥	商办	奉天	2		普通商人	《民族资本主义与旧中国政府（1840—1937）》，269页	
	不详	永合公	商办	奉天	2.6		普通商人	《民族资本主义与旧中国政府（1840—1937）》，269页	
	不详	德发祥	商办	奉天	1.7		普通商人	《民族资本主义与旧中国政府（1840—1937）》，269页	
	不详	永远长	商办	奉天	2.5		普通商人	《民族资本主义与旧中国政府（1840—1937）》，269页	

续表

行业	成立/开业时间	名称	性质	所在地	资本	创办人或企业代表	投资者身份	资料来源	备注
染织业	不详	义成公	商办	奉天	2.5		普通商人	《民族资本主义与旧中国政府（1840—1937）》，269 页	
	不详	义兴公	商办	奉天	1.8		普通商人	《民族资本主义与旧中国政府（1840—1937）》，269 页	
	不详	合盛茂	商办	奉天	1		普通商人	《民族资本主义与旧中国政府（1840—1937）》，269 页	
	不详	东兴昌	商办	奉天	1		普通商人	《民族资本主义与旧中国政府（1840—1937）》，270 页	
	不详	天增东	商办	奉天	1		普通商人	《民族资本主义与旧中国政府（1840—1937）》，270 页	
	不详	福吉	商办	奉天	1		普通商人	《民族资本主义与旧中国政府（1840—1937）》，270 页	
	不详	天增利	商办	奉天	1.5		普通商人	《民族资本主义与旧中国政府（1840—1937）》，270 页	

续表

行业	成立/开业时间	名称	性质	所在地	资本	创办人或企业代表	投资者身份	资料来源	备注
织麻业	1912	万兴麻袋股份有限公司	商办	天津	30	董玉岭，吴鉴	普通商人	《近代史资料》总58号，151页	
呢绒业	1917	满蒙毛织株式会社	中日合办	辽宁	10	日商，孙百斛	官僚军阀	《民族资本主义与旧中国政府（1840—1937）》，273页	约日商60%，华商40%
	1917	开源呢绒工厂	商办	北京	10	不详	普通商人	《民族资本主义与旧中国政府（1840—1937）》，273页	
	1921	大同毛线工厂	商办	大同	不详	李德懋	官僚军阀	《民族资本主义与旧中国政府（1840—1937）》，273页；《大同文史资料》11辑，88页	
	1921	华北毛品纺织公司	商办	天津	120	唐执夫	官僚军阀	《近代中国实业通志·制造业》，99页	唐执夫为谋本部次长
	1922	裕华毛织厂	商办	奉天	不详	不详	不详	《民族资本主义与旧中国政府（1840—1937）》，273页	

续表

行业	成立/开业时间	名称	性质	所在地	资本	创办人或企业代表	投资者身份	资料来源	备注
呢绒业	1924	华北第一毛织公司	商办	大同	10	李德懋	官僚军阀	《续编（39）近代中国实业通志·制造业》，99 页	
	1924	裕庆德	商办	哈尔滨	65	张道友、吕熙斋	普通商人	《中国近代纺织史》上卷，323 页	
	1924	安裕大磨公司	商办	哈尔滨	70	顾九如、陆文超	不详	《近代中国实业通志·制造业》，99 页	
	1925	利济毛绒纺织厂	商办	北京	5		普通商人	《民族资本主义与旧中国政府（1840—1937）》，274 页	
	1925	中国人民毛织公司	商办	吉林	40		军阀	《奉系军阀大事记》，402 页	
	1925	中华毛织厂	商办	辽宁	不详		普通商人	《民族资本主义与旧中国政府（1840—1937）》，274 页	
	1926	直隶华昌织呢工厂	商办	天津	不详	直隶省省长	不详	《近代史资料》总 58 号，267 页	
	1915年后	永业纺毛工业	商办	北京	8		普通商人	《民族资本主义与旧中国政府（1840—1937）》，274 页	

续表

行业	成立/开业时间	名称	性质	所在地	资本	创办人或企业代表	投资者身份	资料来源	备注
丝织及其他纺织业	1914	亚纶毛巾工厂	商办	天津	1	阎金舫	普通商人	《天津商会档案汇编 1912—1928》三，2741页	
	1920	华北花边发网	商办	直隶清苑	105	冉凌云、王祖德	官僚军阀	《直隶商会与直隶社会变迁 1903—1928》，146页	
	1921	华通机器银针股份有限公司	商办	济南	10	周立堂、王敬伯	普通商人	《民族资本主义与旧中国政府(1840—1937)》，281页	
	1921	勤益兴条带厂	商办	天津	2	王竹铭、李瑞庭	普通商人	《直隶商会与直隶社会变迁 1903—1928》，146页	
	1921	博爱第一工厂	商办	天津	25	周子彬	普通商人	《天津商会档案汇编 1912—1928》三，2725页	
	1923	天津袜带厂	商办	天津	2		普通商人	《直隶商会与直隶社会变迁 1903—1928》，146页	

附表 1 北京政府时期华北与东北地区民族资本产业投资一览

行业	成立/开业时间	名称	性质	所在地	资本	创办人或企业代表	投资者身份	资料来源	备注
丝织及其他纺织业	1923	广义绸厂	商办	烟台	28	孙侯甫、张润轩	普通商人	《民族资本主义与旧中国政府（1840—1937）》，277页；《近代山东城市变迁史》，547页	
	1923	中昌工厂	商办	天津	1.2	史东初、马同甫	普通商人	《天津商会档案汇编 1912—1928》三，2743页	
	不详	利利织牧	商办	天津	5	王培之	普通商人	《天津商会档案汇编 1912—1928》三，2743页；《天津老商标》，277页	
	不详	新民工厂	商办	天津	1	不详	普通商人	《天津商会档案汇编 1912—1928》三，2743页；《天津老商标》，277页	
服用品	1912	兴华呢服	商办	北京	4	杨临斋、董云生	普通商人	《近代史资料》总 58 号，282页	
	1912	义增福	商办	哈尔滨	2.4	张明善	普通商人	《黑龙江省志·烟草志》，113页	
	1912	大成呢衣革履	商办	北京	3	李少学、黎卫泉	普通商人	《近代史资料》总 58 号，152页	

续表

行业	成立/开业时间	名称	性质	所在地	资本	创办人或企业代表	投资者身份	资料来源	备注
服用品	1914	义生织袜工厂	商办	天津	1	刘春久	普通商人	《天津商会档案汇编1912—1928》三, 2721页	
	1920	华业制袜公司	商办	北京	1	郝洛沧、章晴孙	普通商人	《近代史资料》总58号, 210页	
	1921	开源织业有限公司	商办	北京	1	郭禹田、鲁静波	普通商人	《民族资本主义与旧中国政府(1840—1937)》, 283页	
	1922	山东履丰染织袜衫	商办	济南历城	10	靳云鹏、刘韶焦	官僚	《民族资本主义与旧中国政府(1840—1937)》, 283页	
	1923	长丰染织厂	商办	济南	50		普通商人	《民族资本主义与旧中国政府(1840—1937)》, 283页	
缫丝业	1912	裕厚堂	商办	山东周村	约1.5		普通商人	《民族资本主义与旧中国政府(1840—1937)》, 296页	
	1912	恒兴德	商办	山东周村	约1.6		普通商人	《民族资本主义与旧中国政府(1840—1937)》, 296页	
	1912	协泰东	商办	安东	2		普通商人	《民族资本主义与旧中国政府(1840—1937)》, 296页	

续表

行业	成立/开业时间	名称	性质	所在地	资本	创办人或企业代表	投资者身份	资料来源	备注
缫丝业	1914	东泰	商办	安东	1		普通商人	《民族资本主义与旧中国政府（1840—1937）》，298 页	
	1914	正记	商办	安东	2		普通商人	《民族资本主义与旧中国政府（1840—1937）》，298 页	
	1914	永和栈	商办	盖平	2		普通商人	《民族资本主义与旧中国政府（1840—1937）》，298 页	
	1914	长记	商办	盖平	3		普通商人	《民族资本主义与旧中国政府（1840—1937）》，298 页	
	1914	恒盛德	商办	盖平	不详		普通商人	《民族资本主义与旧中国政府（1840—1937）》，298 页	
	1916	利源长	商办	盖平	3		普通商人	《民族资本主义与旧中国政府（1840—1937）》，298 页	
	1916	复益德	商办	安东	2		普通商人	《民族资本主义与旧中国政府（1840—1937）》，299 页	

续表

行业	成立/开业时间	名称	性质	所在地	资本	创办人或企业代表	投资者身份	资料来源	备注
缫丝业	1917	兴东公司	商办	安东	约12.2		普通商人	《民族资本主义与旧中国政府（1840—1937）》，299页	
	1917	同丰	商办	山东周村	15	张子衡、孟希文	普通商人	《民族资本主义与旧中国政府（1840—1937）》，299页	
	1917	盛记	商办	安东	2.5		普通商人	《民族资本主义与旧中国政府（1840—1937）》，299页	
	1917	义孚泰	商办	安东	2.5		普通商人	《民族资本主义与旧中国政府（1840—1937）》，299页	
	1917	同顺丝栈厂	商办	安东	1		普通商人	《民族资本主义与旧中国政府（1840—1937）》，299页	
	1917	泰记	商办	安东	1		普通商人	《民族资本主义与旧中国政府（1840—1937）》，299页	
	1917	公顺栈	商办	盖平	2		普通商人	《民族资本主义与旧中国政府（1840—1937）》，299页	

续表

行业	成立/开业时间	名称	性质	所在地	资本	创办人或企业代表	投资者身份	资料来源	备注
缫丝业	1918	蚕丝劝业厂	官办	山东益都	约 1		普通商人	《民族资本主义与旧中国政府（1840—1937）》，299 页	
	1918	奉天纯益缫织公司	商办	奉天	25（奉票）	刘尚清等	奉系官僚	《沈阳市志》卷五，347 页	
	1918	德和祥	商办	安东	2		普通商人	《民族资本主义与旧中国政府（1840—1937）》，300 页	
	1918	文记	商办	安东	2.5		普通商人	《民族资本主义与旧中国政府（1840—1937）》，300 页	
	1918	成和昌	商办	安东	4		普通商人	《民族资本主义与旧中国政府（1840—1937）》，300 页	
	1918	大德恒	商办	盖平	2		普通商人	《民族资本主义与旧中国政府（1840—1937）》，300 页	
	1918	顺记	商办	盖平	1.5		普通商人	《民族资本主义与旧中国政府（1840—1937）》，300 页	

续表

行业	成立/开业时间	名称	性质	所在地	资本	创办人或企业代表	投资者身份	资料来源	备注
缫丝业	1918	天增太	商办	盖平	2		普通商人	《民族资本主义与旧中国政府(1840—1937)》，300页	
	1918	义昌盛	商办	盖平	3		普通商人	《民族资本主义与旧中国政府(1840—1937)》，300页	
	1918	顺昌德	商办	盖平	2		普通商人	《民族资本主义与旧中国政府(1840—1937)》，300页	
	1918	永丰复	商办	盖平	2.5		普通商人	《民族资本主义与旧中国政府(1840—1937)》，300页	
	1919	兴记	商办	安东	1.5		普通商人	《民族资本主义与旧中国政府(1840—1937)》，301页	
	1919	和丰	商办	安东	2.3		普通商人	《民族资本主义与旧中国政府(1840—1937)》，301页	
	1919	同昌顺	商办	安东	3		普通商人	《民族资本主义与旧中国政府(1840—1937)》，301页	

续表

行业	成立/开业时间	名称	性质	所在地	资本	创办人或企业代表	投资者身份	资料来源	备注
缫丝业	1919	政源号	商办	安东	3.5		普通商人	《民族资本主义与旧中国政府（1840—1937）》，301 页	
	1919	聚成公	商办	盖平	3		普通商人	《民族资本主义与旧中国政府（1840—1937）》，301 页	
	1919	福生德	商办	盖平	2		普通商人	《民族资本主义与旧中国政府（1840—1937）》，301 页	
	1919	亨祥德	商办	盖平	3		普通商人	《民族资本主义与旧中国政府（1840—1937）》，301 页	
	1919	乾生利	商办	盖平	2		普通商人	《民族资本主义与旧中国政府（1840—1937）》，301 页	
	1919	聚盛	商办	盖平	4		普通商人	《民族资本主义与旧中国政府（1840—1937）》，301 页	
	1919	德兴海	商办	盖平	2.5		普通商人	《民族资本主义与旧中国政府（1840—1937）》，301 页	

续表

行业	成立/开业时间	名称	性质	所在地	资本	创办人或企业代表	投资者身份	资料来源	备注
缫丝业	1920	同丰	商办	山东周村	不详		普通商人	《民族资本主义与旧中国政府（1840—1937）》，302页	
	1920	德记	商办	安东	2		普通商人	《民族资本主义与旧中国政府（1840—1937）》，302页	
	1920	益丰兴	商办	安东	1		普通商人	《民族资本主义与旧中国政府（1840—1937）》，302页	
	1920	义泰德	商办	安东	2		普通商人	《民族资本主义与旧中国政府（1840—1937）》，302页	
	1920	东升德	商办	安东	2		普通商人	《民族资本主义与旧中国政府（1840—1937）》，302页	
	1920	元聚永	商办	安东	2		普通商人	《民族资本主义与旧中国政府（1840—1937）》，302页	
	1921	利源同	商办	安东	1.5		普通商人	《民族资本主义与旧中国政府（1840—1937）》，302页	

续表

行业	成立/开业时间	名称	性质	所在地	资本	创办人或企业代表	投资者身份	资料来源	备注
缫丝业	1921	恒聚永	商办	安东	1		普通商人	《民族资本主义与旧中国政府（1840—1937）》，302 页	
	1921	德丰长	商办	安东	2		普通商人	《民族资本主义与旧中国政府（1840—1937）》，302 页	
	1921	广泰永	商办	安东	2		普通商人	《民族资本主义与旧中国政府（1840—1937）》，302 页	
	1921	福昌德	商办	盖平	2.5		普通商人	《民族资本主义与旧中国政府（1840—1937）》，302 页	
	1921	聚成号	商办	盖平	3		普通商人	《民族资本主义与旧中国政府（1840—1937）》，302 页	
	1921	大兴东	商办	盖平	1.5		普通商人	《民族资本主义与旧中国政府（1840—1937）》，302 页	
	1922	盖平聚	商办	盖平	4	孟贵忱、周兴邦	普通商人	《民族资本主义与旧中国政府（1840—1937）》，302 页	

续表

行业	成立/开业时间	名称	性质	所在地	资本	创办人或企业代表	投资者身份	资料来源	备注
缫丝业	1922	泰成东	商办	安东	8		普通商人	《民族资本主义与旧中国政府（1840—1937）》，303页	
	1922	政大	商办	安东	2.2		普通商人	《民族资本主义与旧中国政府（1840—1937）》，303页	
	1922	享兴德	商办	安东	1		普通商人	《民族资本主义与旧中国政府（1840—1937）》，303页	
	1922	诚记	商办	安东	1		普通商人	《民族资本主义与旧中国政府（1840—1937）》，303页	
	1922	广隆	商办	安东	2		普通商人	《民族资本主义与旧中国政府（1840—1937）》，303页	
	1922	利聚昌	商办	盖平	2		普通商人	《民族资本主义与旧中国政府（1840—1937）》，303页	
	1922	福兴东	商办	盖平	2.5		普通商人	《民族资本主义与旧中国政府（1840—1937）》，303页	

续表

行业	成立/开业时间	名称	性质	所在地	资本	创办人或企业代表	投资者身份	资料来源	备注
缫丝业	1922	利生东	商办	盖平	1.5		普通商人	《民族资本主义与旧中国政府（1840—1937）》，303 页	
	1923	复兴	商办	安东	1		普通商人	《民族资本主义与旧中国政府（1840—1937）》，304 页	
	1923	和聚成	商办	安东	5		普通商人	《民族资本主义与旧中国政府（1840—1937）》，304 页	
	1924	元丰	商办	山东周村	不详		普通商人	《民族资本主义与旧中国政府（1840—1937）》，304 页	
	1926	义泰昌	商办	山东义都	不详		普通商人	《民族资本主义与旧中国政府（1840—1937）》，312 页	
	1927	德昌福	商办	山东周村	不详		普通商人	《民族资本主义与旧中国政府（1840—1937）》，312 页	
	1927	新记	商办	山东周村	不详		普通商人	《民族资本主义与旧中国政府（1840—1937）》，312 页	

续表

行业	成立/开业时间	名称	性质	所在地	资本	创办人或企业代表	投资者身份	资料来源	备注
缫丝业	不详	义昌东	商办	安东	不详		普通商人	《民族资本主义与旧中国政府（1840—1937）》，312页	
面粉业	1912	增兴厚面粉厂	商办	天津	5	孙俊卿	普通商人	《民族资本主义与旧中国政府（1840—1937）》，317页；《天津商会档案汇编1912—1928》三，2823页	
	1912	永业广记火磨	商办	东北呼兰	5	武笃光	普通商人	《民族资本主义与旧中国政府（1840—1937）》，317页	
	1912	广元吉火磨	商办	富拉尔基	5	刘云义	普通商人	《民族资本主义与旧中国政府（1840—1937）》，317页	
	1913	阜宁机面厂	商办	吉林宁安	20	凌介亭、王文轩	官僚、普通商人	《民族资本主义与旧中国政府（1840—1937）》，317页	凌介亭为官员
	1913	新华面粉厂	商办	宁古塔	10	孙彦卿、孙绍臣	普通商人	《民族资本主义与旧中国政府（1840—1937）》，317页	

续表

行业	成立/开业时间	名称	性质	所在地	资本	创办人或企业代表	投资者身份	资料来源	备注
面粉业	1913	西义顺火磨	商办	哈尔滨	43	西义顺商号	普通商人	《民族资本主义与旧中国政府（1840—1937）》，317页	
	1913	庆泰祥	商办	哈尔滨	10	张作霖等奉系军阀	官僚军阀	《民族资本主义与旧中国政府（1840—1937）》，317页	原文为官办，经考证为商办
	1913	永荣火磨	商办	呼兰	5	孙荣亭	普通商人	《民族资本主义与旧中国政府（1840—1937）》，317页	
	1913	德隆面粉厂	商办	北京	4.5	董云生	普通商人	《民族资本主义与旧中国政府（1840—1937）》，318页	
	1913	永济火磨	商办	黑龙江瑷珲	12	郭福林、姚申五、徐述之、谢惺天、张恩发	普通商人	《民族资本主义与旧中国政府（1840—1937）》，317页	
	1913	兴顺福机器面粉厂	商办	济南	5	张采丞	普通商人	《济南市志》三册，430页	

续表

行业	成立/开业时间	名称	性质	所在地	资本	创办人或企业代表	投资者身份	资料来源	备注
面粉业	1913	裕顺和机器面粉	商办	吉林	5	杨云峰	政府	《中国近代面粉工业史》，34 页	
	1914	裕昌源面粉火磨	商办	长春	30	王荆山	普通商人	《长春文史资料》9 辑，119 页	
	1914	大通机器面粉公司	商办	大同	7	俞家骥、胥任廊	官僚	《民族资本主义与旧中国政府（1840—1937）》，319 页	
	1914	永丰面粉公司	商办	开封	4	靳少卿、靳奉先	普通商人	《民族资本主义与旧中国政府（1840—1937）》，319 页	
	1915	寿星面粉	中日合办	天津	25	朱租诒、杨寿桐等、近藤多和（日）	官僚	《民族资本主义与旧中国政府（1840—1937）》，319 页	1919 年华商独办
	1915	丰年面粉公司	商办	济南	10	张肇铨、曹善卿、乔济川等	官僚	《民族资本主义与旧中国政府（1840—1937）》，319 页	张肇铨原为官员，后弃政从商

续表

行业	成立/开业时间	名称	性质	所在地	资本	创办人或企业代表	投资者身份	资料来源	备注
面粉业	1915	增兴庆火磨	商办	宁安	15	孙庆林	普通人	《民族资本主义与旧中国政府（1840—1937）》，319页	
	1916	恒茂火磨	商办	吉林	30	杨金榜、宋立诚	普通商人	《民族资本主义与旧中国政府（1840—1937）》，319页	
	1916	双合盛面粉公司	商办	哈尔滨	28.5	郝升堂、张廷阁	普通商人	《民族资本主义与旧中国政府（1840—1937）》，319页	
	1916	茂兰面粉厂	商办	烟台	30		普通商人	《民族资本主义与旧中国政府（1840—1937）》，320页	
	1916	济丰面粉公司	商办	济宁	20	李惠临、王松斋	普通商人	《近代史资料》总58号，175页	
	1916	世成泰火磨	商办	哈尔滨	25		普通商人	《民族资本主义与旧中国政府（1840—1937）》，320页	
	1916	双城堡制粉厂	商办	双城堡	25	郝升堂、张廷阁	普通商人	《民族资本主义与旧中国政府（1840—1937）》，320页	

续表

行业	成立/开业时间	名称	性质	所在地	资本	创办人或企业代表	投资者身份	资料来源	备注
面粉业	1916	东兴德火磨	商办	吉林富锦	5		普通商人	《民族资本主义与旧中国政府（1840—1937）》，320页	
	1917	天兴机器面粉厂	商办	吉林依兰	3	王积厚、杨玉宽	普通商人	《民族资本主义与旧中国政府（1840—1937）》，321页	
	1917	永兴顺面粉厂	商办	哈尔滨	3.5		普通商人	《民族资本主义与旧中国政府（1840—1937）》，321页	
	1917	万福广面粉	商办	哈尔滨	30		普通商人	《民族资本主义与旧中国政府（1840—1937）》，321页	购于俄人之手
	1917	安裕面粉	商办	哈尔滨傅家甸	30	王亚铨、徐锦标	普通商人	《民族资本主义与旧中国政府（1840—1937）》，321页	
	1917	公利利制粉厂	商办	哈尔滨	10	刘焕章、刘文德	普通商人	《民族资本主义与旧中国政府（1840—1937）》，321页	
	1917	哈尔滨义昌面粉	商办	哈尔滨	13.5	王敬先、义昌信	普通商人	《民族资本主义与旧中国政府（1840—1937）》，321页	

续表

行业	成立/开业时间	名称	性质	所在地	资本	创办人或企业代表	投资者身份	资料来源	备注
面粉业	1917	德祥东制粉厂	商办	佳木斯	20	张元庚	普通商人	《民族资本主义与旧中国政府（1840—1937）》，321 页	
	1917	中兴面粉公司	商办	青岛	10		普通商人	《民族资本主义与旧中国政府（1840—1937）》，321 页	
	1917	万福兴面粉厂	中日合办	傅家甸	25		普通商人	《茂新福新中新总公司三十周年纪念册》，92 页	
	1918	天丰面粉公司	商办	开封	15	王星斋、刘子敬	普通商人	《民族资本主义与旧中国政府（1840—1937）》，321 页	
	1918	毓顺合机磨面粉	商办	吉林宁安	15	杜瑞、王玉铭	普通商人	《民族资本主义与旧中国政府（1840—1937）》，321 页	
	1918	惠丰面粉	商办	济南	30	杨济州、王星斋	普通商人	《民族资本主义与旧中国政府（1840—1937）》，321 页	
	1918	大和恒面粉厂	商办	安阳	2	韩星久	普通商人	《民族资本主义与旧中国政府（1840—1937）》，321 页	

行业	成立／开业时间	名称	性质	所在地	资本	创办人或企业代表	投资者身份	资料来源	备注
面粉业	1918	天民面粉厂	商办	北京	20		普通商人	《民族资本主义与旧中国政府（1840—1937）》，322页	
	1918	又昌秦面粉厂	商办	哈尔滨	10	牟君山、王敬先	普通商人	《民族资本主义与旧中国政府（1840—1937）》，322页	
	1918	东盛火磨第一厂	商办	哈尔滨	15		普通商人	《民族资本主义与旧中国政府（1840—1937）》，322页	
	1918	天兴福一厂	商办	长春	150	邵乾一	普通商人	《民族资本主义与旧中国政府（1840—1937）》，322页	
	1918	广裕火磨	商办	哈尔滨	15		普通商人	《民族资本主义与旧中国政府（1840—1937）》，322页	
	1918	亚洲	商办	长春	30		普通商人	《民族资本主义与旧中国政府（1840—1937）》，322页	
	1919	福星面粉	商办	天津	30	刘鹤龄、张良漠	官僚	《中国近代工业史资料》1辑，480页	刘鹤龄时任吉林省税局长

续表

行业	成立/开业时间	名称	性质	所在地	资本	创办人或企业代表	投资者身份	资料来源	备注
面粉业	1919	通丰面粉	商办	河南新乡	50	袁绍明、孙荫庭	官商	《近代史资料》总58号，187页	
	1919	哈尔滨东兴火磨	商办	哈尔滨	20	彭贤、姜得春	官僚军阀	《近代史资料》总58号，238页	
	1919	厚康火磨	商办	哈尔滨	7	朱普涵	普通商人	《民族资本主义与旧中国政府（1840—1937）》，322页	
	1919	广大火磨	商办	哈尔滨	10		普通商人	《民族资本主义与旧中国政府（1840—1937）》，322页	
	1919	奉大火磨	商办	哈尔滨	10	吴俊昇	官僚军阀	《民族资本主义与旧中国政府（1840—1937）》，322页	
	1919	同丰祥机器磨坊	商办	天津	1.9	柴捷庵等	普通商人	《天津商会档案汇编1912—1928》三，2822页	
	1920	大丰机器面粉公司	商办	天津	50	倪道杰、黄玉	官僚军阀	《民族资本主义与旧中国政府（1840—1937）》，323页	

续表

行业	成立/开业时间	名称	性质	所在地	资本	创办人或企业代表	投资者身份	资料来源	备注
面粉业	1920	济丰二厂	商办	山东德县	50	孙景西、杜维俭	官僚	《民族资本主义与旧中国政府（1840—1937）》，323页	
	1920	恒兴面粉厂	商办	济南	40	宫淑芳、张永声	普通商人	《民族资本主义与旧中国政府（1840—1937）》，323页	
	1920	震大火磨	商办	哈尔滨	20	王品安	普通商人	《民族资本主义与旧中国政府（1840—1937）》，323页	
	1920	双和栈火磨	商办	长春	50	王子敬	普通商人	《民族资本主义与旧中国政府（1840—1937）》，323页	
	1920	德昌火磨	商办	黑河	20	范桂山	普通商人	《民族资本主义与旧中国政府（1840—1937）》，323页	
	1920	万益丰火磨	商办	黑河	18	陈勋五	普通商人	《民族资本主义与旧中国政府（1840—1937）》，324页	
	1920	福兴恒	商办	哈尔滨	10	邵慎亭	普通商人	《民族资本主义与旧中国政府（1840—1937）》，324页	

续表

行业	成立/开业时间	名称	性质	所在地	资本	创办人或企业代表	投资者身份	资料来源	备注
面粉业	1920	天兴福面粉厂	商办	长春	50（卢布）	邵乾一	普通商人	《茂新福新中新总公司三十周年纪念册》，92页；《东北人物大辞典》卷二上册，1084页	
	1920	永华火磨	商办	呼兰	17		普通商人	《茂新福新中新总公司三十周年纪念册》，92页	
	1920	万丰益面粉	商办	黑河	18	陈勋五	普通商人	《茂新福新中新总公司三十周年纪念册》，92页	
	1920	中华制粉株式会社	商办	中日合办	125	不详	不详	《茂新福新中新总公司三十周年纪念册》，92页	
	1920	东兴火磨一厂	官办	哈尔滨	48	东三省官银号收购西义顺火磨	地方政府	《中国近代面粉工业史》，438页	

续表

行业	成立/开业时间	名称	性质	所在地	资本	创办人或企业代表	投资者身份	资料来源	备注
面粉业	1920	东兴火磨二厂	官办	哈尔滨	25	官方收购万福广火磨	地方政府	《哈尔滨市志·粮食·供销合作社》，104页	
	1920	东盛火磨二厂	商办	哈尔滨	10		普通商人	《民族资本主义与旧中国政府（1840—1937）》，324页	
	1920	睿源火磨	商办	哈尔滨	15		普通商人	《民族资本主义与旧中国政府（1840—1937）》，324页	
	1921	庆丰面粉公司	商办	天津	67	蔡成勋、王占元	官僚军阀	《民族资本主义与旧中国政府（1840—1937）》，324页；《中国军阀史词典》，201页	
	1921	华庆面粉公司	商办	济南	20	张采丞、田中玉等，官僚参股	普通商人、官僚	《民族资本主义与旧中国政府（1840—1937）》，324页；《山东重要历史人物》卷五，142页	
	1921	乾义机器两台面粉公司	商办	保定	20	王占元	官僚军阀	《民族资本主义与旧中国政府（1840—1937）》，324页；《中华民国史大辞典》，1595页	

续表

行业	成立/开业时间	名称	性质	所在地	资本	创办人或企业代表	投资者身份	资料来源	备注
面粉业	1921	裕利面粉厂	商办	天津	28	朱幼鸿	官僚	《民族资本主义与旧中国政府（1840—1937）》，324 页	
	1921	济南民安面粉	商办	山东历城	100	田中玉、张怀芝	官僚	《民族资本主义与旧中国政府（1840—1937）》，324 页；《保定文史资料选辑》6 辑，207 页	
	1921	晋丰面粉公司	商办	太原	50	穆伯仁、杨济川	普通商人	《近代史资料》总 58 号，218 页	
	1921	普利胜记面粉	商办	直隶万全	6	刘竹君、范明斋	普通商人	《近代史资料》总 58 号，222 页	
	1921	正利厚面粉	商办	济南	20	胡宝峻、王棨廷	普通商人	《民族资本主义与旧中国政府（1840—1937）》，325 页；《济南历史大事记》，306 页	
	1921	成丰面粉	商办	济南	50	苗杏村、郭玉堂	普通商人	《民族资本主义与旧中国政府（1840—1937）》，325 页	

续表

行业	成立/开业时间	名称	性质	所在地	资本	创办人或企业代表	投资者身份	资料来源	备注
面粉业	1921	茂新四厂	商办	济南	25	荣宗敬、张文焕	普通商人	《民族资本主义与旧中国政府(1840—1937)》，325 页	
	1921	东兴恒火磨	商办	哈尔滨	10		普通商人	《民族资本主义与旧中国政府(1840—1937)》，325 页	
	1921	裕昌源	商办	哈尔滨	10	安沛然	普通商人	《民族资本主义与旧中国政府(1840—1937)》，325 页	
	1921	天兴福二厂	商办	哈尔滨	50	邵乾一	普通商人	《民族资本主义与旧中国政府(1840—1937)》，325 页	
	1921	天兴福三厂	商办	开源	30	邵乾一	普通商人	《民族资本主义与旧中国政府(1840—1937)》，325 页	
	1921	大来机器面粉厂	商办	天津	70	卞淑成	官员	《天津商会档案汇编 1912—1928》三，2822 页	卞淑成为中国银行经理
	1922	福和公面粉厂	商办	保定	1	赵遇和	普通商人	《民族资本主义与旧中国政府(1840—1937)》，325 页；《河北文史集粹·工商卷》，198 页	

续表

行业	成立/开业时间	名称	性质	所在地	资本	创办人或企业代表	投资者身份	资料来源	备注
面粉业	1922	振昌火磨	商办	齐齐哈尔	8	林树朴	普通商人	《民族资本主义与旧中国政府（1840—1937）》，325 页	
	1922	德增火磨	官商合办	齐齐哈尔	15	贺益堂	普通商人	《民族资本主义与旧中国政府（1840—1937）》，325 页	
	1922	永发成火磨	商办	东北拜泉	10	雒洪海	普通商人	《民族资本主义与旧中国政府（1840—1937）》，325 页	
	1922	民丰面粉公司	商办	天津	60	桑铁珊、莫织南	普通商人	《民族资本主义与旧中国政府（1840—1937）》，325 页	
	1922	包丰面粉公司	商办	包头	30	恽公孚、陆澄西	官僚	《民族资本主义与旧中国政府（1840—1937）》，326 页	
	1922	三星面粉公司	商办	天津	30	吴权孙、吴季荪等	官僚	《民族资本主义与旧中国政府（1840—1937）》，326 页；《天津文史资料选辑》42 辑，200 页	吴权孙为北京外城警察厅厅长

续表

行业	成立/开业时间	名称	性质	所在地	资本	创办人或企业代表	投资者身份	资料来源	备注
面粉业	1922	瑞丰面粉公司	商办	烟台	29.7	潘谷、李相卿	普通商人	《民族资本主义与旧中国政府(1840—1937)》，326页；《芝罘文史资料》5辑，256页	
	1922	民安面粉公司	商办	济南	60	何宗莲、张学堂	官僚军阀	《民族资本主义与旧中国政府(1840—1937)》，326页	
	1922	怡丰面粉公司	商办	直隶邯郸	12	宋慎斋、王铭鼎	普通商人	《民族资本主义与旧中国政府(1840—1937)》，326页	
	1923	和泰祥面粉厂	商办	东北安达	10		普通商人	《民族资本主义与旧中国政府(1840—1937)》，326页	
	1923	礼和三星面粉厂	商办	保定	20	曹锟	官僚	《民族资本主义与旧中国政府(1840—1937)》，326页；杨学新论文《袁世凯与保定工商业发展》	
	1923	三阳面粉公司	商办	北京	20		普通商人	《民族资本主义与旧中国政府(1840—1937)》，326页	

续表

行业	成立/ 开业 时间	名称	性质	所在地	资本	创办人或 企业代表	投资者 身份	资料来源	备注
面粉业	1923	嘉瑞面粉 公司	商办	天津	50	李少波、罗修宸	普通商人	《民族资本主义与旧中国政府 （1840—1937）》，326 页	
	1923	同丰面粉 公司	商办	济南	15	王星斋、王干卿	普通商人	《民族资本主义与旧中国政府 （1840—1937）》，326 页	
	1924	晋省电灯 厂附设面 粉厂	官办	太原	17.5			《民族资本主义与旧中国政府 （1840—1937）》，326 页	
	1924	恒兴面粉 公司	商办	青岛	22.5	宫淑芳、鲁绍田	普通商人	《民族资本主义与旧中国政府 （1840—1937）》，326 页	
	1924	富利育记 面粉厂	商办	直隶沧县	5	张泽周	普通商人	《民族资本主义与旧中国政府 （1840—1937）》，326 页	
	1924	德成面粉 公司	商办	唐山	10	史烛生	普通商人	《民族资本主义与旧中国政府 （1840—1937）》，326 页； 《唐山市志》3～5 卷，1855 页	

续表

行业	成立/开业时间	名称	性质	所在地	资本	创办人或企业代表	投资者身份	资料来源	备注
面粉业	1924	益发合面粉厂	商办	长春	50	刘毅侯	普通商人	《民族资本主义与旧中国政府（1840—1937）》，326页	
	1924	裕东制粉公司	商办	东北宁安	20	张芳润	官僚	《民族资本主义与旧中国政府（1840—1937）》，326页；《宁安县志》，324页	
	1924	广信火磨	官办	绥化	15	窦松崖	政府资本	《民族资本主义与旧中国政府（1840—1937）》，327页；《绥化县志》，147页	
	1924	天民机器面粉厂	商办	北京	20		普通商人	《民族资本主义与旧中国政府（1840—1937）》，327页	
	1925	裕东面粉厂	商办	吉林宁安	32	孙修卿	普通商人	《民族资本主义与旧中国政府（1840—1937）》，327页	
	1925	永源面粉	商办	吉林阿城	3	丁星五	普通商人	《民族资本主义与旧中国政府（1840—1937）》，327页	

续表

行业	成立/开业时间	名称	性质	所在地	资本	创办人或企业代表	投资者身份	资料来源	备注
面粉业	1925	三津寿丰面粉公司	商办	天津	60	倪幼丹等	官僚军阀	《民族资本主义与旧中国政府（1840—1937）》，327 页	
	1925	海大火磨	商办	东北海伦	10		普通商人	《民族资本主义与旧中国政府（1840—1937）》，327 页	
	1925	永发成火磨	商办	东北望奎	10	付尽忱	普通商人	《民族资本主义与旧中国政府（1840—1937）》，327 页；《望奎县志》，139 页	
	1925	德丰面粉公司	商办	开封	5	马云五	普通商人	《民族资本主义与旧中国政府（1840—1937）》，327 页	
	1925	益丰面粉公司	商办	开封	15	罗享豫	普通商人	《民族资本主义与旧中国政府（1840—1937）》，327 页	
	1925	聚丰面粉公司	商办	石家庄	10	林祝封	普通商人	《民族资本主义与旧中国政府（1840—1937）》，328 页；《石家庄市粮食志》，181 页	

续表

行业	成立/开业时间	名称	性质	所在地	资本	创办人或企业代表	投资者身份	资料来源	备注
面粉业	1925	乾义面粉公司	商办	天津	10	王占元	军阀	《民族资本主义与旧中国政府（1840—1937）》，328 页	保定乾义分厂
	1925	裕民面粉公司	商办	许昌	18	不详	普通商人	《民族资本主义与旧中国政府（1840—1937）》，328 页	
	1925	嫩江机器面粉公司	商办	黑龙江	不详	李寿田	普通商人	《民族资本主义与旧中国政府（1840—1937）》，328 页	
	1926	天兴福四厂	商办	哈尔滨	40	邵乾一	普通商人	《民族资本主义与旧中国政府（1840—1937）》，328 页	
	1926	天兴福四厂分厂	商办	哈尔滨	30	邵乾一	普通商人	《民族资本主义与旧中国政府（1840—1937）》，328 页	
	1926	黑爱联合面粉厂	商办	黑河	25	陈助五	普通商人	《民族资本主义与旧中国政府（1840—1937）》，328 页	
	1926	芝罘面粉厂	商办	烟台	10		普通商人	《民族资本主义与旧中国政府（1840—1937）》，328 页	

续表

行业	成立/开业时间	名称	性质	所在地	资本	创办人或企业代表	投资者身份	资料来源	备注
面粉业	1927	裕溪火磨	商办	东北宾县	100	金作米	普通商人	《民族资本主义与旧中国政府(1840—1937)》，328 页	
碾米业	1914	又新碾米	商办	奉天	24	钟景明、王毓琛	不详	《民族资本主义与旧中国政府(1840—1937)》，329 页	
火柴业	1913	关东制造火柴公司	商办	营口	5	王灏、郭渭	普通商人	《近代史资料》总 58 号，146 页	
	1913	振业火柴厂	商办	济南	20	丛良弼	普通商人	《山东工商经济史资料集萃》2 辑，253 页	
	1913	大中火柴厂	商办	开封	2	刘海楼	普通商人	《民族资本主义与旧中国政府(1840—1937)》，333 页；《开封文史资料》9 辑，196 页	
	1913	迅烈火柴厂	商办	开封	9	刘海楼	普通商人	《民族资本主义与旧中国政府(1840—1937)》，333 页	

续表

行业	成立/开业时间	名称	性质	所在地	资本	创办人或企业代表	投资者身份	资料来源	备注
火柴业	1914	永华火柴公司	商办	直隶泊镇	12	王聘三、冯国璋等参股	普通商人、官僚	《民族资本主义与旧中国政府（1840—1937）》，333页；《河北省地名志》沧州地区分册，261页	开业资本8万元，后冯国璋入股4万元
	1914	时宜火柴公司	商办	吉林城	3	金泽霞、萧集卿	普通商人	《吉林文史资料选辑》7辑，126页	
	1914	志源火柴公司	商办	营口	2	志发合、源发合		《近代史资料》总58号，158页	
	1915	荣昌火柴公司	商办	山西新绛	10	段捷三等	官僚	《山西轻工业志》上册，190页	
	1915	兴华火柴无限公司	商办	吉林双城	4.6	傅宗渭	普通商人	《近代史资料》总58号，160页	
	1915	胶东中兴火柴公司	商办	烟台	10	王子超、徐净臣	普通商人	《近代史资料》总58号，164页	

续表

行业	成立/开业时间	名称	性质	所在地	资本	创办人或企业代表	投资者身份	资料来源	备注
火柴业	1915	振华火柴公司	商办	石家庄	4	介寿昚	普通商人	《近代史资料》总 58 号，167 页	
	1916	保阳火柴公司	商办	直隶清苑	10	曹锐、于振宗	官僚	《近代史资料》总 58 号，173 页	
	1916	金井火柴公司	商办	山西平遥	6	赵鸿谟、王佰昌、安保善、张光裕	普通商人	《近代史资料》总 58 号，173 页	
	1918	丹华火柴公司	商办	天津	110	孙实甫、张新吾、王郅隆	官僚军阀	《近代史资料》总 58 号，182 页	
	1919	滦县火柴公司	商办	直隶滦县	10	常燕亭、窦叔鸿	普通商人	《民族资本主义与旧中国政府（1840—1937）》，335 页	
	1919	新华火柴公司	商办	河南新乡	6	魏冶鲁	普通商人	《民族资本主义与旧中国政府（1840—1937）》，335 页	
	1919	三明火柴无限公司	商办	营口	18	王渭卿、王介人	普通商人	《民族资本主义与旧中国政府（1840—1937）》，335 页	

续表

行业	成立/开业时间	名称	性质	所在地	资本	创办人或企业代表	投资者身份	资料来源	备注
火柴业	1920	长垣火柴厂	商办	奉天通化	2.7	邵荫堂	普通商人	《近代史资料》总58号，203页	
	1920	胶东增益火柴公司	商办	山东即墨	10	万子玉、栾勖甫	普通商人	《近代史资料》总58号，241页	
	1920	东益火柴厂	商办	山东益都	10	郑蕴卿、孙俊丞	普通商人	《近代史资料》总58号，208页	
	1920	振业火柴公司济宁分厂	商办	济宁	30	丛良弼	普通商人	《民族资本主义与旧中国政府（1840—1937）》，336页	
	1920	丹华火柴公司分厂	商办	安东	25	王玉衍	普通商人	《民族资本主义与旧中国政府（1840—1937）》，336页	
	1920	鲁昌火柴厂	商办	齐齐哈尔	3		普通商人	《民族资本主义与旧中国政府（1840—1937）》，336页	

续表

行业	成立/开业时间	名称	性质	所在地	资本	创办人或企业代表	投资者身份	资料来源	备注
火柴业	1921	云龙火柴厂	商办	大同	10		普通商人	《民族资本主义与旧中国政府（1840—1937）》，337页	
	1921	双城兴华火柴公司	商办	双城	10	赵甸卿	普通商人	《民族资本主义与旧中国政府（1840—1937）》，337页	
	1922	晋昌火柴公司	商办	洛阳	8	刘仲棻、陈子健	普通商人	《民族资本主义与旧中国政府（1840—1937）》，337页	
	1922	振东火柴公司	商办	即墨	10	姜新廷、李志霆	普通商人	《中国民族火柴工业》，294页	
	1922	惠临火柴厂	商办	奉天	36	金哲忱	官僚军阀	《民族资本主义与旧中国政府（1840—1937）》，337页	
	1922	齐鲁火柴厂	商办	山东长山	10	管耀庭、于陵云	普通商人	《民族资本主义与旧中国政府（1840—1937）》，337页	
	1922	金华兄弟火柴公司	商办	吉林	20	孙光烈、孙锦英	普通商人	《民族资本主义与旧中国政府（1840—1937）》，337页；《档案吉林·省档案馆卷》下，37页	

续表

行业	成立/开业时间	名称	性质	所在地	资本	创办人或企业代表	投资者身份	资料来源	备注
火柴业	1922	昆仑火柴厂	商办	山西汾阳	6.3	安福堂、冀武斋等	普通商人	《山西轻工业志》上册，190 页	
	1923	毓华火柴厂	商办	新绛	10	王廷辅、王洪汉	普通商人	《山西轻工业志》上册，190 页	
	1923	性性火柴厂	商办	营口	20	李序闾、臧子耕	普通商人	《近代史资料》总 58 号，236 页	
	1923	震兴火柴厂	商办	山东龙口	10	赵瑞泉、成兰圃	普通商人	《近代史资料》总 58 号，244 页	
	1923	洪奉火柴厂	商办	山东胶县	1.5	李佑民	普通商人	《民族资本主义与旧中国政府（1840—1937）》，338 页	
	1923	华兴火柴厂	商办	潍县	5		普通商人	《中国民族火柴工业》，294 页	
	1924	聊城火柴厂	商办	山东聊城	1.5		普通商人	《民族资本主义与旧中国政府（1840—1937）》，338 页	

续表

行业	成立/开业时间	名称	性质	所在地	资本	创办人或企业代表	投资者身份	资料来源	备注
火柴业	1924	民生火柴厂	商办	珲春	2	吴玉堂	普通商人	《民族资本主义与旧中国政府（1840—1937）》，338页	
	1925	同济火柴厂	商办	河南温县	2		普通商人	《民族资本主义与旧中国政府（1840—1937）》，338页	
	1926	昌兴火柴厂	商办	烟台	5	王益受	普通商人	《民族资本主义与旧中国政府（1840—1937）》，338页	
	1927	洛阳大有火柴厂	商办	洛阳	30	石昆	普通商人	《民族资本主义与旧中国政府（1840—1937）》，338页；《河南文史资料》总74辑，10页	
	1927	民生火柴厂	商办	开封	10	刘海楼	普通商人	《民族资本主义与旧中国政府（1840—1937）》，339页	
造纸业	1917	成业造纸厂	商办	济南	5	陈金鉴、严世杰	普通商人	《民族资本主义与旧中国政府（1840—1937）》，341页	

续表

行业	成立/开业时间	名称	性质	所在地	资本	创办人或企业代表	投资者身份	资料来源	备注
造纸业	1918	东三省造纸厂	官办	东北夏家河子	23		政府	《民族资本主义与旧中国政府（1840—1937）》，339 页	
	1919	华兴造纸股份有限公司	商办	济南	25	何春江、吴达卿、卢子嘉、李纯、蔡成勋	官僚军阀	《民族资本主义与旧中国政府（1840—1937）》，342 页	
	1921	兴林造纸	中日合办	长春	500（中日各半）	鲍贵卿、大仓喜八郎（日）	官僚军阀	《民族资本主义与旧中国政府（1840—1937）》，342 页；《涉外经济贸易》上，417 页	
	1921	协记簿据	商办	北京大兴	1	周冶岐	普通商人	《民族资本主义与旧中国政府（1840—1937）》，342 页	
	1921	初起造纸厂	商办	北京	2	张芝庭	普通商人	《民族资本主义与旧中国政府（1840—1937）》，342 页	
	1922	六合成造纸厂	商办	安东	27	轩辚绶	普通商人	《民族资本主义与旧中国政府（1840—1937）》，343 页	

续表

行业	成立/开业时间	名称	性质	所在地	资本	创办人或企业代表	投资者身份	资料来源	备注
造纸业	1922	振华机器纸板股份有限公司	商办	天津	40	宁钰亭、倪锡纯、李遹臣等	普通商人	《民族资本主义与旧中国政府（1840—1937）》，343 页	
印刷业	1917	营口印刷会社	商办	营口	9.9		应为普通商人	《民族资本主义与旧中国政府（1840—1937）》，345 页	
	1919	安东印刷所	商办	安东	19.7		应为普通商人	《民族资本主义与旧中国政府（1840—1937）》，345 页	
	1920	光华美术印刷	商办	天津	3	章以吴、陈福颐	官僚	《民族资本主义与旧中国政府（1840—1937）》，346 页	
	1922	山东印刷	商办	济南	2	陈佛灵、陈庆灵	普通商人	《近代史资料》总 58 号，235 页	
	1926	长春永恒印书	商办	长春	1		普通商人	《近代史资料》总 58 号，269 页	

续表

行业	成立/开业时间	名称	性质	所在地	资本	创办人或企业代表	投资者身份	资料来源	备注
卷烟业	1913	裕华卷烟公司	商办	济宁	5	刘汝岩、吕庆圻	普通商人	《近代史资料》总58号，162页	
	1916	天津五兴烟草公司	商办	天津	3	周叔铭、魏鸿滨	普通商人	《天津商会档案汇编1912—1918》三，2993页	
	1921前	中俄烟草公司	中俄合办	奉天	不详		俄商普通商人	《辽宁税务志1840—1989年》，21页	
	1922	山西觉民卷烟公司	商办	山西解县	1	朱楼声、李振汉	普通商人	《民族资本主义与旧中国政府（1840—1937）》，350页	
	1922	东三省烟草公司	商办	奉天	100	鲁宗熙	官僚	《中国近代工业史》，552页	
榨油业	1912	洪盛裕油	商办	傅家店	2.5		普通商人	《民族资本主义与旧中国政府（1840—1937）》，353页	
	1912	华丰号油坊	商办	安东	5		普通商人	《民族资本主义与旧中国政府（1840—1937）》，353页	

续表

行业	成立/开业时间	名称	性质	所在地	资本	创办人或企业代表	投资者身份	资料来源	备注
榨油业	1912	同新昌油坊	商办	营口	14		普通商人	《民族资本主义与旧中国政府（1840—1937）》，353 页	
	1912	晋丰油坊	商办	大连	20		普通商人	《民族资本主义与旧中国政府（1840—1937）》，353 页	
	1912	益昌油房	商办	营口	5.9		普通商人	《民族资本主义与旧中国政府（1840—1937）》，353 页	
	1913	顺和裕油	商办	傅家店	3		普通商人	《民族资本主义与旧中国政府（1840—1937）》，353 页	
	1913	成裕昌油坊	商办	大连	15		普通商人	《民族资本主义与旧中国政府（1840—1937）》，353 页	
	1913	厚发合毓记油坊	商办	营口	84		普通商人	《民族资本主义与旧中国政府（1840—1937）》，353 页	
	1913	东茂泰	商办	公主岭	不详		普通商人	《民族资本主义与旧中国政府（1840—1937）》，354 页	

续表

行业	成立/开业时间	名称	性质	所在地	资本	创办人或企业代表	投资者身份	资料来源	备注
榨油业	1914	裕泰油	商办	傅家店	7.5		普通商人	《民族资本主义与旧中国政府（1840—1937）》，354页	
	1915	谦恒制油无限公司	商办	奉天黑山县	7	杨度、王秉楼	官僚军阀	《民族资本主义与旧中国政府（1840—1937）》，354页	
	1915	东和油	商办	傅家甸	2		普通商人	《民族资本主义与旧中国政府（1840—1937）》，354页	
	1915	聚盛泰油	商办	傅家甸	3		普通商人	《民族资本主义与旧中国政府（1840—1937）》，354页	
	1915	裕德隆油坊	商办	吉林	1.2		普通商人	《民族资本主义与旧中国政府（1840—1937）》，354页	
	1915	丰泰亿	商办	哈尔滨	15		普通商人	《民族资本主义与旧中国政府（1840—1937）》，354页	

续表

行业	成立/开业时间	名称	性质	所在地	资本	创办人或企业代表	投资者身份	资料来源	备注
榨油业	1915	东泰油坊	商办	哈尔滨	1.8		普通商人	《民族资本主义与旧中国政府（1840—1937）》，354 页	
	1915	中和油	商办	哈尔滨	2.1		普通商人	《民族资本主义与旧中国政府（1840—1937）》，354 页	
	1915	同发隆油	商办	哈尔滨	2.8		普通商人	《民族资本主义与旧中国政府（1840—1937）》，354 页	
	1915	恒隆德油	商办	哈尔滨	4.2		普通商人	《民族资本主义与旧中国政府（1840—1937）》，354 页	
	1915	丰泰义油坊	商办	哈尔滨	4.6		普通商人	《民族资本主义与旧中国政府（1840—1937）》，354 页	
	1915	义昌信油	商办	哈尔滨	5		普通商人	《民族资本主义与旧中国政府（1840—1937）》，354 页	
	1915	东亚油	商办	哈尔滨	5		普通商人	《民族资本主义与旧中国政府（1840—1937）》，354 页	

续表

行业	成立/开业时间	名称	性质	所在地	资本	创办人或企业代表	投资者身份	资料来源	备注
	1915	德义成油	商办	哈尔滨	14		普通商人	《民族资本主义与旧中国政府（1840—1937）》，354 页	
	1915	成大义油	商办	哈尔滨	14		普通商人	《民族资本主义与旧中国政府（1840—1937）》，354 页	
	1915	新泰油	商办	哈尔滨	14		普通商人	《民族资本主义与旧中国政府（1840—1937）》，354 页	
榨油业	1915	大顺昌油坊	商办	哈尔滨	9.2		普通商人	《民族资本主义与旧中国政府（1840—1937）》，354 页	
	1915	久泰油房	商办	哈尔滨	10		普通商人	《民族资本主义与旧中国政府（1840—1937）》，355 页	
	1915	久源盛	商办	哈尔滨	18.4		普通商人	《民族资本主义与旧中国政府（1840—1937）》，355 页	
	1915	同盛永油坊	商办	天津	8		普通商人	《天津商会档案汇编 1912—1928》三，3001 页	

续表

行业	成立/开业时间	名称	性质	所在地	资本	创办人或企业代表	投资者身份	资料来源	备注
榨油业	1916	恒庆机器榨油两合公司	商办	宁安	4.4	王永昌	普通商人	《民族资本主义与旧中国政府(1840—1937)》，355页	
	1916	恒顺和油坊	商办	哈尔滨	9		普通商人	《民族资本主义与旧中国政府(1840—1937)》，355页	
	1916	同聚祥油坊	商办	哈尔滨	12		普通商人	《民族资本主义与旧中国政府(1840—1937)》，355页	
	1917	华明灯油	商办	天津	20		普通商人	《天津商会档案汇编1912—1928》三，3001页	
	1918	长春东兴豆油实业公司	商办	长春	50	李律阁、周作民	官商	《民族资本主义与旧中国政府(1840—1937)》，355页	
	1918	裕源油坊	商办	哈尔滨	20		普通商人	《民族资本主义与旧中国政府(1840—1937)》，355页	

续表

行业	成立/开业时间	名称	性质	所在地	资本	创办人或企业代表	投资者身份	资料来源	备注
榨油业	1919	新农油酒公司	商办	天津	10	李正卿、哈云裳（军界人物）	官僚军阀	《民族资本主义与旧中国政府（1840—1937）》，355页	
	1919	永丰机器榨油公司	商办	山东泰安	30	申辑五、刘韵樵	官僚军阀	《民族资本主义与旧中国政府（1840—1937）》，355页	
	1919	广元吉油	商办	哈尔滨傅家甸	1		普通商人	《民族资本主义与旧中国政府（1840—1937）》，355页	
	1919	兴顺福机器榨油公司	商办	济南	12	张克亮	普通商人	《民族资本主义与旧中国政府（1840—1937）》，355页	
	1919	福顺义油坊	商办	大连	4		普通商人	《民族资本主义与旧中国政府（1840—1937）》，355页	
	1919	顺发公油坊	商办	长春	6		普通商人	《民族资本主义与旧中国政府（1840—1937）》，355页	
	1919	合公油坊	商办	开原	8		普通商人	《民族资本主义与旧中国政府（1840—1937）》，355页	

续表

行业	成立/开业时间	名称	性质	所在地	资本	创办人或企业代表	投资者身份	资料来源	备注
榨油业	1919	日泰公司	商办	东北熊岳城	不详		普通商人	《民族资本主义与旧中国政府（1840—1937）》，355 页	
	1919	泰公东	商办	东北新台子	29.6		普通商人	《民族资本主义与旧中国政府（1840—1937）》，355 页	
	1919	昌图公司	商办	开原	5.9		普通商人	《民族资本主义与旧中国政府（1840—1937）》，356 页	
	1920	德顺福	商办	哈尔滨	8		普通商人	《民族资本主义与旧中国政府（1840—1937）》，356 页	
	1920	义昌慎	商办	营口	21		普通商人	《民族资本主义与旧中国政府（1840—1937）》，356 页	
	1920	秀公	商办	开原	19.7		普通商人	《民族资本主义与旧中国政府（1840—1937）》，356 页	
	1920	益发合	商办	长春	12		普通商人	《民族资本主义与旧中国政府（1840—1937）》，356 页	

续表

成立/开业时间	行业	名称	性质	所在地	资本	创办人或企业代表	投资者身份	资料来源	备注
1920	榨油业	中和昌	商办	抚顺	不详		普通商人	《民族资本主义与旧中国政府（1840—1937）》，356页	
1920		永衡东	商办	哈尔滨	15		普通商人	《民族资本主义与旧中国政府（1840—1937）》，356页	
1920		久太	商办	不详	不详		普通商人	《民族资本主义与旧中国政府（1840—1937）》，356页	
1920		德兴东	商办	大连魏子窝	不详		普通商人	《民族资本主义与旧中国政府（1840—1937）》，356页	
1920		天和利	商办	大连魏子窝	不详		普通商人	《民族资本主义与旧中国政府（1840—1937）》，356页	
1920		永发长	商办	吉林郑家屯	8.8		普通商人	《民族资本主义与旧中国政府（1840—1937）》，356页	
1921		合盛祥	商办	济南	3		普通商人	《民族资本主义与旧中国政府（1840—1937）》，356页	

续表

行业	成立/开业时间	名称	性质	所在地	资本	创办人或企业代表	投资者身份	资料来源	备注
榨油业	1921	中日	商办	大连	15		普通商人	《民族资本主义与旧中国政府（1840—1937）》，356 页	
	1921	大信	商办	大连	19.7		普通商人	《民族资本主义与旧中国政府（1840—1937）》，356 页	
	1921	双盛	商办	大连	不详		普通商人	《民族资本主义与旧中国政府（1840—1937）》，356 页	
	1921	友盛信	商办	开原	19.7		普通商人	《民族资本主义与旧中国政府（1840—1937）》，356 页	
	1922	同兴泰	商办	济南	4		普通商人	《民族资本主义与旧中国政府（1840—1937）》，356 页	
	1922	泰记	商办	铁岭	9.9		普通商人	《民族资本主义与旧中国政府（1840—1937）》，356 页	
	1922	万义长	商办	大连	不详		普通商人	《民族资本主义与旧中国政府（1840—1937）》，356 页	

续表

行业	成立/开业时间	名称	性质	所在地	资本	创办人或企业代表	投资者身份	资料来源	备注
榨油业	1922	同兴和	商办	大连四平街	4		普通商人	《民族资本主义与旧中国政府（1840—1937）》，356页	
	1922	德庆东	商办	熊岳城	不详		普通商人	《民族资本主义与旧中国政府（1840—1937）》，356页	
	1923	东裕隆	商办	济南	10		普通商人	《民族资本主义与旧中国政府（1840—1937）》，356页	
	1923	泰和丰	商办	公主岭	不详		普通商人	《民族资本主义与旧中国政府（1840—1937）》，357页	
	不详	北洋	商办	天津	4		普通商人	《民族资本主义与旧中国政府（1840—1937）》，357页	
	不详	新华油业公司	商办	天津	不详		普通商人	《民族资本主义与旧中国政府（1840—1937）》，357页	

续表

行业	成立/开业时间	名称	性质	所在地	资本	创办人或企业代表	投资者身份	资料来源	备注
制蛋业	1912	元芳蛋厂	商办	河南漯河	不详	阮文忠	普通商人	《民族资本主义与旧中国政府（1840—1937）》，357页；《河南辛亥革命史事长编》下卷，332页	
	1913	裕丰蛋厂	商办	河南新乡	不详	张殿臣	普通商人	《民族资本主义与旧中国政府（1840—1937）》，357页	
	1917	济渌	商办	济南	2		普通商人	《民族资本主义与旧中国政府（1840—1937）》，357页	
	1919	大昌制蛋厂	商办	开封	10	朱子侨、谢蘅窗	官僚、普通商人	《民族资本主义与旧中国政府（1840—1937）》，358页	
	1926	新丰制蛋	商办	山西阳城	30		普通商人	《民族资本主义与旧中国政府（1840—1937）》，358页	
	1927	德庆祥蛋厂	商办	河南新乡	不详	王干臣等	普通商人	《民族资本主义与旧中国政府（1840—1937）》，358页	

续表

行业	成立/开业时间	名称	性质	所在地	资本	创办人或企业代表	投资者身份	资料来源	备注
饮料业	1922	八王寺啤酒汽水公司	商办	奉天	25	张惠霖、朱晓斋、金恩祺、沈宜清、高荣久、董泽民	官僚军阀	《民族资本主义与旧中国政府（1840—1937）》，359页；《辽宁省志·轻工业志》，289页	
	1925	贯华冻粉厂	商办	青岛	10	郭佩堂	普通商人	《民族资本主义与旧中国政府（1840—1937）》，359页	
	1926	光明汽水	商办	天津	30	刘竹朋	普通商人	《河北区志》，1058页	
	1926	煤业汽水	商办	北京	2	段锡光	普通商人	《近代史资料》总58号，261页	
制糖业	1921	溥益制糖公司	商办	济南	300	段祺瑞、钱能训	官僚军阀	《民族资本主义与旧中国政府（1840—1937）》，361页	
酿酒业	1912	中国果酒公司	商办	直隶宣化	2	刘葆	普通商人	《民族资本主义与旧中国政府（1840—1937）》，362页	

续表

行业	成立/开业时间	名称	性质	所在地	资本	创办人或企业代表	投资者身份	资料来源	备注
酿酒业	1913	玉泉山啤酒汽水公司	商办	京西玉泉山	11	朱东海、李杰林	普通商人、官僚	《民族资本主义与旧中国政府（1840—1937）》，362页;《近代天津十大寓公》，48页	黎元洪等参股
	1913	胜绍公司	商办	济南	2	丁煦衣、靳延庆	普通商人	《民族资本主义与旧中国政府（1840—1937）》，362页	
	1915	双合盛五星啤酒厂	商办	北京	5.7	张廷阁、郝升堂	普通商人	《北京的双合盛五星酒》，《北京档案》2011（12）	
	1919	晋裕汾酒公司	商办	太原	1	王廷飏、张汝萃	普通商人	《民族资本主义与旧中国政府（1840—1937）》，362页	
	1919	玉泉酿造	商办	北京	5	屠实庵、黄至善	普通商人	《民族资本主义与旧中国政府（1840—1937）》，362页	
	1920	醴泉啤酒公司	商办	烟台	15	王益斋	普通商人	《齐鲁文化大辞典》，537页	

续表

行业	成立/开业时间	名称	性质	所在地	资本	创办人或企业代表	投资者身份	资料来源	备注
酿酒业	1921	益华酿酒公司	商办	山西清源	5	郝允济、郭德昌	普通商人	《民族资本主义与旧中国政府（1840—1937）》，362 页	
	1921	振边酒厂	商办	黑河	80	徐鹏远	普通商人	《黑河地区志》，371 页	
	1927	天成造酒	商办	北京	10	姜阁卿、陈文显	普通商人	《民族资本主义与旧中国政府（1840—1937）》，362 页	
	不详	布袋公司	商办	大连	不详		普通商人	《民族资本主义与旧中国政府（1840—1937）》，362 页	
制罐业	1914	泰康罐头食品公司	商办	济南	1	徐永成、乐汝成	普通商人	《民族资本主义与旧中国政府（1840—1937）》，363 页	
	1914	泰昌罐头食品	商办	济南	1	吴麟书、屠述三	普通商人	《民族资本主义与旧中国政府（1840—1937）》，363 页	

续表

行业	成立/开业时间	名称	性质	所在地	资本	创办人或企业代表	投资者身份	资料来源	备注
制罐业	1916	东亚罐头公司	商办	烟台	2	夏凤仪、王文珊	普通商人	《民族资本主义与旧中国政府（1840—1937）》，363页	
	1920	新中罐头公司	商办	直隶昌黎	10	杨永兴、苑锦堂	普通商人	《民族资本主义与旧中国政府（1840—1937）》，363页	
	1920	天益罐头食品公司	商办	北京	10		普通商人	《民族资本主义与旧中国政府（1840—1937）》，363页	
	1922	北京精华罐头	商办	北京	1	鹿禄、石保罹	普通商人	《民族资本主义与旧中国政府（1840—1937）》，363页	
	1924	丰泰罐头	商办	云津	1		普通商人	《天津商会档案汇编1912—1928》三，2998页	
精盐业	1914	久大精盐公司	商办	直隶塘沽	5	景学铃、张謇、梁启超等集资	官僚	《"永久黄"团体档案汇编·久大精盐公司专辑》上，11~12页	
	1921	福海	商办	营口	10		普通商人	《民族资本主义与旧中国政府（1840—1937）》，363页	

续表

行业	成立/开业时间	名称	性质	所在地	资本	创办人或企业代表	投资者身份	资料来源	备注
精盐业	1921	通达盐业	商办	直隶丰润	50	吴觉民	军阀资本	《民族资本主义与旧中国政府（1840—1937）》，363页	
	1921	通益精盐公司	商办	烟台	25	北京通惠实业公司、孙多森、龚心湛	官僚	《民族资本主义与旧中国政府（1840—1937）》，363页	
	1923	利源	商办	营口	25	阎挺才、胡子晋	官僚	《民族资本主义与旧中国政府（1840—1937）》，363页	
	1923	华丰	商办	营口	20		普通商人	《民族资本主义与旧中国政府（1840—1937）》，363页	
	1923	永裕公司小港制盐厂	商办	青岛	320	范旭东	普通商人	《民族资本主义与旧中国政府（1840—1937）》，363页	
	1923	永裕公司台西制盐厂	商办	青岛	10	范旭东	普通商人	《民族资本主义与旧中国政府（1840—1937）》，363页	

续表

行业	成立/开业时间	名称	性质	所在地	资本	创办人或企业代表	投资者身份	资料来源	备注
精盐业	1926	奉天制盐厂	商办	营口	14	林希实、林心如	官商	《民族资本主义与旧中国政府（1840—1937）》，363 页	林希实为郭松龄大将林长民民胞弟
	1927	裕华	商办	营口	10		普通商人	《民族资本主义与旧中国政府（1840—1937）》，363 页	
杂种食品业	1915	大丰南酱公司	商办	北京	2	齐白隐	普通商人	《近代史资料》总 58 号，161 页	
	1919	正德制酱公司	商办	哈尔滨	1	张子良	普通商人	《民族资本主义与旧中国政府（1840—1937）》，365 页	
	1922	东蒙斟造黄油公司	商办	张家口	10	卓长海、张稚轩	普通商人	《民族资本主义与旧中国政府（1840—1937）》，365 页	
	1925	同业酱业	商办	吉林廷吉	1	罗其祁	普通商人	《民族资本主义与旧中国政府（1840—1937）》，365 页	
	1925	济南上海食物	商办	济南	不详	不详	普通商人	《民族资本主义与旧中国政府（1840—1937）》，365 页	

续表

行业	成立/开业时间	名称	性质	所在地	资本	创办人或企业代表	投资者身份	资料来源	备注
机器工业	1912	关东铁厂	商办	奉天	50	孟昭绥	普通商人	《东北经济史》，163页	
	1912	雅轩电镀工厂	商办	奉天	10	孙雅轩	普通商人	《东北经济史》，163页	
	1912	利用股份有限公司	商办	吉林二道码头	1		普通商人	《民族资本主义与旧中国政府（1840—1937）》，367页	
	1914	振兴和记机器厂	商办	哈尔滨	12		普通商人	《民族资本主义与旧中国政府（1840—1937）》，367页	
	1914	德利兴机器厂	商办	天津	1	李元才	普通商人	《天津商会档案汇编1912—1928》三，2846页	
	1915	大振容罐股份有限公司	商办	天津	5		普通商人	《民族资本主义与旧中国政府（1840—1937）》，368页	
	1920	东益铁工厂	商办	青岛	1	臧克明	普通商人	《民族资本主义与旧中国政府（1840—1937）》，369页	

续表

行业	成立/开业时间	名称	性质	所在地	资本	创办人或企业代表	投资者身份	资料来源	备注
机器工业	1921	兴顺福铁工厂	商办	济南	15	张采臣等	普通商人	《民族资本主义与旧中国政府（1840—1937）》，369 页	
	1921	华通机器制针厂	商办	济南	10	周立堂、王敬伯	普通商人	《民族资本主义与旧中国政府（1840—1937）》，369 页	
	1922	祥泰和五金厂	商办	天津	30	周学熙	官僚	《天津商会档案汇编 1912—1928》三，2856 页	周学熙集团企业
	1923	永大铁工厂	商办	天津	1.4	牛彭寿	普通商人	《天津商会档案汇编 1912—1928》三，2841 页	
	1924	唐山启新机器厂	商办	唐山	不详	周学熙	官僚	《民族资本主义与旧中国政府（1840—1937）》，370 页	
	1924	大亨铁工厂	商办	奉天	41.5	杨宇霆、张学良	官僚军阀	《奉天大亨股份有限公司铁工厂简章》，1924；《社会科学辑刊》1984（5）	
	1926	鸣鲁工厂	商办	山东潍县	1	陈子余	普通商人	《近代史资料》总 58 号，261 页	

续表

行业	成立/开业时间	名称	性质	所在地	资本	创办人或企业代表	投资者身份	资料来源	备注
制革业	1916	裕丰制革厂	中日合办	天津	100	徐文铮、大仓喜八郎	官僚军阀	《近代史资料》总58号，183页	中日各出资一半
	1916	裕津制革厂	中日合办	天津	50	大仓组、王郅隆	官僚军阀	《天津商会档案汇编 1912—1928》三，3005页	
	1917	华北制革厂	商办	天津	10	王晋生、刘伟仁	普通商人	《天津商会档案汇编 1912—1928》三，3004页	
	1918	胶东制革公司	商办	济南	6		普通商人	《民族资本主义与旧中国政府（1840—1937）》，374页	
	1919	振亚香牛皮工厂	商办	张家口	1	周析公	普通商人	《民族资本主义与旧中国政府（1840—1937）》，374页	
	1920	一大制革厂	商办	天津	40	李纯、蔡成勋	官僚军阀	《天津文史资料选辑》31辑，190页	
	1920	鸿记制革厂	商办	天津	10	李纯、蔡成勋	官僚军阀	《现代中国实业志》，289页	

续表

行业	成立/开业时间	名称	性质	所在地	资本	创办人或企业代表	投资者身份	资料来源	备注
制革业	1920	荣记制革厂	商办	天津	1		普通商人	《民族资本主义与旧中国政府（1840—1937）》，374 页	
	1921	双合盛制革无限公司	商办	黑龙江滨江	170	郝升堂、张廷阁	普通商人	《哈尔滨文史资料》12 辑，68 页	
	1922	恒利制革厂	商办	天津	7		普通商人	《民族资本主义与旧中国政府（1840—1937）》，375 页	
	1922	大业制革无限公司	商办	济南	5		普通商人	《近代史资料》总 58 号，230 页	
	1922	普华制革公司	商办	济南	3		普通商人	《民族资本主义与旧中国政府（1840—1937）》，375 页	
	1922	东亚皮厂	商办	奉天	7		普通商人	《民族资本主义与旧中国政府（1840—1937）》，375 页	
	1923	中亚硝皮厂	商办	天津	5		普通商人	《天津商会档案汇编 1912—1928》三，3004 页	

续表

行业	成立/开业时间	名称	性质	所在地	资本	创办人或企业代表	投资者身份	资料来源	备注
制革业	1923	万盛和革厂	商办	天津	8		普通商人	《民族资本主义与旧中国政府（1840—1937）》，375页	
	1923	祥茂销皮厂	商办	天津	3		普通商人	《天津商会档案汇编 1912—1928》三，3004页	
	1925	恒兴永革厂	商办	济南	1		普通商人	《民族资本主义与旧中国政府（1840—1937）》，376页	
	1926	长记制革厂	商办	天津	1		普通商人	《民族资本主义与旧中国政府（1840—1937）》，376页	
	1927年前	永增军装工厂	官办	北京	不详		政府	《民族资本主义与旧中国政府（1840—1937）》，376页	
	1927	中华皮革厂	商办	奉天	2		普通商人	《民族资本主义与旧中国政府（1840—1937）》，375页	

续表

行业	成立/开业时间	名称	性质	所在地	资本	创办人或企业代表	投资者身份	资料来源	备注
玻璃制造业	1912	新生玻璃公司	商办	青岛	1		普通商人	《民族资本主义与旧中国政府（1840—1937）》，377 页	
	1912	中利料器公司	商办	天津	1	傅子余	普通商人	《直隶商会与直隶社会变迁 1903—1928》，149 页	
	1913	新兴玻璃工厂	商办	哈尔滨	6		普通商人	《民族资本主义与旧中国政府（1840—1937）》，377 页	
	1914	光明玻璃料器无限公司	商办	北京	5	江朝宗、张彬舫	官僚	《北京工业史料》，441 页	
	1915	普利玻璃器皿股份有限公司	商办	济南	3	胡宝峻、徐百鑫	普通商人	《民族资本主义与旧中国政府（1840—1937）》，377 页	
	1919	明晶玻璃厂	商办	天津	10	陈凤举、王玉亭	普通商人	《近代史资料》总 58 号，200 页	

续表

行业	成立/开业时间	名称	性质	所在地	资本	创办人或企业代表	投资者身份	资料来源	备注
玻璃制造业	1921	旭升料器厂	商办	天津	5		普通商人	《民族资本主义与旧中国政府（1840—1937）》，378 页	
	1924	耀华机器制造玻璃公司	中英合办	天津	120	开滦矿务局	官僚参与	《天津商会档案汇编 1912—1928》三，2961 页	
	1925	同志料器厂	商办	烟台	1.2		普通商人	《民族资本主义与旧中国政府（1840—1937）》，378 页	
	1925	瑞兴制造玻璃厂	商办	北京	10	廖述先	普通商人	《近代史资料》总 58 号，255 页	
砖瓦业	1918	济新砖瓦股份有限公司	商办	济南	1.5	郑兰台、俞糷卿	普通商人	《济南历史大事记》，148 页	
	1923	肇新窑业公司	商办	奉天	10	张作霖等奉系军阀投资	官僚军阀	《文史资料选辑》5 辑，1 页	

续表

行业	成立/开业时间	名称	性质	所在地	资本	创办人或企业代表	投资者身份	资料来源	备注
制瓷业	1914	中兴瓷业股份有限公司	商办	吉林双阳	30	刘苞、王毓祥	普通商人	《近代史资料》总58号，184页	
	1920	大华窑业公司	商办	大连	49.3		普通商人	《民族资本主义与旧中国政府（1840—1937）》，383页	
	1923	北京瓷业公司	商办	北京	10	叶麟趾、叶麟祥	普通商人	《近代史资料》总58号，244页；《故宫博物院八十七华诞定窑学术研讨会论文集》上，39页	
	1925	晋艾陶瓷公司	商办	山西平定	1		普通商人	《近代史资料》总58号，255页	
	1926	天津久禄瓷业公司	商办	天津	2.5		普通商人	《直隶商会与直隶社会变迁》，149页	

续表

行业	成立/开业时间	名称	性质	所在地	资本	创办人或企业代表	投资者身份	资料来源	备注
石棉业	1915	天津石棉制造股份有限公司	商办	天津	3	杨敬林、卞荫如	官僚	《近代史资料》总58号，255页	杨敬林为天津市警务处处长
	1917	利亚石棉公司	商办	天津	1	汪雨林	普通商人	《天津商会档案汇编 1912—1928》三，2963页	
	1920	泰华石棉厂	商办	天津	1		普通商人	《天津商会档案汇编 1912—1928》三，2963页	
酸碱苏打晶业	1912	天惠实业公司（碱）	商办	吉林长岭	10		普通商人	《民族资本主义与旧中国政府（1840—1937）》，384页	
	1915	蒙古制碱公司	商办	张家口	20	赵椿年、何景松	普通商人	《中国化学史》近现代卷，638页	
	1917	永利制碱公司	商办	直隶塘沽	150	范旭东	以官僚为主	《民族资本主义与旧中国政府（1840—1937）》，384页	1921年开工
	1921	鲁丰化工厂制碱公司	商办	山东即墨	10	金培生、席锡藩、劳敬修	普通商人	《民族资本主义与旧中国政府（1840—1937）》，384页	

续表

行业	成立/开业时间	名称	性质	所在地	资本	创办人或企业代表	投资者身份	资料来源	备注
酸碱苏打晶业	1924	大德制碱厂	官办	山西晋城	不详		政府	《民族资本主义与旧中国政府（1840—1937）》，385页	
	1926	渤海化学工业公司	商办	天津	10	聂汤谷、唐紫园	普通商人	《民族资本主义与旧中国政府（1840—1937）》，385页	
涂料染料油墨等	1915	大成油漆颜料	商办	天津	20	倪嗣冲	官僚军阀	《近代史资料》总58号，249页；《倪嗣冲年谱》，45页	
	1917	集粹染料制造公司	商办	直隶宝坻	1		普通商人	《民族资本主义与旧中国政府（1840—1937）》，386页	
	1920	中国裕兴染料公司	商办	山东历城	10	邹升三、李助如	普通商人	《民族资本主义与旧中国政府（1840—1937）》，386页	
	1922	同元成信记（染料）	商办	天津	10	陈福田、韩端禄	普通商人	《民族资本主义与旧中国政府（1840—1937）》，386页	

续表

行业	成立/开业时间	名称	性质	所在地	资本	创办人或企业代表	投资者身份	资料来源	备注
涂料染料油墨等	1922	沧口正兴化学颜料厂	商办	山东即墨	10	正祥永、管耀庭	普通商人	《民族资本主义与旧中国政府（1840—1937）》，386页	
	1923	东方油漆公司	商办	天津	5		普通商人	《华北城市经济近代化研究》，241页	
	1925	裕鲁颜料公司	商办	山东潍县	15	丛良弼、张荆芳	普通商人	《民族资本主义与旧中国政府（1840—1937）》，386页	
	1926	永华漆厂	商办	北京	不详		普通商人	《民族资本主义与旧中国政府（1840—1937）》，387页	
	不详	双粹染料公司	商办	北京	1		普通商人	《民族资本主义与旧中国政府（1840—1937）》，387页	
烛皂业	1912	东三省洋烛公司	商办	营口	不详		普通商人	《民族资本主义与旧中国政府（1840—1937）》，388页	
	1912	丰顺洋烛厂	商办	哈尔滨	3		普通商人	《民族资本主义与旧中国政府（1840—1937）》，388页	

续表

行业	成立/开业时间	名称	性质	所在地	资本	创办人或企业代表	投资者身份	资料来源	备注
烛皂业	1913	福利肥皂公司	商办	烟台	1.5		普通商人	《近代史资料》总58号，146页	
	1914	华利洋烛公司	商办	奉天	3		普通商人	《民族资本主义与旧中国政府（1840—1937）》，388页	
	1916	滨江东兴皂烛实业公司	商办	吉林滨江	64	吴景山、房香岩	普通商人	《民族资本主义与旧中国政府（1840—1937）》，388页	
	1916	王成久洋烛厂	商办	哈尔滨	4	王成久	普通商人	《民族资本主义与旧中国政府（1840—1937）》，388页	
	1919	裕华造胰公司	商办	太原	1	何必四堂、何积厚堂	普通商人	《民族资本主义与旧中国政府（1840—1937）》，388页	
	1919	中昌香皂厂	商办	天津	1	史东初、马同甫	普通商人	《天津商会档案汇编 1912—1928》三，2971页	
	1919	隆兴造胰公司	商办	天津	1		普通商人	《天津商会档案汇编 1912—1928》三，2967页	

续表

行业	成立/开业时间	名称	性质	所在地	资本	创办人或企业代表	投资者身份	资料来源	备注
烛皂业	1920	济东造胰公司	商办	山东济宁	3	郭拱辰、程秋峰	普通商人	《民族资本主义与旧中国政府（1840—1937）》，390页	
	1921	中亚香皂厂	商办	天津	1		普通商人	《天津商会档案汇编1912—1928》三，2967页	
	1921	兴华造胰公司	商办	济南	4	张宝三、张翰臣	普通商人	《民族资本主义与旧中国政府（1840—1937）》，390页	
	1924	华美胰皂厂	商办	山西运城	不详		普通商人	《民族资本主义与旧中国政府（1840—1937）》，390页	
	不详	广顺号	商办	营口	12		普通商人	《民族资本主义与旧中国政府（1840—1937）》，390页	
	不详	承美公司	商办	奉天	50		普通商人	《民族资本主义与旧中国政府（1840—1937）》，390页	
	不详	奉和爱	商办	奉天	6.5		普通商人	《民族资本主义与旧中国政府（1840—1937）》，390页	

续表

行业	成立/开业时间	名称	性质	所在地	资本	创办人或企业代表	投资者身份	资料来源	备注
烟皂业	不详	德吉公司	商办	奉天	2.5		普通商人	《民族资本主义与旧中国政府（1840—1937）》，390 页	
	不详	恰信合资会社	中外合办	长春	2.5		普通商人、日商	《民族资本主义与旧中国政府（1840—1937）》，390 页	
	不详	永衡通	商办	哈尔滨	3		普通商人	《民族资本主义与旧中国政府（1840—1937）》，390 页	
	不详	瑞和裕	商办	哈尔滨	2		普通商人	《民族资本主义与旧中国政府（1840—1937）》，390 页	
制药业	1915	中西大药房	商办	烟台	4	王子祥、王犀屏	普通商人	《民族资本主义与旧中国政府（1840—1937）》，391 页	
	1920	中央药房	商办	天津	6.5	崔雅泉、张恩友	普通商人	《民族资本主义与旧中国政府（1840—1937）》，391 页	
	1921	开源制业（卫生医械）	商办	北京	1	郭禹田	普通商人	《近代史资料》总 58 号，226 页	

续表

行业	成立/开业时间	名称	性质	所在地	资本	创办人或企业代表	投资者身份	资料来源	备注
制药业	1923	中国绷带材料公司	商办	直隶正定	1	李怀珍	普通商人	《民族资本主义与旧中国政府（1840—1937）》，391页	
	1924	河南怀药	商办	河南	不详	不详	普通商人	《民族资本主义与旧中国政府（1840—1937）》，392页	
	1924	北京利亚药房	商办	北京	不详		普通商人	《近代史资料》总58号，249页	
	1924	满洲酒精	中日俄合办	哈尔滨	10		不详	《近代史资料》总58号，254页；《酒税史》上册，20页	
	1927	生生西药厂	商办	天津	1.5	孙俊卿、李实忱	普通商人	《近代史资料》总58号，274页	

续表

行业	成立/开业时间	名称	性质	所在地	资本	创办人或企业代表	投资者身份	资料来源	备注
化妆品及其他化学工业	1916	远大化妆品厂	商办	哈尔滨	5	崔敏臣	普通商人	《民族资本主义与旧中国政府（1840—1937）》，393 页	
	1920	北京化学工业社	商办	北京	100	徐树铮、曹毓隽	官僚	《民族资本主义与旧中国政府（1840—1937）》，393 页	
	1920	中国化学制品厂	商办	天津	50	齐肇生、于芝航	普通商人	《民族资本主义与旧中国政府（1840—1937）》，393 页	
	1921	中国漂白粉厂	商办	天津	12	卫燕平、鲍廷九	官僚	《民族资本主义与旧中国政府（1840—1937）》，393 页	
	1925	丽康（化妆品）	商办	天津	10	陈澜生	官僚	《近代史资料》总 58 号，258 页	
制材业	1913	松江林业公司	官商合办	吉林省城	125	吉林永衡官银钱号、周自齐等	政府、官僚	《伪满时期东北林业史料汇编》三集，216 页	吉林永衡官银钱号垫款 5.88 万元，其余为商股；1915 年改为官商合办

续表

行业	成立/开业时间	名称	性质	所在地	资本	创办人或企业代表	投资者身份	资料来源	备注
制材业	1917	裕方林业	商办	吉林方正县	30	钟振东、李作锦	普通商人	《近代史资料》总58号，195页	
	1917	华林林业	商办	吉林汪清县	20	张俊卿、曲志云	普通商人	《近代史资料》总58号，195页	
	1918	丰材公司	中日合办	长春、哈尔滨	100	黄巢奇、大仓喜八郎	官僚	《近代史资料》总58号，183页	
	1918	黄川采木公司	商办	吉林敦化	100	孟恩远、陆宗舆	官僚军阀	《涉外经济贸易》上，416页；《舒兰县志》，214页	
	1918	华森制材公司	中日合办	吉林濛江	200	吉林省省政府、日商	政府资本	《涉外经济贸易》上，416页	
	1919	庆云制材	商办	吉林	200（日元）	张岱彬、孟庆延、朱作舟等	官僚	《涉外经济贸易》上，498页	

附表1 北京政府时期华北与东北地区民族资本产业投资一览

续表

行业	成立/开业时间	名称	性质	所在地	资本	创办人或企业代表	投资者身份	资料来源	备注
制材业	1919	中东制材	中日合办	吉林	50	谢静安、大西库治	官僚	《近代史资料》总58号，183页	
	1921	兴吉制材	商办	吉林省城	28	姜继昌（韩登举心腹）	官商	《近代史资料》总58号，214页	
	1921	固安杞柳	商办	北京固安	2	孟宪彝、张万祥	官商	《近代史资料》总58号，231页	
	1922	东北木材	中日合办	吉林	600	马意卿、大西库治	官僚	《近代史资料》总58号，235页	
	1922	扎免林业公司	中日俄合办	黑龙江	600	黑龙江政府、俄商、日商	政府资本	《东北林业发展史》，130页	
	1924	中东海林采木公司	中日合办	吉林	350	吉林省政府、日商	政府资本、外资	《中日条约汇纂》，306页	
	1924	德昌公司	商办	吉林四平	73.9		普通商人	《民族资本主义与旧中国政府（1840—1937）》，396页	

续表

行业	成立/开业时间	名称	性质	所在地	资本	创办人或企业代表	投资者身份	资料来源	备注
制材业	1927	天津久恒木材	不详	天津	不详	直隶省长	不详	《近代史资料》总58号，275页	
水电业	1913	烟台电灯公司	商办	烟台	12		普通商人	《民族资本主义与旧中国政府（1840—1937）》，400页	
	1913	广信秦电灯厂	商办	海拉尔	不详	不详	不详	《东北电力工业志》，710页	
	1914	瓦房店电灯公司	中日合办	奉天瓦房店	5	不详	普通商人	《民族资本主义与旧中国政府（1840—1937）》，401页	
	1914	生明电灯公司	商办	烟台	10	张本政	普通商人	《民族资本主义与旧中国政府（1840—1937）》，401页；《烟台文史资料》24辑，15页	
	1914	恒耀电灯机锯有限公司	商办	瑷珲黑河镇	2.4	白良栋、杨鸿遇等人	普通商人	《瑷珲县志·工交》，105页	

续表

行业	成立/开业时间	名称	性质	所在地	资本	创办人或企业代表	投资者身份	资料来源	备注
水电业	1915	华北电灯公司	商办	张家口	20	范祥甫、卢南生（卢木斋之子）	官僚	《中华人民共和国电力工业史·华北卷》，8页	
	1916	华兴电气公司	商办	奉天邦家屯	14	张忠义	普通商人	《民族资本主义与旧中国政府（1840—1937）》，401页；《交通史·电政篇》3辑，21页	
	1916	广信电灯公司	商办	哈尔滨	10	广信公司	政府	《民族资本主义与旧中国政府（1840—1937）》，403页；《奉系官僚军阀资本》，74页	
	1916	辽源华兴电气公司	商办	奉天辽源	9.6	谢书林、赵正荣	官僚	《民族资本主义与旧中国政府（1840—1937）》，403页	谢书林为奉天省议会议员
	1916	安阳中兴电气公司	商办	安阳	10	周正元	普通商人	《文峰文史资料》1辑，115页	
	1917	华记唐山电力厂	商办	唐山	15	周学熙	官僚	《民族资本主义与旧中国政府（1840—1937）》，403页	附设于启新洋灰总厂

续表

行业	成立/开业时间	名称	性质	所在地	资本	创办人或企业代表	投资者身份	资料来源	备注
水电业	1917	龙口电灯公司	商办	山东黄县	10	曲荔斋、张子衡	官僚	《民族资本主义与旧中国政府（1840—1937）》，404页	
	1917	归绥电灯公司	商办	绥远归化	20	沈文炳	普通商人	《民族资本主义与旧中国政府（1840—1937）》，404页	
	1917	山海关电灯公司	商办	直隶临榆	8	赵文学	普通商人	《民族资本主义与旧中国政府（1840—1937）》，404页	
	1917	公主岭电灯公司	中日合办	吉林公主岭	10		不详	《中国近代工业史资料》2辑，635页	
	1917	锦县电灯公司	商办	奉天锦县	8	李维果	普通商人	《民族资本主义与旧中国政府（1840—1937）》，404页	
	1918	滨江电灯公司	官办	哈尔滨	214		政府	《民族资本主义与旧中国政府（1840—1937）》，405页	
	1918	耀滨庆记电灯公司	商办	吉林滨江	40	孟筱村	普通商人	《民族资本主义与旧中国政府（1840—1937）》，405页	

续表

行业	成立/开业时间	名称	性质	所在地	资本	创办人或企业代表	投资者身份	资料来源	备注
水电业	1918	协豫电灯公司	商办	直隶通州	9	陈耀荣	普通商人	《民族资本主义与旧中国政府(1840—1937)》，405页	
	1918	济宁电灯公司	商办	山东济宁	15	马丹铭、刘子玉	普通商人	《民族资本主义与旧中国政府(1840—1937)》，405页	
	1918	博山电灯公司	商办	山东博山	12.5	郑秉绶	普通商人	《民族资本主义与旧中国政府(1840—1937)》，405页	
	1918	华北电灯股份公司	商办	张家口	不详		普通商人	《民族资本主义与旧中国政府(1840—1937)》，405页	
	1918	裕华电气	商办	吉林山城	不详	韩云阶	普通商人	《吉林省电力工业志》，23页	
	1918	明远电灯公司	商办	郑州	30	魏子青	普通商人	《民族资本主义与旧中国政府(1840—1937)》，405页	
	1918	郑家屯电气公司	官办	郑家屯	20（小洋）	铁岭电灯局	政府	《满铁史》，261页	

续表

行业	成立/开业时间	名称	性质	所在地	资本	创办人或企业代表	投资者身份	资料来源	备注
水电业	1918	黑龙江省城电灯厂	官办	齐齐哈尔		赵宝田	政府	《东北电力工业志》，710页	
	1918	耀东电灯	商办	黑龙江德水	3		普通商人	《东北地区资本主义发展史研究》，185页	
	1919	洛阳照临电灯公司	商办	洛阳	5	赵耀南	普通商人	《民族资本主义与旧中国政府（1840—1937）》，406页	
	1919	芦台企业电灯公司	商办	直隶宁河	10	周学熙	官僚	《宁河县志》，264页	
	1919	保定电灯公司	商办	直隶保定	20	冯国璋、王占元，曹锟等	军阀	《民族资本主义与旧中国政府（1840—1937）》，407页；《中国军阀史词典》，537页	
	1919	周村电灯公司	商办	山东周村	10		普通商人	《民族资本主义与旧中国政府（1840—1937）》，407页	
	1920	曹州电灯公司	商办	山东曹州	5		普通商人	《民族资本主义与旧中国政府（1840—1937）》，408页	

续表

行业	成立/开业时间	名称	性质	所在地	资本	创办人或企业代表	投资者身份	资料来源	备注
水电业	1920	范家屯电气会社	中日合办	吉林范家屯	20		普通商人	《吉林省电力工业志》，24 页	
	1920	农安电灯公司	商办	吉林农安	6		普通商人	《民族资本主义与旧中国政府（1840—1937）》，408 页	
	1920	中国内地电灯公司	商办	石家庄	5	石家庄绅商	普通商人	《石家庄市志》卷二，268 页	
	1920	不详	商办	长春小十字街	5		普通商人	《民族资本主义与旧中国政府（1840—1937）》，408 页	
	1920	绥化电灯厂	不详	绥化	不详	陈源、张宝云	不详	《东北电力工业志》，710 页	
	1920	久源电灯公司	商办	吉林东丰	8		普通商人	《吉林省电力工业志》，24 页	
	1921	信阳光华电灯公司	商办	河南信阳	10	袁俊伯、唐闰余	普通商人	《民族资本主义与旧中国政府（1840—1937）》，409 页	

389

续表

行业	成立/开业时间	名称	性质	所在地	资本	创办人或企业代表	投资者身份	资料来源	备注
	1921	恒耀电灯公司	商办	瑷珲	22	白良栋等	普通商人	《交通史电政编》三集，600页	
	1921	新乡电灯公司	商办	河南新乡	5		普通商人	《河南史志资料》（1-3合订本），100页	
	1921	华明电灯公司	商办	商丘	10		普通商人	《五四前后的河南社会》，373页	
水电业	1921	昌图昌明电灯公司	商办	奉天昌图			不详	《东北电力工业志》，710页	
	1922	明远电灯两合公司	商办	河南郑州	16.8	魏子青	普通商人	《民族资本主义与旧中国政府（1840—1937）》，409页	
	1922	邹县电灯公司	商办	山东邹县	3		普通商人	《民族资本主义与旧中国政府（1840—1937）》，410页	
	1922	西安电灯公司	商办	奉天西安县	12	魏仲芳	不详	《满铁史》，261页	

续表

行业	成立/开业时间	名称	性质	所在地	资本	创办人或企业代表	投资者身份	资料来源	备注
水电业	1922	通辽电灯厂	商办	奉天通辽	65	吴俊昇	官僚军阀	《东北电力工业志》上，710 页；《哲里木盟志》419 页；《百年回眸老通辽》167 页	吴俊昇以其子吴泰勋名义投资
	1922	义县电灯	商办		5			《辽宁省志·电力工业志》，25 页	
	1922	旭春电灯公司	商办	珲春	10	孔宪林	普通商人	《东北电力工业志》，710 页；《吉林省电力工业志》，25 页	
	1923	东安市场电灯公司	商办	北京	10		普通商人	《民族资本主义与旧中国政府（1840—1937）》，410 页	
	1923	青镇电灯公司	商办	天津杨柳青	10		普通商人	《民族资本主义与旧中国政府（1840—1937）》，410 页	
	1923	紫嘴堡电灯公司	商办	直隶怀安	6		普通商人	《民族资本主义与旧中国政府（1840—1937）》，410 页	
	1923	潍县电灯公司	商办	山东潍县	10		普通商人	《民族资本主义与旧中国政府（1840—1937）》，411 页	

续表

行业	成立/开业时间	名称	性质	所在地	资本	创办人或企业代表	投资者身份	资料来源	备注
水电业	1923	金井电灯公司	商办	山西平遥	10		普通商人	《民族资本主义与旧中国政府（1840—1937）》，411页	
	1923	裕民电灯厂	商办	海城		郭松龄	军阀	《鞍山电业局志》1卷，42页	
	1923	宝成电灯公司	商办	吉林绥芬河	3.6		普通商人	《民族资本主义与旧中国政府（1840—1937）》，411页	
	1923	泰安华商电灯公司	商办	山东泰安	7	庄武如	普通商人	《民族资本主义与旧中国政府（1840—1937）》，411页	
	1923	保晋矿务公司发电厂	商办	山西平定	3.3	保晋矿务公司	普通商人	《民族资本主义与旧中国政府（1840—1937）》，411页	
	1924	大同义记电灯公司	商办	山西大同	43	卢甫生、宋发祥	官僚	《中国实业志·山西省》，62页	
	1924	穆陵矿发电厂	不详	黑龙江	不详		不详	《黑龙江省志·电力工业志》17卷，97页	

续表

行业	成立/ 开业 时间	名称	性质	所在地	资本	创办人或 企业代表	投资者 身份	资料来源	备注
水电业	1924	大兴电灯 公司	商办	吉林延吉	9	武树勋	普通人	《民族资本主义与旧中国政府 (1840—1937)》，411 页；《吉 林省电力工业志》，26 页	
	1924	蓬莱普贤 照电灯	商办	山东蓬莱	10	山东省省长	普通商人	《民族资本主义与旧中国政府 (1840—1937)》，412 页	
	1924	新集电灯 公司	商办	直隶宝 坻新集	1.2		普通商人	《民族资本主义与旧中国政府 (1840—1937)》，412 页	
	1924	大沽德记 电灯公司	商办	天津大沽	5		普通商人	《民族资本主义与旧中国政府 (1840—1937)》，412 页	
	1924	临沂电灯 公司	商办	山东临沂	5		普通商人	《民族资本主义与旧中国政府 (1840—1937)》，412 页	
	1924	淄川电灯 公司	商办	山东淄川	3		普通商人	《民族资本主义与旧中国政府 (1840—1937)》，413 页	
	1924	通化电灯 公司	商办	吉林通化	15	解起云	普通人	《吉林省电力工业志》，25 页	

续表

行业	成立/开业时间	名称	性质	所在地	资本	创办人或企业代表	投资者身份	资料来源	备注
水电业	1924	八道壕电灯厂		奉天	不详	奉天矿务局	官僚军阀	《东北电力工业志》，710页	
	1924	四平街电灯公司	官商合办	四平	15（小洋）	毕赞华	普通商人、县政府	《东北电力工业志》，710页；《吉林省电力工业志》，25页	官商各半
	1924	海城电灯公司	商办	奉天海城	不详	辛德阔	普通商人	《东北电力工业志》，710页	
	1925	凤凰城电灯公司	商办	奉天凤凰城	1.3		普通商人	《辽宁省志·电力工业志》，171页	
	1925	魏榆电灯厂	商办	山西榆次	3	王季隆	普通商人	《民族资本主义与旧中国政府（1840—1937）》，413页	
	1925	哈尔滨电业公司	官督商办	哈尔滨	250		永衡官银号	《民族资本主义与旧中国政府（1840—1937）》，413页	
	1925	顺德电灯公司	商办	直隶邢台	1.5		普通商人	《民族资本主义与旧中国政府（1840—1937）》，413页	

续表

行业	成立/开业时间	名称	性质	所在地	资本	创办人或企业代表	投资者身份	资料来源	备注
水电业	1925	辛集电灯公司	商办	直隶束鹿辛集镇	1.2		普通商人	《民族资本主义与旧中国政府(1840—1937)》，413页	
	1925	泰安电灯公司	商办	山东泰安	7		普通商人	《民族资本主义与旧中国政府(1840—1937)》，414页	
	1925	威海卫夜电气	商办	山东威海卫	5	吕首序	普通商人	《民族资本主义与旧中国政府(1840—1937)》，413页	
	1925	东宁跃东电灯	商办	吉林阿城	8	吉林省实业厅	普通商人	《民族资本主义与旧中国政府(1840—1937)》，413页	
	1925	沧县光耀电气	商办	直隶沧县	7	冯叔安	普通商人	《民族资本主义与旧中国政府(1840—1937)》，413页	
	1925	福盛电灯公司	商办	吉林石头河子	不详	张文光	普通商人	《东北电力工业志》，710页	
	1925	拜泉电灯厂	商办	拜泉	不详	不详	不详	《东北电力工业志》，710页	

续表

行业	成立/开业时间	名称	性质	所在地	资本	创办人或企业代表	投资者身份	资料来源	备注
水电业	1925	双城电灯公司	商办	黑龙江双城	25		普通商人	《中国资本主义史纲》，192页	
	1925	安达电厂	商办	黑龙江安达	5	王星五	普通商人	《中国地方志经济资料汇编》，470页	
	1926	赤峰电灯公司	商办	赤峰	不详	丁灌宗	不详	《东北电力工业志》，710页	
	1926	盖平明兴电气	商办	奉天	不详		不详	《东北电力工业志》，710页	
	1926	南宫电灯	商办	直隶南宫	3	宋步辉	普通商人	《近代史资料》总58号，265页	
	1926	通县电灯	商办	直隶通县	6	张子佩、林季武	普通商人	《近代史资料》总58号，265页	

续表

行业	成立/开业时间	名称	性质	所在地	资本	创办人或企业代表	投资者身份	资料来源	备注
	1926	高阳电灯	商办	直隶高阳	4	保定商户集资	普通商人	《近代史资料》总58号，266页	
	1926	天津四乡华商电灯	商办	天津	10		普通商人	《近代史资料》总58号，275页	
	1926	吉林乌珠河东耀电灯厂	商办	吉林	4	吉林省省长	不详	《近代史资料》总58号，269页	
水电业	1926	洮南德记电灯公司	商办	奉天洮南	35	吴俊昇	商办	《吉林省电力工业志》，26页	
	1926	昌隆电灯	商办	吉林一面坡		包万杞	不详	《东北电力工业志》，710页	
	1926	耀双电灯公司	商办	双城堡		车玉堂	不详	《东北电力工业志》，710页	
	1926	光大电灯公司	商办	吉林下九台		杜瑞林	不详	《东北电力工业志》，710页；《吉林省电力工业志》，26页	

397

续表

行业	成立/开业时间	名称	性质	所在地	资本	创办人或企业代表	投资者身份	资料来源	备注
水电业	1926	北票煤矿公司电灯厂	商办	热河省	不详	北票公司	不详	《东北电力工业志》，710 页	
	1926	望奎电灯厂	商办	望奎	不详		不详	《东北电力工业志》，710 页	
	1926	扶余电厂	商办	吉林扶余	12	陈玉堂	普通商人	《吉林省电力工业志》，27 页	
	1927	横道河子福盛电灯	商办	东三省	1	张开斗	普通商人	《近代史资料》总 58 号，276 页	
	1927	吉林下九台耀大电灯	商办	吉林下九台	5	穆叔云、刘毓海	普通商人	《近代史资料》总 58 号，273 页	
	1927	集星电灯	商办	吉林滨江县	3	傅占文、聚星魁	普通商人	《近代史资料》总 58 号，274 页	

附表 1 　北京政府时期华北与东北地区民族资本产业投资一览

续表

行业	成立/开业时间	名称	性质	所在地	资本	创办人或企业代表	投资者身份	资料来源	备注
水电业	1927	法库电灯厂	商办	奉天法库	32	杨宇霆	官僚	《东北电力工业志》，710 页；《辽宁文史资料选辑》15 辑，36 页	
	1927	东兴电灯公司	商办	奉天山城	5	于芷山	官僚	《东北电力工业志》，710 页；《梅河口文史资料》7 辑，28 页	
	1927	明星电灯公司	商办	吉林农安	7	赵锡默、宋景福	普通商人	《吉林省电力工业志》，26 页	
	1927	海伦电灯厂	商办	黑龙江海仑	不详	王嘉辰	普通商人	《东北电力工业志》，710 页	
	1927	克山电灯厂	商办	黑龙江克山	不详	赵荫周	普通商人	《东北电力工业志》，710 页	
	1927	三岔河电灯厂	商办	吉林三岔河	4.5	吴焕章	普通商人	《吉林省电力工业志》，26 页	
	1927	吉林市自来水自备电厂	官办	吉标	不详		普通商人	《吉林省电力工业志》，27 页	

续表

行业	成立/开业时间	名称	性质	所在地	资本	创办人或企业代表	投资者身份	资料来源	备注
水电业	1927	桦甸耀桦电灯厂	商办	吉林桦甸	不详		普通商人	《吉林省电力工业志》，27页	
	1927	马家沟发电厂	商办	哈尔滨马家沟	不详		普通商人	《哈尔滨市志·电力工业·石油化学工业》，7页	北满最大电厂
建筑业	1917	东方实业建筑无限公司	商办	天津	75	刘肖颖、刘肖铺	官商	《近代史资料》总58号，175页	刘肖颖为北洋政府海军总长刘冠雄之子
	1917	北京建筑	商办	北京	25	周作民、周自齐	官僚	《近代史资料》总58号，193页	
	1920	开成土木	商办	北京	30	叶恭绰、卫星武	官僚	《近代史资料》总58号，197页	
	1920	协成建筑	商办	北京	20	乐贤、王季平	普通商人	《近代史资料》总58号，200页	

续表

行业	成立/开业时间	名称	性质	所在地	资本	创办人或企业代表	投资者身份	资料来源	备注
建筑业	1922	中国建筑股份有限公司	商办	天津	8	周祥五、韩俊章	普通商人	《民族资本主义与旧中国政府（1840—1937）》，417 页	
	1924	大中市建筑商场	商办	山西	不详		普通商人	《近代史资料》总 58 号，248 页	
	1926	华茂房屋	商办	天津	不详		普通商人	《近代史资料》总 58 号，267 页	
杂项工业	1912	琅琊草帽公司	商办	山东郯城	2	杨密桂、孙寿椿	普通商人	《民族资本主义与旧中国政府（1840—1937）》，418 页	
	1914	大东制帽公司	商办	山东历城	3	王露洪、王鹤一	普通商人	《民族资本主义与旧中国政府（1840—1937）》，418 页	
	1915	制伞公司	商办	烟台	2		普通商人	《民族资本主义与旧中国政府（1840—1937）》，418 页	
	1915	钟表制造公司	商办	烟台	10	李东山	普通商人	《民族资本主义与旧中国政府（1840—1937）》，418 页	

续表

行业	成立/开业时间	名称	性质	所在地	资本	创办人或企业代表	投资者身份	资料来源	备注
杂项工业	1916	中国光明眼镜公司	商办	北京	2	周庆霈、沈竺僧	普通商人	《民族资本主义与旧中国政府（1840—1937）》，418页	
	1921	华丰制针公司	商办	济南	10		普通商人	《民族资本主义与旧中国政府（1840—1937）》，419页	
	1921	华通机器银针公司	商办	济南	10		普通商人	《民族资本主义与旧中国政府（1840—1937）》，419页	
	1922	开明电影公司	商办	北京	8	钱叠昌、张仲直	普通商人	《民族资本主义与旧中国政府（1840—1937）》，419页	
	1924	天津庆长顺同记斗店（斗、秤）	商办	天津	10	张学谟	普通商人	《近代史资料》总58号，246页	
	1924	天津打包公司	商办	天津	不详	严蕉铭	普通商人	《近代史资料》总58号，251页	

续表

行业	成立/开业时间	名称	性质	所在地	资本	创办人或企业代表	投资者身份	资料来源	备注
杂项工业	1925	打包公司	商办	河南郑县	20	田鉴	普通商人	《河南文史资料》总 74 辑，10 页	
	1926	中央眼镜公司	商办	北京	5	王竹君	普通商人	《近代史资料》总 58 号，270 页	
	1927	华光影片公司	商办	北京	不详	赵续崑	普通商人	《近代史资料》总 58 号，274 页	
	1927	烟台宝时造钟公司	商办	烟台	2.5	李四川、孙文山	普通商人	《民族资本主义与旧中国政府（1840—1937）》，420 页	
	1927	烟台永康造钟公司	商办	烟台	2.5	王克钟、徐桐轩	普通商人	《民族资本主义与旧中国政府（1840—1937）》，420 页	
燃料等采掘业	1913	宝丰煤矿	商办	山西大同	60		普通商人	《近代史资料》总 58 号，147 页	
	1913	柳江煤矿公司	商办	山西临渝	20		普通商人	《民族资本主义与旧中国政府（1840—1937）》，425 页	

续表

行业	成立/开业时间	名称	性质	所在地	资本	创办人或企业代表	投资者身份	资料来源	备注
燃料等采掘业	1913	裕懋煤矿	中比合办	直隶门头沟	10（两）		外商、普通商人	《门头沟文史》13辑，97页	
	1914	建昌煤矿	商办	山西平定	120	陆绍文	官僚	《民族资本主义与旧中国政府（1840—1937）》，425页；《阳泉煤矿史》，84页	陆绍文为陕西督军陆建章之子
	1914	裕华矿产公司	商办	天津	10	张锡卿	普通商人	《民族资本主义与旧中国政府（1840—1937）》，425页	
	1914	华兴公司	商办	黑龙江	不详	李元晋	普通商人	《民族资本主义与旧中国政府（1840—1937）》，425页	
	1914	宝兴煤矿公司	商办	察哈尔宣化	5.7	不详	普通商人	《民族资本主义与旧中国政府（1840—1937）》，425页	
	1914	阿金沟煤矿	商办	抚顺	约24	周文富	普通商人	《辽宁文史资料选辑》2辑，85页；《民族资本主义（1840—1937）政府》，428页	

续表

行业	成立/开业时间	名称	性质	所在地	资本	创办人或企业代表	投资者身份	资料来源	备注
燃料等采掘业	1915	广兴煤矿公司	商办	山西大同千沟	不详	汪时澜	普通商人	《民族资本主义与旧中国政府（1840—1937）》，425 页；《晋商史料全览·大同卷》，52 页	
	1915	博山义和公司	商办	山东博山	12	钱汝能	普通商人	《中国煤炭志·山东卷》，23 页	
	1915	中原煤矿公司	官商合办	河南修武	300		政府、普通商人、官僚	《英国福公司在中国》，107～108 页	官、商、原矿产各约 1/3
	1915	同丰煤矿	商办	北京王平村	不详			《门头沟文史》13 辑，230 页	
	1915	南同意煤矿	商办	直隶门头沟	不详	刘怀金	普通商人	《门头沟文史》13 辑，226 页	35 处土窑联合注册，多成立于 1915 年
	1916	晋华煤矿	商办	京兆宛平县	10	王省三、王乃鼎	普通商人	《近代史资料》总 58 号，166 页	

续表

行业	成立/开业时间	名称	性质	所在地	资本	创办人或企业代表	投资者身份	资料来源	备注
燃料等采掘业	1916	杨家坨煤矿	商办	宛平	220		普通商人	《民族资本主义与旧中国政府（1840—1937）》，426页	
	1917	鹤岗煤矿	官商合办	黑龙江汤龙县	150	张作霖、鲍贵卿等奉系军阀，黑龙江省财政厅	官僚军阀	《奉系经济》，93页	财政厅出资40万元
	1917	博山华东煤矿公司	商办	山东博山	2	朱耀如（经理）	普通商人	《中国煤炭志·山东卷》，24页	
	1917	四维公司	商办	直隶门头沟	不详	胡钧（仙州）	普通商人	《门头沟文史》13辑，226页	
	1918	正丰煤矿	商办	直隶井陉	500	段祺勋、靳云鹏、许世英、段永彬	官僚军阀	《文史资料选辑》17卷，236页（合订本）	

续表

行业	成立/开业时间	名称	性质	所在地	资本	创办人或企业代表	投资者身份	资料来源	备注
燃料等采掘业	1918	蛟河煤矿	商办	吉林蛟河	19	高启明、孟远、高松龄等	官僚军阀、普通商人	《满铁史资料》4卷2分册，377页	原定官四商六，官股实际未缴纳
	1918	斋堂煤矿公司	官商合办	宛平	382.5	吕调元	政府、官僚	《门头沟文化遗产精粹：京煤史志资料辑考》，459页	
	1918	东兴公司	商办	吉林东宁	2		普通商人	《民族资本主义与旧中国政府(1840—1937)》，426页	
	1918	门头沟煤矿公司	中英合办	门头沟	150	麦边（英商）、周奉璋	普通商人（买办）	北京档案馆存档案J59	
	1918	悦昇煤矿公司	商办	山东博山	20		普通商人	《民族资本主义与旧中国政府(1840—1937)》，427页	

续表

成立/开业时间	行业	名称	性质	所在地	资本	创办人或企业代表	投资者身份	资料来源	备注
1918	燃料等采掘业	大同保晋分公司	官办	山西口泉	106	丁敬臣	政府	《民族资本主义与旧中国政府（1840—1937）》，427页	
1918		新安煤矿公司	商办	河南新安	25	袁绍明、张钫（北洋军界人士）	官僚	《河南煤矿史志资料》一辑，100页	
1918		华宝煤矿公司	商办	山东泰安	20	刘锡庆	普通商人	《民族资本主义与旧中国政府（1840—1937）》，427页	
1918		大陆矿务代办公司	商办	北京	20	蒋汝藻	普通商人	《近代史资料》总58号，180页	
1918		天源煤矿	商办	山东章丘	15	石宝三、苏勋臣、曹锟等	官僚军阀	《现代中国实业志》下，230页	
1919		伟业煤矿公司	商办	北京	10	胡文澜、潘辑五	普通商人	《民族资本主义与旧中国政府（1840—1937）》，427页	
1919		大成煤矿公司	商办	河南武安	15		普通商人	《民族资本主义与旧中国政府（1840—1937）》，427页	

续表

行业	成立/开业时间	名称	性质	所在地	资本	创办人或企业代表	投资者身份	资料来源	备注
燃料等采掘业	1919	振兴煤矿	商办	辽宁复县五湖嘴	10	周文贵	普通商人	《民族资本主义与旧中国政府（1840—1937）》，427页	
	1919	中和煤矿公司	商办	北京	24	冯公度、江宇澄	普通商人	《民族资本主义与旧中国政府（1840—1937）》，427页	
	1919	益民矿务局	商办	东北黑山县	50	张作霖	官僚军阀	《民族资本主义与旧中国政府（1840—1937）》，428页	
	1919	宝信公司	商办	山西大同辛村	3	孔祥熙	官僚	《全国矿要览》，5页	
	1919	兴业公司	商办	直隶临榆	约27	刘汝霖	普通商人	《民族资本主义与旧中国政府（1840—1937）》，428页	
	1919	华利煤矿	商办	吉林延吉	1		普通商人	《民族资本主义与旧中国政府（1840—1937）》，428页	
	1919	大丰煤矿公司	商办	京兆宛平	26	段蔚德、靳裕棠	普通商人	《民族资本主义与旧中国政府（1840—1937）》，428页	

续表

行业	成立/开业时间	名称	性质	所在地	资本	创办人或企业代表	投资者身份	资料来源	备注
燃料等采掘业	1919	唐山矿矾	商办	直隶唐山	1	陈九龙	普通商人	《民族资本主义与旧中国政府（1840—1937）》，428页	
	1919	中华矿业	商办	京兆大兴县	20	熊希龄、潘复、黎元洪、陈光远等	官僚	《民族资本主义与旧中国政府（1840—1937）》，428页	
	1919	悦升煤矿公司	商办	山东西河	20	丁敬臣（清末民初任青岛等地电报局长）	官僚	《中国煤炭志·山东卷》，25页	
	1919	板干煤矿	商办	直隶门头沟	不详	王家裕等	普通商人	《门头沟文史》13辑，230页	
	1919	山东博山同丰煤矿	商办	山东博山	不详	唐树楠、赵仲如、马良、余则达等	普通商人、官僚	《齐鲁文化大辞典》，426页；《山东省文史资料选辑》15辑，50页	为顺利办矿照，经王来青引进山东大军阀马良，旧官僚唐余则柯三等合办

附表1 北京政府时期华北与东北地区民族资本产业投资一览

续表

行业	成立/开业时间	名称	性质	所在地	资本	创办人或企业代表	投资者身份	资料来源	备注
燃料等采掘业	1919	宝安煤矿	商办	直隶门头沟		钱熙廷	普通商人	《门头沟文史》13辑, 227页	
	1920	怡立矿务	商办	直隶磁县	300	曹锟、陆宗舆、黎元洪等	官僚军阀	张华腾、余方平、张小燕主编《中国现代史（1919—1949》，4页	
	1920	渑池豫庆煤矿公司	商办	河南渑池	8.3		普通商人	《民族资本主义与旧中国政府（1840—1937）》，428页；《河南近代建筑史》，161页	
	1920	同宝矿业公司	商办	山西大同	150	张作霖等奉系财团	官僚军阀	《民族资本主义与旧中国政府（1840—1937）》，428页	
	1920	八道壕煤矿	商办	辽宁黑山	117		官僚军阀	《民族资本主义与旧中国政府（1840—1937）》，428页	
	1920	辽宁复州湾煤矿	先商办后官办	辽宁	150	周文贵、奉系财团	普通商人	《近代开滦煤矿研究》，182页	

续表

行业	成立/开业时间	名称	性质	所在地	资本	创办人或企业代表	投资者身份	资料来源	备注
燃料等采掘业	1920	辽宁孟合亮煤矿	中日合资	辽宁	8		普通商人	《近代开滦煤矿研究》，182页	
	1920	晋同实业公司	商办	太原	17	南佩兰、赵次龙	官僚军阀	《民族资本主义与旧中国政府（1840—1937）》，428页	南佩兰为晋系军阀
	1920	山西华兴公司	商办	山西孝义	11.15	李丕绩、张兑统	普通商人	《全国矿要览》，3页	
	1921	北票煤矿公司	官商合办	热河朝阳	500	宫蔽、张汉卿、徐国安、叶恭绰、蒋梦苹、何东、潘鉴齐、张孝若等军阀政客	官僚军阀	《文史资料选辑》（合订本）卷十七，243页	官股四成，商股六成
	1921	公利煤矿公司	商办	北京宛平	20	冯公度、蒋性甫	官僚军阀	《民族资本主义与旧中国政府（1840—1937）》，429页	冯公度曾任职于清海军，蒋性甫为清旧僚

续表

行业	成立/开业时间	名称	性质	所在地	资本	创办人或企业代表	投资者身份	资料来源	备注
燃料等采掘业	1921	山东协泰煤矿	中日合办	山东	20	中日各半	日商，华商不详	《近代开滦煤矿研究》，182页	
	1921	同泰煤矿	中日合办	山东	30	马英俊（山东议员，日商）	官僚	《中国煤炭志·山东卷》，6页；《日本工商资本与近代山东》，250页	中日各半
	1921	广懋煤矿公司	商办	山西阳泉	500	段永彬、孟锡玉、徐世林（徐世昌胞弟）、朱启铃、梁士诒、方灌清、郑洪年、陈光远、王占元、孟恩远、刘金标	官僚军阀	《晋商史料全览·阳泉卷》，175~176页	段永彬为段芝贵胞弟；徐世林为徐世昌胞弟
	1921	安平煤矿	商办	北京宛平	不详	文权	普通商人	《门头沟文史》13辑，230页	

续表

行业	成立/开业时间	名称	性质	所在地	资本	创办人或企业代表	投资者身份	资料来源	备注
燃料等采掘业	1921	协成煤窑	商办	直隶门头沟	不详	章仁卿	普通商人	《门头沟文史》13辑，230页	名下包含26处土窑
	1921	春兴煤矿	商办	直隶门头沟	不详	纯悦	不详	《门头沟文史》13辑，227页	
	1922	鲁大煤矿	中日合办	山东淄川	250	靳云鹏、潘复、齐耀珊等，山东矿业会社	官僚	《中国煤炭志·山东卷》，6页	中方实缴75万元，日方175万元
	1922	熙罕敖拉煤矿（广信煤矿）	官办	黑龙江胪滨县	5	广信公司（赎自俄人手中）	官方	《满洲里市志》，448页	
	1922	正华煤矿公司	商办	北京	10	汪伯康、于正坤	官僚	《民族资本主义与中国政府》，429页	汪伯康为清旧僚
	1924	博东煤矿公司	中日合办	山东博山	100	陈翰轩、三宅骏二〔日〕	普通商人	《中国矿业纪要·地质专报丙种》五号，436页	

续表

行业	成立/开业时间	名称	性质	所在地	资本	创办人或企业代表	投资者身份	资料来源	备注
燃料等采掘业	1924	济众煤矿	商办	河南禹县	100	杨锡三	普通商人	《禹州市煤炭志》，50 页	
	1924	旭华煤矿公司	中日合办	山东章丘	20	周自齐、管相绅，日商（中日各半）	官僚	《章丘文史资料》6 辑，45 页	
	1924	吉林穆陵煤矿	中俄合资	吉林	600	吉林省政府，俄商	政府	《近代开滦煤矿研究》，182 页	
	1924	军人煤矿	官办	山西大同	100		地方政府	《民族资本主义与旧中国政府（1840—1937）》，430 页	未出煤，1927 年停办
	1924	宏兴煤矿	商办	直隶门头沟	不详	刘怀金、曹伯山、焦浦田	普通商人	《门头沟文史》13 辑，226 页	包括宏兴、东升、富兴三土窑
	1924	明德煤矿	商办	直隶门头沟	不详	刘怀金等	普通商人	《门头沟文史》13 辑，227 页	包括 10 处土窑
	1924	东泰煤矿	商办	直隶门头沟	不详	马存龄	普通商人	《门头沟文史》13 辑，227 页	

续表

行业	成立/开业时间	名称	性质	所在地	资本	创办人或企业代表	投资者身份	资料来源	备注
燃料等采掘业	1924	义华煤矿	商办	直隶门头沟	不详	成贵元	普通商人	《门头沟文史》13辑，227页	
	1924	永兴煤矿	商办	直隶门头沟	不详	申焕臣	普通商人	《门头沟文史》13辑，227页	
	1925	裕东煤矿公司	商办	吉林火石岭子	29	阎泽博等	官僚	《三门峡文史资料》17辑，178页	
	1925	民生煤矿公司	商办	河南陕县	50	张钫（国民党高级将领）	官僚	《全国矿要览》，23页	
	1925	山东同兴煤矿	商办	山东博山	15	庄树庭、朱次陶	普通商人	《近代开滦煤矿研究》，182页	
	1925	山东协成煤矿	中日合办		20	不详	普通商人	《民族资本主义与中国政府》，430页	
	1925	冠华煤矿公司	商办	河南武安	8		普通商人		

续表

行业	成立/开业时间	名称	性质	所在地	资本	创办人或企业代表	投资者身份	资料来源	备注
燃料等采掘业	1925	祥顺窑	商办	直隶门头沟	不详	王笑山	普通商人	《门头沟文史》13辑，227页	3处土窑
	1925	永平煤矿	商办	直隶门头沟	不详	刘阔山	普通商人	《门头沟文史》13辑，227页	
	1926	同成煤矿	商办	直隶门头沟	不详	张善斋	普通商人	《门头沟文史》13辑，227页	2处土窑
	1926	辽宁金沟煤矿	官商合办		135	周文贵、沈海铁路公司	普通商人	《参与国际联合调查委员会中国代表处说贴》，231页	1926年起改为官商合办
	1927年前	裕昌公司	中日合办	吉林伊通	40	何国英、吴登阁、陆春桂、吴连和、人见又三郎〔日〕	普通商人	《民族资本主义与中国政府》，430页；《裕昌公司章程》，载《涉外经济贸易》上，545页	中日各半

续表

行业	成立/开业时间	名称	性质	所在地	资本	创办人或企业代表	投资者身份	资料来源	备注
燃料等采掘业	1927	宏福窑	商办	直隶门头沟	20	不详	普通商人	《门头沟文史》13辑，227页	
	1927	中兴煤窑	商办	直隶门头沟	20	胡先州	普通商人	《直隶商会与直隶社会变迁(1903-1928)》，152页	
	1927	恒义公司	商办	山西怀仁	6.4	不详	普通商人	《民族资本主义与中国政府》，431页	
	1927	冰沟煤矿公司	商办	热河凌源县南	12.5	不详	普通商人	《民族资本主义与中国政府》，431页	
	1927	西安煤矿公司	官商合办	东北西安县	130	张作霖等，官款	官僚	《近代东北煤炭资源开发研究》，65页	官60万元，商70万元
	1927	振业煤矿	商办	山东博山	20	程少鲁	普通商人	《中国近代经济史》，460页	
	1927	利兴煤矿	商办	山东淄川	1.5	姜滿符	普通商人	《满铁档案资料汇编》卷十二，457页	

续表

行业	成立/开业时间	名称	性质	所在地	资本	创办人或企业代表	投资者身份	资料来源	备注
燃料等采掘业	不详	王丰煤矿	商办	直隶门头沟	不详	王子和	不详	《门头沟文史》13辑，230页	
	不详	北同意煤矿	商办	直隶门头沟	不详		普通商人	《门头沟文史》13辑，227页	26处土窑联合请领执照
金属采掘及冶炼业	1914	瑞顺铜矿公司	商办	北京	10		普通商人	《民族资本主义与中国政府》，436页	
	1916	鑫聚公司（金）	官办	吉林票子沟	不详		政府	《民族资本主义与中国政府》，436页	为吉林采金局附设公司
	1918	阳泉铁厂	官办	山西平定	70	保晋公司	政府	《民族资本主义与中国政府》，436页	
	1919	官商合办龙烟铁矿公司	官商合办	北京	340	梁士诒、曹汝霖	官僚	《近代史资料》总58号，193页	官128万元，商212万元
	1921年前	延吉老头沟铜矿	中日合办	吉林延吉	不详	不详	不详	《民族资本主义与中国政府》，436页	

续表

行业	成立/开业时间	名称	性质	所在地	资本	创办人或企业代表	投资者身份	资料来源	备注
金属采掘及冶炼业	1924	延和金矿公司	官商合办	吉林	40	吉兴（延吉镇守使）、陶彬（延吉道尹）、张松桥	官僚	《和龙县志》，313页	
轮运业	1912	广信公司轮船经理处	官办	哈尔滨	20	广信公司	政府	《中国轮船航运业的兴起》，632页；《交通史航政编》1册，390页	
	1912	华卫小轮公司	商办	威海卫	1.2		普通商人	《中国轮船航运业的兴起》，633页	
	1913	新益轮船公司	商办	烟台	8	唐监章、张元凯	普通商人	《民族资本主义与旧中国政府（1840—1937）》，451页	
	1914	直隶全省内河行轮董事局	官办	天津	14	直隶公署、大沽造船所	政府	《民族资本主义与旧中国政府（1840—1937）》，451页	有船一只，名"芝罘"，重1078吨

续表

行业	成立/开业时间	名称	性质	所在地	资本	创办人或企业代表	投资者身份	资料来源	备注
轮运业	1914	通原林业公司轮运	商办	哈尔滨	20	通原业公司（鲍贵卿）	官僚	《交通史航政编》1册，390页	
	1914	三江轮船公司	商办	哈尔滨	4.5	滕藉田	普通商人	《中国轮船航运业的兴起》，632页	
	1915	郭子香	商办	哈尔滨	2.8	郭子香	普通商人	《中国早期的交通近代化研究（1840—1927）》，136页	
	1915	利国轮船公司	商办	哈尔滨	2		普通商人	《吉林交通志》，521页	
	1916	鹿玉轩	商办	烟台	7.5	鹿玉轩	普通商人	《民族资本主义与旧中国政府（1840—1937）》，454页	
	1916	山东交通轮船公司	商办	烟台	2	王心甫、曲凤山	普通商人	《民族资本主义与旧中国政府（1840—1937）》，455页	

续表

行业	成立/开业时间	名称	性质	所在地	资本	创办人或企业代表	投资者身份	资料来源	备注
轮运业	1916	王德芝	商办	哈尔滨	1.4		普通商人	《中国轮船航运业的兴起》，632页	
	1916	迟遵三	商办	哈尔滨	1.5		普通商人	《中国轮船航运业的兴起》，632页	
	1917	镇波森林公司	商办	哈尔滨	30		政府	《中国轮船航运业的兴起》，632页	
	1918	庄式如	商办	济南	10	庄式如等	官商	《民族资本主义与旧中国政府（1840—1937）》，456页	庄式如岳父为清旧僚兼实业家刘恩柱，依特刘资金及影响创办

附表1 北京政府时期华北与东北地区民族资本产业投资一览

行业	成立/开业时间	名称	性质	所在地	资本	创办人或企业代表	投资者身份	资料来源	备注
轮运业	1918	戊通轮船公司	商办	哈尔滨	50	孟昭常（黑龙江实业厅厅长）、章费、陈陶遗、梁士诒、曹汝霖、任凤苞等交通系人物	官僚	《交通史航政篇》1册，399~414页	开业实收50万元，1921年交通部加入150万元，改为官商合办，1925年轮船破产，后轮船落入张作霖之手
	1918	金山轮	商办	黑河水域	5	孟昭常	官僚	《中国轮船航运业的兴起》，503页	
	1918	交通轮船无限公司	商办	烟台	20	曲凤山、王心甫	普通商人		福山县商人创办
	1918	吉林中东路警察总司令部船务处	官办	哈尔滨	106		政府	《交通史航政编》2册，646页	
	1919	天利采木公司	商办	哈尔滨	2.5	邹诤生	普通商人	《中国轮船航运业的兴起》，632页	

续表

行业	成立/开业时间	名称	性质	所在地	资本	创办人或企业代表	投资者身份	资料来源	备注
轮运业	1919	章绳僧	商办	哈尔滨	4		普通商人	《中国轮船航运业的兴起》，633页	
	1919	福德永号	商办	哈尔滨	2.5		普通商人	《中国轮船航运业的兴起》，633页	
	1920	北方航业公司	商办	天津	50	曹锟家族、直系军政人员	官僚军阀	《中华文史资料文库·经济工商编》13卷，670页	为1924年增资额，原资本不详
	1920	人和航业公司	商办	安东	37.5	孙乐斋等	普通商人	《中国轮船航运业的兴起》，632页	
	1920	营口商船公司	商办	营口	35	王子厚、苗凤山等	普通商人	《中国轮船航运业的兴起》，631页	
	1920	姜伯和	商办	哈尔滨	3.3		普通商人	《中国轮船航运业的兴起》，633页	
	1920	曹镇谱	商办	哈尔滨	2		普通商人	《中国轮船航运业的兴起》，633页	

续表

行业	成立/开业时间	名称	性质	所在地	资本	创办人或企业代表	投资者身份	资料来源	备注
轮运业	1920	秦俊峰	商办	哈尔滨	4		普通人	《中国轮船航运业的兴起》，633页	
	1921	西盛粮栈	商办	哈尔滨	1.5		普通人	《中国轮船航运业的兴起》，633页	
	1921	邹仁斋	商办	哈尔滨	2.2		普通商人	《中国轮船航运业的兴起》，633页	
	1921	东亚轮船账房	商办	哈尔滨	20	王魏卿	普通商人	《中国轮船航运业的兴起》，632页	
	1921	海天轮	商办	烟台	13	崔敬臣	普通商人	《中国轮船航运业的兴起》，631页	
	1921	海宁轮	商办	烟台	4	崔敬臣	普通商人	《民族资本主义与旧中国政府（1840—1937）》，458页	
	1921	胶东轮船公司	商办	烟台	2.5	于眠山、修振邦	普通商人	《中国轮船航运业的兴起》，633页	

续表

行业	成立/开业时间	名称	性质	所在地	资本	创办人或企业代表	投资者身份	资料来源	备注
轮运业	1921	陶子英	商办	烟台	6.3	陶子英	普通商人	《交通史航政编》2册，675、683页	
	1921	永顺和商号	商办	青岛	约2.5		普通商人	《交通史航政编》2册，675页	
	1921	裕盛船行	商办	青岛	2.8		普通商人	《中国轮船航运业的兴起》，633页	
	1921	中和洪商号	商办	哈尔滨	5		普通商人	《中国早期的交通近代化研究（1840—1927）》，139页	
	1921	王相臣	商办	哈尔滨	5		普通商人	《中国早期的交通近代化研究（1840—1927）》，139页	
	1922	利通轮船公司	商办	烟台	8.9	傅绍禹、毕明瑞、马修臣等	普通商人	《中国轮船航运业的兴起》，633页	

续表

行业	成立/开业时间	名称	性质	所在地	资本	创办人或企业代表	投资者身份	资料来源	备注
轮运业	1922	通顺轮船公司	商办	天津	15	王仲三等	普通人	《民族资本主义与旧中国政府(1840—1937)》, 459页	
	1923	太乙轮船公司	商办	烟台	20	高荣桂、高联成	普通商人	《民族资本主义与旧中国政府(1840—1937)》, 459页	
	1923	大通兴轮船公司	商办	营口	50	卢汲三、庄树庭、王学良	普通商人	《民族资本主义与旧中国政府(1840—1937)》, 459页	
	1926	惠海轮船公司	商办	烟台	28	张东海、张仁德	普通商人	《民族资本主义与旧中国政府(1840—1937)》, 460页	
	1926	海昌轮船公司	商办	营口	25	吕士适	普通商人	《民族资本主义与旧中国政府(1840—1937)》, 459页；《辽阳商海钩沉》, 39页	

注：本表资本为实收资本。

资料来源：庄建平主编《近代史资料文库》第 8 卷, 上海书店出版社, 2009; 杜恂诚：《北京金融志》编委会办公室编《北京金融志》编委会办公室编《民族资本主义与旧中国政府(1840—1937)·银行篇》三, 中国人民银行北京分行金融研究所《北京金融志》编委会办公室编《北京金融史料·银行篇》四, 中国人民银行北京分行金融研究所, 上海人民出版社, 2014; 中国人民银行北京分行印行, 1991, 第 1~2、441~443 页表格数据；中国人民银行北京分行金融研究所《北京金融史料·银行篇》四, 中国人民银行北京

分行金融研究所《北京金融志》编委会办公室印行，1993；中国社会科学院近代史研究所近代史资料编辑部编《近代史资料》，总58号，知识产权出版社，2006，第167页；《银行年鉴》社印行，1922，第1、13、25、35、57、58、69、73页；《银行周报》社编《全国银行年鉴》，中国银行经济研究室印行，1937；北京市档案馆编《北京档案史料：2003.3》，新华出版社，2003，第229~239页；《中国之储蓄银行史》，台湾文海出版社，1966，天津社会科学院出版社，1999，第209~210页；郭凤岐主编《天津通志·金融志》，天津社会科学院出版社，1995；郭凤岐主编《天津通志·保险志》，天津第2社会科学院出版社，1999，第209~210页；魏明：《论北洋军阀官僚的私人资本主义经济活动》，《近代史研究》1985年第2期；辽宁省地方志编纂委员会办公室主编《辽宁省志·金融志》，辽宁科学技术出版社，1996；吉林省金融志编纂委员会、长春市金融志编纂委员会编《金融法规汇编》2，江苏古籍出版社，2016，第304~315页；黄鉴晖等编《山西票号史料》，山西经济出版社，2002，第551~553页；田锋、李万春主编，天津市钱币学会编《天津近代钱币》，中国金融出版社，2004，第148页；中国人民银行沈阳市分行、上海市政协文史和学习委、中国人民银行宁波市中心支行编《宁波帮与中国近代金融业》，中国文史出版社，2008，第162页；长春商会档案选译《资料选译》三，天津人民第1辑，《长春史志》编辑部印行，1989，第174页；天津市档案馆等编《天津商会档案汇编（1912—1928）》第11辑，中国政治出版社，1992；中国人民政治协商会议山西省大同市委员会文史资料研究委员会编《大同文史资料》第11辑，台湾学生书局，1976；辽宁省地方志编纂委员会编《辽宁省志·纺织志》上，中国纺织出版社，1997；胡玉珊、里蓉主编《奉系军阀大事记》，辽宁民族出版社，2005；张学军《直隶商会与直隶社会变迁1903—1928》，西南交通大学出版社，2002；天津市档案馆编《天津老商标》，天津古籍出版社，2013；王学孝、张德民主编《黑龙江省志·烟草志》，黑龙江人民出版社，1992；上海市粮食局等编《供销合作社，1994；《中国近代面粉工业史》，中华书局，1987；哈尔滨市地方志编纂委员会编《东北人物大辞典》卷一，辽宁教育出版社；辽宁古籍出版社，1994；《东北人物大辞典》，天津古籍出版社，2013；王学孝、张德民主编《哈尔滨市志·粮食·供销合作社》，哈尔滨地方志编纂委员会印行，1997；王新生、孙启泰主编《中国军阀史词典》，国防大学出版社，1992；张宪文等主编《中华民国史大辞典》，江苏古籍出版社，2001；中国人民政治协商会议河北省保定市委员会文史资料研究委员会印行，1989；崔力明编著《济南历史大事记》，黄河出版社，第6辑，2002；河北省政协协文史资料印行，1989；河北北文文集萃·工商卷，河北人民出版社，1992；望奎县地方志编纂委员会《天津文史资料选辑》第42辑，望奎县人民出版社，1987；靳宝文编，中国人民政治协商会议吉林市委员会文史资料研究委员会《天津文史资料》3～5卷，方志出版社，1999；敬文昭：《宁安县志》一、二，成文出版社，1974；黎成修主编《绥化县志》，黑龙江人民出版社，1986；《石家庄市粮食志》编纂委员会编《石家庄市集萃》第2辑，山东人民出版社，1989；中国人民政治协商会议河南省开封市委员会文史资料研究委员会《开封文史资料》第9辑，中国人民政治协商会议吉林省林委会文史资料研究委员会印行，1984；葛纪谦主编《河南辛亥革命史事长编》下，河南人民出版社，2005；河南省地方志编纂委员会《河南省地名》，河南人民政治协商会议河南省办公室印行，河北省政协河南省开封市委员会文史资料印行，1989；河北省政协协商会议河南省办公室编纂《吉林省地名志》上，山西省地方志编纂委员会《山西省轻工业志》，山西人民出版社，2000；郑树模主编《辽宁省志·轻工业志》，辽宁民族出版社，2003；中国社会科学院出版社，《北京档案》2011年第12期；车吉心等主编《济南文史大辞典》，总74辑，政协河南省委员会文史资料研究委员会《河北省地名志》沧州地名分册，河南人民政治协商会议吉林省文史资料研究委员会印行，1985；《衡簌汤》，重庆出版社，1989；黑龙江人民出版社，1999；《北京档案》1999；生活·读书·新知三联书店，四川人民出版社，1960；祝慈寿：《中国近代工业史》，1986；辽宁省地方志编修委员会《辽宁省志·电业志》，辽宁民族出版社，2010；孔经纬：《东北经济史》，北京出版社，李德崇主编，天津人民市河北区地方志编纂委员会《近代天津十大商人》，天津人民出版社，2002；中国人民政治协商会议辽宁省委员会文史资料研究委员会文史资料选辑》下，中国人民大学工业经济系编著《北京工业史料》，黄河出版社，1960；崔力明编著《社会科学辑刊》1984年第5期；王兆明主编《近代天津十大商公》，天津人民出版社，1965；故宫博物院古陶瓷研究中心编《故宫沈阳市暨沈阳古陶瓷研讨论文集》上，山东教育出版社，1986；济南历史资料汇编，久大精盐公司专辑"永久黄"团体科学辑刊》第5辑，辽宁人民出版社，1989；王兆明主编《"永久黄"团体科学汇编》下，天津人民大学出版社；赵匡华主编《中国化学史》，紫禁城出版社，2014；赵匡华主编《中国民族火柴工业》，广西教育出版社，2003；中华书局，1963。

理局史料局编《中国民族火柴工业》上，紫禁城出版社，2014；赵匡华主编《中国民族火柴工业》，中华书局，1963。

附表 2

北京政府时期华北与东北地区新式金融投资一览

单位：万元

银行名称	开业时间	性质	地址	股本	投资者身份	主要投资者或重要职员	备注
中国银行	1912	国家银行	北京	1976	官僚、金融家	王克敏（总裁）、张嘉璈（副总裁）、冯耿光②、周作民②、王世澄②、施肇曾②、李铭②、李士伟②、罗鸿年③、金还②、张謇②、卢学溥③、陈辉德③、李宣威③、章宗元③、王源瀚③等	1922年股本
大同银行	1913	商办	北京	250	清旧僚	任文毅	
中法实业银行	1913	中法合办	巴黎、北京	165.35	法商、官僚		
华充银行	1914	商办	北京	5	官僚亲信	冯九合	以冯国璋为靠山，主要业务为冯之政治势力范围内银钱收支及军队饷胥开支

续表

银行名称	开业时间	性质	地址	股本	投资者身份	主要投资者或重要职员	备注
新华储蓄银行	1914	商办	北京	500	中交两行、官僚、普通商人	梁士诒②、黎宗卿（元洪）、吴鼎昌、任凤苞、方仁元⑤、汪有龄、朱桂辛、周作民、贺欣②、胡笔江、李馥侯	1919 年股本
盐业银行	1915	商业银行	北京	550	北洋官僚、商人	盐商张镇芳①、张勋、绍幼枣、倪丹臣、段春香（1 万元）、凌润台（1 万元）、徐福（1.3 万元）、官股 10 万元、朱启铃、李盛铎、梁士诒、王郅隆	1923 年股本
崇华殖业银行	1916	商业银行	北京	100	官僚	谭启瑞、张秉钧	谭启瑞为北洋政府官员
华富殖业银行	1916	商办	北京	132	官僚	姚锡光、张殿英	姚锡光为清朝及北洋政府官僚，进士出身
蔚丰商业银行	1916	商办	北京	300	官僚、商号	郝登五、袁世辅、张勋、冯霖需、渠本翘、梁纬堂、高景琪、杨增新、屈映光等	蔚丰厚票庄改组，官僚股份占 2/3

续表

银行名称	开业时间	性质	地址	股本	投资者身份	主要投资者或重要职员	备注
裕国实业银行	1917	商办	北京	20	官僚	毕维垣、吴颂恩	毕维垣为北洋政府众议院议员，彭允彝为北洋政府众议院委员长
协成银行	1917	商办	北京	不详	官僚	彭允彝	
兴华殖业银行	1918	商办	北京	25	官僚	路永芳、魁小仲	
五族商业银行	1918	商办	北京	50	官僚	梁士诒①、陈文泉⑤、周自齐②、刘冠雄②、邓文溁②、陈绪彰②、林尔茂②、王敬芳②、杨敬林③、赵幼田③、叶恭绰等	1921年股本
北京商业银行	1918	商办	北京	50	官僚	王怀庆、李承达⑤、张肇祥、邓君祥②、陈吉齐②、陶星如②、阮春林②、吴恒孙②、陈秉璋②、史国梁③、余焕章③、张助、李盛铎、邓君翔等	1921年股本
华通银行	不详	商办	北京	不详	官僚	冯国璋	
华懋银行	不详	商办	北京	不详	官僚	王怀庆	

续表

银行名称	开业时间	性质	地址	股本	投资者身份	主要投资者或重要职员	备注
东陆银行	1919	商办	北京	100	官僚、普通商人	张勋、张岱杉②、刘佑常②、李晓沧②、于志昂②、沈吉甫②、贺得霖⑤、朱虞生②、吴鼎昌②、郑绍鹤③等	以向财政部放款为主要业务
中华储蓄银行	1919	商办	北京	34	官僚	刘文揆①、陆定②、张勋②、杨寿楠②、陶家瑶②、屈映光②、慕学勋②、吴乃琛②、李徽②、刘世珩②、周家彦②、曹汝霖等	1921 年实收股本
大新银行	不详	商办	北京	不详	军阀亲属	魏联芳、卢小嘉	卢小嘉为浙江督军卢永祥之子
新亨银行	1919	商办	北京	100	官僚	施肇基①、曹汝霖②、卢学溥②、柯鸿年②、杨德森②、丁乃扬②、杨廷栋②	1921 年股本
中华茶业银行	1920	商办	北京	25	官僚、普通商人	杨度、单致中	1921 年实收股本
泉通银行	1920	商办	北京	25	普通商人	阮忠忠、沈化荣	沈、阮均为宁波商人
北京国民银行	1920	商办	北京	12.5	官僚	林卓、张岱杉	张岱杉曾任财政总长

续表

银行名称	开业时间	性质	地址	股本	投资者身份	主要投资者或重要职员	备注
明华银行	1920	商办	北京	100	普通商人	童今吾、邵明辉、童令辉、李湘帆等	
慈善银行	1920	商办	北京	5	官僚	朱聘三、李庵平	
兴华实业银行	1920	商办	北京	不详	官僚	朱芝庭、张懋庭等	
华北银行	1919	商办	北京	200	官僚	朱曜、张岱杉	
中华成业银行	1921	商办	北京	50	军阀官僚	孟曙村、赵剑秋	孟曙村为吉林督军，赵剑秋为清旧僚
大成银行	1921	商办	北京	50	官僚、金融家	张调辰、胡筠	1928年总行迁天津
东华银行	1921	商办	北京	100	官僚	金梁、柯劭志	金梁为清旧僚，柯劭志为北洋政府清史馆长
华夏实业银行	1921	商办	北京	125	官僚	吴镜子、李又生	吴镜子为北洋政府官员
惠民银行	1921	商办	北京	200	普通商人、官僚	朱耀东、李祖恩	李祖恩为北洋政府官员
亚东殖业银行	1921	商办	北京	25	官僚、普通商人	连菊亭、鲍云亭	

续表

银行名称	开业时间	性质	地址	股本	投资者身份	主要投资者或重要职员	备注
新民商业储蓄银行	1921	商办	北京	12.5	官僚、普通商人	不详	
神州实业银行	1921	商办	北京	100	普通商人、官僚	何扶秦、张训钦	何扶秦为买办商人，张训钦曾任北洋政府财政部车务股科员，财政部车藏司司长等职
兴国实业银行	1921	商办	北京	50	不详	不详	
永大银行	1921	商办	北京	25	官僚	张孤、王鸿陆	
中华平民银行	1921	商办	北京	不详	官僚	叶恭绰等	
华北银行	1921	商办	北京	100	官僚	李思浩②、张弧①等	由华北银号改组而成
宛平日新农工银行	1922	商办	北京	15	普通商人、官僚	慕立文、聂国棨，后吸收多名政界人员入股	
裕华商业储蓄银行	1922	商办	北京	25	官僚军阀	魏福欧、项微孙、贾宾卿（在北洋政府陆军部任职）①、张文⑤	
京都市储蓄银行	1922	商办	北京	50	官僚、金融家	诶荔孙、方仁元、吴延清、陈福颐、罗鸿车、吴荣畅、陈其采、凌霄吭、贺雪吭、陈雪凤	罗鸿车为北洋政府官僚，时任财政次长

续表

银行名称	开业时间	性质	地址	股本	投资者身份	主要投资者或重要职员	备注
华东实业银行	1922	商办	北京	12.5	官僚、普通商人	鲍仁程、江昌平	
北京道生银行	1922	商办	北京	30	官僚	王芝祥、乔保衡、王人文等	王芝祥、王人文为清末民初官僚
新民储蓄银行	1922	商办	北京	12.5	普通商人	祖宪廷	祖宪廷为商人，籍贯东北
新民商业银行	1922	商办	北京	50	官僚	陈威、王瑞西	陈威为北洋政府官僚
宝业储蓄银行	1923	商办	北京	25	普通商人	唐星三、文和	唐星三为证券商人
富国银行	1923	商办	北京	250	官僚	王世征、吴乃琛	吴乃琛、清末民初官僚，曾任清翰林院编修，民国时期历任财政部参事、中国银行代理总裁等职
西北实业银行	1923	商办	北京	200	官僚	张英华、潘复	股东为"财政界退伍人员所组合"

续表

银行名称	开业时间	性质	地址	股本	投资者身份	主要投资者或重要职员	备注
北京回民银行	1923	商办	北京	12.5	官僚	不详	
大华储蓄银行	1923	商办	北京	250	军阀官僚	刘梦庚等	
北京民业银行	1924	商办	北京	26.7	官僚、普通商人	吴景濂、邹日旭、魏国定	
中华女子储蓄银行	1924	商办	北京	10	军阀、官僚	毛维经	
华侨实业银行	1924	商办	北京	20	普通商人、官僚	谢复初、沈智夫、李英经	谢复初为上海商界代表人物，李英经与沈智夫为国会议员
北京储蓄会	1925	商办	北京	180	官僚	张志良、陈国权	
太平银行	1925	商办	北京	100	普通商人、官僚	许静仁、邓君翔	许静仁曾任段祺瑞内阁内务总长、交通总长等职，邓君翔为汇丰银行买办
北京香山农工银行	1925	商办	北京	25	官僚、金融家	熊希龄、张嘉璈、卢学溥、吴鼎昌、谈荔孙、周作民、方仁元	

续表

银行名称	开业时间	性质	地址	股本	投资者身份	主要投资者或重要职员	备注
民生实业银行	1926	商办	北京	170	官僚、买办商人	陈紫珊	
东亚储蓄会	1926	商办	北京	5	军阀	王湘、陈策	王湘为广东军政府官员，陈策为军界将领
北京农立银行	1927	商办	北京	100	不详	不详	
北京民生银行	1927	商办	北京	50	金融界名流	徐瀚如、关颂华	徐瀚如为金融界名流，太平贸易公司经理
北京大有银行	不详	商办	北京	50	官僚	刘肇湘、曾广昌等	刘肇湘为北洋政府国会议员
中华汇业银行	1918	中日合办	北京	750	官僚、日商	陆宗舆、曾毓隽、靳云鹏、曹汝霖、王克敏、黎元洪、倪嗣冲、冯国璋、段祺瑞、徐树铮、王郅隆、叶恭绰、田中玉、潘复、张弧	根据1927年数据，日方出资占72%；其中中交两行各持占28%，占20%，官商股占5000股，官僚军阀人士持股占58%，二者合计占华商股份之78%

续表

银行名称	开业时间	性质	地址	股本	投资者身份	主要投资者或重要职员	备注
中华懋业银行	1919	中美合办	北京	750	官僚军阀、金融界名流	钱能训⑤、施肇曾、徐恩元、傅良佐、张勋、江朝宗、李纯、冯国璋、黎元洪、段棋瑞、叶恭绰、王占元、卢永祥、梁士诒、徐世昌、陈光远、周自齐、施恩恩（美）等	中法投资各半，北洋军阀官僚出资占华商股份之 53.4%
震义银行	1921	中意合办	北京	225	官僚	刘文蔡、柯纽良、张勋、黎元洪等	
中法振业银行	1921	中法合资	北京	200	官僚、法商、普通商人	钱达三、朱葆三、童元龄等，日商	中日各半，三人均为宁波商人
中法储蓄会	1918	中法合资	北京	5	官僚	邓君翔、陆宗舆、江朝宗、孙宝琦、沈瑞麟、谭祖伍、蒋尊神、陈文泉、伍少垣	
大东银行	1920	中日合资	北京	125	普通商人、日商	不详	
华威银行	1921	中挪合资	北京	250	官僚、外商	江天铎、斯格博	江天铎为北洋政府农商次长
中和（荷）商业银行	1922	中荷合资	北京	500	官僚、荷商	陈向元、方维周，荷商	陈向元为北洋军阀官僚

续表

银行名称	开业时间	性质	地址	股本	投资者身份	主要投资者或重要职员	备注
中英加汇通银行	1922	中英加合资	北京	500	官僚、英商	汪大燮、英商	汪大燮为清旧僚、曾任北洋政府总理等职
中美民生银行	1922	中美合资	北京	250	清旧僚、美商	胡用霖、蒲那托	胡用霖为清旧僚，中美各占半数
义利银行	1922	中日合资	北京	125	军阀、日商	张绍程、儿山歌吉（日）	中日各半，张绍程为北洋军高级将领
中华劝业银行	1920	官商合办	北京	250	官僚军阀、普通商人	财政部、潘复①、沈仕荣②、虞洽卿②、荣钦③、张寿镛（行长）、李臨澄③、王世澄③、雇用锡③、靳云鹏、徐思浩、徐世昌、屈映光、黎元洪、李正卿等	财政部出资100万元，潘复等军政界人士合计出资139万元
殖边银行	1914	官商合办	北京	82	官僚	徐绍桢、许世英、李思浩、王遵斌、张勋、王揖唐	
烟酒商业银行	1917	官商合办	北京	239	官僚	张寿龄、袁宝三、李圣铎等	有经理烟酒税款特权

续表

银行名称	开业时间	性质	地址	股本	投资者身份	主要投资者或重要职员	备注
大宛农工银行	1918	商办	北京	100	官僚、普通商人	王大贞①、唐慕潮②、单镇②、王奎元②、吴震修②、吕变甫②、周诏甫②、王君宜③、顾子言③、张嘉璈等	初为官商合办，1920 年改为完全商办；本表为 1926 年股本
北京边业银行	1920	官商合办	北京	250	官僚	潘复①、徐世章②、朱宝仁②、李光启②、阎桐②、曹士澂②、张学良②、靳怀旭②、吴鼎昌③、倪道杰③、鲍英麟③、周作民③、徐树铮、李思浩、朱启钤、潘复、倪嗣冲、曹锟等	1921 年股本；1924 年迁往东北，由张作霖控制
农商银行	1921	官商合办	北京	173	普通商人、官僚	齐耀珊、曹锟、张弧、王遹斌、张志谭	商股 123 万元，官僚私人资本 50 万元
蒙藏银行	1923	官商合办	北京	500	官僚亲属、商界名流	谢天锡、袁述之、袁世传、俞东屏、王礼维等	袁述之为袁世凯侄子，实业界名流
通县农工银行	1915	官商合办	京兆通县	173	官僚	卓定谋	卓定谋为中国实业银行行长

续表

银行名称	开业时间	性质	地址	股本	投资者身份	主要投资者或重要职员	备注
中日实业公司	1914	中日合办	北京	250	官僚	曹汝霖、周学熙、曹锟、王克敏、袁乃宽、李士伟、陆宗舆、日商	
通惠实业公司	1915	商办	北京	500	官僚、普通商人	梁士诒、李士伟、周学熙、王克敏、张镇芳、袁乃宽、虞洽卿	
福华兴业公司	1915	商办	北京	200	官僚、金融家	张镇芳、吴鼎昌、胡笔江等	
北京证券交易所	1918	商办	北京	50	官僚	梁士诒、岳乾斋、周自齐、沈吉甫等	主要交易货币与政府公债
豫丰兴业公司	1918	商办	北京	20	官僚	蒋宗琛、陆宗舆	陆宗舆为张弧代理人
允中实业公司	1918	商办	北京	30	官僚	吴振南、汪然	吴振南为北洋政府官员
开源实业公司	约1919	商办	北京	1000	官僚	冯国璋	
中美实业公司	1919	中美合办	北京	500	官僚	齐耀珊、黎元洪、雍涛	

续表

银行名称	开业时间	性质	地址	股本	投资者身份	主要投资者或重要职员	备注
太平贸易公司	1920	商办	北京	100	官僚	许世英、邓君翔、金献嵛	许世英为北洋政府官员，曾任内阁总理，安徽省长等职；金献嵛为北洋政界、金融界人士
裕同实业公司	1920	商办	北京	100	官僚	不详	
民康实业公司	1920	商办	北京	150	官僚	梁士诒	
溥益实业公司	1920	商办	北京	500	官僚	靳云鹏、段祺瑞、徐世昌、潘复、曹汝霖、陆良佐、张勋、曹锟、张宗奥、张志谭、钱能训	
东方人寿保险公司	1920	中日合办	北京	100	官僚	周自齐、张弧	中日各半
丰华股份有限公司	1921	商办	北京	100	官僚	龚心湛、鲍宗汉	
北京信托公司	1921	商办	北京	500	官僚	张弧、张勋、江朝宗、钱能训	实为孙氏家族控股

续表

银行名称	开业时间	性质	地址	股本	投资者身份	主要投资者或重要职员	备注
中国阜通信托公司	1921	商办	北京	不详	官僚	不详	
仁立实业公司	1922	商办	北京	10	官商	周治春、凌其峻、费兴仁、朱继圣等	
集成兴业公司	1923	商办	北京	200	官僚	金晓峰、黄笃澌	金、黄二人均为北洋政府官员
北京康龄人寿小保险	1926	商办	北京	3.5	普通商人	京兆尹	
中孚银行	1916	商办	天津	200	普通商人、官僚	孙多钰（章甫）①、顾澍经（仲叔）②、孙豫方②、孙养癯、孙观方（仲华）②、孙叔威、沈启方似、包光镛（培之）、孙启方（璧威）、胡崇本、徐星曙、高敬仪、白惠芳、林葆恒（子有）、傅龚心湛②、王克敏、张镇芳、孙增湘（沅叔）②、卡寿孙②、孙多谳（郁甫）③、周毕康③等	

续表

银行名称	开业时间	性质	地址	股本	投资者身份	主要投资者或重要职员	备注
金城银行	1917	商办	天津	50	官僚、普通商人	倪幼丹②、王郅隆、徐树铮②、段奇香②、吴鼎昌②、胡笔江②、周作民、任振采②、李思浩②、陶广泉②等	创办时为军阀官僚投资，占90.4%，倪幼丹北洋军阀倪嗣冲之子
大生银行	1919	商办	天津	200	官僚、普通商人	梁士诒②、王祝三②、胡笔江②、陶兰泉②、苏慕东②、罗仲芳②、吉少庵②、潘耀庭②、杨荦川②、卞寿孙③、张文富③	
国民银行两合公司	1919	商办	天津	30	官僚	许世英	许世英为北洋政界人物，曾任安徽省长、司法总长、内阁总理等职
大陆银行	1919	商办	天津	100	官僚	张勋、冯国璋②、张伯辰、谈荔孙铭②、曹国嘉②、颜惠庆、钱永铭②、许汉卿、万朔臣②、苏廷襄②、吴廷镠②、李思浩②等	

续表

银行名称	开业时间	性质	地址	股本	投资者身份	主要投资者或重要职员	备注
中国实业银行	1919	官商合办	天津	222	官僚、普通商人	熊希龄（秉三）①、钱能训（干臣）④、周学熙（缉三）⑥、龚心湛（仙洲）⑤、李士伟（伯芝）②、杨寿枏（味云）②、阮忠报（邑林）②、许德疑（树芝）②、曹汝霖（润圈）②、赵椿年（剑秋）③、林葆恒（子有）③、屈映光（文六）③、王克敏（叔鲁）②、言敦源（仲远）②、周学辉（竹铭）②、张成勋（实之）②、张训钦③、朱宝仁（铁林）③	官股40万，其余为商股
北洋保商银行	1920年改为商办	商办	天津	600	官僚	蔡廷斡、王贤宾、周自齐①、王克敏⑤、曹锟、陈光远等	洋股200股、华股400股，1921年总行迁北京
华义（意）银行	1920	中意合办	天津	480	官僚、意商	许世英等	1924年中国股份全部退出，总行迁往上海

续表

银行名称	开业时间	性质	地址	股本	投资者身份	主要投资者或重要职员	备注
华法银行	1920	中法合资	天津	1574	官僚	孟恩远、张弧、王廷桢等	
怀远银行	1921	商办	天津	12.5	官僚、普通商人	陈光远、张怀芝、严柳树等	
北洋贸易银行	1921	商办	天津	50	官商	北洋贸易公司：王廷桢、谷钟秀、边守靖、王公望、吕公望、王之杰、杨寿楠、钱锦孙、阮忠枢、张鉴、陆建章、张英华、齐耀珊、吴毓麟、张调辰、黎元洪等	北洋贸易公司投资
裕法银行	1921	商办	天津	30	官商	张溶如等	张溶如为张静江弟，社会名流
大业银行	1921	商办	天津	500	官僚	钮传善、王达君等	钮传善为清末民初官僚
裕民银行	1921	商办	天津	不详	官僚、普通商人	廖廉能、向瑞琨	1921 年设于北京，1922 年总行迁天津；廖廉能曾任户部主事，向瑞琨曾任北洋政府农工商次长，后致力于工商实业

续表

银行名称	开业时间	性质	地址	股本	投资者身份	主要投资者或重要职员	备注
天津兴业银行	1922	商办	天津	25	官僚	陈光远①、李荣贵⑤、张石生等	
中兴实业银行	1922	商办	天津	150	官僚	陈锦涛、郑石存	
新亚银行	1922	商办	天津	25	官僚	连菊亭、鲍云亭等	
普益商业储蓄银行	1922	商办	天津	12.5	官商	黎劭平、谢康伯	黎劭平为黎元洪亲信、家族中人
中华运业银行	1922	商办	天津	75	军阀、商人	张书绅、胡贤祖、徐诚、席德耀、王建、雷鸣宸等	张书绅为皖系军阀、北洋政府官僚
裕津银行	1922	商办	天津	60	官僚、商人	魏信臣①、王邦隆②、孙东园②、阮寿岩②、赵聘卿②、张次迈②、杜克臣②等	
致中银行	1923	商办	天津	100	官僚	李思浩、潘复等	
天津大业银行	1923	商办	天津	12.5	官僚	杨韶九、严柳树、宋镜涵等	杨韶九为北洋官员、曾任江西省长
华新银行	1923	商办	天津	100	官僚	周学熙	

续表

银行名称	开业时间	性质	地址	股本	投资者身份	主要投资者或重要职员	备注
宏业银行	1924	商办	天津	不详	官僚、商人	不详	
中元实业银行	1925	商办	天津	100	军阀	陈国铨、张志良	奉系军阀投资
华威银行	1925	商办	天津	250	侨商	挪威华侨筹集设立	
中国丝茶银行	1925	商办	天津	135	普通商人	陈金鼎及沪汉豫各地企业家投资	
天一保险公司	1914	商办	天津	不详	普通商人	王伯元等	1932 年迁上海，王伯元为商界人士
通丰证券交易所	1914	商办	天津	5	商人、军阀	李世辉、王格明、杨毓统、朱寿祺	李世辉应当为北洋军阀将领
永宁水火保险公司	1915	商办	天津	100	官商	中国实业银行出资设立	1932 年迁上海
中和人寿保险公司	1916	中日合办	天津	100	官商、日商	李焦石、何梦柱	投资人身份不详
中华实业公司	1919	商办	天津	120	官僚	许世英、周学熙	

续表

银行名称	开业时间	性质	地址	股本	投资者身份	主要投资者或重要职员	备注
良贸商业公司	1920	商办	天津	不详	官僚	梁士诒	
北洋贸易公司	1921	商办	天津	100	官僚	王廷桢、张调辰、倪嗣冲等军政要人	
天津证券物品交易所	1921	商办	天津	250	官僚	王毓三、曹锟、张调辰，普通商人	
信中保险公司	1922	商办	天津	2	普通商人	韩春非、林叔晖	
安平水火保险公司	1926	商办	天津	50	普通商人	东莱银行等	1935年迁上海，东莱银行投资占75%
元和实业公司	1926	商办	天津	不详	官僚	陈福颐	陈福颐曾任平市官钱局监督，交通银行协理
直隶新华银行	1926	商办	天津	不详	普通商人	不详	
天津康平集益保险	1927	商办	天津	2	普通商人	不详	

续表

银行名称	开业时间	性质	地址	股本	投资者身份	主要投资者或重要职员	备注
山东银行	1912	商办	济南	141	官僚	刘延佐②、乔连复②、刘佐田②、姜葆褚②、孟宪治②、张肇基⑤等	原为官办，1912年改为商办；表中为1921年实收股本
芝罘商业银行	1913	商办	芝罘	7	普通商人	吴星显	
周村商业银行	1913	商办	周村1916年移至济南	15	普通商人	柴继堂⑤、孟希文⑦、李敬斋⑧	
惠民商业银行	1914	商办	惠民	2	普通商人	不详	应为民间资本投资
山东实业银行	1915	商办	济南	60	普通商人	马惠阶	马惠阶曾任山东省参议会议员，山东省电话局局长
烟台商业银行	1915	商办	烟台	20	普通商人	吴星显、阎芝斋	吴星显为当地富商
济南阜丰商业银行	1915前	商办	不详	不详	官僚	不详	
齐鲁银行	1916	商办	济南	25	官僚	董丹如、李端安、马惠阶	李端安为国民党党员

续表

银行名称	开业时间	性质	地址	股本	投资者身份	主要投资者或重要职员	备注
威海卫农业储蓄银行	1916	商办	威海卫	50	绅商	林润亭、谷铭训②、刘文经②、萧兰亭⑤	林润亭为正金银行买办，当地绅商投资
济南通惠银行	1917	商办	济南	100	普通商人	穆伯仁、彭石宸	1923年收足股本，穆伯仁为山东富商
长山豫丰商业银行	1917前	商办	长山	不详	普通商人	不详	
山东工商银行	1918	商办	济南	63.9	官僚、普通商人	萧绍庭①、马官和⑤、王鹿泉②、颜文卿②、安善圃②、陈泽普等	盐运使王鹿泉、财政厅长安善圃参与募股
东莱银行	1918	商办	济南	300	普通商人、官僚	刘子山①、成兰圃⑤、吕月塘西②、吴蔚如②、刘文山②、于耀西②、刘西山②、刘星山③、颜矩亭③	1923年改为有限责任公司，本表为1923年股本
泰东银行	1918	商办	济南	20	官商	庄士如⑤、李文轩⑦	
山东历章农工银行	1919	商办	济南	不详	普通商人	肖颖公、安蜷生	民间资本投资

续表

银行名称	开业时间	性质	地址	股本	投资者身份	主要投资者或重要职员	备注
山东安潍农工银行	1919	商办	济南	10	政界人士、绅商	张公制、丁淑言	张公制为山东议会议长，丁淑言为山东地主、绅士
山东新泰蒙阴农工银行	1919	商办	济南	20	官僚	牛金铸、马惠阶	牛金铸为省议会议员，马惠阶为民初政商两界人物，曾任省议会议员、电话局局长，财政厅厅长等职
山东临沂农工银行	1919	商办	临沂	10	绅商、政界人士	吴镜荪、刘潘卿	注：吴镜荪为临沂绅士，时任省议会议员
丰大商业储蓄银行	1919	商办	济南	50	官僚	潘馨航、薪冀青	实为潘复创办
山东实业银行	1919	商办	济南	50	政府		
山东当业银行	1920	商办	济南	10	普通商人	不详	

续表

银行名称	开业时间	性质	地址	股本	投资者身份	主要投资者或重要职员	备注
莒县农工银行	1920	商办	莒县	25	官商	庄式如、庄希堂、县长周仁寿出面发动全县富户入股	庄式如岳父为清旧僚兼实业家刘恩柱，依恃刘资金及影响创办；庄希堂曾任清末内阁中书，民国洲议会议长
振捄银行	1921	商办	山东掖县	15	官僚	王进甫、杨昧云等	
山东泰安农工银行	1921	商办	山东泰安	5	官僚	常寿宸、于传林	常寿宸为山东财政厅长，于传林为山东政界人士
济东实业银行	1921	商办	烟台	不详	普通商人	孙文山	孙文山为丝绸商人
山东道生银行	1922	商办	济南	50	普通商人	戴久秦、张宪臣	
胶澳银行	1922	商办	青岛	250	军政界人士	张我华、马官和	二人均为军政界人士
山东聊城农工银行	1922	商办	山东聊城	20	军政界人士、绅商	商珍升	商珍升为绅商，股东多为军政界人士及绅商
山左银行	1922	商办	青岛	40	绅商	傅炳昭	绅商

续表

银行名称	开业时间	性质	地址	股本	投资者身份	主要投资者或重要职员	备注
山东泰丰银行	1923	商办	济南	30	普通商人	戚鸿路⑤	1927 年改为银号
青岛地方银行	1924	官商合办	青岛	75	军阀官僚、普通商人	高恩鸿、张本政等	高恩鸿为直系军阀，时任胶澳督办；官商股份比例为 2：1；1925 年并入山东省银行
山东省银行	1925	官办	济南	250	省政府		
黄县银行	1925	官办	山东黄县	不详	地方政府		
中鲁银行	1926	商办	青岛	5	官僚、普通商人	张玉田、王荩臣	王荩臣为民初官僚、土绅
临沂县农工银行	1926	官办	山东临沂	不详	地方政府		
烟台证券交易所	1915	商办	烟台	10.5	普通商人	张仙圃、林子余等	民间资本投资

续表

银行名称	开业时间	性质	地址	股本	投资者身份	主要投资者或重要职员	备注
裕新银行	1912	商办	奉天省镇安县新立屯	15	普通商人	王辑五、王作民	应为民间资本投资
新济银行	1912	商办	奉天镇安	10	普通商人		
滨江储蓄银行	1912	商办	吉林滨江	14.3	普通商人		
大连龙口银行	1913	中日合办	大连	1100	普通商人	张本政等	
奉天兴业银行	1913	官商合办	奉天	130	政府、奉系军阀	奉系军阀集资	官股70万元，商股60万元，1917年转为官办，1924年与东三省官银号合并
奉天商业银行	1914	商办	沈阳	20	普通商人	各商号集资设立	民间资本投资
呼兰储蓄银行	1915	商办	呼兰	10	普通商人	李笃高	民间资本投资
通济储蓄银行	1916	商办	黑龙江黑河	24	普通商人	白良栋、张景骡	民间资本投资

续表

银行名称	开业时间	性质	地址	股本	投资者身份	主要投资者或重要职员	备注
汇丰长银行	1916	商办	长春	20	官僚	王汝征	王汝征为国会议员
滨江农产银行	1916	商办	吉林滨江县	120	官商	侯延爽	侯延爽为前清官员，民国后任职于中国银行
法库商业银行	1916	商办	奉天法库	23	普通商人	不详	
绥化农产银行	1916	商办	绥化	18	普通商人	不详	
昌图县农工银行	1917	商办	昌图	10	官僚	王恩绂	王恩绂为政府官员
滨江农商银行	1917	商办	哈尔滨	100	官商资本	不详	分离于滨江农产银行
双城地方储蓄银行	1917	商办	吉林双城	11.5	普通商人	富翰忱、莫地三	
大同农工银行	1917	商办	吉林榆次	10	普通商人		

续表

银行名称	开业时间	性质	地址	股本	投资者身份	主要投资者或重要职员	备注
惠华银行	1917	商办	长春	25	普通商人	董树棠⑤	有资料记载资本30万元，本表采用长春地方志数据
哈尔滨辅商银行	1918	商办	哈尔滨	12.5	应为普通商人	不详	
裕华殖业银行	1918	商办	吉林	50	官商	冯兰秀、苗经魁	冯兰秀为吉林总商会会长，全国商会联合会吉林正干事；苗经魁曾任职于吉林永衡官银号，为全国商会联合会吉林商务所副干事
长春农工银行	1918	商办	长春	15	普通商人	盖彤浩、冷权琇	盖彤浩为教育界官员
滨江辅商银行	1918	商办	哈尔滨	200	普通商人	哈尔滨丰泰亿等商号发起	
哈尔滨商业银行	1918	商办	哈尔滨	12.5	普通商人	王西园、王进甫	
哈尔滨农商银行	1918	商办	哈尔滨	12.5	普通商人	不详	

续表

银行名称	开业时间	性质	地址	股本	投资者身份	主要投资者或重要职员	备注
奉天储蓄会	1918	商办	沈阳	811	奉系官僚	张学良、张惠霖等奉系核心人物	股本为 1924 年数额
滨江农业银行	1919	商办	吉林滨江县	10	绅商	辛百朋	
益通商业银行	1919	商办	长春	100	普通商人	邓锡珏①、孙秀三、马祝三、赵祥集、王获人、王金士	民间资本投资
东三省银行	1919	官商合办	哈尔滨	437.9	官僚军阀	黑龙江官股 66 万元由广信公司垫付，张作霖个人承担 100 万元	本表为 1920 年实收股本，官商各半
中华满蒙殖业银行	1919	商办	长春	25	吴俊昇等		
三信银行	1919	商办	哈尔滨	12.5	政府、官僚军阀		
哈尔滨裕东银行	1919	商办	哈尔滨	50	不详		
东三省兴业储蓄会	1922	商办	奉天	100	奉系军阀、官僚	张作相、张学良、金恩祺、郭松龄	

续表

银行名称	开业时间	性质	地址	股本	投资者身份	主要投资者或重要职员	备注
东北银行	1923	商办	奉天	200	奉系军阀官僚	鹿宝国、高钧阁、常葆枫、王拱臣、李会九、吴灌侬、尹秀风、曲道堂、关宝如、郭任生、王艳清、王锡臣等	股款为奉小洋
边业银行	1924	官商合办	奉天	525	官僚军阀	张作霖	原为1920年创办，1924年张学良收购全部股份，名为官商合办，实际为张作霖私家银行
世合公银行	1924	商办	奉天	37.5	普通商人	张滏臣①、毛韵桐等	民间资本投资
奉天实业银行	1924	商办	奉天	50	普通商人、官僚	商人鞠树堂、边选三等，奉系张学良、杨宇霆、张作相、高清和、彭贤等	
奉天钱币交易所	1925	商办	奉天	20	普通商人	奉天总商会	应为民间投资

续表

银行名称	开业时间	性质	地址	股本	投资者身份	主要投资者或重要职员	备注
奉天华汇银行	1926	商办	奉天	60	官僚军阀	张其先、张惠霖、彭相亭、王枢垣、金哲忱、杨济普、彭长庚（彭相亭之子）、董襄忱等	张其先为张志良之子，股款为奉大洋
奉化农工银行	1926	官办	奉化	不详	地方政府		
东北农商银行	1927	商办	奉天	500	官商	赵靖黎	赵靖黎为赵恩铭之子，股款为奉大洋
滨江农产交易所	1915	商办	哈尔滨	50	官商	王垂法、张福昌、孟荣升（原清朝执政道员）等	成泰益、复兴公粮栈为最大股东，官员投资占比较低
东三省兴利公司	1915	陶冶治安	沈阳	500	官僚军阀	王永江、朱仪庭、程昌鑫、吴连元、刘尚清、高毓衡、鲁宗煦、张慎修、张之汉、赵鸿鹏、辛寿培	实业兼营金融，开业资本全部为官员投资
长春信托货币交易所	1923	商办	长春	20	普通商人	长春总商会、银钱业两会	
黑河济安水火保险	1927	商办	瑷珲县黑河镇	60	普通商人	毕鸣山、梁官臣	

续表

银行名称	开业时间	性质	地址	股本	投资者身份	主要投资者或重要职员	备注
晋胜银行	1913	商办	太原	107	军阀官僚	阎锡山、贾继英	曾任山西大清银行总理
山西裕华银行	1915	商办	太谷	2	官僚、商人	官员、商人	1927年以前尚未实际开展业务
山西省银行	1919	官商合办	太原	117	官僚军阀	崔庭献、刘懋林、严慎修、郭信、崔肇基、赵戴文、杨兆泰、徐一清、高洪、仇曾诒、阎维藩、齐梦彪等	投资者均为山西省政界人士，1923年改为官办
祁县农工银行	1925左右	官商合办	山西祁县	5	官商		
山西裕丰银行	1922	商办	太谷	10.6	官僚军阀	高步青、张树帜	高步青为山西铜元局局长，张树帜为军界将领
太谷农工银行	1923	官商合办	太谷	7	官商		
文水农工银行	1923	官商合办	文水	5	官商		
山西道生银行	1924	商办	太原	50	官商	阎毓芬	阎毓芬为山西省银行协理、山西总商会会长

续表

银行名称	开业时间	性质	地址	股本	投资者身份	主要投资者或重要职员	备注
山西益和银行	1925	商办	太原	12.5	不详	不详	
山西瑞兴银行	1922年后	商办	不详	30	官僚、金融界人士		
汾阳农工银行	1926	官商合办	山西汾阳	2	官商		1926 年由汾阳"世合源"银号改组而成
富晋银行	1926	官商合办	太原	不详	普通商人		
昌平农工银行	1915	官商合办	昌平	10	不详		
定县商业银行	1918	商办	直隶定县	5.1	普通商人	米逢清、王恩际、定县城内各商号集资	
固安县农工银行	1926	商办	京兆固安	5	普通商人	开明绅士呈集伍联合地方土绅、富户开办	
宣化农工银行	1926	商办	宣化	不详	普通商人	不详	
乾丰储蓄银行	1921	商办	绥远	20	绅商	姚箴、张禹钧	姚箴为政府官员

463

续表

银行名称	开业时间	性质	地址	股本	投资者身份	主要投资者或重要职员	备注
热河兴业银行	1917	官办	热河承德	249	地方政府		
河南中华银行	1912	官办	河南淮阳	100	地方政府		
同泰源实业公司	1918	商办	河南安阳	50	官商	袁克成、袁乃宽	袁克成为袁世凯之子，袁乃宽为袁世凯族侄、亲信
河南省银行	1923	官办	河南开封	1250	地方政府		1924年改为商办，蔡成勋为北洋军阀
丰业银行	1920	官商合办	归绥	26.6	军阀督察	蔡成勋①、陆渓⑤	
西北银行	1925	官办	张家口	250	政府	冯玉祥	

注：1. ①为董事长、②为董事、③为监事、④为协理、⑤为总经理、⑥为名誉总经理、⑦为协理、⑧为经理。

2. 本表主要依据四、《近代史资料文库》第8卷、《民族资本主义与旧中国政府1921—1922》、《全国银行年鉴》三、《北京金融史料·银行篇》四、《近代史资料》总第36辑、《银行年鉴1921—1922》、《全国银行年鉴》相关资料整理而成，并对上述资料不准确的地方进行了订正。另因参考文献太多，除以下所列之外，难免有少量遗漏。

资料来源：庄建平主编《近代中国金融》附录，上海人民出版社，2014；中国人民银行北京分行金融研究所《北京金融志》编委会办公室印行《北京金融志》编委会办公室编《北京金融史料·银行篇》三、中国人民银行北京分行金融研究所《北京金融志》编委会办公室编《北京金融史料·银行篇》四、杜恂诚：《民族资本主义与旧中国政府1840—1937》第1~2、441~443页；中国人民银行北京分行金融研究所《北京金融志》编委会办公室编《北京金融史料·银行篇》四、中国人民银行北京分行金融

续表

研究所《北京金融志》编委会办公室印行，1993；中国社会科学院近代史研究所近代史资料编辑部编《近代史资料》总 36 号，知识产权出版社，2006，第 167 页；《银行周报》社编《全国银行年鉴》，《银行年鉴 1921—1922》，《银行周报》社印行，1922，第 1、13、25、35、57、58、69、73 页；中国银行经济研究室编《全国银行年鉴》，中国银行经济研究室印行，1937；北京市档案馆编《北京档案史料：2003.3》，新华出版社，2003，第 229~239 页；沈云龙：《中国之储蓄银行史》，台湾文海出版社，1966，第 130~132 页；郭凤岐主编《天津通志·金融志》，天津社会科学院出版社，1995；郭凤岐主编《天津通志·保险志》，天津社会科学院出版社，1999，第 209~210 页表格数据；魏明：《论北洋军阀官僚的私人资本主义经济活动》，《近代史研究》1985 年第 2 期；辽宁省地方志编纂委员会办公室主编《辽宁省志·金融志》，辽宁科学技术出版社，1996；吉林省金融志编纂委员会、长春市金融志编纂委员会编《金融法规汇编》，吉林省金融志编纂委员会、长春市金融志编纂委员会，1989，第 93 页；辽宁省档案馆编《奉系军阀档案史料汇编》2，江苏古籍出版社，1990，第 321~322 页；山东省地方史志纂委员会编《山东省志·金融志》，山东人民出版社，2016，第 304~315 页；黄鉴晖等编《山西票号史料》，山西经济出版社，2002，第 551~553 页；田锋、李万春主编《沈阳市金融志》，沈阳古籍出版社，2004，第 148 页；姜建清主编《近代中国银行业机构人名大辞典》，上海古籍出版社，2014；郭剑林、经莉：《天津近代金融》，天津人民出版社，2010，第 117~118 页；上海市档案馆编《上海近代金融》，上海古籍出版社，2001，第 145 页；山东省莒南县地方史志编纂委员会编《莒南县志》，齐鲁书社，1998，第 421 页；宁波市政协文史和学习委、中国人民银行宁波市中心支行编《宁波帮与中国近代金融业》，中国文史出版社，2008，第 162 页；长春市地方史志编纂委员会主编《资料选译》，《长春史志》编辑部印行，1989，第 174 页。

参考文献

一　理论著作

〔美〕道格拉斯·C.诺斯:《制度、制度变迁与经济绩效》,杭行译,格致出版社,2008。

〔美〕道格拉斯·诺斯:《经济史的结构与变迁》,刘瑞华译,台北时报文化出版企业股份有限公司,1995。

卡尔·马克思:《资本论》,中共中央马克思恩格斯列宁斯大林著作编译局译,中国社会科学出版社,1983。

〔美〕康芒斯:《制度经济学》,于树生译,商务印书馆,1962。

〔美〕罗纳德·I.麦金农:《经济市场化的次序:向市场经济过渡时期的金融控制》,周庭煜、尹翔硕、陈中亚译,上海人民出版社、上海三联书店,1997。

〔美〕马克思·韦伯:《韦伯:人类社会经济史》,唐伟强译,中国画报出版社,2012。

孙中山:《三民主义》,岳麓书社,2000。

《孙中山选集》上卷,人民出版社,1981。

吴承明：《经济史：历史观与方法论》，上海财经大学出版社，2006。

〔英〕亚当·斯密：《国富论》，张兴、田要武、龚双红编译，北京出版社，2007。

二 未刊档案

辽宁省档案馆藏奉天省长公署档案，档案号：JC010-01-000852。

辽宁省档案馆藏奉天省长公署档案，档案号：JC010-01-003143。

辽宁省档案馆藏奉天省长公署档案，档案号：JC010-01-003194。

辽宁省档案馆藏奉天省长公署档案，档案号：JC010-01-003196。

辽宁省档案馆藏奉天省长公署档案，档案号：JC010-01-003793。

辽宁省档案馆藏奉天省长公署档案，档案号：JC010-01-003804。

辽宁省档案馆藏奉天省长公署档案，档案号：JC010-01-003898。

辽宁省档案馆藏奉天省长公署档案，档案号：JC010-01-003950。

辽宁省档案馆藏奉天省长公署档案，档案号：JC010-01-005733。

辽宁省档案馆藏奉天省长公署档案，档案号：JC010－01－005770。

辽宁省档案馆藏奉天省长公署档案，档案号：JC010－01－005771。

辽宁省档案馆藏奉天省长公署档案，档案号：JC010－01－009757。

辽宁省档案馆藏奉天省长公署档案，档案号：JC010－01－011225。

辽宁省档案馆藏奉天省长公署档案，档案号：JC010－01－011726。

辽宁省档案馆藏奉天省长公署档案，档案号：JC010－01－011833。

辽宁省档案馆藏奉天省长公署档案，档案号：JC010－01－023333。

辽宁省档案馆藏奉天省长公署档案，档案号：JC010－01－023991。

辽宁省档案馆藏奉天省长公署档案，档案号：JC010－01－026707。

辽宁省档案馆藏奉天省长公署档案，档案号：JC010－01－033161。

辽宁省档案馆藏奉天省长公署档案，东三省官银号，各县储蓄会档案资料。

天津市档案馆藏档案，档案号：J0128-2-000459。

天津市档案馆藏档案，档案号：J0128-2-000666。

天津市档案馆藏档案，档案号：J0161-1-002363。

天津市档案馆藏档案，档案号：J0161-2-002071。

天津市档案馆藏档案，档案号：J0205-1-000285。

天津市档案馆藏档案，档案号：J0206-1-000001。

天津市档案馆藏档案，档案号：J0209-1-000001。

天津市档案馆藏档案，档案号：J0209-1-000002。

天津市档案馆藏档案，档案号：J0209-1-000003。

天津市档案馆藏档案，档案号：J0211-1-000041。

天津市档案馆藏档案，档案号：J0211-1-000402。

天津市档案馆藏档案，档案号：J0211-1-004974。

天津市档案馆藏档案，档案号：J0217-1-004066。

三　业务报告、调查统计资料、年鉴、法规汇编及其他

吉林省金融志编纂委员会、长春市金融志编纂委员会编《金融法规汇编》，吉林省金融志编纂委员会、长春市金融志编纂委员会印行，1989。

《第十三节　财团》，载《现代法学》1932年第11期，第139页。

东北文化社年鉴编印处编《东北年鉴（1931）》，东北文化社年鉴编印处印行，1931。

顾琅编《中国十大矿厂调查记》，商务印书馆，1916。

金城银行编《金城银行创立二十年纪念刊》，金城银行印行，1937。

量才奖学基金团编《财团法人量才奖学基金团成立文件》，

编者自刊，1936。

辽宁省档案馆编《满铁调查报告》第 4 辑 8、11、12、13、17，广西师范大学出版社，2009。

秦池江、张立中主编《中国金融大百科全书·保险业务卷》，中国物资出版社，1999。

吴瓯主编《天津纺纱业调查报告》，载李文海主编《民国时期社会调查丛编·近代工业卷》中，福建教育出版社，2014。

《银行周报》社编辑《银行年鉴 1921—1922》，《银行周报》社，1923。

殖边银行总管理处编《殖边银行三年来之经过》，殖边银行总管理处印行，1917。

殖边银行总管理处编《殖边银行条规》，殖边银行总管理处印行，1916。

中国银行经济研究室编《全国银行年鉴》，中国银行经济研究室印行，1937。

中央银行经济研究处编《金融法规汇编》，商务印书馆，1937。

朱莲溪编《公共基本财团组合法说略》，编者自刊，1914。

四　报刊、方志、史料汇编及文史资料

《大公报》

《东三省官银号经济月刊》

《哈尔滨铁路局志》编审委员会编《哈尔滨铁路局志（1896—1994）》，中国铁道出版社，1996。

《金融周报》

《民视日报五周（年）纪念汇刊》

《山西文史资料》编辑部编《山西文史资料全编》第 38～49 辑，《山西文史资料》编辑部印行，1999。

《生活周刊》

《顺天时报》

《银行月刊》

《银行周报》

《枣庄矿务局志》编纂委员会编《枣庄矿务局志》，煤炭工业出版社，1995。

《政府公报》

《周止庵先生自叙年谱》，文海出版社，1985。

北京市地方志编纂委员会编《北京志·综合经济管理卷·金融志》，北京出版社，2001。

卞瑞明主编《天津老字号》下，中国商业出版社，2007。

陈真、姚洛编《中国近代工业史资料》第一辑，生活·读书·新知三联书店，1957。

陈真、姚洛、逄先知编《中国近代工业史资料》第二辑，生活·读书·新知三联书店，1958。

陈真、姚洛编《中国近代工业史资料》第四辑，生活·读书·新知三联书店，1961。

董慧云、张秀春编《张学良与东北新建设资料选》，香港同泽出版社，1998。

杜春和、林斌生、丘权政编《北洋军阀史料选辑》上、下册，中国社会科学出版社，1981。

哈尔滨市地方志编纂委员会编《哈尔滨市志·金融》，黑龙江人民出版社，1995。

黑广菊、曹健主编《盐业银行档案史料选编》，天津人民出版社，2012。

黑广菊、刘茜主编《大陆银行档案史料选编》，天津人民出版社，2010。

黑广菊、夏秀丽主编《中南银行档案史料选编》，天津人民出版社，2013。

黑龙江省地方志编纂委员会编《黑龙江省志·金融志》，黑龙江人民出版社，1989。

黄鉴晖等编《山西票号史料》（增订本），山西经济出版社，2002。

济南市史志编纂委员会编《济南市志》第三册，中华书局，1997。

济南市天桥区政协学习文史委员会编《天桥文史资料》第3辑，济南市天桥区政协学习文史委员会印行，1997。

姜建清主编《近代中国银行业机构人名大辞典》，上海古籍出版社，2014。

交通、铁道部交通史编纂委员会编《交通史航政编》，交通、铁道部交通史编纂委员会印行，1931。

交通银行总行、中国第二历史档案馆编《交通银行史料》第一卷上册，中国金融出版社，1995。

解学诗（本卷）主编《满铁档案资料汇编》第七卷，社会科学文献出版社，2011。

晋中地区地方志编纂委员会办公室编《晋中地区志》，山西人民出版社，1993。

孔令仁、李德征主编《中华老字号·工业卷》上，高等教育出版社，1998。

孔祥毅主编《民国山西金融史料》，中国金融出版社，2013。

李保平、邓子平、韩小白主编《开滦煤矿档案史料集》2，河北教育出版社，2012。

李良玉等：《倪嗣冲年谱》，黄山书社，2010。

辽宁省档案馆编《奉系军阀档案史料汇编》多卷本，江苏古籍出版社、香港地平线出版社，1990。

辽宁省文史研究馆、辽宁省人民政府参事室编《文史资料》1989—1990年号，辽宁省文史研究馆、辽宁省人民政府参事室印行，出版年份不详。

蒙秀芳、黑广菊主编《金城银行档案史料选编》，天津人民出版社，2010。

穆恒洲主编《吉林省旧志资料类编·林牧渔篇》，吉林文史出版社，1986。

南开大学经济研究所、南开大学经济系编《启新洋灰公司史料》，生活·读书·新知三联书店，1963。

南满洲铁道株式会社总务部事务局调查课编纂《满蒙交界地方经济调查资料》二，满洲日日新闻社，1914。

彭泽益编《中国近代手工业史资料》第2卷，中华书局，1957。

全国政协文史资料委员会编《文史资料存稿选编》第21辑，中国文史出版社，2002。

全国政协文史资料委员会编《文史资料存稿选编》第21辑上册，中国文史出版社，2002。

山西省地方志办公室编《民国山西实业志》上、中、下三册，山西人民出版社，2012。

山西省政协《晋商史料全览》编辑委员会编《晋商史料全览》字号卷，山西人民出版社，2007。

沈阳市大东区政协文史资料委员会编《东城风韵：大东文史资料选萃》，沈阳市大东区政协文史资料委员会印行，2002。

沈阳市人民政府地方志编纂办公室编《沈阳市志》五，沈阳出版社，1994。

天津市档案馆编《天津历史与档案》第1辑，天津人民出版社，2008。

天津市档案馆等编《天津商会档案汇编（1903—1911）》，天津人民出版社，1989。

天津市地方志编修委员会编著《天津通志·金融志》，天津社会科学院出版社，1995。

汪敬虞编《中国近代工业史资料》第二辑，科学出版社，1957。

王树南、吴廷燮等编《奉天通志·实业志》2，东北文史丛书编辑委员会，1983。

王志民主编《山东重要历史人物》第六卷，山东人民出版社，2009。

王志莘编著《中国之储蓄银行史》上，知识产权出版社，2015。

魏子初编《帝国主义与开滦煤矿》，神州国光社，1954。

武正国等：《晋华风云录》，山西人民出版社，1985。

新乡市地方史志编纂委员会编《新乡市志》中卷，生活·读书·新知三联书店，1994。

严中平、徐义生、姚贤镐等编《中国近代经济史统计资料选辑》，科学出版社，1955。

虞和平、夏良才编《周学熙集》，华东师范大学出版社，1999。

张立辉主编《保定府河》，河北大学出版社，2014。

张明义、王立行、段柄仁主编《北京志·工业卷·业志（1888—1998）》，天津人民出版社，2002。

章有义编《中国近代农业史资料》第二辑，生活·读书·新知三联书店，1957。

中国第二历史档案馆、中国人民银行江苏省分行、江苏省金融志编委会合编《中华民国金融法规档案资料选编》上册，档案出版社，1989。

中国第二历史档案馆编《中华民国史档案资料汇编·工矿业》，江苏古籍出版社，1991。

中国第二历史档案馆编《中华民国史档案资料汇编·金融》，江苏古籍出版社，1991。

中国科学院近代史研究所近代史资料编辑组编《近代史资料》1962年第4期，中华书局，1963。

中国人民银行北京分行金融研究所《北京金融志》编委会办公室编《北京金融史料·银行篇》二，中国人民银行北京分行金融研究所《北京金融志》编委会办公室印行，1990。

中国人民银行北京分行金融研究所《北京金融志》编委会办公室编《北京金融史料·银行篇》三，中国人民银行北京分行金融研究所《北京金融志》编委会办公室印行，1991。

中国人民银行北京分行金融研究所《北京金融志》编委会办公室编《北京金融史料·银行篇》四，中国人民银行北京分行金融研究所《北京金融志》编委会办公室印行，1993。

中国人民银行哈尔滨市分行金融办公室编《哈尔滨金融史料文集（1896—1945 年）》，中国人民银行哈尔滨市分行金融办公室印行，1989。

中国人民银行上海市分行金融研究室编《金城银行史料》，上海人民出版社，1983。

中国人民银行总行参事室编《中华民国货币史资料》第 1 辑，上海人民出版社，1986。

中国人民政治协商会议河北省磁县委员会文史资料委员会编《磁州文史资料》第 1 辑，中国人民政治协商会议河北省磁县委员会文史资料委员会印行，1992。

中国人民政治协商会议湖北省委员会文史资料委员会编《湖北文史资料》第 2 辑，中国人民政治协商会议湖北省委员会文史资料委员会印行，1989。

中国人民政治协商会议吉林省委员会文史资料研究委员会编《吉林文史资料选辑》第 4 辑，吉林人民出版社，1983。

中国人民政治协商会议辽宁省委员会文史资料委员会编《辽宁文史资料》第 12 辑，辽宁人民出版社，1985。

中国人民政治协商会议全国委员会文史和学习委员会编《文史资料选辑》（合订本）第 5、17 卷，中国文史出版社，2011。

中国人民政治协商会议山东省委员会文史资料研究委员会编《文史资料选辑》第 13 辑，山东人民出版社，1982。

中国人民政治协商会议全国委员会文史资料研究委员会编《文史资料选辑》第 49 辑，中华书局，1964。

中国人民政治协商会议全国委员会文史资料研究委员会编《文史资料选辑》第 53 辑，文史资料出版社，1964。

中国人民政治协商会议全国委员会文史资料研究委员会编《文史资料选辑》第 54 辑，中国文史出版社，1962。

中国人民政治协商会议沈阳市委员会文史资料研究委员会编《沈阳文史资料》第 13 辑，中国人民政治协商会议沈阳市委员会文史资料研究委员会印行，1987。

中国人民政治协商会议天津市委员会文史资料委员会编《天津文史资料选辑》第 38 辑，天津人民出版社，1987。

中国人民政治协商会议天津市委员会文史资料委员会编《近代天津十大寓公》，天津人民出版社，1999。

中国人民政治协商会议天津市委员会文史资料委员会编《天津文史资料选辑》第 1 辑，天津人民出版社，1978。

中国人民政治协商会议天津市委员会文史资料委员会编《天津文史资料选辑》第 3 辑，天津人民出版社，1979。

中国人民政治协商会议天津市委员会文史资料委员会编《天

津文史资料选辑》第 4 辑，天津人民出版社，1979。

中国人民政治协商会议天津市委员会文史资料委员会编《天津文史资料选辑》第 13 辑，天津人民出版社，1981。

中国人民政治协商会议天津市委员会文史资料委员会编《天津文史资料选辑》第 31 辑，天津人民出版社，1985。

中国人民政治协商会议天津市委员会文史资料委员会编《天津文史资料选辑》第 42 辑，天津人民出版社，1987。

中国银行辽宁省分行等编《中国银行东北地区行史资料汇编（1913—1948）》，中国银行辽宁省分行印行，1996。

中国银行总管理处经济研究室编《中国重要银行最近十年营业概况研究》，中国银行总管理处经济研究室印行，1933。

中国银行总行、中国第二历史档案馆合编《中国银行行史资料汇编》上编，档案出版社，1991。

周叔媜：《周止庵（学熙）先生别传》，文海出版社，1966。

周学熙：《近代中国史料丛刊续编·止庵诗存·外集》，文海出版社，1977。

庄建平主编《近代史资料文库》第 8 卷，上海书店出版社，2009。

左治生主编《中国财政历史资料选编》第十一辑，中国财政经济出版社，1987。

五 专著

鲍振东、李向平等：《辽宁工业经济史》，社会科学文献出版社，2014。

曹金洪主编《中国全史·丑史篇》上，中国言实出版社，2012。

戴建兵：《白银与近代中国经济（1890—1935）》，复旦大学出版社，2005。

戴建兵：《中国近代纸币》，中国金融出版社，1993。

东北三省中国经济史学会编《东北经济史论文集》，东北三省中国经济史学会印行，1984。

东北三省中国经济史学会、抚顺市社会科学研究所编《东北地区资本主义发展史研究》，黑龙江出版社，1987。

董洪亮：《民国前期总统制度研究（1912—1928）》，大象出版社，2012。

杜恂诚：《民族资本主义与旧中国政府（1840—1937）》，上海社会科学院出版社，1991。

杜恂诚：《民族资本主义与旧中国政府（1840—1937）》，上海人民出版社，2014。

杜恂诚：《中国金融通史》第3卷，中国金融出版社，2002。

冯云琴：《工业化与城市化——唐山城市近代化进程研究》，天津古籍出版社，2010。

葛培林：《黎元洪家族》，金城出版社，2000。

郝庆元：《周学熙传》，天津人民出版社，1991。

侯树彤：《东三省金融概论》，太平洋国际学会，1931。

纪能文：《袁世凯家族》，金城出版社，2000。

贾熟村：《北洋军阀时期的交通系》，河南人民出版社，1993。

姜宏业主编《中国地方银行史》，湖南出版社，1991。

康金莉：《北四行研究（1915—1937）》，冶金工业出版社，2010。

孔经纬、傅笑枫：《奉系官僚军阀资本》，吉林大学出版社，1989。

孔经纬：《新编中国东北地区经济史》，吉林教育出版社，1994。

李良玉、吴修申编《倪嗣冲与北洋军阀》，黄山书社，2012。

刘永祥：《金城银行——中国近代民营银行的个案研究》，中国社会科学出版社，2006。

吕伟俊、王德刚编《冯国璋和直系军阀》，河南人民出版社，1993。

雒春普：《阎锡山和他的幕僚们》，团结出版社，2013。

马尚斌：《奉系经济》，辽海出版社，2000。

任杰、梁凌：《中国政府与私人经济》，中华工商联合出版社，2000。

善行主编《中国历代贪官传》，泰山出版社，2004。

上海粮食局等编《中国近代面粉工业史》，中华书局，1987。

沈翊清、周学熙：《东游日记》，岳麓书社，2017。

施立业、李良玉主编《安徽三大家族与近代中国实业研究》，合肥工业大学出版社，2010。

田胜武、田艳华编著《冯国璋全传》，中州古籍出版社，1993。

田兴荣：《北四行联营研究（1921—1952）》，上海远东出版社，2015。

汪敬虞：《中国资本主义的发展与不发展》，经济管理出版社，2007。

王凤杰：《王永江与奉天省早期现代化研究》，吉林大学出版社，2010。

魏子初编《帝国主义与开滦煤矿》，神州国光社，1954。

吴筹中：《中国纸币研究》，上海古籍出版社，1998。

吴振强、尚思丹、杨尊圣、王贵箴主编《东北三省官银号奉票》，辽沈书社，1992。

郤宝山：《百年开滦旧事》，新华出版社，2014。

徐海主编《黎元洪传》，吉林大学出版社，2010。

徐予等编《中国十银行家》，上海人民出版社，1997。

许涤新：《官僚资本论》，光华书店，1947。

〔美〕薛龙：《张作霖和王永江：北洋军阀时代的奉天政府》，徐有威、杨军等译，中央编译出版社，2012。

姚会元：《江浙金融财团研究》，中国财政经济出版社，1998。

虞和平：《资产阶级与中国近代经济及社会》，中华工商联合出版社，2015。

岳谦厚、李庆刚、张玮：《曹锟家族》，金城出版社，2000。

张家骧：《中华币制史》，民国大学出版社，1925。

张立真：《冯国璋真传》，辽宁古籍出版社，1997。

张利民等：《近代环渤海地区经济与社会研究》，天津社会科学院出版社，2003。

中国人民银行山西省分行、山西财经学院金融史编写组编

《阎锡山和山西省银行》，中国社会科学出版社，1980。

中国银行行史编辑委员会编著《中国银行行史》上，中国金融出版社，1995。

周葆銮：《中华银行史》，商务印书馆，1924。

朱启钤：《营造论——暨朱启钤纪念文选》，天津大学出版社，2009。

朱斯煌：《民国经济史》，《银行周报》社，1948。

诸静：《金城银行的放款与投资（1917—1937）》，复旦大学出版社，2008。

六　论文

《云南财团的解剖》（作者不详），《经济通讯》1948年第37期，第1141~1147页。

别曼：《金城银行资产业务与经营管理研究》，博士学位论文，南开大学，2012。

朝昆：《宋财团经营广东》，《群言》1948年第14期，第10~15页。

陈翰笙：《现代中国的土地问题》，载冯和法编《中国农村经济论》，黎明书局，1934，第207~242页。

陈轲：《近代北京政府时期豫北民族实业的区域特色》，《天中学刊》2005年第4期，第113~116页。

陈自芳：《论旧中国近代官僚私人资本的扩张及其制度性原因》，《北方论丛》1989年第6期，第10~16页。

陈自芳：《论中国近代官僚私人资本》，《浙江学刊》1995年第 6 期，第 110~114 页。

陈自芳：《中国近代官僚私人资本的比较分析》，《中国经济史研究》1996 年第 3 期，第 67~92 页。

慈鸿飞：《20 世纪前期华北地区的农村商品市场与资本市场》，《中国社会科学》1998 年第 1 期，第 91~106 页。

崔海霞、丁新艳：《阎锡山与山西的工业近代化（1912—1930)》，《晋阳学刊》2003 年第 1 期，第 90~94 页。

戴建兵：《近代中国和意大利合办银行略论》，载复旦大学中国金融史研究中心编《银行家与上海金融变迁和转型》，复旦大学出版社，2015，第 93~109 页。

杜恂诚：《"南三行"的乐与路》，《银行家》2003 年第 7 期，第 142~143 页。

杜恂诚：《北洋政府时期华资银行业内部关系三个层面的考察》，《经济史》1999 年第 5 期，第 66~70 页。

冯云琴：《官商之间——从周学熙与袁世凯北洋政权的关系看启新内部的官商关系》，《河北师范大学学报》（哲学社会科学版）2003 年第 2 期，第 127-132 页。

韩光：《略论边业银行（1919 年—1937 年）》，硕士学位论文，河北师范大学，2011。

郝秀清：《清末民初的"通孚卓"实业集团》，《安徽史学》1993 年第 1 期，第 35~38 页。

胡雪源：《奉系政治舞台的支柱——边业银行及其钞票》，《中国钱币》2005 年第 2 期，第 62~67 页。

黄逸峰：《帝国主义侵略中国的一个重要支柱——买办阶

级》，《历史研究》1965 年第 1 期，第 55~70 页。

贾熟村：《袁世凯集团与启新洋灰公司》，《衡阳师范学院学报》2013 年第 1 期，第 96~100 页。

姜铎：《略论北洋官僚资本》，《中国经济史研究》1990 年第3 期，第 42~50 页。

姜铎：《略论旧中国三大财团》，《社会科学战线》1982 年第3 期，第 186~200 页。

景占魁：《简论阎锡山在山西的经济建设》，《晋阳学刊》1994 年第 3 期，第 79~85 页。

康金莉：《四行储蓄会研究》，《中国社会经济史研究》2008年第 2 期，第 73~80 页。

康金莉：《四行准备库钞票发行研究》，《中国经济史研究》2010 年第 3 期，第 101~107 页。

李淑兰：《北京近代工业早期发展的特点》，《北京师范学院学报》（社会科学版）1992 年第 3 期，第 103~110 页。

马长伟：《侨商中南银行的制度变迁及其绩效研究（1921—1952）》，博士学位论文，中南财经政法大学，2012。

任志敏：《阎锡山发行晋钞研究（1917—1936）》，硕士学位论文，山西师范大学，2014。

盛斌：《周学熙资本集团的历史地位》，《学习与探索》1992年第 1 期，第 87~90 页。

盛斌：《周学熙资本集团的垄断倾向》，《历史研究》1986 年第 4 期，第 81~96 页。

史全生：《北洋时期的华北财团》，《民国春秋》1996 年第 3

期，第 5~11 页。

宋美云：《北洋时期官僚私人投资与天津近代工业》，《历史研究》1989 年第 2 期，第 38~53 页。

田峻峰：《东三省官银号对近代东北金融影响之探（1905—1932）》，《理论界》2010 年第 3 期，第 113~114 页。

田峻峰：《东三省官银号及其发行的货币》，《中国钱币》2014 年第 2 期，第 41~47 页。

田峻峰：《东三省官银号研究（1905—1932）》，硕士学位论文，辽宁大学，2005。

王德朋、华正伟：《论奉系军阀经济力量的构成》，《辽宁大学学报》（哲学社会科学版）2000 年第 2 期，第 45~49 页。

王锋：《盐业银行概况研究（1915—1937）》，硕士学位论文，河北师范大学，2006。

王贺雨：《大陆银行概况述论（1919—1937 年）》，硕士学位论文，河北师范大学，2006。

王林楠：《近代东北煤炭资源开发研究（1895—1931）》，博士学位论文，吉林大学，2010。

魏明：《北洋政府官僚与天津经济》，《天津社会科学》1986 年第 4 期，第 87~93 页。

魏明：《从王郅隆后代析产案看一个北洋军阀官僚的经济活动》，《南开学报》（哲学社会科学版）1995 年第 2 期，第 53~56 页。

魏明：《论北洋官僚军阀的私人资本主义经济活动》，《近代史研究》1985 年第 2 期，第 66~110 页。

魏振民：《中华汇业银行的资本结构及其营业概况》，《历史档案》1981年第1期，第107~112页。

郑连明：《龙烟铁矿公司创办始末：北洋官僚资本个案剖析》，《近代史研究》1986年第1期，第255~271页。

中元：《政学系的金融资本 北四行财团内幕》，《经济导报》1948年第90期，第8~9页；1948年第98期，第8~10页。

中元：《政学系的金融资本 南五行财团内幕》，《经济导报》1948年第91期，第10~12页。

图书在版编目（CIP）数据

华北财团与北方经济近代化／康金莉著. -- 北京：
社会科学文献出版社，2020.6
（社会经济史研究系列）
ISBN 978-7-5201-6769-7

Ⅰ.①华… Ⅱ.①康… Ⅲ.①中国经济史-研究-近
代 Ⅳ.①F129.5

中国版本图书馆 CIP 数据核字（2020）第 100348 号

·社会经济史研究系列·
华北财团与北方经济近代化

著　　者／康金莉

出 版 人／谢寿光
组稿编辑／陈凤玲
责任编辑／宋淑洁
文稿编辑／许文文

出　　版／社会科学文献出版社·经济与管理分社（010）59367226
　　　　　　地址：北京市北三环中路甲 29 号院华龙大厦　邮编：100029
　　　　　　网址：www.ssap.com.cn
发　　行／市场营销中心（010）59367081　59367083
印　　装／三河市龙林印务有限公司

规　　格／开　本：880mm×1230mm　1/32
　　　　　　印　张：15.5　字　数：345 千字
版　　次／2020 年 6 月第 1 版　2020 年 6 月第 1 次印刷
书　　号／ISBN 978-7-5201-6769-7
定　　价／158.00 元